本书出版得到江苏省高校人文社会科学重点研究基地“江苏省知识产权发展研究中心”的支持

国家知识产权战略实施的制约因素及对策研究

董新凯◎著

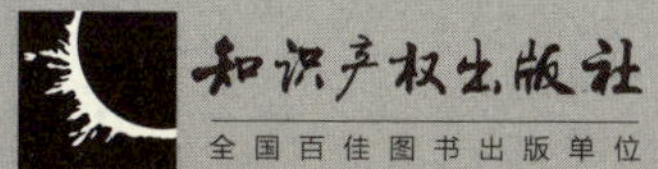

图书在版编目（CIP）数据

国家知识产权战略实施的制约因素及对策研究／董新凯著．—北京：知识产权出版社，2014.11

ISBN 978－7－5130－3198－1

Ⅰ．①国… Ⅱ．①董… Ⅲ．①知识产权－工作－研究－中国 Ⅳ．①D923.404

中国版本图书馆 CIP 数据核字（2014）第 276527 号

责任编辑：刘　睿　刘　江　　　**责任校对：**董志英

文字编辑：刘　江　　　**责任出版：**刘译文

国家知识产权战略实施的制约因素及对策研究

Guojia Zhishichanquan Zhanlüe Shishi de Zhiyue Yinsu ji Duice Yanjiu

董新凯　著

出版发行：知识产权出版社 有限责任公司　　**网　　址：**http：//www.ipph.cn

社　　址：北京市海淀区马甸南村 1 号　　**邮　　编：**100088

责编电话：010－82000860 转 8113　　**责编邮箱：**liurui@cnipr.com

发行电话：010－82000860 转 8101/8102　　**发行传真：**010－82000893/82005070/82000270

印　　刷：保定市中画美凯印刷有限公司　　**经　　销：**各大网上书店、新华书店及相关专业书店

开　　本：720mm×960mm　1/16　　**印　　张：**22.75

版　　次：2014 年 11 月第一版　　**印　　次：**2014 年 11 月第一次印刷

字　　数：361 千字　　**定　　价：**56.00 元

ISBN 978－7－5130－3198－1

谨以此书献给

为南京理工大学知识产权学院的建设

作出贡献以及为之不懈奋斗的人们

前　　言

作为创新驱动和发展知识经济的重要手段，国家知识产权战略的实施已经深入人心，取得了巨大的成绩，并给我国的经济生活和社会生活带来了深刻的变化。但在战略实施行动向纵深发展之际，很多瓶颈也日渐暴露出来，制约着战略的顺利推进。理清战略实施的制约因素，破解战略实施的障碍，也就成了知识产权战略研究人员的重要使命。

国家知识产权战略的实施需要多方面的保障条件，保障条件的缺失实际上也就是战略实施的制约因素。为何战略推进的速度有时比较快，而有时又比较慢？为何有些地方战略实施的成绩显著，而有些地方战略实施的成效不大？为何有些企业能在战略实施中焕发青春，并取得重大飞跃，而有些企业在战略实施中没有任何起色，与竞争对手的差距越拉越大？种种现象，很值得我们去深思，实际上它们或多或少都可以在战略实施的制约因素上找到相应的答案。

国家知识产权战略实施的核心工作是创造大量高价值的知识产权成果，促进知识产权成果的有效运用，推动经济社会的健康发展，其他的工作服务于这些核心工作的需求。从现实情况看，这些工作在不同程度上都受到政策法律、组织管理体制、物质条件、社会化服务、知识产权人才以及社会基础的制约。认真剖析各种制约因素的存在状况，探究其产生的主要原因，提供可行的应对策略，是本书的基本目标。

国家知识产权战略实施的制约因素在不同时期、不同地方、不同行业、不同企业会呈现出较大的差异，全面细致地考察显然是不现实的，我们只能就重避轻，分析典型，特别是致力于研究根本性、全局性、普遍性的突出问题。在对策设计时，对于有些问题的解决我们尽量提供一些针对性较强而不失可操作性的建议，而对于另一些问题的解决，可能我们只能提供一些建设性的思路，力图提供具体的应对措施往往是徒劳的。

目　录

绪　论

一、研究背景——推动国家知识产权战略实施的迫切需要

2008年6月，国务院颁布《国家知识产权战略纲要》（以下简称《纲要》），这是党中央和国务院根据国内外形势做出的一项重大战略部署，是关系到国家前途和民族未来的大事。《纲要》的出台是我国政府和社会各界共同努力的结果，凝聚了各方面的智慧和辛劳，顺应了我国经济社会科学发展的要求。《纲要》是推动中国走上知识经济发展道路、统领国家未来几十年内经济发展的总体战略，与国家中长期科技发展规划一道共同构成建设创新型国家的行动纲领。[1]

《纲要》的颁布只是其在创新型国家建设中发挥作用的第一步，《纲要》的实施才是关键。如果政府和社会各界不积极地采取有效行动去落实《纲要》中的各项规定，《纲要》最终将会成为一纸废文，没有任何实际价值。因此，将《纲要》的内容付诸实际行动，将是各个方面，尤其是各级政府在今后很长的时间内所面临的一项迫切而艰巨的任务。正是基于落实《纲要》规定的重要性，中央政府各部门和各级地方政府从2008年下半年开始纷纷研究行动方案和相关对策，将《纲要》的精神和具体规定在实际工作中加以贯彻。国家知识产权局每年制定实施国家知识产权战略（以下简称战略）实施推进计划，确定当年的工作重点，如《2014年国家知识产

[1] 董涛:“‘国家知识产权战略’与中国经济发展”，载《科学学研究》2009年第5期。

权战略实施推进计划》从七方面进行了重点部署。很多地方政府都以《纲要》为基础并结合本地的情况制定了地方知识产权战略纲要、知识产权发展规划和年度计划，并制定了地方专利工作五年规划和年度计划、商标工作五年规划和年度计划。各级政府知识产权主管部门和相关部门、司法机关、知识产权中介服务组织、企业都采取了大量具体的措施去落实《纲要》的要求，可以说，全国正在进行一场空前的实施国家知识产权战略的行动。

通过多年的战略实施行动，我国在知识产权领域取得了长足进步，不仅支撑了经济发展，尊重知识产权、崇尚创新创造的社会氛围也日渐浓厚；从数量上看，我国专利、商标申请量已经稳居世界前列；从发展水平看，我国突破了一批关键技术，获得了一批关键专利，在国际技术标准制定中的影响力有所增强，“中国制造”的品牌知名度、美誉度有所提高，涌现出部分国际知名品牌；企业实施和运用知识产权战略的能力进一步增强，在与一些发达国家的竞争中取得了一些话语权；战略实施工作体系逐渐完善，人才队伍不断壮大，全社会对知识产权的认识更加深入。[1]

从各地的情况看，战略的推进并非一帆风顺，无论是国务院的相关部门，还是地方政府、企业和社会中介组织，在其实施战略的行动过程中都遭遇较多的困难，面临着较大的挑战，战略实施的进程和效果也因此受到较大的影响。究其原因，在于战略的顺利实施受到诸多因素的制约，如与知识产权相关的法律制度与政策环境的制约、知识产权管理体制的制约、物质保障条件的制约、社会化服务条件的制约、知识产权人才的制约、知识产权文化氛围的制约、国内外经济条件的制约等；如何去克服这些制约因素，为战略的实施创造良好的条件，也就成了战略实施过程中的一个重要任务。

为此，从事知识产权理论研究的学者需要担负梳理、分析战略实施制

---

[1] 张志成：“对制定和实施国家知识产权战略的思考”，载《科技促进发展》2012年第7期。

约因素（也可以称为战略实施的保障条件和必要基础）的使命，认真研究战略实施可能受到的制约及已经遇到的障碍（也可以说是保障条件或必要基础的缺失或不充分），寻找可行的化解对策，为战略实施活动的顺利推进提供有价值的理论支撑。本书也是笔者基于这种使命和责任感而作出的努力。

二、研究现状——不同层次、不同维度研究的初步展开

在《纲要》颁布后，我国学者对于战略的关注开始从战略的制定层面转向战略的实施层面。就战略的实施问题，学者主要从以下几个方面进行了研究。

（1）知识产权战略实施的基础理论问题。如有学者基于科学发展观的视角研究了战略实施的基础性问题，基于科学发展观阐述了战略实施的政策背景、政策目标、政策内涵和政策协同；❶ 有学者分析了战略实施的基本矛盾，主要是外压与内需的矛盾关系、政府与市场的矛盾关系、数量与质量的矛盾关系、统筹与分散的矛盾关系等；❷ 有学者探讨了战略实施的影响层面问题，主要是战略实施的国际环境、组织保障、支撑体系和协同机制，❸ 或者从宏观、中观、微观三个层面分析相关的影响因素及其重点，❹ 或者将其分为战略层面、内部运行机制层面和外部环境层面三个层面。❺

---

❶ 吴汉东：《科学发展观与知识产权战略实施》，北京大学出版社 2012 年版；杨德桥："科学发展观视野下的国家知识产权战略实施机制研究"，载《生产力研究》2012 年第 5 期，等。

❷ 刘洋："试析国家知识产权战略实施中的基本矛盾"，载《知识产权》2011 年第 2 期。

❸ 吴汉东：《科学发展观与知识产权战略实施》，北京大学出版社 2012 年版。

❹ 邓艺、胡允银、张虹霞："国家知识产权战略与形象多层级共同演化机理"，载《云南社会科学》2014 年第 4 期；张泽吾："国家实施知识产权战略的层面及重点"，载《理论界》2009 年第 5 期。

❺ 杨德桥："科学发展观视野下的国家知识产权战略实施机制研究"，载《生产力研究》2012 年第 5 期。

（2）知识产权战略实施的法治环境问题。有学者就战略实施的法治环境完善问题进行了整体上的研究，主要是提出并论证了此种评价的总体思路、评价指标体系的设计、知识产权立法评价指标、知识产权执法评价指标；[1] 有学者专门就战略实施的刑事法治环境问题进行研究，指出刑事法治环境在战略实施中的重要作用，并基于战略实施的需要对我国刑事立法、司法和守法三个方面存在的不足及完善对策进行了分析。[2]

（3）知识产权战略实施的评价问题。有学者就战略实施绩效评价基本问题进行了分析，主要是就此种绩效评估的主体、评估指标体系、评估难点、评估的时间、评估结果的运用等问题进行探讨；[3] 有学者则就战略实施的绩效评估模型、绩效评估保障体系问题进行探讨；[4] 还有学者专门就战略实施的软环境评价指标进行研究，涉及知识产权文化观念、知识产权教育、知识产权人才培养、知识产权中介服务、知识产权市场环境等。[5]

（4）在某一特定领域或某一具体方面实施知识产权战略的问题。这是目前学者就战略实施问题的研究取得成果最多的一个方面。如有学者研究了在知识产权保护方面实施战略的问题，除探讨知识产权保护的基本策略、保护体制等基本问题外，[6] 还就司法保护体制的创新、司法机关如何应对专利权、商标权、版权保护的新形势等问题进行分析，[7] 探讨了律师在

---

[1] 詹映、佘力焓：“国家知识产权战略实施之法治环境完善绩效评价研究”，载《科技进步与对策》2011年第2期。

[2] 冯振强：“论我国知识产权战略实施的刑事法治环境”，载《广西社会科学》2010年第6期。

[3] 乔永忠、文家春：“国家知识产权战略实施绩效评估基本问题研究”，载《科技管理研究》2009年第6期。

[4] 吴汉东：《科学发展观与知识产权战略实施》，北京大学出版社2012年版。

[5] 孟奇勋、黎运智：“我国知识产权战略实施软环境评价指标研究”，载《电子知识产权》2008年第6期。

[6] 曹新明、梅术文：《知识产权保护战略研究》，知识产权出版社2010年版；中国社科院知识产权中心：《国家知识产权战略与知识产权保护》，知识产权出版社2011年版。

[7] 杨志祥等：“我国知识产权司法保护体制改革的探索与完善”，载《东岳论丛》2012年第11期。

“战略”实施中能够发挥的重要作用，❶对于网络环境下知识产权保护的难题、现有司法保护的不足及相应的对策也进行了专门的研究；❷有学者从战略实施的角度研究知识产权教育问题，分析我国知识产权人才发展的有利环境因素和不利环境因素，探讨战略背景下我国知识产权人才应该具备的知识结构和能力素质，还分析了高校知识产权教育在战略实施中的重要意义，高校知识产权教育的现状、存在的问题及相应的对策；❸有学者从战略实施的角度研究企业知识产权战略问题，认为企业实施知识产权战略是落实国家知识产权战略的重要保障，分析了企业实施知识产权战略的策略，以及战略的实施对于企业实施知识产权战略的引导和诸多方面的支持；❹有学者就行业协会在战略实施中的作用进行了专门研究，认为以行业协会为代表的社会中间层组织在战略实施中具有政府组织、市场主体所没有的一些优势，它们应当发挥价值评估功能、信息媒介功能、资金保障功能、预警和建议功能等诸多功能，行业协会在构建行业知识产权战略体系中具有一些特别重要的作用；❺还有学者专门就战略实施中反知识霸权的基本态度和基本策略进行了探讨。❻

（5）知识产权战略实施的促进措施问题。如有学者专门谈了如何通过财政支出结构调整、财政科技投入机制创新、提高财政支出效果等财政政

❶ 李德成、张民元：“知识产权领域律师大有作为”，载《中国律师》2014 年第 1 期。

❷ 赵春兰：“网络发展与知识产权司法保护机制的完善”，载《学术交流》2011 年第 4 期。

❸ 谷丽等：“国家知识产权战略中的人才培养研究”，载《生产力研究》2012 年第 5 期；朱玛：“国家知识产权战略与高校知识产权教育”，载《教育评论》2010 年第 3 期。

❹ 冯晓青：“国家知识产权战略视野下我国企业知识产权战略实施研究”，载《湖南大学学报（社科版）》2010 年第 1 期。

❺ 刘旭霞等：“社会中间层在知识产权战略实施中的功能定位”，载《电子知识产权》2008 年第 10 期；杨勇：“行业组织在构建行业知识产权战略体系中的作用”，载《产业与科技论坛》2008 年第 9 期。

❻ 齐爱民：“论知识霸权——以国家知识产权战略的制定和实施为视角”，载《苏州大学学报（哲社版）》2009 年第 2 期。

策促进战略实施的问题;[1] 有学者结合一些地方的情况专门分析专利申请资助政策问题，涉及资助导向、资助对象、资助范围、资助力度、资助程序和资助资金监管等方面。[2]

学者们围绕着战略实施问题，基于不同的维度、层面和视角著书立说，取得了较为丰富的成果，足见知识产权理论研究工作者推进战略实施的责任心和使命感，也充分展示了我国知识产权研究队伍的强大生命力。但是，与推进战略实施的需求相比，现有的研究成果还存在着一定的问题。

（1）研究成果的针对性不强。这些成果一般是在《纲要》颁布后不久形成的，战略实施的时间还比较短，至少离大部分研究成果的面世还没有经过一个5年的规划期，在战略实施过程中可能会出现的一些问题还没有暴露出来或者没有充分暴露出来，因而它们不是建立在对战略实施中的现实状况进行较多针对性研究的基础上形成的，这就很有可能会影响到这些成果（特别是其中的对策建议）的实用性和合理性。

（2）真正触及战略实施制约因素的成果较少。从内容上看，现有的研究成果主要是两大方面：一是从基本面上研究战略实施的思路、基本要求、注意事项或主要措施；二是从企业层面或者某一具体领域研究战略实施的重要性、推动战略实施的主要措施。真正对战略实施的制约因素（保障条件、必要基础及其缺失问题）进行研究的学者很少。偶有学者虽然在其研究成果中明确提及了我国战略实施的制约因素问题，但其研究的内容实质上并非是战略实施的制约因素，而是在谈战略实施中存在的一些问题或现象（这些问题实际上是制约因素所产生的后果）。[3]

（3）研究成果中理论上的假设或推断居多。少量的研究成果虽然在实质上触及了战略实施的制约因素问题，主要是分析了战略实施的保障条件

---

[1] 王保安：“积极利用财政政策，促进国家知识产权战略”，见 http：//d. g. wanfang-data. com. cn/Periodical_ zgzcpg200712009. aspx.

[2] 张红漫：“我国专利申请资助政策分析”，载《知识产权》2011 年第 1 期。

[3] 刘旭霞等：“社会中间层在知识产权战略实施中的功能定位”，载《电子知识产权》2008 年第 10 期。

问题，但其所论述的诸多保障条件基本上未经过现实的印证，而是基于《纲要》的内容和主观经验而作的理论上的假设或推断。也就是说，其所提出的保障条件是否是战略顺利推进所必需的，这些保障条件的缺失或不充分能否影响或妨碍战略的实施以及这种影响或妨碍的程度如何，还没有从现实中得到答案；在战略实施过程中已经出现的一些问题与这些保障条件的缺失之间是否存在着因果关系，还有待在认真研究的基础上加以回答。

（4）没有从整体上对我国战略实施的制约因素进行系统研究的成果。目前还没有学者对我国战略实施的制约因素进行全方位的系统研究，没有专门就战略实施所需要的各方面的保障条件、这些条件的缺失及其所产生的障碍或损害、化解保障条件缺失问题的对策等进行深入细致的探讨。偶有涉及战略实施制约因素的成果，也只是一些零散片段的研究，甚至不是针对制约因素的有目的的研究。

三、研究目的——基于对战略实施制约因素的系统分析而谋求化解对策

《纲要》的颁布已经五年多，这也是我国全面实施知识产权战略的五年多时间。各级人民政府、各政府工作部门（特别是知识产权行政主管部门）、各行业、各地方、各企业、各中介服务机构及高校、科研院所等事业单位和有关的社会团体都纷纷采取了相应的行动，合力推进这一战略实施行动。在取得了丰硕成果的同时，不少问题也在较短的时间内很快暴露出来，如战略实施的效率不高、功利化的倾向比较严重、企业知识产权创造和运用能力未能得到较好的发挥、管理体制不顺、司法保护的力度不够、政府应对知识产权国际争端的能力较弱、知识产权人才培养存在瓶颈等。[1]我们需要对于五年多的情况进行全面的梳理，特别是查找和整理战略实施过程中存在的问题。

---

[1] 吴汉东主编：《中国知识产权蓝皮书 2009～2010》，北京大学出版社 2011 年版，第 59～68 页。

然后，我们要基于战略实施的逻辑需要，结合现实中产生的问题，分析战略的顺利实施所应具备的保障条件，并对这些保障条件进行科学的解构。在此基础上再回归现实问题，研究战略实施中的现实问题是否缘于保障条件的缺失及此种缺失的具体情况。也就是说，我们要基于战略问题意识，探寻战略实施的诸多制约因素，并对其影响战略实施的程度进行一定的分析。

归根结底，我们要为战略实施的顺利推进扫除障碍，为战略实施效果的提升创造条件。基于此，我们要对各种制约战略实施的因素进行剖析，研究克服这些制约因素的原则、路径、方法。当然，任何一种制约因素都很难被消除，只能是被淡化；我们所要做的主要是研究如何使这些制约因素在战略实施过程中所产生的消极影响尽可能被削弱，并努力提出一些既具有较强的科学性，又较好地切合实际的对策。

概言之，本书基于推进战略有效实施的总目标，通过现实问题发现战略实施的制约因素，并验证理论上对于战略实施制约因素的逻辑推论，提出并论证削减战略实施制约因素的可行对策。

四、研究方法——多种科学手段的综合运用

本书的研究是建立在对战略实施现状认识的基础之上的，实证分析法自然是我们所要重点运用的。我们将通过必要的调查、网络信息查询、政府机关或企业工作总结材料的搜集、与相关人员的访谈、他人实证研究成果的借鉴等手段尽可能地掌握丰富的现实素材，并作深入的分析提炼，借此获得我们对实际情况的清晰认识。当然，由于现实情况的广泛性、多样性及我们自身工作条件和研究能力的局限，我们在进行实证分析时是有重点地展开的，运用典型分析法，主要分析江苏、广东、上海、北京、浙江等知识产权事业发展较快且具有较强代表性的地方的情况，兼顾对于其他一些地方实际情况的研究。

它山之石，可以攻玉。比较研究方法也是我们要重点采用的。一直以来，美国、日本等发达国家十分重视知识产权政策的制定和实施，并取得

了一定的效果；了解当前形势，比较发达国家的战略政策，有利于进一步制定和完善中国知识产权战略，在知识经济时代实现中国经济发展的大踏步前进。❶ 这些国家在知识产权战略实施中遇到了哪些障碍，它们是如何化解这些制约因素的，这些成功经验同样值得我们学习。我们还有必要向韩国等经济发展的后起之秀学习，韩国作为发展中国家的成功典范，在知识产权战略的制定和实施方面有许多值得借鉴的经验。❷ 印度等新兴发展中国家对于知识产权工作高度重视，与我国有一些共同的需要及历程，应当对他们在知识产权方面的战略行动给予必要的关注和研究，并从中汲取一定的营养和教训。当然，本书的比较不限于与境外情况的比较，国内不同地区之间的比较也是在研究过程中要做的重点工作，特别是对于知识产权工作较好的地区和知识产权工作落后地区之间的比较分析、对于东部知识产权发展水平较高的几个地区之间的比较分析。

考虑到知识产权的综合性和战略实施的复杂性，我们需要从不同学科的角度加以审视；法经济学、法社会学等研究方法因此在我们的研究中具有重要的价值。经济学的方法具有强大的生命力，可用于对大范围内人们行为的分析，❸ 也是分析战略实施中人们行动的重要工具。比如，成本效益理论是在对于现实情况进行分析和进行对策构建时所要运用的重要理论；博弈论自 20 世纪 80 年代成为主流经济学的重要组成部分，几乎吞没了整个微观经济学，❹ 这也是研究如何化解战略实施中相关冲突因素的重要方法。著名的法社会学家唐纳德 · J. 布莱克认为，“社会生活有若干可变方

---

❶ 孙宏飞：“发达国家知识产权战略比较与借鉴”，载《中国政法大学学报》2009 年第 6 期。

❷ 左中梅等：“中日韩知识产权战略比较研究”，载《学术界》2011 年第 1 期。

❸ Avery Wiener Katz, *Foundations of the Economic Approach to Law*, *Law Press China*, 2005, p. 4.

❹ ［美］艾里克 · 拉斯缪森著，王晖等译：《博弈与信息（第二版）》，北京大学出版社和三联书店 2003 年版，第 1 页。

面，它包括分层、形态、文化、组织性和社会控制”，[1] 这实际上也是战略实施过程的生动体现，对于战略实施中的制约因素同样可以用一些社会学的研究方法进行考量，并作相应的对策分析。

毫无疑问，战略实施是一个浩大的系统工程，要用系统分析的方法对战略实施中的各种制约因素进行分析，更多地从宏观视角研究各种制约因素存在的基础、变化的轨迹、产生的影响及可控的限度，并在各种错综复杂的关系中研究相关对策的可行性、适用前景及其运行环境。我们还努力运用历史分析的方法，对于战略实施中各种制约因素的生成背景、变化轨迹进行一定的探讨，从中寻找一些规律性的东西，以求所提出的对策符合事物本身的发展趋势。在整个研究过程中，文本分析的方法、逻辑分析的方法等法学研究的常用方法也一直是我们的研究工具。

[1] ［美］唐纳德·J. 布莱克著，唐越、苏力译：《法律的运作行为》，中国政法大学出版社 2004 年版，第 1 页。

第一章　国家知识产权战略实施的保障条件

第一节　国家知识产权战略实施的保障条件概述

一、国家知识产权战略实施保障条件的理性界定

（一）保障条件之理解

何为“保障”？学者们一般未作专门探讨，[1] 本书也不想就此多耗笔墨，仅采一般意义上的界定。“百度百科”的解释可算是具有普遍意义的理解，依其解释，“保障”的含义有三：（1）保护，使不受侵犯害；（2）确保、保证做到；（3）起保障作用的事物。[2] 从“战略”的性质、特点及当下各种主体在提及战略保障时的一般用意看，本书所称保障实际上是指第三种含义，而没有保护和确保之意。

依此推论，保障条件应当是指对其他事物的发展起保障作用的事物，也就是一个事物的发展所依赖的基础和环境，抑或特定工作任务或既定工作目标的实现所需要的基础和环境。在现实生活中，人们还经常提及“保障措施”这一用语，其与保障条件是有区别的，但两者之间也有联系。保

---

[1] 虽然论及某方面保障问题的学术成果较多，但尚未见有学者专门对“保障”的含义作探讨的。

[2] http：//baike. baidu. com/view/640834. htm#1.

障措施是为了达到一定目的而需要采取的措施或手段，保障条件的成就往往也需要借助一定的保障措施。

（二）国家知识产权战略实施之厘定

何为“战略”实施？论及“战略”实施的成果虽多，但大都未明确“战略”实施的含义，可能是学者们觉得这一概念应当是不言自明的。从现有学者的论著内容看，对于“战略”实施的含义实际上有两种理解：（1）有的学者同时提及“战略”制定与“战略”实施，但并未将两者进行区分，从其内容看他们实质上是将两者混同使用，将“战略”的制定与“战略”的实施看成了一体。[1] 在《纲要》颁布前，很多学者所论及的“实施知识产权战略”一般也是这个意思。（2）有的学者认为，“战略实施就是围绕着《战略纲要》提出的指导思想、基本原则、战略目标和重点、主要任务等多方面进行组织部署和具体分工，以实现知识产权战略目标”，[2] 他们将“战略”的制定与“战略”的实施区别开来，将“战略”实施看成是“战略”制定以后的事情。但这些学者并没有真正对“战略”实施作明确的界定，更没有对“战略”实施的内在结构进行分析。

“战略”的实施应当有其特定的含义，它与“战略”的制定不同，但与“战略”的制定相关联，是相对于“战略”的制定而言的。“战略”的实施与“战略”的制定之间的关系，实际上就等同于法律的实施与法律的制定之间的关系，因为从某种意义上说“战略”也是法的一种。

从经济法的角度看，作为“战略”载体的《纲要》应当是一种经济法律，属于经济法中的宏观调控法，是宏观调控法中的产业政策法。何以有此论断？随着知识经济的发展和知识产权在经济发展过程中的重要性的凸显，知识产权产业已经形成。知识产权产业是以知识产权制度为发展基础、以知识产权能力为核心优势、以高科技为关键支撑、以数字化为显著特征

---

[1] 张志成：“对制定和实施国家知识产权战略的思考”，载《科技促进发展》2012 年第 7 期。

[2] 朱万昌、谢红等：“广东知识产权战略实施评估指标体系研究报告”，见黄庆、张云才主编：《区域知识产权战略研究文集》，知识产权出版社 2012 年版，第 120 页。

的产业；这个产业是知识产权、高科技、数字化相结合的产业，具有鲜明的时代性、横断性和集成性特点。[1] 产业政策是国家或政府为了实现某种经济和社会目的，以全产业为直接对象，通过对全产业的保护、扶植、调整和完善，积极或消极地参与某个产业或企业的生产、经营、交易活动以及直接或间接干预商品、服务、金融等市场形成和市场机制的政策的总称；[2] 它是一些专门针对行业的政策，如研发与创新激励政策、政府采购政策、战略性贸易政策以及特殊的区域政策、部门政策和技术政策等。[3] 结合《纲要》制定的背景及其内容，《纲要》完全可以被看成是国家促进知识产权产业发展的纲领性政策，实质上是一种产业政策。

因此，“战略”的实施从一定意义上说就是一种法律实施行动，是知识产权产业政策法律的实施。基于此，“战略”的实施具有法律实施的一般含义和特点。法律实施是指法律在社会中的运用、强制贯彻，即法律自公布后进入实际运行；这是个活动过程，它包括法律执行机关执行法律和一般公民遵守法律；《中国大百科全书·法学卷》对法律实施所做的解释是：“国家机关及其公职人员、社会团体和公民实现法律规范的活动。”法律实现是法律规定得以实现并产生相应法律效果的前提与基础。[4] 作为实质上的法律实施，“战略”的实施应当是国家机关、社会组织和个人为实现“战略”的内容而进行的各种活动。由于“战略”的内容集中体现在《纲要》中，“战略”的实施实际上就是将《纲要》的规定加以落实的各种活动。就《纲要》规定的内容看，“战略”的实施应当包括战略指导思想在各项知识产权工作中的体现、战略目标的实现、战略重点的落实、专项任务的完成和保障措施的采取等。就《纲要》规定的各项工作的内在关系看，“战略”的实施工作实际上分为两个层次：（1）以知识产权创造与运

[1] 刘海波、李黎明：“知识产权产业初论”，载《科学决策》2009 年第 2 期。

[2] 李贤沛、胡立君：《21 世纪初中国的产业政》，经济管理出版社 2005 年版，第 2 页。

[3] 李剑：“反垄断法实施与产业政策的协调”，载《东方法学》2011 年第 1 期。

[4] 夏锦文：“法律实施及其相关概念辨析”，载《法学论坛》2003 年第 6 期。

用为内容的“战略”实施的中心工作；(2) 为促进中心工作的完成而进行的铺垫性工作。

(三) 国家知识产权战略实施的保障条件之诠释

结合前文对于“战略”实施与保障条件的界定，我们认为，“战略”实施的保障条件是指完成《纲要》所规定的各方面工作所需要的条件，也就是《纲要》所规定的各方面工作得以完成所需要的基础或环境。从表面上看，《纲要》规定的实质性内容是战略目标、战略重点、专项任务和保障措施等方面，[1] 完成这些方面的工作所需要的基础或环境都可以看成是保障条件。

虽然《纲要》将实质性内容或工作以战略目标、战略重点、专项任务和保障措施几个名目作了规定，但就这几个方面的内容及其内在逻辑关系看，实质上就是两大方面的工作：(1) 作为整个“战略”的核心和终极价值所在的知识产权创造与运用，这实际上也是《纲要》所真正要实现的目标与任务；(2) 为知识产权创造与运用提供支撑或进行服务的工作，也就是前文所述的铺垫性工作。因此，“战略”实施的保障条件实际上也分为两个方面：(1) 为“战略”核心工作的完成提供的保障条件；(2) 为“战略”推进中的铺垫性工作提供的保障条件。

我们将《纲要》的目标和任务仅仅归结为两个方面，即知识产权创造与知识产权运用，这既符合我国制定《纲要》的背景与本意，也符合相关工作的内在逻辑。

对于《纲要》制定的背景和宗旨，有学者认为，《纲要》就是党中央和国务院向全社会发动的积极创新，将科技全面引入经济生活的总动员令。[2] 负责《纲要》制定工作的部门认为，我国制定和实施国家知识产权战略对建设创新型国家、转变经济发展方式、提高国家核心竞争力方面具

---

[1] 参见《国家知识产权战略纲要》二、三、四和五。

[2] 董涛:“‘国家知识产权战略’与中国经济发展”，载《科学学研究》2009 年第 5 期。

有重大现实意义；走建设创新型国家的道路，就必须有效运用知识产权制度，通过清晰的产权化方式，合理配置在生产体系中相关参与者的权益，充分开发和运用技术、信息等资源，有效激励创新、鼓励运用，使各种生产要素合理、有序、快速进入生产体系和生产过程，从而改善我国经济发展方式粗放、资源环境代价过大等问题。[1] 这些都表明我国“战略”的核心就是以技术为代表的知识产权的创造与运用，即通过“战略”的实施大幅度提升知识产权创造的水平，特别自主知识产权成果的创造，促进现有知识产权成果的有效运用，使知识产权成果真正服务于经济建设和社会生活。

基于此，《纲要》的目标和任务实际上就可以归结为知识产权创造和知识产权运用两个方面。凡“战略”追求的知识产权创造目标和知识产权运用目标的实现所需要的条件便是“战略”实施的重要保障条件。这种直接围绕“战略”核心工作的保障条件，应将其看成“战略”实施的直接保障条件。

如前文所述，就涉及知识产权的各项工作的内在逻辑关系看，它们实际上可以分成两大部分：一部分是直接体现“战略”目标和任务的核心工作，另一部分是铺垫性工作或服务工作，它们共同构成一个有机整体。其中的核心工作是知识产权工作体系的基本价值所在，是“战略”的灵魂所在；铺垫性工作则是在为核心工作的顺利开展创造必要的条件，是为核心工作提供服务和支撑的。铺垫性工作是多种类型、多个层面的，包括知识产权制度、政策的供给，知识产权公共管理的实施，知识产权保护力度的强化，相关物质条件的满足，知识产权社会化服务的提供，知识产权社会环境和国际环境的营造，知识产权人才的培养等。这两部分工作紧密结合，相依相承。没有前者，后者也就失去了方向和归宿，成了没有价值的活动；没有后者，前者也就失去了基础和支撑，成了无法实现的空谈或假想。有

---

[1] 张志成：“对制定和实施国家知识产权战略的思考”，载《科技促进发展》2012 年第 7 期。

学者在论及“战略”在国家创新系统中的作用机制时将这种作用概括为“驱动技术创新”“促进产业创新”和“改善创新环境”,[1] 这实际上与笔者的观点不谋而合，其所称的“技术创新”和“产业创新”实际上就是笔者主张的知识产权创造与运用这一核心工作，而其所称的“创新环境”实际上就是笔者所称的铺垫性工作。

因此，《纲要》所规定的各种铺垫性工作实际上是为实现其所规定的知识产权创造及运用这一目标和任务服务的，可以看成是作为“战略”核心工作的知识产权创造与运用的保障条件。

在对“战略”实施的保障条件进行界定时，国家《纲要》和一些地方的知识产权纲要性文件可以给我们提供一定的启示。[2] 这些文件一般以单独一部分规定了“战略措施”“保障措施”或“实施保障”，从这一部分的内容看，主要是在规定为战略目标或战略任务的实现创造必要的条件所应采取的措施。透过这一部分内容，可以对“战略”实施的保障条件有进一步的认识，为界定“战略”实施保障条件的内涵提供更多的线索。

但是，在界定“战略”实施的保障条件时，不能囿于国家《纲要》和地方知识产权纲要性文件。从这些文件的内容看，各级知识产权战略的制定者实际上并未对知识产权工作体系的内在逻辑关系进行分析，因而其内容的编排缺乏较强的逻辑性，甚至显得有些混乱。这些战略的制定者并没有清晰的“战略”实施保障条件的概念，没有对知识产权核心工作与战略实施的保障条件进行明确的划分；他们在知识产权纲要性文件中所提出的战略目标和战略任务，往往将知识产权核心工作与实现核心工作的条件混杂在一起，其所规定的“保障措施”或“战略措施”也未涵盖全部保障条

---

[1] 吴颖、钟海粒：“国家创新系统中知识产权战略作用机制研究”，载《知识产权》2012 年第 8 期。

[2] 参见《江苏省知识产权战略纲要》《上海知识产权战略纲要（2011 ~ 2020 年）》《广东省知识产权战略纲要（2007 ~ 2020 年）》《浙江省贯彻国家知识产权战略纲要实施意见》《山东省知识产权战略纲要》《陕西省知识产权战略纲要（2008 ~ 2020 年）》《辽宁省知识产权战略纲要》等。

件，甚至未涵盖全部主要的保障条件，有些保障条件或为创造保障条件需要采取的措施则被与知识产权创造和运用等核心工作一同规定在了“战略目标”或“战略任务”中。这种状况无疑为我们通过这些知识产权纲要性文件分析“战略”实施保障条件的含义及范围制造了很大的障碍。

“战略”推进中的铺垫性工作也是《纲要》规定的一部分内容，这些工作的顺利开展也需要一定的保障条件。这类保障条件我们将其看成是“战略”实施的间接保障条件。间接保障条件有两种情况：（1）某种铺垫性工作的开展以其他铺垫性工作作为其保障条件之一。比如，为了促进知识产权成果的有效利用，需要加强对知识产权的保护；而要提高知识产权的保护效果，就需要提高社会公众的知识产权意识，加强知识产权宣传教育。[1] 这里的知识产权保护和知识产权宣传教育实际上都是《纲要》规定的铺垫性工作。（2）某种铺垫性工作的开展所需要的基础或环境已经超出《纲要》规定的各项工作的范围，需要在《纲要》规定的各项工作之外寻求支撑。比如，《纲要》在战略措施部分规定了“充分发挥行业协会的作用”这一铺垫性工作，而这一工作的完成是以行业协会自身建设的强化为保障的，但《纲要》本身并未提及行业协会自身建设的强化问题。

（四）国家知识产权战略实施的保障条件在本书中的研究范围

如前文所述，“战略”实施的保障条件实际上是多个层次、各式各样的，笔者无力在本书中对这些条件分层、逐一研究。基于篇幅所限和研究聚焦的需要，本书所探讨的“战略”实施保障条件限于共性的保障条件，即“战略”实施的各个层面、各个领域、各个环节均涉及的保障条件，也可以说是各种“战略”实施工作的基础性保障条件，主要是知识产权制度环境、知识产权组织保障（尤其是行政管理体制）、知识产权物质保障、知识产权社会化服务条件、知识产权社会基础、知识产权人才支持等。

---

[1] 张泽吾：“国家实施知识产权战略的层面及重点”，载《理论界》2009年第5期。

二、保障条件对于国家知识产权战略实施的意义

（一）保障条件建设是国家知识产权战略实施行动的有机组成部分

如前文所述，“战略”的实施就是以《纲要》为载体的“战略”内容的实现。《纲要》的内容涉及多个层次、多个方面，但从逻辑上看，整个《纲要》的内容实际上可以分为三大部分，即行动背景、行动目标和保障条件。行动背景是对“战略”出台原因和基础的介绍，并非对未来行动的要求，因此不属于“战略”实施活动。“战略”实施的内容也就归结为《纲要》规定的行动目标和保障条件两个方面，也就是各相关主体努力采取各种有效措施，在知识产权制度的健全、知识产权行政管理水平的提升、知识产权保护的强化、知识产权人才队伍的建设、知识产权社会化服务的完善、知识产权文化的培育、知识产权对外交流合作的扩大等方面创造必要的条件，推动各种知识产权创造与运用目标的实现。也就是说，保障条件实质上是《纲要》在知识产权创造与运用之外规定的另一部分内容，创造保障条件本身就是“战略”实施的一部分。没有创造保障条件的行动，不仅使得“战略”所追求的知识产权创造与运用的终极目标难以实现，也使得《纲要》规定的很多内容在现实中没有回应，“战略”的实施肯定是残缺的。

（二）保障条件是国家知识产权战略实施行动得以展开的现实前提

“战略”实施中各方面工作的开展必须有相应的物质基础、智力基础和环境基础，没有这些现实基础，任何“战略”实施行动都无法进行。以“战略”实施的核心工作知识产权创造为例，没有资金、设备器材等物质条件，任何创新活动只能停留在口头上；没有相应的人才、基础技术等智力条件，创新成果就不可能出现；没有确认知识产权归属、鼓励创新活动的法律、政策等环境条件，就不会刺激人们的创新热情。再以“战略”实施的另一核心工作知识产权运用为例，没有资金、设备、材料等物质要素

的投入，知识产权成果就不能在生产经营过程中得到转化；没有必要的知识产权人才从不同角度、不同层面提供智力支持，任何知识产权成果都不会得到较为广泛的运用，更不会实现产业化；没有合同法、企业法等配套法律制度、知识产权中介服务机构的有效服务、知识产权公共服务平台等制度环境和社会环境，知识产权成果的运用就找不到有效的形式、合适的推广者和迅捷的机制。

任何一个保障条件，都可能决定着多方面的“战略”实施活动能否得以顺利开展。以知识产权的有效保护为例，它便会在事实上左右着多种“战略”实施活动：加强知识产权保护能够促进创新投入和创新能力的提升，[1] 假如知识产权得不到有效的保护，知识产权创造者的创新积极性就会被挫伤，也会影响他们对创新成果形式的选择；[2] 没有对知识产权进行完善保护的社会环境，知识产权成果的运用机制就会被扭曲，会出现大量不正常的运用情形。正因如此，有学者甚至认为，对知识产权实行有效的保护是实施国家知识产权战略的关键。[3]

（三）保障条件的优劣直接关乎国家知识产权战略实施行动的成效

从整个国家的情况看，近些年知识产权工作的成绩越来越大，有些领域呈现跨越式发展的态势，特别是各方面的知识产权创造成果（尤其是专利与注册商标）突飞猛进，知识产权成果转化运用的比例不断提高，运用效果愈发明显。概如此，主要是因为知识产权法律制度越来越健全，政策跟进越来越及时，研发投入和其他经费支持越来越多，知识产权保护的力

---

[1] 邹彩芬等：“知识产权保护与技术创新关系研究——基于纺织业的实证分析”，载《科技进步与对策》2014 年第 8 期。

[2] 比如，如果专利权得不到有效的保护，发明创造人就可能不愿意为了获得专利而公开其发明创新，而会更多地选择商业秘密这种知识产权形式；如果法律不对驰名商标提供有效的保护，更多的企业就不会愿意花较多的时间去打造高知名度品牌，在商标策略上会更多地选择短期行为。

[3] 詹映：“国家知识产权战略实施两周年回顾”，见吴汉东主编：《中国知识产权蓝皮书 2009 ~ 2010》，北京大学出版社 2011 年版，第 291 页。

度越来越大，知识产权管理水平越来越高，知识产权中介服务能力越来越强，[1]知识产权人才队伍越来越成熟，知识产权文化氛围越来越好。可以说，没有这些保障条件对知识产权创造与运用的支撑及这些条件之间的相互促进，就不会有目前大好的知识产权发展形势。

从地区知识产权发展情况看，知识产权发展水平较高的地区，其保障条件也更好。以专利为例，在国家知识产权局知识产权发展研究中心所公布的2012年专利实力报告中，广东、北京、江苏、浙江和上海的专利综合实力位于全国前五名。[2]这些地方都是经济发展水平较高、GDP总量较大的地区，它们对研发的财政支持和社会性投入的数额都比较高：2011年，我国研发投入占GDP比例为1.83%，而北京以5.83%居第一位，深圳以3.66%紧随其后，南京为3.1%（整个江苏为2.2%），上海为2.9%，杭州为2.85%，[3]均远远高于全国的平均水平；这些地方对于专利创造与运用给予了多种形式的物质保障。[4]这些地方都重视知识产权政策法规建设，比如它们均颁布了较高质量的专利保护或促进条例；它们都强化了知识产权保护工作，尤其是司法保护，如广东省高院知识产权审判庭成立15年受理知识产权案件3万多件，占全国的1/5，[5]北京、上海、广东还成为我国首批拟设立知识产权法院的地方。[6]这些地方较为重视企业的知识产权基

---

[1] 洪群联：“我国知识产权服务体系发展现状与战略思路”，载《经济纵横》2011年第11期。

[2] 国家知识产权局知识产权发展研究中心：《2012年全国专利实力状况报告》第13页。

[3] 数据来源：中国经济导报网2013-01-20（http://www.ceh.com.cn/cjpd/2013/01/168825.shtml）。

[4] 比如，江苏省为了促进发明专利创造工作，对于专利的申请费、审查费、维持费等给予全额资助，这样便有力地提升了高校、科研院所和企业申请发明专利的热情。

[5] 广东省高级人民法院知识产权审判庭：“国家知识产权战略架构下的司法保护”，载《人民司法》2009年第11期。

[6] 王丽娜、吴获：“知识产权法院年底挂牌——专访国家法官学院教授、最高法院研究室原副主任张泗汉”，载http://politics.caijing.com.cn/20140831/3681160.shtml，2014年9月5日访问。

础工作，注重提高企业的知识产权管理水平，尤其是江苏省和北京市的部分地区制定和实施了企业知识产权管理标准化规范，有助于企业知识产权管理水平迅速提升。[1] 这些地方在知识产权人才供给方面都做得比较好；东部地区教育事业的蓬勃发展为知识产权事业创造了良好的人文环境和人才资源，同时部分高校设立了知识产权专业，为知识产权的发展直接提供了一定的专业人才资源。[2] 这些地方的知识产权社会化服务的基础都比较扎实，以专利服务能力而言，这5个地方除浙江排名第7外，其他4个地方则位居全国前四名。[3]

三、保障条件与制约因素的辩证关系

（一）制约之解释

“制约”，依《现代汉语词典》的解释，其含义为：限制约束，是指甲事物本身的存在和变化以乙事物本身的存在和变化为条件，则甲事物为乙事物所制约。[4] 这可以看成是一种通说，乙事物制约着甲事物，意味着若乙事物得不到较好的发展或不够扎实，甲事物的发展就会受到限制，其发展进程会因此而减损。可以说，一个事物的发展如果因为其他事物未出现或不成熟而受到损害，其他事物便是该事物的制约因素。

（二）保障条件与制约因素的关系

基于前文对保障条件与制约因素的界定，可以说，保障条件与制约因素实质上是一个问题的两方面，只是在从不同的角度谈同一问题。保障条件更多地是从积极意义上说的，指一个事物的存在及其良好状态对另一个

---

[1] http://www.lawtime.cn/info/zscq/gnzscqdt/2010082543383.html.

[2] 戴宏伟、郑垂勇、赵敏：“东部知识产权人才SWOT分析”，载《现代管理科学》2008年第11期。

[3] 国家知识产权局知识产权发展研究中心：《2012年全国专利实力状况报告》第36页。

[4] 中国社会科学院语言研究所词典编辑室：《现代汉语词典》，商务印书馆2000年版，第1622页。

事物的发展所起的有效推动作用，是一种推动力量，也可以说是有利条件；制约因素则是从消极意义上说的，指一个事物的缺失或不良状态对另一个事物的发展所起的阻碍或延滞作用，是一种阻碍力量，也可以说是不利因素。这一结论也可以从其他探讨相关事物发展的保障条件与制约因素的论著中得到启示。[1]

保障条件与制约因素之间是一种辩证关系，其属性需要在动态中考察。每个事物的发展都受到多种力量的影响，每一种力量在该事物发展过程中所扮演的角色都在保障条件与制约因素之间摇摆；当一种力量顺应了该事物的发展要求时，其便是一种保障条件，而当其背离了该事物的发展要求时，其就是一种制约因素。也可以说，如果事物发展需要的保障条件不具备或不充分，就等于是存在阻碍事物发展的制约因素，原本属于保障条件的力量就演变成一种制约因素。或者可以说，一个事物发展应有的保障条件的缺失，也就是该事物发展的制约因素所在。

就“战略”实施而言，其保障条件与制约因素也是这样的辩证关系，同样的某个因素，在某段时间它是“战略”实施的保障条件，而在另一段时间它可能是“战略”实施的制约因素。以知识产权人才为例，这是“战略”实施肯定涉及的一个重要因素。如果一个地方的知识产权人才在数量上和质量上适应了当地知识产权发展的需要，知识产权人才便是当地“战略”实施的重要保障条件；反之，如果一个地方知识产权发展所需要的知识产权人才数量严重不足，知识产权人才的水平不高，则知识产权人才便成了当地“战略”实施的制约因素。

基于上述分析，本书既然以“国家知识产权战略实施的制约因素及对策研究”为题，就主要探讨阻碍“战略”实施的因素，也就是着重研究“战略”实施相关因素的不足及其化解。当然，基于保障条件与制约因素

---

[1] 颜世颀：“公民政治权利实现：条件、制约因素与路径”，载《理论探索》2011年第6期；高启才、赵竹村：“东北地区县域经济发展的意义、条件与制约因素分析”，载《农业经济与管理》2010年第3期；肖丽：“阳光体育运动的制约因素及条件保证”，载《天中学刊》2009年第5期，等。

的内在联系，本书在一开始也从“战略”实施保障条件的角度进行一些必要的分析。

第二节　国家知识产权战略顺利实施需要的条件

“战略”的实施需要多方面的保障条件，根据《纲要》规定的内容和各项知识产权工作的内在逻辑关系，可以将“战略”实施的保障条件概括为以下六个方面。

一、完善的制度条件

（一）法律制度在国家知识产权战略实施中的重要性

在经济学研究中，人们已经认识到包括法律在内的制度的重要性，这是因为制度作为处理或界定人们之间相互关系的规则，涉及所有人的利益，关系到资源配置的效率，关系到全民的福利。[1] 这种认识同样适用于“战略”的实施，因为“战略”的实施是发展知识经济的重要举措，也是知识经济的有机组成部分，需要完善的法律制度作为保障条件。既定的、经济状况对于法的制定具有特殊意义，因为经济状况大部分显示出这种法的制度必须解决的各种难题。[2] 以创新驱动为核心的知识经济不同于传统的经济生活，其在价值追求、要素构成、运作机制等方面的诸多特殊性使其必然面临着种种不同于以往的难题，这些难题的解决需要国家的法律制度做出积极的回应和妥善的安排。正因如此，“知识产权法治环境进一步完善”被列为我国知识产权战略的核心战略目标之一，与之相关的“完善知识产权制度”也同时被列为五大战略重点之一。[3]

---

[1] 孙同鹏：《经济立法问题研究》，中国人民大学出版社 2004 年版，第 144 页。

[2] ［德］H. 科殷著，林荣远译：《法哲学》，华夏出版社 2002 年版，第 128 页。

[3] 詹映、余力焓：“国家知识产权战略实施之法治环境完善绩效评价研究”，载《科技进步与对策》2011 年第 2 期。

（二）法律制度在国家知识产权战略实施中的主要保障作用

法律的经济功能主要体现在四个方面：（1）确认经济关系；（2）调整经济生活，规范经济行为，特别是通过产权界定来调整经济生活；（3）维护经济秩序；（4）组织、管理和服务经济活动。[1] 制度的功能在于：有效协调与信任；保护个人自主领域；防止和化解冲突；权势和选择。[2] 在保障“战略”实施、促进知识经济的发展过程中法律制度也以多种形式发挥这些作用。

（1）确认知识产权成果的权属，激励知识产权创造热情。宪法、民法对于知识产权成果的权属问题做了原则性规定，知识产权法律制度则具体确认智力成果的创造者对其智力劳动成果享有相应的专利权、商标权、版权、商业秘密权、品种权等知识产权，并对这些权利进行有效保护，使智力成果的创造者能够在一定期限内独占其智力劳动的成果，这无疑在很大程度上解除了智力成果创造者对他人侵占其劳动成果的担忧，从而刺激他们大胆创新，这也是推动“战略”所追求的知识产权创造目标得以顺利实现的基本保障。

（2）维护市场秩序，促进知识产权有效运用。“战略”的一个基本目标在于促进已有知识产权成果的有效运用，使其价值能够得到应有的发挥。在当代社会，知识产权的运用更多地通过市场实现，而法律制度在这方面至少可以提供两种保障：①提供知识产权成果市场化的形式，特别是通过企业法、合同法、知识产权法为知识产权成果的投资、许可、转让等提供便捷的形式和途径。②防止知识产权人的滥用。知识产权成果如果得到正常运用，其对经济社会的发展无疑是有巨大作用的，但如果知识产权人滥用这种权利，则其在满足权利人自身私欲的同时可能会对社会整体利益造成很大损害。如何保证知识产权在实现权利人自身的利益需求的同时又在

---

[1] 付子堂：《法律功能论》，中国政法大学出版社 1999 年版，第 140 页。

[2] ［德］柯武刚、史漫飞著，韩朝华译：《制度经济学：社会秩序与公共政策》，商务印书馆 2004 年版，第 142～147 页。

整体上有利于整个经济社会的发展，这需要反垄断法等法律制度发挥作用。正因如此，近年来，各国都越来越重视知识产权与反垄断法之间的关系，以达到既促进技术革新又实现竞争政策的目标。❶

（3）协调和化解利益冲突，发挥知识产权的积极效应。知识产权成果的复杂性决定了知识产权往往会涉及多重利益，存在很多冲突：不同知识产权之间存在冲突（含同类知识产权之间的冲突和不同类知识产权之间的冲突）；❷ 知识产权人对智力产品的垄断和社会公众对其的合法需求之间的冲突；❸ 知识产权人垄断为实现其自身利益而垄断某种智力成果与自由的市场竞争之间的矛盾。如果这些利益冲突得不到较好的解决，正当的知识产权就不能及时得到有效的确认，知识产权的效用也会在各种纷争中受到很大的损耗，社会公共利益会在过度强调知识产权保护的幌子下被损害，"战略"所谋求的目标也就不可能真正得到实现。以知识产权法为代表的法律制度在赋予知识产权的同时又对权利的行使进行了必要的限制，努力将法益之冲突控制在较小的限度内；同时，相关的法律制度还对在权利行使过程中所存在的利益冲突和纠纷提供了解决的机制，有助于现实中的矛盾及时得到化解。

（4）构建有效的组织机制，推动知识产权工作的顺利开展。"战略"的实施涉及多方面的工作，每方面的工作都必须经过高效的组织才能得到顺利开展。国家的法律制度和政府部门的政策对此能够发挥多种作用：明确规定知识产权工作管理体制；为知识产权行政管理组织、司法组织的构建提供依据；为知识产权工作的组织机制和工作方法的创新提供导向；具体规定知识产权行政管理和司法审判的运作程序；为不同类型、不同层次、不同地区的知识产权管理组织之间的协调提供方向或模式；为行业自治组

---

❶ 王玉梅："专利池滥用的反垄断法规制问题研究"，载《知识产权》2011 年第 2 期。

❷ 靳晓东："我国知识产权权利冲突之立法对策"，载《法学杂志》2011 年第 12 期。

❸ 冯晓青："试论以利益协调理论为基础的知识产权制度"，载《江苏社会科学》2004 年第 1 期。

织参与知识产权管理提供制度支持；为企业知识产权组织管理的规范化提供可行的标准。

（5）提供有效模式，支撑知识产权社会服务。“战略”所追求的知识产权创造目标与知识产权运用目标，不能仅仅靠企业自身的努力和国家的组织管理，还要依靠基础广泛的社会力量，充分调动各种社会力量的积极性。知识产权社会服务的加强有赖于国家的法律制度和政府部门的政策：知识产权中介服务的发展需要法律与政策明确知识产权中介服务的组织形式、中介服务的业务范围、中介服务人员的资格、中介服务人员的地位及行为规范、中介服务人员的责任、中介服务的自治与管理模式；❶ 知识产权公共服务平台（如知识产权交易平台、知识产权信息平台等）的建设需要政策的导向和扶持，需要国家法律对其法律地位加以确认并保护其相关权益，需要国家法律对其运行秩序进行维护；“战略”的实施需要包括高校在内的社会各方面提供人才支持，而知识产权人才培养模式、知识产权教育资源的配置、知识产权人才培养措施的运用均需要多方面法律和政策的保障，日本已将知识产权人才的培养列为知识产权战略大纲的四大核心内容之一，并将其纳入《知识产权基本法》予以贯彻实施，❷ 足见法律制度对于知识产权人才培养的重要价值。

（6）加强引导与约束，保障知识产权工作的物质基础。离开较好的经费投入和其他物质条件，知识产权创造和运用及其他相关的知识产权工作是很难取得有效进展的，整个“战略”的实施也难以为继。法律制度在“战略”实施的物质保障方面同样担负着重要使命：以经费投入为例，财政投入是“战略”实施经费的重要来源，这需要计划法和预算法给予相应的安排，而要顺应“战略”实施对于财政资金的需要，有必要调整财政支出结构、确保财政支出效果，❸ 这需要国家法律和政策加以引导并建立绩

❶ 沈仲衡：“论我国专利代理制度的完善”，载《科技与法律》2011年第6期。

❷ 陈红军：“论我国知识产权人才的培养”，载《黑龙江科技信息》2007年第20期。

❸ 王保安：“积极运用财政政策促进国家知识产权战略”，载《中国资产评估》2007年第12期。

效评价等约束机制；金融支持是“战略”实施经费的另一个重要来源，这一来源需要商业银行法、担保法和相关政策的保障与鼓励；社会性投入对于“战略”的实施越来越重要，而这种投入需要政府部门通过优惠政策加以引导并通过法律保障其安全，知识产权证券化是吸引社会性投入的重要途径，而这种获得资金的路径首先需要有资产证券化的基本制度作为实施的依据和制度保障。[1]

（7）建立行为标准，评价知识产权工作成效。对国家知识产权战略实施绩效进行科学、客观和全面的评估有助于有效监控战略实施过程和实施效果，保证战略实施效果及时反馈，确保战略有序推进。[2] 为及时总结“战略”实施的经验和不足，不断改进工作重点与方法，有必要对“战略”实施各方面的工作进行评价。这种评价工作要得以顺利进行并发挥有效作用，就必须由国家的法律和政府部门的政策对评价标准、评价程序、评价结果的运用等做出合理规定。

（三）完善法律制度的内涵与外延

从我国现实情况看，能够对“战略”的实施发挥上述保障作用的不限于法律（这里指广义的法律，含全国人大及其常委会制定的法律、国务院制定的行政法规、国务院相关部门制定的部门规章、拥有地方立法权的地方权力机关制定的地方性法规及其政府制定的地方政府规章、我国参加的国际条约、最高国家司法机关颁布的司法解释等），也包括其他地方政府和地方政府的工作部门颁布的规范性文件，还包括各级政府及其工作部门所制定的直接或间接促进“战略”实施的政策性文件。也就是说，这里的“法律制度”涵盖了作为法律渊源的各种规范性文件、政府机关制定的其他规范性文件和政府机关制定的政策，是法律、制度、政策的统称。

何谓“完善”的法律制度？“完善”的法律制度应当符合以下几个方

---

[1] 孙春伟：“知识产权证券化的制度缺失与完善”，载《学术交流》2010年第9期。

[2] 乔永忠、文家春：“国家知识产权战略实施绩效评估基本问题研究”，载《科技管理研究》2009年第6期。

面的要求：（1）“战略”实施需要的法律、制度和政策应当具备。这方面的法律制度首先是专门的知识产权法和政策，这是目前学者在研究“战略”实施法治环境时主要关注的一点；❶ 其次是配套的政策和法律制度，涉及面很广，如财政、金融、科技、教育、人事、企业、合同、竞争、诉讼等方面的政策与法律。（2）相关法律、制度和政策具有较高的质量。规范性文件的层次应当适宜，操作性较强，❷ 政策、法律的内容明确、合理且有较强的针对性，与“战略”实施的要求相适应，政策、法律的规定相互之间较为协调。（3）相关法律、制度和政策要适时进行变更。知识产权法和其他配套法律应当根据“战略”实施的需要及时进修修订和完善，政府机关的政策要基于“战略”实施的进程不断进行调整，使政策的指导性和激励性能够凸显出来。（4）相关法律、制度和政策要得到有效的实施。再好的法律与政策如果停留于纸上，是没有任何意义的，必须落实于相关主体的行动中才能真正对“战略”的实施发挥保障作用，尤其是需要完善的知识产权行政管理体制，❸ 保证行政机关应当严格而科学地执行相关法律与政策，还特别需要司法机关在审理知识产权相关案件时严格适用相关法律，加强对知识产权的保护。

二、有力的组织保障

（一）组织保障在国家知识产权战略实施中的重要作用

“战略”的实施是一个涉及面广、因素复杂、动态变化的系统工程，必须有一个强有力的组织体系才能保证这一工程有序、高效地推进。组织保障的功能在“战略”实施中主要体现在以下几个方面。

---

❶ 詹映、余力焙：“国家知识产权战略实施之法治环境完善绩效评价研究”，载《科技进步与对策》2011 年第 2 期。

❷ 石先钰、薛惠：“我国科技创新法律制度存在的问题及其完善研究”，载《科技进步与对策》2009 年第 23 期。

❸ 乔永忠、葛雅兰：“论政府在国家知识产权战略实施中的作用”，载《探索》2008 年第 5 期。

（1）保证各项“战略”实施工作落到实处。对于“战略”的实施构建一套组织体系，设计一套科学的管理体制，明确各相关机构和人员的职责，既能保证整个“战略”实施活动有统筹者，也能保证“战略”实施的各个方面、各个环节乃至某一具体的工作均有相应的责任人，从而确保“战略”实施的各项活动均能落到实处，不至于因缺乏具体的组织者而使一些“战略”实施要求停留在纸面上。

（2）突出“战略”实施的重要性。从我国现状看，一项工作是否被人们所重视，往往与其组织领导者有重要关系。如果某项工作没有明确的组织领导者，就不会得到大家的重视，通常是被人们挂在嘴边却不见实际行动，甚至不被人们提及；相反，如果某项工作有强有力的组织领导者，特别是被当成“一把手”工程，就会引起人们的高度重视。要使“战略”的实施得到上上下下的重视，由口号变成切实有效的行动，就必须针对“战略”实施设计有力的组织领导机制。

（3）强化“战略”实施的有序性。“战略”的实施涉及无数的机构或个人，如果不建立一定的组织体系，对“战略”实施过程进行组织管理，每个机构或个人往往会按照自己的理解和利益需求采取行动，整个“战略”的实施就会陷入混乱之中。政府在知识产权管理中的主要职能之一便是行使公权，通过制度化的方式来解决冲突，重塑社会秩序。[1] 在“战略”实施过程中以政府及其部门为主体实施的组织管理，其主要目的之一也是要维持“战略”实施的秩序，保证“战略”实施的顺利进行。

（4）确保“战略”实施的协调性。国家知识产权战略贯穿知识产权创造、运用、保护、管理诸多环节，涉及科技、经济、贸易、文化等领域，其贯彻实施需要国家、地方、行业、企业各层面合力推进。[2]“战略”的实施涉及不同的管理机构、不同的社会组织和企业、不同的人员，这些主体

---

[1] 赵丽莉、井西晓：“政府在知识产权管理中的职能”，载《理论探索》2010 年第 5 期。

[2] 刘洋：“试析国家知识产权战略实施中的基本矛盾”，载《知识产权》2011 年第 2 期。

之间必然存在着观念差异和价值冲突。除了“战略”实施涉及的不同市场主体之间的利益冲突外，这方面的冲突主要存在于不同的知识产权行政管理机构之间，[1] 知识产权行政执法机构与知识产权审判机构之间，[2] 知识产权主管部门与反垄断法执法机构之间，[3] 不同层级的知识产权行政主管部门之间，不同地方的知识产权主管部门之间。基于此，加强统筹协调是做好知识产权战略工作的内在要求，而建立统一高效的组织模式是顺利实现此种协调的必要保障，特别是统一的领导组织、联席会议组织和日常联络组织等协调性组织的建立和有效运行。

（5）提高“战略”实施的效率。一个组织整体效率的高低，取决于它所拥有的各种资源是否得到优化配置，组织的运行状态是否良好。[4] 从宏观层面说，组织保障的根本目的就通过有效的组织管理，谋求“战略”要素的有机整合，实现“战略”要素的科学配置，进而提高“战略”实施各个环节的效率和整个“战略”实施的总体效率。从企业这一微观层面最重要的主体来说，有效的组织设计是调动企业人、财、物等资源以成功地实施企业知识产权战略的重要方法。[5] 无论是从提高“战略”实施的整体效率上看，还是从提高“战略”实施某一环节、某一方面或某一具体工作的效率上看，科学的组织机制、有力的组织管理都是一个重要的保障因素。这实际上也是知识产权工作较好的地方和企业取得成功的重要经验所在。

（二）组织保障应当满足的要求

组织体系要在“战略”实施中发挥上述保障作用，其前提是组织体系

---

[1] 朱雪忠、黄静：“论我国知识产权行政管理机构的一体化设置”，载《科技与法律》2004 年第 3 期。

[2] 胡潇潇：“知识产权行政执法与民事诉讼的冲突与协调”，载《贵州警官职业学院学报》2009 年第 3 期。

[3] 王先林：“实施知识产权战略与防止知识产权滥用”，载《中国发明与专利》2008 年第 9 期。

[4] 高冠新、郭启贵：“反思管理本质的新视野”，载《理论月刊》2009 年第 8 期。

[5] 张涛：“企业知识产权管理体系的组织设计要素及原则”，载《现代管理科学》2007 年第 2 期。

自身要比较完善，主要表现在以下几个方面。

（1）组织的权威性。为了加强知识产权协调与管理，知识产权管理部门必须具有较高的权威性。❶ 一个强有力的组织管理者才能保证其组织管理活动的实效；要提高“战略”实施组织的权威性，就应保证“战略”实施领导组织应当由较重要的政府领导人负责，政府知识产权管理部门在政府管理体系中应当具有较高的地位，各单位的知识产权管理部门应当由单位负责人挂帅或负责，社会性的“战略”推进组织应当由知名人士或政府强力部门牵头。

（2）组织的系统性。既然“战略”实施是一个系统性工程，每一个领域、每一个环节的知识产权工作都应当有相应的组织者，从而形成一个有机的组织体系。在任何一方面如果存在组织缺失，不仅使这方面的“战略”实施工作受到严重影响，也会影响到整个“战略”推进的力度和质量。

（3）组织的协调性。这种协调性首先是内在的协调，要求各种类型、各个级别的管理组织在职能配置上要协调，避免交叉重叠现象，并能形成相互配合、协同发挥作用的格局。在目前多元化、多层级和一体化的知识产权行政管理与执法体制和双轨制的知识产权保护体制下，很容易形成管理机关设置的分散、执法主体过多及相互职能交叉和权力冲突的局面，❷这就需要进行外在的协调，即不同的组织之间应当建立必要机制去化解相互间的冲突和矛盾。

（4）组织的专业性。知识产权的高度专业性决定了“战略”实施工作的专业性，相应地，各种知识产权管理组织也应当具有较高的专业性。组织的专业性首先体现为相关组织的专门化，尤其是知识产权行政管理机构

❶ 陈美章：“对我国知识产权协调管理与保护的研究与建议（上）”，载《知识产权》2002年第5期。

❷ 丛雪莲：“中国知识产权行政管理机构之设置与职能重构”，载《首都师范大学学报（社会科学版）》2011年第5期。

和执法队伍的专门化，[1] 知识产权审判组织的专门化，大型企业知识产权管理机构的专门化；组织专业性的另一个重要要求就是组织工作人员的专业性。

(5) 组织机构的健全。组织保障作用的切实体现需要每个管理组织能够真正发挥应有的作用，而每个组织能在多大程度上发挥作用则往往取决于该组织自身的管理能力。一个组织较强的管理能力是建立在其健全的组织机构、较好的人员配备、严格的管理规范和科学的运作机制基础之上的，即内部机构设置较为合理，有数量适中、具有较高素质的工作人员，有一套规定严格、执行有力的规章制度，有设计合理、运作顺畅的程序机制。

(6) 组织形式的多样性。面对纷繁复杂的“战略”实施活动，组织的适应性是其保障作用得以有效发挥的重要条件。这种适应性的基本要求就是组织形式的多样性：不同层面、不同范围的管理组织应当有不同的形式，比如，政府实施宏观管理的组织与行业协会实施中观管理的组织应当有较大的差异，而企业实施微观管理的组织又应当与前两者存在很大的差异；[2] 不同性质的管理组织应当有不同的形式，如知识产权行政管理的组织形式、知识产权司法管理的组织形式、知识产权中介服务管理的组织形式、知识产权管理协调的组织形式相互之间应当有一定的差异；对于不同类型知识产权事务的管理组织也应当有不同的形式，如技术类知识产权管理的组织形式、标志类知识产权管理的组织形式和创作类知识产权管理的组织形式之间应当有一定的差异。

三、坚实的社会基础

(一) 社会基础在国家知识产权战略实施中的重要性

《纲要》的颁布是政府干预知识经济、推动创新型国家建设的重要举

---

[1] 武善学：“健全中国特色知识产权行政管理和执法体制”，载《法学杂志》2010 年第 4 期。

[2] 张泽吾：“国家实施知识产权战略的层面及重点”，载《理论界》2009 年第 5 期。

措，但“战略”的实施仅靠政府的推动和组织管理是远远不够的，它是一项社会性的浩大工程，需要调动全社会的力量，构建坚实的社会基础。

“战略”的实施是知识经济的有机组成部分，处理经济生活中国家与人民社会关系的原则和要求同样适用于这一领域。经济民主是当代经济生活的重要特征，市场主体自主、合作参与是其基本要求，要充分发挥企业和社会中间层主体的作用。❶

“战略”实施中政府作用的两面性决定了利用社会力量的重要性。政府是实施国家知识产权战略的重要力量，它既可能对国家知识产权战略实施产生积极推动作用，也可能对其构成严重障碍；要有效实施国家知识产权战略，必须正确发挥政府作用，把政府的宏观调控与市场的价值规律有机结合，从而充分发挥企业的自主创新能力，激发全社会所有创新主体的创新活力。❷

“战略”实施的社会性需要社会力量的广泛参与。尽管知识产权对于很多人来说高深而神秘，但“战略”的实施遍及整个社会是个不争的事实，可以说，“战略”的实施涉及并影响着每个单位和个人，每个单位或个人的行为也会在事实上影响着“战略”的实施。因此，要使“战略”的实施取得良好效果，就不能不考虑调动每个社会主体积极性和能动性的问题。

“战略”实施的系统性需要良好的社会环境。“战略”的实施是各种力量共同作用、各种因素相互影响、各个环节相互衔接、各个层面有机结合的系统，社会力量既是其中的核心构成，也是基本的影响因素。因此，“战略”的顺利实施必须有较好的社会氛围，需要每一种社会力量发挥其正功能，至少不能成为阻碍或破坏因素。

（二）坚实社会基础的基本内容

“战略”实施所需要的坚实社会基础包括但不限于以下几个方面。

---

❶ 王全兴、管斌：“经济法与经济民主”，载《中外法学》2002年第6期。

❷ 乔永忠、葛雅兰：“论政府在国家知识产权战略实施过程中的作用”，载《探索》2008年第5期。

(1) 企业知识产权工作基础较为扎实。企业是“战略”实施最基本、最核心的社会力量，作为“战略”中心任务的知识产权创造与知识产权运用的目标主要依靠企业去实现。在市场经济下构建知识产权战略体系，企业作为知识产权创造和运用的主体应当居于中心位置，而政府的责任更多地体现在为企业提供一个良好的知识产权发展环境上，围绕企业而存在。[1] 企业作为“战略”主体地位的作用要得到较好的发挥，就必须保证企业有扎实的知识产权工作基础，这涉及企业的知识产权管理机构、管理队伍、管理制度、员工知识产权意识、知识产权投入程度、已有技术基础等多个方面。

(2) 知识产权中介服务体系较为发达。知识产权的高度专业性、知识产权种类的多样性、知识产权涉及面的广泛性决定了在“战略”实施过程中某一项知识产权工作往往无法由特定的主体单独完成，某一特定的主体通常难以独自完成其所涉及的所有知识产权工作，知识产权中介服务也就因此在很多情况下成为必要。可以说，离开专业化的知识产权中介服务，很多知识产权工作往往无法开展；知识产权中介服务已经贯穿于知识产权创造、运用、保护、管理各个环节，涉及专利、商标、版权、地理标志、植物新品种等知识产权领域。[2] 完善的知识产权服务体系是“战略”顺利推进的重要保障因素，这种完善的服务体系主要体现为服务机构和服务人员较多、服务模式科学而多样、服务规范健全、服务水平较高、服务的外部保障条件较好等。

(3) 行业自治组织能够发挥特有的作用。行业自治组织在“战略”实施中具有自己的优势。与政府机关相比，行业协会具有信息优势，具有亲

---

[1] 刘洋：“试析国家知识产权战略实施中的基本矛盾”，载《知识产权》2011 年第 2 期。

[2] 吴桐等：“我国知识产权服务业发展现状与对策研究”，载《中国发明与专利》2012 年第 6 期。

和力，具有专业性，更具群众基础；[1] 与市场主体相比，以行业协会为代表的社会中间层主体更具专业性，拥有更加充分、完整的信息，有助于集体理性的实现。[2] 行业组织特有作用的发挥不仅需要国家有关行业协会法律制度的完善，也需要社会对行业协会“战略”作用充分认识，更需要行业协会自身有健全的组织机制，有积极参与“战略”实施的责任心，有适于“战略”需要的管理人员和专业人员，有高质量的自治规范，有广泛的代表性和较大的影响力。

（4）知识产权公共服务平台运作良好。知识产权公共服务平台是开放式的知识产权服务模式，是通过整合各种知识产权社会资源和信息资源，为政府、企事业单位和社会公众提供多样化的“一站式”快速、准确、优质的知识产权服务的公共平台。从服务内容上看，知识产权公共服务平台可以分为活动类服务平台和信息类服务平台，前者的服务内容有知识产权咨询、宣传培训、战略研究、法律援助、知识产权评估、知识产权交易等方面，后者的服务内容是提供相关的知识产权信息或文献；从服务范围上看，知识产权公共服务平台可以分为综合性服务平台和专项服务平台，前者涉及多方面知识产权的服务，后者主要限于某一类知识产权服务。从推进“战略”实施的需要考虑，知识产权公共服务平台应当符合以下要求：服务平台体系完善，各个层面、各种类型的服务平台在相互配合的基础上形成有机整体；服务平台的信息来源多样、数量充足、更新及时；服务平台的资源、信息能够得到便捷的利用；服务平台整合知识产权资源或信息的能力强，特别是能够有效获取和整合社会性资源（含一些单位内部的资源）；免费服务平台与商业服务平台共存，但应实现基本知识产权信息的免费利用，如由国家知识产权主管部门建设的国家知识产权文献及信息资料库对基本的知识产权文献与信息需求可以定位于免费使用的公益性，而

---

[1] 董新凯：“市场规制的社会化——以行业协会为例”，载《江苏社会科学》2006 年第 5 期。

[2] 刘旭霞、朱鹏、李晶晶：“社会中间层在知识产权战略实施中的功能定位”，载《电子知识产权》2008 年第 12 期。

对于深度加工的增值服务则留待商业性开发；[1] 服务平台在相应的范围内为公众知晓且有较好的信誉。

（5）知识产权文化氛围浓厚。有学者将知识产权文化分为观念形态的知识产权文化和制度形态的知识产权文化，[2] 这里主要涉及前者。“战略”的顺利实施需要强大的精神力量的支持，而这种精神力量的核心便是知识产权文化。没有浓厚的知识产权文化氛围，没有知识产权精神的支撑，很难形成强烈的创新意识，[3] 知识产权制度就难以得到深刻的认识和严格的遵守，他人的知识产权成果就很难得到应有的尊重和保护，知识产权侵权行为就很难受到普遍的抵制与制裁，“战略”推进计划就很难得到广泛的响应与支持。“战略”的顺利推进需要有浓厚的知识产权文化氛围的铺垫：知识产权的本质、知识产权制度的主要内容和基本要求得到社会的广泛认知；尊重他人知识产权，严格遵守知识产权制度，抵制知识产权侵权行为，坚决保护知识产权成为一种社会信念；看重知识产权，崇尚知识产权，追求知识产权成为主流的价值观念和行为习惯。

四、丰富的人才支持

造就创新人才是建设创新型国家的关键，[4] 作为创新型国家建设的重要内容的“战略”实施行动，更需要以创新型人才为核心的人力资源的支持。为了保证“战略”实施的顺利进行，知识产权人力资源必须达到相应的要求。

---

[1] 冯晓青：“中国知识产权文献及信息网络服务现状研究”，载《黑龙江社会科学》2012 年第 5 期。

[2] 刘华：“文化，决定性力量——知识产权文化探析”，载《中国发明与专利》2007 年第 4 期。

[3] 孙国瑞：“知识产权文化与创新意识的培养”，载《中国发明与专利》2007 年第 4 期。

[4] 路甬祥：“造就创新人才是建设创新型国家的关键”，载《中国科学院院刊》2006 年第 3 期。

（一）知识产权人才的供给有较好的保障

在“战略”实施的各个领域、各个环节，在参与“战略”实施过程的各个机关、企事业单位和社会团体，所需要的知识产权人才都能得到较好的供给。

（1）知识产权人才的数量要满足需要。量的保障是知识产权人才供给应当满足的最起码要求，借此首先解决“战略”推进过程中人才缺乏的问题，使得相关单位至少能够做到有“人”可用。随着“战略”的实施向纵深发展，对知识产权人才需求的数量也会不断增加，这种数量保障的压力也会增大，政府机关和社会各方应当采取有效措施尽量去化解这种压力。

（2）知识产权人才的质量要有保证。知识产权人才质量涉及多个方面：①知识产权人才类型要适应需求。“战略”实施的基本目标在于知识产权创造与知识产权运用，这就需要保障科技型创新人才的供给，特别是高层次科技人才（主要是企业高层次科技人才）的供给；❶知识产权管理与知识产权保护是“战略”实施的重要内容，这就需要相应的知识产权管理人才（行政管理人才、企业管理人才、社会化管理人才等）和知识产权保护人才（司法人才、行政执法人才、社会维权人才等）的供给；“战略”的实施离不开多种形式的社会支持，这就需要相应的知识产权中介服务人才、知识产权教育人才的供给。②知识产权人才的知识结构要适应需求。各种类型的知识产权人才都应当具有该类人才所应有的专门的知识；同时，知识产权具有很强的复合性、交叉性，大部分知识产权人才应当具有复合知识结构，最好能够做到法学与管理学、经济学、技术科学等学科的交叉和融合（至少是两个学科的交叉与融合），这种复合型知识产权人才也是当今最缺的。③知识产权人才的能力要适应需求。知识产权人才作用的发挥最终取决于其实际运用知识的能力，较强的实际操作能力是对知识产权人才能力的核心要求；实践型知识产权人才是社会发展之迫切需要，在企

---

❶ 舒珺等：“基于我国科技创新现状的科技人才优先发展战略探析”，载《科技管理研究》2012 年第 1 期。

业层面则尤为突出。[1]

（3）知识产权人才的输送来源要有保障。在“战略”实施中社会对于知识产权人才的需求是持续的，这种新的知识产权人才需求应当有稳定的输送渠道予以保证。满足新增知识产权人才需求的稳定渠道主要是专门担负人才培养功能的高校。因此，从“战略”实施需求的角度考虑，必须有完善的教育支持机制，包括师资方面的支持、课程方面的支持、平台方面的支持，[2] 还要有制度和政策方面的支持。

（二）知识产权人才的作用得到较好发挥

有了必要的知识产权人才队伍，还要切实保证这些知识产权人才能够发挥应有的作用，只有这样才能真正对“战略”的实施提供实质性的人才支持。从人尽其用的角度考虑，有几点是需要做到的。

（1）知识产权人才得到应有的重视。各级政府的领导层首先要对知识产权人才的使用给予高度重视；[3] 知识产权人才所在单位要直接关心知识产权人才，重视知识产权人才的合理使用；整个社会也要将知识产权人才放在一个重要的位置，对一些专业性问题的处理养成倚重知识产权人才的习惯。

（2）知识产权人才专门化得以落实。从“战略”高效实施的角度考虑，最好能够实现知识产权人才的职业化，造就职业知识产权人才队伍，[4] 这样可以避免因知识产权人才同时从事其他工作所带来的干扰，提高知识产权人才的工作效率。

（3）知识产权人才的奖惩机制得以健全。与其他人才作用的充分发挥

---

[1] 刘友华：“论我国实践型知识产权人才的培养”，载《湘潭师范学院学报（社会科学版）》2009 年第 1 期。

[2] 宋志国：“知识产权人才培养的教育支持机制”，载《电子知识产权》2007 年第 10 期。

[3] 欧阳敏灵：“知识产权人才培养要进入领导层的视野”，载《电子知识产权》2008 年第 12 期。

[4] 何铭、王浩、周磊：“职业知识产权人：知识产权人才培养新模式探析”，载《科技与法律》2009 年第 3 期。

需要激励与约束机制一样，要使知识产权人才尽可能发挥其积极作用，也需要建立相应的激励约束机制。这种激励约束机制主要是完善的考核及相应的奖惩机制，由于知识产权人才所在环境及其工作会存在较大的差异性，这种考核评价机制要进行合理的设计，[1] 特别是努力提高其针对性；在奖惩机制的利用上，要注意知识产权人才一些精神层面和发展层面的因素，淘汰机制也应当在其中有所体现。

（三）知识产权人才的能力得到不断提升

随着经济社会的发展、科技进步的加快和环境的改变，“战略”实施的要求也在不断提高，知识产权人才原有的知识和技能很可能难以适应新的要求。在不可能对现有知识产权人才进行大面积淘汰的情况下，就必须保证现有知识产权人才的能力得到提升，这个目标的实现要满足三个基本条件。

（1）知识产权人才的内在需求。知识产权人才自身必须有强烈的竞争意识和不断提升其能力的需求，这样才能使知识产权人才的能力提升成为一种自觉行动，特别是促使其利用一些非组织性的机会进行再教育，也才会增强能力提升活动的效果。政府、社会、用人单位应当通过多种途径提升知识产权人才的这种内在需求。

（2）用人单位的有力支持。知识产权人才的后续教育有可能与其正在从事的工作有一定的冲突，特别是与用人单位的眼前利益产生矛盾，这就需要用人单位正确地平衡当前需要和长期发展的关系，在后续教育的时间、经费、机会等方面给予知识产权人才有力的支持，保证必要的后续教育得以实现。

（3）丰富的持续教育资源。知识产权人才的后续教育资源主要来自于高校、社会培训机构和其他方面（如研讨会的主办者），其中各种类型的培训单位（含高校提供的培训）是此类持续教育资源的主要提供者。为了增强后续教育的效果，就要对教育培训机构进行一定的控制，保证其自身

---

[1] 刘柳：“知识产权人才的激励方式”，载《人力资源管理》2009年第10期。

的质量，[1] 特别是保证其有适格的师资，合理的课程设置，必要的教学设施和设备器材，良好的技能训练条件，高素质的管理人员。

五、必要的物质投入

（一）物质要素投入对于国家知识产权战略实施的影响

相对于法律制度、组织管理、社会基础、人力资源而言，物质要素是“战略”实施的硬条件，对于任何“战略”实施行动都是重要的。在知识产权创造方面，目前的主要问题是知识产权创造主体的积极性还没有充分调动，支撑创新的资金还没有完全到位，[2] R&D 投入也成了各方高度关注的因素；以专利为代表的知识产权成果的转化与运用，离不开以经费为核心的物质要素的支持，各种形式的资金扶持也成了发达国家促进知识产权成果转化政策和措施的重要内容；[3] 知识产权管理、知识产权保护、知识产权中介服务、知识产权文化建设、知识产权人才培养等任何一方面的“战略”实施行动，如果没有一定的经费支持和设施器材方面的条件，都很难有好的效果，甚至根本无法展开。

事实上，物质要素的投入状况对于“战略”实施的效果有较大的影响，我国目前“战略”实施成效比较好的地方，其物质要素的投入也相对较好。以北京为例，其知识产权工作成绩能够始终位列全国前三，与其大力度的物质要素投入可谓密切相关。“入世”十年来，北京地区不断加大科技投入，2011 年，北京地区的 R&D 经费支出为 932.5 亿元，是 2001 年的 5.4 倍，年均增长 18.5%，R&D 经费占地区生产总值的比重逐年升高，

---

[1] 钱建平：“谈国家知识产权人才战略实施的障碍及其克服”，载《南京理工大学学报（社会科学版）》2010 年第 6 期。

[2] 杨德桥：“科学发展观视野下的国家知识产权战略实施机制研究”，载《生产力研究》2012 年第 5 期。

[3] 徐慧：“发达国家专利成果转化政策和措施”，载《中国高校科技》2013 年第 2 期。

2011 年达到 5.8%，远远超出全国平均水平。[1]

(二) 国家知识产权战略的实施对于物质要素的要求

(1) 物质要素投入的数量充足。“战略”实施各个环节、各项行动所需要的经费及其他物质条件应当得到保证，至少应当满足基本的需求。要做到这一点：①必须合理界定一个地方、一个单位、一项知识产权工作对物质要素投入的基本需求，这种合理界定需要认真考察各相关因素。比如，在确定一个地方的 R&D 强度（R&D 经费投入占当地 GDP 的比重）时，需要综合考虑企业因素、政策因素、公共 R&D 部门、投资因素、经济因素等。[2] ②要实现物质要素来源渠道的多元化。“战略”实施的广泛性、长期性决定了其对物质要素的需求不仅量大而且持续时间长，任何单一的物质来源渠道都无法独自满足这种需求，必须要将各种可能的物质供给渠道利用起来，特别是将财政投入、企业自我投入和社会投入有机结合起来，尤其是要通过有效的形式调动社会投资的积极性，突出企业在研发投入及其他物质要素投入方面的主体地位。[3]

(2) 物质要素的配置合理。在全国、一个地方、一个行业、一个企业经费和其他物质要素投入总量确定的前提下，要努力实现这些存量资源（主要指外部的投入）在不同的运用主体、不同的领域、不同的工作环节之间以及不同时段的合理配置，而要做到合理配置，需要将经费的使用效率、未来知识产权工作发展的需要、必要的利益平衡等要素加以综合考虑。基于合理配置的需要，每一重要的经费或其他物质要素的分配都应进行充分的论证，特别是要建立一套科学的资源配置机制。

(3) 物质要素利用效率较高。经费及其他物质要素投入的效益有两个

---

[1] 陈可南：“入世十年北京地区专利发展情况分析”，载《中国发明与专利》2012 年第 12 期。

[2] 肖敏、贾晓霞：“我国 R&D 强度的影响因素——基于局部调整模型的实证检验”，载《管理学报》2011 年第 11 期。

[3] 杜黎明：“推进专利产业化、促进发展方式转变”，载《中国产业》2011 年第 3 期。

方面：①直接效益；②间接效益或附带效应。直接效益的高低主要是通过对投入的目标和最终的结果的比较来考察：研发投入的主要目标在于提高企业的自主创新能力和知识产权成果的产出，知识产权成果转化投入的主要目标是相关成果的成功运用及相应经济效益的产生，知识产权管理投入的主要目标是提高管理能力和提升管理水平，知识产权保护投入的主要目标是有效解决知识产权纠纷、保证受害知识产权人得到应有的救济，知识产权中介服务投入的主要目标是提高中介服务水平和促进知识产权成果的产出与运用，知识产权人才培养投入的主要目标是培养一定数量、具有相当水平的知识产权人才，知识产权文化建设投入的主要目标是公众知识产权知识的获得、知识产权意识的提高、知识产权信念的增强、知识产权精神的塑造。间接效益的情形比较复杂，因为任何知识产权工作都产生多种多样的影响，需要根据相关知识产权工作的内容来考察其应当具有的间接效益，比如，公共财政资助的干细胞研究项目，由于涉及民生，其对公众利益的影响就是一个重要的间接效益问题，[1] 知识产权保护工作对于产业竞争力所能产生的影响也可以看成其一种间接效益。[2] 要满足物质要素投入高效利用的要求，就必须有相应的保障机制：①加强经费及相关设备器材的使用管理，特别是借鉴国外先进的项目管理经验；[3] ②建立科学的经费使用绩效考核评价机制，这种考核评价机制在遵循一些基本要求的前提下应当多样化，基于经费投入的领域、项目的特点进行设计，并要有针对性地采取一些科学的分析方法。[4]

---

[1] 余婕、周宁：“公共财政支持的科研项目如何保障公众利益——来自美国加州干细胞研究项目的启示”，载《中国科技论坛》2012 年第 9 期。

[2] 郑亚莉、宋慧：“中国知识产权保护对高技术产业竞争力影响的实证分析”，载《中国软科学》2012 年第 2 期。

[3] 郝凤霞、刘海峰、李晨浩：“欧盟框架计划研发项目管理机制及其借鉴”，载《科技进步与对策》2012 年第 12 期。

[4] 张垒、唐恒：“基于 DEA 的高校知识产权投入产出效率评析”，载《高等教育研究》2010 年第 1 期。

六、其他方面的保障

“战略”实施影响因素的复杂性决定了其所需保障条件的多样性，除了前述通常的、主要的保障条件外，“战略”的顺利实施还需要其他一些保障条件，有些条件甚至对于“战略”的实施具有基础性的影响。

“战略”的实施有赖于较成熟的市场经济体制。市场经济与知识产权战略存在着内在的互动关系。西方知识产权制度的确立和长成，是与其商品经济或市场经济的发展同步进行的。[1] 我国“战略”实施过程中很多工作的完成实际上是以成熟市场经济体制为前提的。市场经济环境对于知识产权战略的实现、知识产权的保护都具有相当的影响。社会主义市场经济的建设和完善，是知识产权战略推进的经济基础。[2] 基于此，要使“战略”目标实现，还需要在“战略”实施的同时不断推进市场经济体制的完善。

“战略”的实施有赖于人们对于经济社会现实的充分认知。在“战略”实施的过程中任何决策和行动都建立在对现实情况清晰认识的基础上，包括对于“战略”实施涉及的不同层面及其重点的认识，[3] 对于“战略”实施所面临的诸多矛盾关系及其化解要求的认识，[4] 对于作为“战略”实施主体的企业本身的认识，比如对于不同类型的企业（国有企业、民营企业、外资企业、校办企业等）与不同规模的企业参与科技创新的不同动机的把握，[5] 对于国外在知识产权方面发展的最新情况的认识，等等。

“战略”的实施有赖于一个良好的国际环境。在“战略”实施过程中，

---

[1] 刘雪凤：“国家知识产权战略中政府的角色定位分析——从政策过程视角”，载《理论探讨》2009 年第 2 期。

[2] 杨德桥：“科学发展观视野下的国家知识产权战略实施机制研究”，载《生产力研究》2012 年第 5 期。

[3] 张泽吾：“国家知识产权战略实施的层面及重点”，载《理论界》2009 年第 5 期。

[4] 刘洋：“试析国家知识产权战略实施中的基本矛盾”，载《知识产权》2011 年第 2 期。

[5] 吕新业、田德录：“不同类型企业参与国家科技项目创新动机研究”，载《经济研究参考》2012 年第 57 期。

我们还会像《纲要》制定前那样面临来自西方发达国家的种种压力，这种压力肯定会对于“战略”的实施产生干扰。面对这些压力，一方面，我们不能脱离开我国的现实国情而给予迁就，对知识产权保护过度，这样会大幅度提高我国企业使用外来技术的成本，阻碍我国企业进行后续技术创新，压缩我国企业的发展空间；另一方面也不能不顾国外压力，对知识产权保护过弱，这样很容易损害我国的国际形象，恶化我国经济发展的外部环境。[1] 为了给“战略”的实施赢得一个宽松的国际环境，一方面应当与相关国家进行更多的沟通，努力在一些有分歧的方面取得谅解；另一方面，应当认识到，从长远看，由于发达国家以及一些话语权强大的跨国公司仍然在贸易领域掌握着主导权，它们的一些动作必将整体推高国际知识产权保护标准，我国不可能长期置身事外，必须早作谋划，提出战略性对策，[2] 特别是利用“战略”的实施过程作必要的调整，尽量减少这种摩擦以保证“战略”实施的整体推进。

---

❶ 董涛：“‘国家知识产权战略’与中国经济发展”，载《科学学研究》2009 年第 5 期。

❷ 张志成：“对制定和实施国家知识产权战略的思考”，载《科技促进发展》2012 年第 7 期。

第二章　国家知识产权战略实施的现实状况

第一节　国家知识产权战略实施的主要成就

一、国家知识产权战略实施的主要成果

（一）国家知识产权战略实施之中心工作的成就

就“战略”实施的内部逻辑关系和经济社会发展的根本需要看，我国“战略”实施的中心工作就是知识产权创造与知识产权运用，它们也是国家和地方制定和实施知识产权战略推进计划所追求的核心目标所在。《纲要》颁布以来，我国在知识产权创造与运用方面取得了更加显著的成绩。

1. 知识产权创造方面的成就

《纲要》颁布以后，各地对于知识产权创造水平的提升更加重视，知识产权创造指数5年来呈现持续逐年增长的态势，各方面的知识产权创造工作都取得了较好的成绩。2008～2011年，在专利创造、商标创造方面，中国在世界的比重有了很大提升，在世界知识产权增长方面的贡献度不断提升，而其他一些WIPO的主要成员国的数据则在下降。[1] 根据世界经济论坛的最新报告，我国的创新能力在其所评价的144个国家和地区中排在第

[1] WIPO：2012 World Intellectual Property Indicators，p. 5.

23 位，这也是我国在该机构的评价指标中排名较为靠前的一项。❶

在专利权创造方面，2008～2011 年，国内外三种专利授权量在近 5 年都在呈大幅增长趋势，远远超过了 1985～2006 年的总和（见表 2－1）。2012 年，受理三种专利申请 205.1 万件、授权 125.5 万件，其中发明专利申请 65.3 万件，同比增长 24.0%；发明专利授权 21.7 万件，同比增长 26.1%。受理 PCT 申请 2.0 万件，同比增长 12%。2012 年 7 月，发明专利授权总量达到 100 万件。截至 2012 年年底，国内有效发明专利（不含港澳台地区）共计 43.5 万件，每万人口发明专利拥有为 3.23 件。❷

表 2－1　国内外三种专利申请授权年度状况　（件）

	年份	发明	实用新型	外观设计	合计
合计	1985～2006	296 500	838 121	602 157	1 736 778
	2008	93 706	176 675	141 601	411 982
	2009	128 489	203 802	249 701	581 992
	2010	135 110	344 472	335 243	814 825
	2011	172 113	408 110	380 290	960 513
国内	1985～2006	112 441	831 536	544 051	1 488 028
	2008	46 590	175 169	130 647	352 406
	2009	65 391	202 113	234 282	501 786
	2010	79 767	342 256	318 597	740 620
	2011	112 347	405 086	366 428	883 861
国外	1985～2006	184 059	6 585	58 106	248 750
	2008	47 116	1 506	10 954	59 576
	2009	63 098	1 689	15 419	80 206
	2010	55 343	2 216	16 646	74 205
	2011	59 766	3 024	13 862	76 652

数据来源：国家知识产权局 2011 年专利统计年报。

❶ WEF：The Global Competitiveness Report 2012～2013，p. 139.

❷ 数据来源：国家知识产权产权局知识产权发展研究中心：《2012 年全国专利实力状况报告》，第 7～8 页。

在商标权创造方面，我国近些年的商标注册申请量和商标注册量对于世界上这两项指标的影响非常大，直接左右着其大幅上升或大幅下降。❶2008～2012 年商标注册申请量分别是 698 119件、830 447件、1 072 187件、1 416 785件和 1 648 316 件，商标注册量分别是 403 469 件、837 643 件、1 349 237件、1 022 698件和 1 004 897件，而截至 2012 年，我国累计商标注册申请是和注册量分别是 11 359 791件和 7 655 634件。❷ 从数据对比可以看出，我国在“战略”实施中商标注册申请量和商标注册量的巨大增长情况。截至 2012 年，我国通过马德里体系注册的有效商标总数为 8 442件，近 5 年平均增长件数为 476 件；每百万人口的国际商标注册量为 6.56 件，近 5 年平均每百万人口增长量为 0.37 件。商标的价值不断提升，仅 2012 年通过国家商标局和商标评审委员会认定的驰名商标就达到 1 298 件(次)；2012 年全国新认定的著名商标为 10 522件，有效的著名商标的数量累计达到 40 914件。❸

在版权创造方面，近两年的成绩足以说明“战略”实施的效果。2012 年作品登记量 68.8 万件、软件著作权登记量 13.9 万件，双双达到历史新高；❹ 全国共出版图书 41.4 万种，较 2011 年增加 4.4 万种，增长 12.0%；全国共出版电子出版物 11 822种，较 2011 年增长 5.7%；出版数量 2.6 亿张，增长 23.5%；每百万人均拥有当年出版图书 306 种，增长 11.6%；人均年拥有图书 5.9 册，增长 2.3%；人均年拥有期刊 2.5 册，增长 1.3%；每千人日均拥有报纸 97.6 份，增长 2.7%；全国共出版音像制品 18 485种，出版数量 3.9 亿盒（张），发行数量 3.5 亿盒（张）。❺ 2011 年全国作品自愿登记 44.3 万份，其中文字作品 8 万份，音乐作品 0.2 万份，美术作品

---

❶ WIPO：World Intellectual Property Indicators 2012，p. 8.

❷ 国家工商行政管理总局：《2012 年度中国商标战略年度发展报告》，第 184～185 页。

❸ 国家工商行政管理总局：《2012 年度中国商标战略年度发展报告》，第 36～98 页。

❹ 国家知识产权产权局知识产权发展研究中心：《2012 年全国知识产权发展状况报告》，第 1 页。

❺ 国家新闻出版总署：“2012 年新闻出版产业分析报告”，载新闻出版总署网站。

5.3 万份，摄影作品 29.7 万份，影视 0.75 万份；共出版图书约 40 万种，与上年相比，图书品种增长 12.53%，总印数增长 7.46%；共出版录音制品 9 931种，出版数量 2.46 亿盒（张），发行数量 2.60 亿盒（张）；共出版录像制品 9 477种，出版数量 2.18 亿盒（张），发行数量 1.28 亿盒（张），出版数量比上年增长 17.59%，发行数量增长 7.97%；共出版电子出版物 11 154种、21 322.22万张。[1]

在其他知识产权创造方面，也取得了不错的成绩。2012 年度，林业主管部门全年共受理植物新品种权申请 222 件，授予林业植物新品种权 169 件；截至 2012 年年底，累计已受理国内外林业植物新品种申请 1 084件，授予林业植物新品种权 500 件。[2] 2011 年度，农业植物新品种申请量和授权量分别为 9 016件和 3 713件，同比 2010 年增加 13.62% 和 6.46%，其中国内申请和授权量分别占 93.84% 和 98.14%。截至 2011 年年底，在农业部、国家质检总局和国家工商总局登记注册涉及农产品地理标志的达 3 362 件，其中国内农产品地理标志 3 208件，同比 2010 年增加 718 件，增速达 32.85%。在农业植物新品种权申请和授权总量中，主要农作物品种优势明显，约占 80%；在登记注册的 3 208件国内农产品地理标志中，初级农产品占主导，并集中在茶、稻米、枣、柑橘和辣椒等方面。[3] 截至 2011 年 12 月 31 日，已公告的全国集成电路布图设计登记总量达 4 894件，其中我国大陆企业及个人布图设计登记 4 262件，占总量的 87.09%。[4]

2. 知识产权运用方面的成就

在“战略”实施过程中各个地方、各个行业、各个企业都比较重视现有知识产权成果的运用，其突出的体现就是运用能力的不断提升和较高的

---

[1] 国家新闻出版总署：“2011 年全国新闻出版业基本情况”，载新闻出版总署网站。

[2] 国家林业局科技发展中心和知识产权研究中心：“2012 林业知识产权年度报告”。

[3] 曹茸：“2012 年中国农业知识产权创造指数报告发布”，载《农民日报》2013 年 7 月 10 日。

[4] 中国半导体行业协会知识产权工作部：《中国集成电路产业知识产权年度报告 2012 版》，第 68 页。

运用效益，因知识产权成果的运用而直接产生或间接产生的收益大幅增长。

在专利权的运用方面，专利拥有者采取多种措施促进其专利的转化和运用，增加专利产品的销售额。仅获得第 14 届中国专利奖的 25 项专利自实施日起到 2011 年年底便新增销售额 1 655亿元，新增利润 346 亿元。[1] 为了扩大专利的运用和更好地获取专利收益，专利权人还有效地利用专利实施许可合同和专利转让合同，专利交易活跃，2009 ~ 2012 年经国家知识产权局备案的专利实施许可合同数量分别是 16 383件、18 348件、21 665件和 16 052件。[2] 专利质押融资越来越活跃，从 2009 年开始，在全国近 20 个地区开展知识产权质押融资试点、投融资服务试点及创建国家知识产权投融资综合试验区等试点工作，在 16 个省（区、市）推广中小企业知识产权金融服务；[3] 自 2008 年国家知识产权局开展知识产权质押融资工作以来，全国专利权质押合同登记量连续 5 年保持高速增长，质押金额年均增长 78. 8% ，质押项目年均增长 77. 63% ，涉及专利数量年均增长 98. 71% ，全国实现 2 073项质押贷款项目，涉及 7 326件专利，质押金额合计 385. 7 亿人民币。[4] 不仅是知识产权工作基础较好的东部沿海地区的专利运用进一步拓展，一些知识产权工作起步较慢的中西部地区的专利运用也取得了突出成绩。[5]

在商标权的运用方面，注册商标的拥有者一般都能重视其注册商标的使用，使用自主品牌销售的商品不断增加；特别是高知名商标，其价值得到了较好的挖掘，以知识产权大省江苏省的苏州市为例，其在 2009 年“驰

---

[1] 国家知识产权产权局知识产权发展研究中心：《2012 年全国专利实力状况报告》，第 8 页。

[2] 国家知识产权局统计信息，http：//www. sipo. gov. cn/tjxx/.

[3] “知识产权运用水平不断提升”，载《中国发明与专利》2012 年第 4 期。

[4] 马励：“2012 年全国知识产权质押融资金额首破百亿”，载 http：//www. sipo. gov. cn/yw/2012/201301/t20130122_ 783797. html.

[5] 汤昊、周文魁：“江苏知识产权运用成效和发展对策研究”，载《现代商贸工业》2013 年第 3 期；唐毅：“推动知识产权运用工作主要做法”，载《广东知识产权年鉴 2012》，第 130 ~ 133 页；唐琳：“专利运用与产业化”，载《四川年鉴 2012》，第 273 页。

名商标”、著名商标企业便实现销售收入3 998.89亿元，[1]当年其GDP总值为7 400亿元，[2]当年“驰名商标”、著名商标企业销售额在地方GDP中所占比例约为54%。一些知名度较高的注册商标交易较为活跃，这充分体现了这些商标的价值，注册商标使用许可和注册商标的转让等商标权运用方式受到较高的重视，仅2012年通过国家商标局办理备案手续的注册商标许可合同为26 945件，通过国家商标局核准的注册商标转让合同为106 288件，两项合计达133 233件。[3]注册商标在质押融资方面也发挥了较大的作用，2011年国家商标局便办理商标权质权登记申请493件，质押商标3 766件，融资金额达133亿元。[4]

在版权的运用方面，近些年我国的版权产业一直处于较好的发展势头中。2011年，全国版权合同登记20 797份；全国出版图书定价总金额1 063.06亿元，增长13.57%；共出版期刊9 849种，定价总金额238.43亿元，增长9.53%；共出版报纸1 928种，定价总金额400.44亿元，增长8.91%；录音制品发行总金额10.35亿元；录像制品发行总金额7.91亿元；累计出口图书、报纸、期刊1 056 800种次、1 549.17万册（份）、5 894.12万美元，金额增长5.24%；累计出口音像制品、电子出版物430 378种次、8.32万盒（张）、1 502.43万美元；共输出版权7 783种；[5]在线音乐用户规模为3.8亿，较2010年增长6.5%；[6]数字出版产业整体收入规模为1 377.88亿元，在2010年增长25%的基础上又比2010年整体收入增长31%。[7]2012年，全国出版、印刷和发行服务实现营业收入

---

[1] 江苏省工商行政管理局：《全省深入实施商标战略工作会议材料汇编》，2010年9月。

[2] http：//forum.home.news.cn/thread/73474929/1.html.

[3] 《中国商标战略年度发展报告2012》，中国工商出版社2013年版。

[4] 《中国商标战略年度发展报告2011》，中国工商出版社2012年版。

[5] “2011年全国新闻出版业基本情况”，载http：//www.gapp.gov.cn/govpublic/80/101.shtml.

[6] 《2011中国网络音乐市场年度报告》摘要，http：//tech.163.com/12/0330/15/7TRSPQ0D000915BF.html.

[7] 《2011～2012中国数据出版业年度报告》。

16 635.3亿元，较2011年增加2 066.7亿元，增长14.2%，增加值4 617.0亿元，较2011年增加595.3亿元，增长14.8%；其中，电子出版物实现营业收入9.2亿元，增长48.6%，增加值4.6亿元，增长47.7%，利润总额2.3亿元，增长76.8%；数字出版实现营业收入1 935.5亿元，较2011年增加557.6亿元，增长40.5%；共输出版权9 365种（其中出版物版权7 831种），较2011年增加1 582种，增长20.3%，累计出口图书、报纸、期刊、音像制品、电子出版物和数字出版物数量2 087.9万册，增长34.1%，金额9 474.1万美元，增加2 007.5万美元，增长28.1%；[1] 网络游戏产业发展特别快，我国网络游戏市场收入规模达601.2亿元，同比增长28.3%。其中，互联网游戏536.1亿元，同比增长24.7%；移动游戏65.1亿元，同比增长68.2%。[2]

在其他知识产权的运用方面，同样成绩斐然。从2012年情况看，农业知识产权的运用继续受到高度重视，在主要大田作物中，推广面积排名前十的授权品种的推广面积比例继续扩大，已经占到玉米的37.41%、冬小麦的37.32%、杂交稻的12.45%、大豆的25.81%、常规棉的38.41%，一批丰产性好的国内授权品种深受农民欢迎。[3] 国家大力推广“公司+商标（地理标志）+农户”的新型农村经营模式，扶持培育一批“名、特、优、新、稀”农产品商标和地理标志。通过调研、培训等形式引导农民和涉农企业运用地理标志商标和农产品商标发展特色农业，促进当地农业经济发展，在促进农村发展、增加农民收入、加快农业产业化经营方面取得显著成果。[4] 近年来，在国家产业政策引导和市场需求带动下，我国集成电路产业快速发展，产业规模迅速扩大，技术水平显著提升，以2011年为例，国内集成电路产业销销售额达到1 572.21亿元，售额同比增长9.2%，

[1] 国家新闻出版总署：“2012年新闻出版产业分析报告”，载新闻出版总署网站。

[2] 文化部市场司办公室：《2012中国网络游戏市场年度报告》。

[3] 曹茸：“2012年中国农业知识产权创造指数报告发布”，载《农民日报》2013年7月10日。

[4] 《中国商标战略年度发展报告2011》，中国工商出版社2012年版。

其中，IC设计业销售额473.74亿元，芯片制造业销售额486.91亿元，封装测试销售额611.56亿元；集成电路龙头企业在其中发挥了巨大作用，十大集成电路设计企业的销售额约192亿元，十大集成电路制造企业的销售额近484亿元，十大集成电路封装测试企业的销售额近551亿元。[1]

（二）国家知识产权战略实施之服务工作的成就

为了实现知识产权创造与运用的目标，在“战略”实施过程中还要进行一系列的配套服务工作，这些配套服务工作5年来也取得了较好的成绩。

1. 知识产权制度建设

在“战略”实施的5年里，我国的知识产权制度建设取得了较大的进展，制定或修订了一批重要的知识产权法律、行政法规和规章。《专利法》于2008年进行第三次修订，《专利法实施细则》于2010年进行第二次修订；《著作权法》于2010年进行第二次修订；《商标法》于2013年进行第三次修订；《知识产权海关保护条例》于2010年修订；《非物质文化遗产保护法》于2011年修订；《著作权集体管理条例》于2011年修订；《农业技术推广法》于2012年修订；《企业名称登记管理规定》于2012年修订；《植物新品种保护条例》于2013年修订；《著作权法实施条例》于2013年进行第二次修订；《计算机软件保护条例》于2013年修订；《著作权法》新的修订工作正在紧张进行，并取得了较多阶段性的成果。国家知识产权局2012年颁布《国家知识产权局行政复议规程》《发明专利申请优先审查管理办法》《专利实施强制许可办法》《专利标识标注办法》；2011年颁布《专利实施许可合同备案办法》《专利行政执法办法》、修订《专利代理管理办法》；2010年颁布《关于专利电子申请的规定》《专利权质押登记办法》，修订《专利审查指南》；2008年颁布《专利代理人资格考试违纪行为处理办法》《专利代理人资格考试考务规则》《专利代理人资格考试实施办法》。新闻出版总署2011年颁布《音像制品进口管理办法》《出版物市场

---

[1] 中国半导体行业协会知识产权工作部：《中国集成电路产业知识产权年度报告2012版》，第4页、第79～80页。

管理规定》《订户订购进口出版物管理办法》；2010 年颁布关于《音像制品制作管理规定》的补充规定、《著作权质权登记办法》；2009 年颁布《复制管理办法》《著作权行政处罚实施办法》。农业部 2011 年颁布《农作物种子生产经营许可管理办法》，2008 年颁布《农产品产地证明管理规定（试行）》。国家工商行政管理总局 2009 年颁布《商标代理管理办法》。工业和信息化部 2009 年颁布《软件产品管理办法》。商务部 2009 年颁布《技术进出口合同登记管理办法》。

在“战略”实施过程中，最高人民法院针对知识产权案件审理工作的需要颁布了十多个司法解释，[1] 主要有 2010 年《关于审理商标授权确权行政案件若干问题的意见》、2009 年《关于审理侵犯专利权纠纷案件应用法律若干问题的解释》《关于审理涉及驰名商标保护的民事纠纷案件应用法律若干问题的解释》《关于贯彻实施国家知识产权战略若干问题的意见》《关于涉及驰名商标认定的民事纠纷案件管辖问题的通知》等。

另外，各个地方（主要是省、自治区、直辖市一级和地级市一级）在“战略”实施过程中也颁布了一些有关知识产权的地方性法规、地方政府规章或其他规范性文件。根据全国人大网提供的信息，2008 年以来，这类地方规范性文件有 68 部。[2]

此外，在国家和地方立法机关、行政机关发布的其他法律、行政法规、地方性法规、规章中也有部分内容与知识产权和“战略”的实施相关联。

这些法律、行政法规、部门规章、地方性法规、地方政府规章、司法解释或其他规范性文件的制定或修改，一般都是应对知识产权工作情况的变化，或者针对一些新出现的情况，或者是为了解决目前存在的一些现实问题，并在一定程度上发挥了相应的作用。

2. 知识产权保护工作

在“战略”实施过程中，出于自身构建创新型国家的需要和应对外部

---

[1] 全国人大网，http：//law. npc. gov. cn：87/home/begin1. cbs.

[2] http：//law. npc. gov. cn：87/home/begin1. cbs.

压力的考虑，我国知识产权保护的力度明显加强，根据国家知识产权局的统计和评价，“战略”实施以来，我国的知识产权保护发展指数逐年提高，❶在多个方面都有体现。

（1）知识产权的行政保护。在“战略”实施中，知识产权的行政保护组织逐步加强，行政保护手段不断优化，行政保护力度提高。各级知识产权局负责专利权和集成电路布图设计专有权的行政保护，各级工商行政管理局负责商标权、商业秘密的行政保护，各级新闻出版广播主管部门负责著作权的行为保护，国家质量监督检验检疫主管部门负责对原产地名称（地理标志）的行政保护，农业、林业主管部门负责对品种权的行政保护，海关在进出口环节对知识产权提供必要的保护。为了应对网络发展所产生的著作权保护问题，新闻出版广电总局在成立后不久便专门设立了数字出版司和网络视听节目管理司。各部门各司其职，在必要时采取一些联合行动以更好地保护知识产权。知识产权的行政保护手段主要是对知识产权民事纠纷的行政裁决、知识产权纠纷的行政调解和知识产权侵权行为的行政查处等，❷各知识产权行政主管部门一般都能较好地综合运用这些保护手段，有些主管部门还创造性地运用约谈等保护手段。❸

在专利权行政保护方面，主要是加强了行政主管机关主动执法的力度。国家知识产权局为此专门在2011年发布了《关于加强专利行政执法工作的决定》，至2011年年底全国已有55家地方知识产权局进入“5·26”执法推进工程。国家知识产权局还出台了专利执法专项行动方案，全系统加大群体、反复、恶意专利侵权案件和假冒专利案件查处力度，并着重在流通、进出口等环节组织开展执法检查，加大对重点市场查处工作力度。2011年，全国知识产权系统共办理各类专利案件3 017件，办理展会期间专利投

❶ 国家知识产权产权局知识产权发展研究中心：《2012年全国知识产权发展状况报告》，第10页。

❷ 戴琳：“论我国的知识产权行政保护及行政管理机构设置”，载《云南大学学报（法学版）》2010年第6期。

❸ 杨华权：“知识产权纠纷中的政府约谈”，载《科技与法律》2011年第6期。

诉案件 1 110件，跨部门执法协作 875 次，跨地区执法协作 869 次，有效地维护了权利人等各方的合法权益。❶ 为了进一步搞好全国的专利行政执法工作，国家知识产权局还于 2013 年 3 月 15 日发布了《专利行政执法能力提升工程方案》，积极推进全国的专利行政执法能力提升活动。

在商标权行政保护方面，国家和地方各级工商行政主管部门非常重视对高知名度商标的保护。商标局和商标评审委员会通过对驰名商标的行政认定，加强对驰名商标的保护；各地工商行政管理部门通过著名商标的认定，加强对著名商标的保护。工商行政机关加大了对假冒商标行为的打击力度，2012 年，全国各级工商行政管理机关查处各类商标违法案件 66 227件，其中查处一般违法案件 7 142件，商标侵权假冒案件 59 085件。在查处的各类商标违法案件中，查处涉外商标案件 14 033件，共收缴和消除违法商标标识 1 104. 8万件，移送司法机关涉嫌商标犯罪案件 576 件，移送司法机关商标犯罪涉嫌人 557 人，并进行打击网络销售假冒伪劣商品的专项行动，通过网络检查网站共计 287 662个，实地检查网站经营者共计 28 347个，删除违法商品信息 7 138 287条，责令整改网站 2 605个，关闭网站 168个，立案查处违法案件 167 件，移送公安机关案件 32 件。❷

在版权的行政保护方面，版权方面的侵权行为受到行政主管机关的严厉打击。全国“扫黄打非”工作小组已连续十几年每年举行集中销毁活动，近 5 年来开展了 7 次集中销毁活动，累计销毁侵权盗版制品及非法出版物 2. 33 亿件；据统计，2013 年全国就已经销毁盗版音像制品、盗版图书、盗版电子出版物及非法报刊 2 944万余件，其中，河北、内蒙古、黑龙江、江苏、浙江、安徽、福建、山东、河南、湖北、广东、贵州、云南、甘肃等 14 个省、自治区的销毁数量超过 100 万件。❸

---

❶ 马丽：“专利行政执法：护航我国经济发展”，载《中国知识产权报》2012 年 1 月 29 日。

❷ 《中国商标战略年度发展报告 2012》，中国工商出版社 2013 年版，第 10 ~ 14 页。

❸ 刘声：“2013 年全国 2944 万件盗版及非法出版物被销毁”，载《中国青年报》2013 年 4 月 28 日。

（2）知识产权的司法保护。知识产权审判组织不断加强，知识产权审判业务能力不断提高，各类知识产权案件得到及时受理和处理。2008 年到 2012 年 6 月，在中级以上法院普遍设立了专门的知识产权审判庭，适当增加具有知识产权案件管辖权的基层法院数量；全国共有知识产权审判庭 420 个，具有知识产权案件管辖权的基层法院 129 个。法院注重培养选拔知识产权法官，增强审判力量，优化人员结构，目前从事知识产权审判的法官共 2 731 人，其中本科学历的占 56.4%，研究生及以上学历的占 41.1%，法官正确适用法律、妥善化解矛盾、协调利益关系的能力不断提升。全国法院共受理知识产权案件 226 753件，审结 208 653件。其中，民事案件 196 209件，审结 180 213件（专利案件 24 644件、技术合同案件 2 907件、商标案件 40 370件、著作权案件 98 801件、不正当竞争和垄断案件 5 224件），重点加强关键核心技术和基础前沿领域技术成果保护，加大对创新程度高的发明创造的保护力度；知识产权行政案件 9 948件，审结 8 749件；刑事案件 20 596件，审结 19 691件，判处罪犯 29 852人。[1] 有些地方的司法机关对于知识产权保护的力度空前提高，以浙江为例，2008 ~ 2012 年，知识产权案件同比增长 500% 。[2]

（3）知识产权的社会维权。除各种社会中介服务机构在其职能范围内积极为知识产权的保护提供各种服务外，众多的社会力量主动或者经组织参与到知识产权的维权过程中来。在“战略”实施中，各地加强了知识产权专业维权机构建设，以知识产权工作较好的江苏为例，近些年的知识产权维权援助工作得到有效开展，2011 年新增知识产权维权援助中心 3 个，全省知识产权维权中心总数目前已经达到 8 个；[3] 到 2012 年，在全国范围

---

[1] 王胜俊：“最高人民法院关于知识产权审判工作情况的报告”，2012 年 12 月 25 日在第十一届全国人民代表大会常务委员会第三十次会议上。

[2] 王春：“2008 ~ 2012 年浙江知识产权案件同比增长 500% ”，载法制网，2013 年 4 月 22 日。

[3] 黄红健：“2011 年江苏省知识产权发展与保护状况发布”，载中国日报网，2012 年 4 月 26 日。

内已经建设 67 家知识产权维权援助中心，开通 12230 知识产权维权援助服务热线。[1] 一些地方在知识产权主管机关或其他国家机关的指导或牵头下成立了一些知识产权保护联盟，这些知识产权保护联盟较好地发挥了纽带或平台功能，将多方面的社会力有机整合到一起，提供了形式多样、及时有效的知识产权保护；行业性组织在知识产权保护中的功能日益受到重视，一些行业协会通过代表集群企业与政府或其他组织进行沟通、实行行业自律、提供信息或技术服务对产业集群的知识产权保护发挥了积极作用，[2] 中国音乐著作权协会、中国音像著作权集体管理协会、中国文字著作权协会、中国摄影著作权协会、中国电影著作权协会等著作权集体管理组织更是在著作权保护过程中发挥着特有的作用。

（4）知识产权保护的效果。“战略”实施以来，我国知识产权保护的成效比较明显，这在多方面都有体现。例如，在近 5 年，司法机关通过有效的知识产权审判活动，直接保护了相关知识产权人的合法权益，并为经济增长方式转变和创新型国家的建设提供了一定的司法保障，还通过知识产权司法保护保障了北京奥运会、上海世博会、广州亚运会等国家的重大活动的顺利进行；司法机关在知识产权审判过程中重视并优先采取调解结案的方式，地方各级法院知识产权民事一审案件调解撤诉率达 66.7%，使知识产权保护、矛盾纠纷的解决与社会和谐稳定有机结合起来。[3] 再如，人们所关注的软件盗版问题受到较有力的遏制，中国软件产业经过业界、国家、政府、社会共同努力，已经步入正轨，软件正版意识越来越强。以 2012 年为例，软件盗版率继续降低，按应付费软件计算，数量盗版率由 2011 年的 38% 下降至 36%；把盗版软件按市价折算为经济价值计算，相对于软件产业的价值盗版率为 10%；相对于软件产品的价值盗版率为 25%，

---

[1] 吴桐等：“我国知识产权服务业发展现状与对策研究”，载《中国发明与专利》2012 年第 6 期。

[2] 高映红：“行业协会与产业集群知识产权保护”，载《北方经济》2010 年第 5 期。

[3] 王胜俊：“最高人民法院关于知识产权审判工作情况的报告”，2012 年 12 月 25 日在第十一届全国人民代表大会常务委员会第三十次会议上。

均比 2011 年下降 1 个百分点；各类软件的数量盗版率均保持不同程度的下降趋势。❶ 通过工商行政管理机关和司法机关的努力，假冒商标等违法行为得到一定的遏制，如 2012 年查处的各类商标违法案件比 2011 年减少 16.19%，一般违法案件出现大幅下降，比 2011 年减少 29.88%。❷

3. 知识产权管理活动

知识产权管理包括政府及其主管部门对于知识产权的公共管理和企业内部的知识产权管理两个方面。

从知识产权公共管理情况看，除了前文已经阐述的知识产权制度建设和知识产权行政保护工作外❸，其在“战略”实施中主要取得了以下成绩：（1）知识产权管理组织的强化。国家各知识产权主管部门和大多数地方的知识主管部门都充实了管理队伍；中央政府和较多的省一级政府进一步强化了知识产权联席会议组织的职能；区域知识产权协调机制逐步建立和发展，以苏、浙、沪三地的知识产权联席会议为例，通过建立例会制度、联络员会议制度、信息通报制度和重大事项协调会商制度，总结交流情况，研究、部署工作任务，不断完善工作机制，在推动该地区知识产权工作的整体发展方面发挥了重要作用。❹（2）知识产权管理能力的提升。在“战略”实施中，知识产权管理部门致力于能力建设和工作效能的提升。❺ 各知识产权管理部门通过引进高素质人才、加强对现有人员的继续教育等途径，不断提高管理人员的能力，管理人员的专业水平不断提升；正是由于知识产权管理能力的提升，各知识产权主管部门的工作效率在不断提高。（3）知识产权管理手段的多样化。各知识产权管理部门能够有效地利用多

---

❶ http：//www.soft6.com/news/201305/28/232290.html.

❷ 《中国商标战略年度发展报告 2012》，中国工商出版社 2013 年版，第 14 页。

❸ 从广义上看，知识产权制度建设和知识产权行政保护也属于知识产权公共管理的范畴。

❹ 吕国强、陈志兴：“建立长三角区域知识产权合作机制研究”，见国家知识产权局保护协调司编：《区域知识产权战略研究文集》，知识产权出版社 2012 年版，第 95 页。

❺ 吴汉东主编：《中国知识产权蓝皮书（2009~2010）》，北京大学出版社 2011 年版，第 55 页。

种不同的手段进行管理或提供服务，这些管理手段主要有知识产权的授予或登记，协助解决当事人之间的知识产权争议，通过行政执法或行政裁决保护知识产权，单独或牵头构建知识产权公共服务平台，通过公共资源的配置引导或推动相关的知识产权工作，通过建设知识产权示范城市或示范区域促进知识产权工作，通过相关协作机制的构建和运行推动知识产权的协调发展，通过多种方式对企业的知识产权管理工作进行指导，对企业、地方的知识产权工作进行多种形式的绩效评价。

从企业知识产权管理的情况看，其在“战略”实施中取得了一些较为明显的成绩：（1）管理组织的强化。大中型企业普遍意识到知识产权工作的重要性，纷纷设立知识产权管理机构或配备专兼职知识产权管理人员，通过一份有关企业知识产权人才需求情况的调查报告发现，近 90% 的企业认为其具有知识产权人才；[1] 企业较为重视对现有知识产权管理人员的培训和教育，努力从高校毕业生中吸收专门的知识产权人才，以此提高其知识产权管理人员的素质。（2）管理的规范化。为了规范企业知识产权管理活动，各地采取了一些有效的办法。江苏省率先在全国推动企业知识产权管理工作标准化建设，[2] 由省知识产权局制定企业知识产权管理规范，然后通过经费扶持、教育培训和专业辅导等方式加以推广，取得了较好的成效，一些较大的企业陆续达到管理标准，实现企业知识产权管理的规范化。目前江苏的做法也被其他一些地方学习和借鉴，在此基础上，由国家知识产权局和国家标准化研究院共同制定了《企业知识产权管理规范》，已由国家质量监督检验检疫总局和国家标准化管理委员会批准颁布，并从 2013 年 3 月 1 日起实施，这也是全球第一部纳入国家标准的企业知识产权管理规范。[3]（3）管理绩效的提升。企业知识产权管理绩效提升的直接表现便

---

[1] 钱建平、董新凯：《关于高校知识产权人才培养问题的调研报告》，2013 年。

[2] 肖桂桃：“我省创建企业知识产权管理标准化示范”，载《江苏科技报》2009 年 6 月 18 日。

[3] “企业知识产权管理规范进入中国国家标准”，载《中国专利与商标》2013 年第 2 期。

是企业知识产权创造与运用的成绩。在“战略”实施不久，2009年我国知识产权申请量在大环境发展不利的情况下仍然快速增长，国内专利申请量、商标注册申请量、软件版权登记量、品种权申请量、集成电路布图设计申请同比分别增长22.4%、18.9%、44.6%、9.3%和9.9%；[1]知识产权运用能力明显增强，以专利为例，仅2008年，我国发明专利实施率便达到60.6%，实现经济收益在1 000万元以上的专利占其中的10.4%。[2]

4. 知识产权中介服务

以知识产权中介服务为核心的知识产权服务是推动知识产权创造、运用、保护和管理的重要力量；正如曹新明教授所说，如果将知识产权创造、运用、保护和管理比作知识产权制度的四大要穴，那么知识产权服务就是知识产权制度的经络，如果没有畅通的经络，这四大要穴的功能就难以顺畅地发挥。[3]正因如此，《纲要》提出要“大力发展知识产权中介服务”，在“战略”实施中大力推进知识产权中介服务工作也因此成了国家和地方知识产权主管部门及相关部门关心的重点，并取得了较好的实效。

近些年，我国知识产权中介服务方面主要成绩可以概括为以下几个方面：(1)知识产权中介服务组织不断加强。我国知识产权代理机构在“十一五”期间有较大发展，是我国目前知识产权服务业发展的基本力量。截至2010年年底，全国共有专利代理机构794家，执业专利代理人达6 400余人，比“十五”末期增长42%和55%；商标代理在取消准入门槛后，全国商标代理机构数量从2002年的147家迅速发展到目前的6 848家，增长45倍；[4]能够提供知识产权中介服务的律师事务所、会计师事务所、知识

---

[1] 吴汉东主编：《中国知识产权蓝皮书（2009～2010）》，北京大学出版社2011年版，第54页。

[2] 王小浒：“国家知识产权局调查报告：发明专利实施率超六成”，载 http://www.sipo.gov.cn/sipo2008/yw/2010/201006/t20100618_522499.html.

[3] 霁恒：“提升知识产权服务水平才能走向世界”，载《中国科技投资》2012年第19期。

[4] 吴桐等：“我国知识产权服务业发展现状与对策研究”，载《中国发明与专利》2012年第6期。

产权评估机构、知识产权交易中心等其他类型的社会中介服务机构及相关专业人员也有较大幅度的增长。（2）知识产权中介服务的内容不断丰富，形式不断拓展。传统的知识产权中介服务机构主要提供代理服务，而目前各专业性的知识产权中介服务机构的业务已经逐步向知识产权确权、维权、诉讼以及风险预警、质押转让、资产评估和知识产权投融资等多样化的业务，特别是呈现向高端服务拓展的发展趋势。（3）知识产权中介服务业呈现集中化的态势。一些规模较大的知识产权中介服务机构正在形成，如中国商标专利事务所有限公司的专业人员已近50人，在全国设立了十多家分支机构；中国国际贸易促进委员会专利商标事务所现有专利代理人及商标代理人252名，在纽约、东京、慕尼黑及我国香港、广州和上海分别设有代表处；集佳知识产权代理有限公司现有员工600余人，其中专利代理人158人，专利工程师160余名，商标代理人66人，律师73人，设有近20个分支机构。与知识产权集聚的要求相适应，知识产权服务也初步出现集聚的势头，主要是在一些产业园区、产业基地，形成知识产权服务机构的集中区，这些知识产权中介服务机构发挥了集聚效应，使区域内的企业能及时得到全方位的知识产权服务。（4）知识产权中介服务质量逐步提高。各中介服务机构的质量意识不断提高；一些地方知识产权主管部门也在采取有效措施规范知识产权中介服务，如2009年，陕西省知识产权局作为全国第一家知识产权管理机构，申请开展国家“知识产权服务标准化试点”工作，经过2年的系统建设，不仅保证了知识产权服务行为有法可依、有章可循、有据可查，而且使服务事项办理时间平均缩短12%，服务效率明显提升。❶（5）知识产权中介服务的影响不断扩大。通过中介服务机构的努力，企业不仅提高了知识产权创造的效果，而且知识产权运用能力、运营能力明显提高，推动了知识产权的商业化和产业化；部分知识产权中介服务机构还为维护我国的产业安全、增强企业的对外竞争力提供了较好的

❶ 李伟、陈哲、李鹏：“知识产权服务标准化工作的实践与思考”，载《标准科学》2013年第2期。

服务和支撑。正是由于政府有意识的推动和知识产权中介服务机构自身的努力，知识产权中介服务已经深入人心，企业对于知识产权中介服务的需求也越来越大。

5. 知识产权宣传教育

为给“战略”的实施营造良好的知识产权文化氛围，提高人们的知识产权意识，培养“战略”实施需要的各类知识产权人才，国家相关主管部门和各地近些年越来越重视知识产权宣传教育，这方面的工作成效也较为明显。

（1）知识产权宣传教育组织的强化。国家知识产权局从2009年开始在全国设立国家知识产权培训基地，到2013年4月26日“国家知识产权培训（山西）基地”设立为止，国家级知识产权培训基地的数量已达18家；[1] 大多数省级知识产权主管部门和一些地区的知识产权主管部门也都在其辖区内设立了一些知识产权培训基地。为了推动知识产权教育培训活动，国家知识产权局专门制定了全国知识产权人才年度培训计划，一些地方的知识产权主管部门也采取了相应的行动。为了搞好知识产权宣传教育活动，江苏等地的知识产权主管部门还专门设立了宣传教育机构。国家与地方各知识产权主管部门每年都要利用“4·26”世界知识产权日这一契机，进行精心组织，推动普及性知识产权宣传教育。“战略”实施以来，高校加强了对校内知识产权宣传教育活动的组织，特别是高校建立的知识产权学院迅速增加，成为知识产权学历教育的主要承担者；地方知识产权主管部门与高校合作进行知识产权人才培养的组织机制不断丰富。一些社会中介服务组织和社会办学单位也不断融入和参加到知识产权宣传教育活动中来。

（2）知识产权宣传教育模式的多样化。以国内知识产权发展水平最高的广东地区为例，其知识产权人才培养和宣传教育采用学校教育与社会培训两种模式。其中，学校教育分为基础教育与高等教育两部分；高等教育

[1] 任静芳：“知识产权培训基地落户山西大学”，载《太原晚报》2013年4月26日。

培养知识产权人才的模式有知识产权本科专业、法学硕士点中设立知识产权方向、在工商管理专业学位点中设立知识产权管理方向、知识产权双学位等。社会培训主要是知识产权主管部门牵头举办大量的知识产权论坛、讲座和短期培训。[1] 广东地区的情况是全国知识产权宣传教育模式发展情况的缩影，目前的知识产权宣传教育模式主要是学校的宣传教育与社会的宣传教育两种类型。学校除了开设知识产权公共课等普及性的教育外，主要是通过学历教育进行知识产权人才培养，其途径有全日制知识产权本科（含专门的知识产权专业、法学专业、管理学专业等）、第二学士学位、双学位、专升本、在硕士和博士研究生阶段设置知识产权法（或管理）学专业或在相关硕士专业或博士专业中设置知识产权方向。[2] 社会的宣传教育主要是以“4·26”宣传为代表的普及性宣传、研讨会式的交流与教育、各种形式的知识产权知识培训或技能培训等。

（3）知识产权宣传教育条件的改善。在近些年，国家、地方、高校和企业在知识产权宣传教育方面的经费投入越来越大，专项经费的增长较快。教育行政主管部门在学科、专业设置及招生计划的安排等方面为高校知识产权人才的培养提供了更为宽松的政策环境。较多的高校越来越重视知识产权师资的引进和培养，知识产权宣传教育需要的师资力量越来越强。社会中介服务机构及其他一些社会组织对于知识产权宣传教育给予了大力的支持与配合，尤其是提供了较好的知识产权人才实践训练条件。

（4）知识产权宣传教育成果的显现。正是各方面重视和加强了知识产权宣传教育活动，“战略”实施以来全社会的知识产权意识明显提高，人们的知识产权知识也不断增加，现有知识产权人才的知识和技能得到一定的补充或更新。社会对于具有系统知识和技能的知识产权人才的需求得到一定的满足，到2012年，全国高校每年大约能够向社会输送500名知识产

---

[1] 杜爱萍：“泛珠三角区域知识产权人才培养及其对云南的启示”，载《经济问题探索》2008年第3期。

[2] 陶丽琴、陈璐：“我国知识产权人才培养模式和学科建设研究”，载《知识产权》2011年第7期。

权本科毕业生、200 名知识产权法律硕士毕业生、160 名知识产权硕士研究生。[1] 另外，很多高校还向社会输送了较多的知识产权第二学位、双学位学生，一些高校还培养了一些博士层次的高水平知识产权人才。

二、国家知识产权战略实施成果的评价

（一）国家知识产权战略实施的成果是各方共同努力的结果

"战略"实施五年来的成果是在政府推动和市场作用下所取得的，国家机关、企业、社会组织和社会公众在此过程中都发挥了相应的作用，是由多方面的因素共同作用促成的。因此，在"战略"进一步实施的过程中，要继续调动各种有效力量，不能忽视任何一种因素对"战略"实施的影响。特别是要注意到，随着战略实施工作全面深入开展，一些深层次矛盾也逐渐凸显。[2] 只有将原来存在的矛盾和新出现的矛盾恰当处理好，才能真正有效发挥各种力量在"战略"实施中的作用。

（二）政府对国家知识产权战略实施成果的取得起着关键作用

虽然"战略"实施的成就是各方共同努力的结果，但政府无疑在其中发挥着关键作用。正是由于国家颁布了《纲要》，才对我国知识产权事业的整体发展提供了巨大的推动力，也为各地、各个企业的知识产权工作的快速推进提供了良好的契机。不可否认，这五年来的知识产权成就要大于以往任何一个五年，政府的高度重视、政策引导、经费支持、大力度的管理是其主要原因。因此，虽然我国政府与市场的关系随着我国市场经济的发展和政治体制改革的推进将进一步理顺，但就知识产权领域看，要进一步扩大"战略"实施的成果，在今后较长的一段时间内政府的推动仍然是一个关键因素。

---

[1] 郑辉、苗培："知识产权人才培养的师资队伍建设研究"，载《知识产权》2012 年第 11 期。

[2] 刘洋："试析国家知识产权战略实施中的基本矛盾"，载《知识产权》2011 年第 2 期。

（三）企业对国家知识产权战略实施成果的取得起着基础作用

企业的知识产权主体地位在我国已经得到较大的认同，在微观层面实施知识产权战略的主要目的是提升企业的知识产权自主创造能力和知识产权转化运用能力。[1] 事实上，前文所说的知识产权创造与运用方面的成绩主要来自于众多企业的努力，并因为对于这两方面成绩的追求带动了企业其他知识产权工作的进步，企业在知识产权方面的追求及其对相关条件的需求又推动政府和各种社会力量采取相应的行动，并进而刺激了相关知识产权工作成果的取得。为了使“战略”的实施取得更大的成绩，我们在今后要毫不动摇地尽力调动企业自身的积极性，并根据企业的需要去安排和做好其他知识产权工作。

（四）国家知识产权战略实施的成果提高了我国的国际地位

“战略”的实施使我国的知识产权保护水平进一步提高，有效地遏制了诸多知识产权侵权行为，并提高了公众的知识产权意识，这在一定程度上改变了外国人认为中国知识产权保护不力、侵权知识产权现象严重（尤其是盗版和假冒现象）的观念。“战略”实施的成果也提高了我国在世界知识产权领域的地位，近些年我国的国内专利申请量、商标国内注册申请量、商标国内注册量、外观设计注册申请量、外观设计注册量等知识产权指标跃居世界首位，有些指标量甚至远远超过一些知识产权强国的指标量之和，甚至我国一些知识产权指标量的变化会明显地影响到整个世界知识产权指标量的增减情况，引起世界的瞩目和关注。[2] 这些表明如果我们要继续巩固和提高我国在知识产权世界的地位，就需要深入实施“战略”。

（五）国家知识产权战略实施的成果顺应了我国经济社会发展的要求

“战略”实施所取得的成果提升了我国技术水平和知识产权创造、运用能力，有力地支撑了我国经济增长方式的转变，顺应了我国经济发展实

---

[1] 张泽吾：“国家知识产权战略实施的层面及重点”，载《理论界》2009 年第 5 期。

[2] WIPO：2012 World Intellectual Property Indicators.

现创新驱动的要求，这也是我国经济能够在遭遇金融危机等严重困难时仍能持续获得较快发展的重要原因。“战略”的实施还对我国社会发展起到了有效的促进作用，版权保护的加强进一步净化了文化市场，助推了文化产业的繁荣；尊重知识产权意识的培育和知识产权保护力度的加强有助于积极向上、公平竞争精神的培养和良好的社会风气的造就。我们要想维持经济社会持续、健康、快速发展的态势，坚定“战略”实施的行动应当是不二选择。

（六）国家知识产权战略实施的成果存在着不平衡的现象

“战略”的实施涉及多方面的工作，但从现有情况看，政府、行业、地方和企业更多的精力直接施加在知识产权创造与运用方面，这两方面的成绩也更容易显现出来，其他方面的工作有时并未得到一些地方、行业或企业应有的重视，成绩也就不那么突出。经济发展较快的沿海地区的“战略”实施力度较大，其所取得的成果要比其他地方大得多，而有些内地的“战略”实施行动还显得非常缓慢。在“战略”实施中人们将更多的注意力放在三大传统的知识产权上，在这些方面的工作成绩较为明显，而在其他类型的知识产权上工作进展速度较为缓慢。从行业的角度看，部分行业的知识产权工作受重视的程度较高，成绩也较大，而有些行业甚至还没有意识到“战略”的实施与其行业的关联性，自然所取得的成绩也就很小。大型企业的知识产权工作做得较好，而一些中小企业还游离于“战略”实施的行动之外。要想在今后“战略”实施中取得更多、更好的成果，要正确认识和对待这种目前不平衡的局面，除了巩固和发展成绩较好的行业、地方、企业和领域外，还要着重针对“战略”实施较为薄弱的行业、地方、企业和领域采取相应的有效措施，以便求得“战略”实施的整体推进和“战略”实施成果的共享。

第二节 国家知识产权战略实施的主要问题

一、国家知识产权战略实施中问题的主要表现

（一）国家知识产权战略实施之核心工作的问题

就知识产权创造与知识产权运用这两个“战略”实施的核心工作而言，虽然取得了显著的成绩，但也存在着较多的不足。

1. 知识产权创造的质量不佳

由于各知识产权主管部门、各个地方长期以来过于强调知识产权的数量，直接导致我国知识产权数量增长很快，但高质量的知识产权成果明显不足，我国知识产权创造指数的增长更多地体现在低水平的知识产权成果数量的增长上。我国知识产权创造成果的质量不如人意，突出地体现在两个方面。

（1）在知识产权成果总量中低层次或容易获取的知识产权成果的比例过大。以专利为例，与一些主要国家相比，虽然我国授予的专利权总量最大，但其中主要是技术含量较低的外观设计专利。根据世界知识产权组织的统计，2011 年的发明专利和实用新型专利授权量，中国为 172 113件，法国为 10 213件，德国为 11 719件，日本为 238 323件，美国为 224 505件；[1] 而当年外观设计的专利授权量，中国为 380 290件，法国为 1 064件，德国为 49 905件，日本为 26 274件，美国为 21 356件。[2] 相比之下，没有哪个国家的外观设计专利数量达到发明专利和实用新型专利数量的 50%，一般只是 10% 左右，而我国的这一比例竟然超过 220%。正如世界知识产权组织分析，2011 年世界上工业设计在 2010 年增长 13.9% 之后又增长 16%，

---

[1] WIPO：World Intellectual Property Indicators 2012，pp. 176 ~ 178.

[2] WIPO：World Intellectual Property Indicators 2012，pp. 190 ~ 192.

而这主要是源于中国在这方面的强劲增长，[1] 这对我国知识产权创造数量可以算是一个赞美，但从知识产权创造的质量角度考虑，这显然不能算是一个好消息。

（2）在知识产权成果中具有国际竞争力的知识产权成果比例过小。一国知识产权成果的国际竞争力主要体现为其国际注册的比例及其在国际上的影响力。就商标而言，我国可以算是世界上第一大商标国，商标注册申请量和商标注册量高居世界第一，而且在数量上远远超出知识产权强国，但我国商标的国际注册量却很少。我国 2011 年境内商标注册量超过 103 万件，而通过马德里体系进行国际注册的商标只有 2 053件；日本境内的商标注册量为 12 179件，其马德里商标国际注册量为 1 582件；法国境内的商标注册量只有 9 315件，其马德里商标国际注册量却有 3 785件；德国境内的商标注册量为 16 万多件，其马德里商标国际注册量为 4 943件；美国境内的商标注册量不足 25 万件，其马德里商标国际注册的商标却有 4 652件。[2] 相比之下，我国通过马德里体系的商标国际注册比例远远低于前述经济发达国家。更让人不满意的是，我国的商标数量虽然庞大，行政认定和司法认定的驰名商标数量也很多，但真正具有较大国际影响力的品牌很少。品牌价值评估机构 Interbrand 公布的全球最佳品牌 100 强中一直没有中国品牌的出现；[3] 而据国际市场营销公司 HD Trade Services 2013 年的一份调查发现，尽管“中国制造”风靡美国，但 94% 的美国人竟然叫不出一个中国品牌。[4] 再看专利的情况，2011 年专利授权量（发明与实用新型），中国为 172 113件，法国为 10 213件，德国为 11 719件，日本为 238 323件，韩国为 94 720件，美国为 224 505件；[5] 前述国家的 PCT 申请量（2012 年）分别为

---

[1] WIPO：World Intellectual Property Indicators 2012，p. 9.

[2] WIPO：2012 World Intellectual Property Indicators. pp. 179 ~ 182.

[3] “2011 年全球最佳品牌 100 强排行榜”，http：//www. docin. com/p－337824928. html#documentinfo，2013 年 6 月 5 日访问。

[4] 楚墨：“94% 美国人叫不出一个中国品牌”，载新浪财经网 2013 年 4 月 26 日。

[5] WIPO：World Intellectual Property Indicators 2012，pp. 176 ~ 178.

19 930件、3 240件、1 417件、42 787件、11 869件、51 677件。[1] 2011 年工业品外观设计国内注册量，中国为 380 290 件，法国为 1 064 件，德国为 49 905件，意大利为 22 371件，美国为 21 356件；[2] 而 2012 年通过海牙系统进行国际注册的工业设计数量，中国为 4 件，法国为 283 件，德国为 649 件，意大利为 173 件，美国为 89 件。[3] 从中不难看出，我国 PCT 专利申请量和工业品外观设计国际注册量过于低下，与我国的制造业大国地位极不相称。

2. 知识产权创造的稳定性不够

在“战略”实施的这些年份，尽管我国各方面的知识产权成果在总量上有很大幅度的增长，但这种增长并不稳定，有些重要的知识产权甚至在某些年份出现停滞或负增长。比如商标注册，我国商标注册量近些年一直快速增长，2011 年我国注册商标的总数超过 100 万件，但比 2010 年下降 23.7%，这也直接导致世界注册商标总量下降 7.1%。[4] 再如版权情况，2012 年，全国共出版报纸 1 918种，较 2011 年降低 0.5%，总印张 2 211.0 亿印张，降低 2.7%；全国共出版音像制品 18 485 种，较 2011 年降低 4.8%，出版数量 3.9 亿盒（张），降低 15.1%。[5] 这两种主要知识产权的创造近年来都出现了波动，甚至是较大幅度的下降，已经足以说明这一问题。

3. 知识产权创造的结构不平衡

知识产权创造的不平衡性突出地体现在两个方面，即不同类型的知识产权在创造力度上的不平衡和不同地区在知识产权创造能力上的差异。

从知识产权类型上看，绝大部分行业、地区和企业把知识产权创造的

---

[1] WIPO：PCT Yearly Review 2013，pp. 86 ~ 89.

[2] WIPO：World Intellectual Property Indicators 2012，pp. 190 ~ 192.

[3] 2013 Hague Yearly Review International Registrations of Industrial Designs，pp. 58 ~ 59.

[4] WIPO：World Intellectual Property Indicators 2012，p. 9.

[5] 国家新闻出版总署：“2012 年新闻出版产业分析报告”，载 http：//www. gapp. gov. cn/govpublic/80/671_ 6. shtml，2013 年 2 月 18 日访问。

注意力集中在专利权、注册商标和版权上，这也直接导致三种传统的知识产权数量在近些年增长很快，而其他知识产权的增长速度则显得很慢，总量也少得多。以品种权为例，2011 年我国植物新品种注册数量仅为 240 件，而日本注册 1 139件，荷兰注册 717 件，韩国注册 448 件，俄罗斯注册 571 件，美国注册 823 件，南非注册 297 件。[1] 这种状况与我国农业大国的地位明显相悖，也严重制约着我国农业发展。即使发展较快的传统知识产权，其内部不同领域的增长也存在不平衡现象。以版权为例，传统文字作品的创造呈现量质俱进的势头，而一些新兴领域的版权创造则不能适当要求，比如在网络音乐这一影响日增的领域，原创不足已经成为制约该市场发展的两大问题之一。[2]

从地区发展情况看，不同地区在知识产权创造方面的不平衡已经由来已久，并且在不断加剧。根据国家知识产权局的最新研究，北京、广东、上海等的知识产权创造指数已经超过 80%，而全国有近 10 个地区的知识产权指数不足 50%。[3] 在有些领域，不同地区在知识产权创造方面的不平衡状况已经非常突出。以集成电路专有权为例，截至 2010 年 12 月 31 日，上海集成电路企业布图设计登记数量，上海为 1 357 件（占全国总量的 31.84%），江苏省 800 件（占全国总量的 18.77%），广东省 513 件（占全国总量的 12.04%），北京市 511 件（占全国总量的 12.00%）。这 4 个地区的集成电路布图设计专有权累计数量占国内申请总量的 75%。[4]

4. 知识产权运用的水平不高

我国知识产权总量虽然较大，在“战略”实施过程中这些知识产权的运用也取得了一定的进展，但仍然有很多知识产权并未得到有效运用，甚

---

[1] WIPO：World Intellectual Property Indicators 2012，pp. 193 ~ 194.

[2] “2011 中国网络音乐市场年度报告摘要”，载 http：//tech. 163. com/12/0330/15/7TRSPQ0D000915BF. html，2013 年 4 月 18 日访问。

[3] 国家知识产权产权局知识产权发展研究中心：《2012 年全国知识产权发展状况报告》，第 71 页。

[4] 中国半导体行业协会知识产权工作部：《中国集成电路产业知识产权年度报告（2012 版）》。

至就根本没有得到运用。我国专利转化率仅有 20%，而专利产业化率更低，只有 5%，发达国家专利转化率则为 80% 左右。[1] 高校是我国专利创造的重要主体，但教育部《中国高校知识产权报告》中的统计数据显示，其专利转化率只有 5%；我国个人的非职务发明创造占我国专利总量近一半，但其转化率也不到 5%。[2] 注册商标的运用情况也不够理想，特别是在出口商品上的使用。根据商务部的调查，我国目前自主品牌出口商品的比例不足 10%，[3] 这一点与发达国家大部分出口商品为自主品牌商品的状况相比还存在很大差距。另外，绝大部分知识产权未能通过知识产权转让、使用许可、质押等方式加以有效运用。以质押为例，前文述及，我国在 2011 年全国有 2 073项质押贷款项目，涉及 7 326件专利，质押金额合计 385.7 亿元人民币，这相对于我国当年有效专利近 70 万件（发明、实用新型）的数量而言，显然是微不足道的。同样，前文谈到，我国在 2011 年国家商标局办理商标权质权登记申请 493 件，质押商标 3 766件，融资金额达 133 亿元，而按照 WIPO 的统计，当年我国有效的注册商标总数超过了 551 万件，用于质押的注册商标数量显然是太少了。

5. 知识产权的整体实力不强

虽然从“战略”实施这些年的情况看，我国知识产权在总量上有了较大的增长，但我国知识产权创造与运用的整体水平并没有取得突出进步，技术竞争实力还不够强，这从世界经济论坛最新发布的竞争力报告中可以看出。在 2012 年国家或地区竞争力排行表上，我国在效率榜上排在第 29 位，而其中的技术准备状况竟排在第 88 位，这被专家们看成是严重影响我国竞争力排名的因素，创新要素的竞争力排在第 33 位。[4] 可见，我国以知识产权创造与运用为核心的技术竞争力的水平还比较低，不仅在国家排名

[1] 张文龙、邓伟根：“我国专利技术产业化的现状分析与政策研究”，载《广西社会科学》2012 年第 4 期。

[2] 邓崎凡：“我国个人专利转化率不及 5%”，载《工人日报》2012 年 12 月 29 日。

[3] http：//www. yxtvg. com/show/167018. html，2013 - 06 - 16.

[4] WEF：The Global Competitiveness Report 2012 ~ 2013，pp. 18 ~ 19.

中靠后，而且与我国整体效率的排名相比也严重滞后。

6. 知识产权成果在经济发展中的作用不足

虽然我国的知识产权总量在这些年增长较快，但这种发展却没有在经济发展中有一个应有的表现。我国目前的知识产权事业与经济社会发展的要求仍然存在着不相适应的问题。❶ 在世界经济论坛的专家看来，创新能力不足是严重影响我国经济发展的要素之一，我国的知识产权保护水平仅排在第 51 位，新技术的可用性、企业科技吸纳水平、外商直接投资和技术转让在 144 个国家和地域中仅仅分别排在第 107 位、第 71 位和第 77 位；我国目前的经济发展阶段仍然处于效率驱动阶段，尚未进入效率驱动到创新驱动的过渡期，更未进入创新驱动阶段。❷ 知识产权成果的质量不高，知识产权成果的运用效果不佳，这是我国知识产权工作未能较快地顺应创新型国家建设、未能加快经济增长方式转变的主要原因。

（二）国家知识产权战略实施之服务工作的问题

在“战略”的构造中，有很多工作是为知识产权创造与运用进行铺垫或提供服务的，这些服务性工作在取得成绩的同时也存在不少问题，择其要者有以下几点。

1. 知识产权制度建设的成效问题

在“战略”实施的前 5 年，虽然我国在知识产权制度建设方面作出了较多的努力，但就其成效而言，仍然存在一定的不足。

(1) 部分政策、法律制度存在空白。技术进步的不断取得和技术创新的不断成功，在很大程度上归之于制度的不断完善。❸《纲要》毕竟是宏观导向性的文件，其内容总体上还是比较粗的，这就需要更具操作性的政策、法律制度的出台。但是，在“战略”实施中一些必要的配套政策并未及时出台，在很多地方还没有制定相应的配套政策。一些适应“战略”实施某

---

❶ 郭强：“强化我国知识产权导向政策问题研究”，载《知识产权》2012 年第 4 期。

❷ WEF：The Global Competitiveness Report 2012～2013，pp. 138～139.

❸ 范在峰：“论知识产权法律对技术创新的功能”，载《科技与法律》2002 年第 4 期。

一方面需要的专门法律制度还存在空白。比如，我国还没有专门针对知识产权滥用的反垄断法文件，《关于知识产权领域反垄断执法的指南（草案)》已经形成第五稿，但其可变性还比较大，何时出台尚不能定。[1] 又如，随着网络的发展及其运用的普及，与网络关联的知识产权保护将显得日益重要，而网络的特殊性又使其知识产权保护有特殊要求，应当有专门的规范性文件，我国目前只有《信息网络传播权保护条例》一个专项规范，但它只能解决相关著作权保护问题，能够有针对性地解决其他网络知识产权保护问题的规范性文件存在缺失。再如，知识产权证券化是推动知识产权运用和促进知识产权创造的重要途径，知识产权证券化在实际运作中需要有相关的制度支持与保障，但我国知识产权证券化的基本制度还没有建立，现有的有关制度又对知识产权证券化形成较大的制约。[2] 前文已经提及，在全国人大网搜集到的全国各地在“战略”实施后制定的有关知识产权的地方性法规、政府规章仅有68部，大部分地方还没有针对本地的情况制定相应的规范性文件。

（2）部分政策、法律制度之间缺乏应有的协调。这种协调性的不足使得部分涉及知识产权的法律制度、政策没有发挥应有的作用，甚至会产生其作用相互消减的问题。这种协调性的欠缺有两种情况：①知识产权制度之间的协调不够。专利法律制度、商标法律制度、版权法律制度、其他知识产权法律制度之间缺乏统一的权利协调机制，导致专利权与商标权、商标权与地理标志权、商标权与域名权、商标权与商号权、商标权与著作权等多种权利冲突；[3] 每一方面的知识产权法律制度内部也存在着一些不协调的现象，如我国驰名商标制度与地方著名商标制度之间、不同地方的著

[1] 张维：“中国尚无一起知识产权反垄断案”，载 http：//www. sipo. gov. cn/mtjj/2012/201208/t20120816_ 739360. html，2013年1月26日访问。

[2] 孙春伟：“知识产权证券化的制度缺失与完善”，载《学术交流》2010年第9期。

[3] 靳晓东：“我国知识产权权利冲突之立法对策”，载《法学杂志》2011年第12期。

名商标制度之间存在诸多不协调问题。[1] ②知识产权制度与配套法律制度之间缺乏协调。这种不协调现象比较多，"战略"实施的一些需求或者知识产权法律制度实施的要求没有在配套法律制度或相关法律制度中得到呼应，如金融法、政府采购法、公司法、证券法及相关政策等很少针对"战略"的实施作出一些专门的规定。

(3) 部分政策、法律制度本身的内容存在缺陷。审视现行法律制度和相关政策的内容，还存在不少缺陷，这些缺陷在"战略"实施的前五年还没有得到有效的改观。部分政策、法律制度的内容已经不合时宜，但未得到及时修改或完善；虽然有些知识产权法律制度早就进入修订过程中，但令大家满意的修订稿迟迟没有出台。法律制度、政策的内容缺乏较强的操作性是目前知识产权制度的另一大问题，并因此在一定程度上阻碍了科技创新精神。[2] 有些法律制度、政策的部分内容不够合理，影响了"战略"实施的效果。如现行专利代理制度没有明确专利代理人的法律地位，且禁止专利代理人个人执业，就不够合理，需要修改，[3] 这种规定无疑会影响专利代理人能量的充分释放；再如，现行商标法（2013 年修订）所规定的驰名商标的认定标准集中于外部表象因素，不利于通过驰名商标的认定推动内涵发展和经济增长方式的转变。

2. 知识产权保护的成效问题

(1) 知识产权行政保护的不足。虽然"战略"实施以来各地知识产权行政主管机关不断加强知识产权的行政保护工作，但仍然存在一些不足。主要有：①行政保护的主动性不强。知识产权主管机关对于知识产权侵权行为的查处，更多的是基于权利人的申请或举报，执法人员主动出击、特别是有意识地去发现侵权行为的情况较少。②行政保护的认同度不足。从

---

[1] 董新凯、李天一："谈我国地方著名商标制度的协调问题"，载《知识产权》2012 年第 8 期。

[2] 石先钰、薛惠："我国科技创新法律制度存在的问题及其完善研究"，载《科技进步与对策》2009 年第 23 期。

[3] 沈仲衡："论我国专利代理制度的完善"，载《科技与法律》2011 年第 6 期。

目前社会公众和知识产权人的角度看，大多数人并未将行政保护作为其权利保护的重要途径，基本上没有对于行政保护的倚重心理，知识产权人更多的是通过自身的行为和司法机关去维护其知识产权。③行政保护的力度不够。与发达国家知识产权立法相比，我国知识产权保护水准尚有一定差距。美国商会下属的全球知识产权中心发布的《2012 年度的知识产权报告》，涉及全球 134 个国家，并着重关注美、英、中、印等 11 个国家，在满分为 5 分的执法力度评估中，中国以 0.5 分位列 11 国之末，英国、美国表现最好。[1] 虽然我们不能要求我国目前的保护水平与美、英等国看齐，因为中国对知识产权保护水平的制度选择，其基本依据应当是本国的社会经济发展状况，[2] 但目前我国一些经济社会发展水平较高的地方，其知识产权保护力度并未达到其应有的水平。

（2）知识产权司法保护的不足。从“战略”实施情况看，司法保护已经成了我国知识产权保护的主力军，但这种保护目前还存在不少问题，主要有：①司法保护的能力不足。全国大部分法院还没有审理知识产权案件的能力，有权审理知识产权案件的法院也缺少合格的审判力量，特别是高水平的专业审判人员。②司法保护的力度不够。与现实中大量发生的知识产权侵权案件相比，进入司法裁判环节的案件只是其中很少的一部分；从总体情况看，侵害知识产权的人所承担的民事责任和刑事责任还不是很重，司法裁判结果的威慑力不够。③司法保护的刚性不强。2008 ~ 2012 年，我国地方各级法院知识产权民事一审案件调解撤诉率达 66.7%，[3] 虽然这种结果对于和谐社会建设有一定的作用，但由于很多调解实际上是在是非曲直没有明确界定的情况下进行的，双方都没有从中获得一个确定的价值判断，更是让真正的侵权人没有感受到知识产权法律的刚性，反而产生侥幸

---

[1] 智成知识产权网，http：//isip. com. cn/news27. html，2013 年 5 月 19 日访问。

[2] 吴汉东：“中国知识产权法制建设的评价与反思”，载《中国法学》2009 年第 1 期。

[3] 王胜俊：“最高人民法院关于知识产权审判工作情况的报告”，2012 年 12 月 25 日在第十一届全国人民代表大会常务委员会第三十次会议上。

心理，希冀通过调解使其最终能够从侵权中获益。④司法保护的权威不明显。司法保护的主导作用还没有被社会所广泛认同，在有些地方，司法保护保护的影响力明显不及行政保护；很多案件在裁判做出后，双方当事人都不信服，甚至在此后很长时间内仍然争执不断，社会公众也难以从中获得明确的价值判断；真正具有广泛影响的权威裁判还非常少。

（3）知识产权社会维权的不足。社会维权的重要性还没有得到广泛的认识，影响还比较小；社会维权机构的数量仍显不足，有些地方还没有建立社会维权机构；社会维权机构的维权能力还比较小，提供多样化、精细化服务的能力还比较弱；社会维权机构与专业性知识产权中介服务机构、行政执法机关、司法机关等其他维权组织之间还缺乏稳定的、合理的协调、交流机制。

3. 知识产权管理的成效问题

（1）行政管理的范围不合理。知识产权行政管理实际上是市场经济条件下国家干预在知识产权领域的体现，也应当具有必要的界限与限度，我国目前的知识产权行政管理还没有达到这一境界，不当干预和干预不足的现象同时并存。我国目前的知识产权行政管理体制存在一些职能交叉，这导致重复执法和执法空白同时并存的问题，这一问题的解决在很多情况下需要多个行政管理部门联合行动，而联合执法法律依据的缺失和联合执法名义的困惑使得这种需要往往没有得到有效实现[1]。另一个问题是行政职能与司法职能的衔接没有处理好，最为典型的是行政执法中存在相当多的“以罚代刑”的情况，致使侵犯知识产权犯罪行为逃脱应有的惩处，知识产权行政执法甚至成为知识产权犯罪的避风港[2]。还有一个问题，那就是我国目前对于部分知识产权的行政管理较为重视，而对于另一部分知识产权的行政管理较为薄弱，各地的行政产权行政管理的注意力主要在专利权、

---

[1] 武善学、张献勇：“我国知识产权部门联合执法协调机制研究”，载《山东社会科学》2012 年第 4 期。

[2] 肖尤丹：“中国知识产权行政执法制度定位研究”，载《科研管理》2012 年第 9 期。

商标权和版权方面，而对于地理标志、植物新品种、非物质文件遗产等其他类型的知识产权缺乏应的关注，在某些地方甚至无人过问。

（2）行政管理的质量不够好。具体的知识产权行政管理行为存在这样哪样的问题，这从法院针对具体行政行为的裁决结果可见一斑。2008～2012年6月，全国法院共受理知识产权行政案件9 948件，审结8 749件，其中维持具体行政行为的6 640件，撤销具体行政行为的1 088件。[1] 被撤销的具体行政行为占约12.4%，从被撤销具体行政行为的比例看，我国目前的知识产权行政执法的质量还有待提高。根据《行政诉讼法》第54条规定，这些具体行政行为至少存在下列问题之一：主要证据不足；适用法律、法规错误；违反法定程序；超越职权；滥用职权。另外，地方政府和一些知识产权行政管理部门制定的一些政策还存在偏差，实际产生的效果并不好。从各个方面的反应来看，社会对于目前的知识产权行政管理的状况还有诸多不满意的地方。

（3）行政管理的效率不够高。从整个情况看，在有些地方和某些领域，虽然知识产权行政管理的力度在不断增强，资源的投入也不断增长，但知识产权创造或运用的成果出现下降的情况，在全国的排名也有明显降低[2]。从具体情况看，很多知识产权主管部门所采取的措施没有产生预期的效果，甚至是一种资源浪费。以知识产权主管部门在软科学研究方面的管理为例，全国各地知识产权主管部门每年立项和管理的知识产权软科学课题很多，但其中很多课题组提交的成果对于知识产权主管部门来说没有应用价值，有些知识产权主管部门又自己组织人员再去进行重复研究。

（4）企业管理的整体状况不佳。从企业知识产权管理情况看，目前的整体水平还不高，大量的企业还没有重视内部知识产权管理工作。虽然在“战略”实施后从国家到地方都在努力推进企业知识产权管理工作的标准

---

[1] 王胜俊：“最高人民法院关于知识产权审判工作情况的报告”，2012年12月25日在第十一届全国人民代表大会常务委员会第三十次会议上。

[2] 结论来自对国家知识产权局知识产权发展研究中心发布的《2012年全国专利实力状况报告》中相关数据的分析。

化，但目前真正实现知识产权管理规范化的企业还只是少数大型企业，大多数企业的内部还没有建立良好的知识产权管理机制和相应的规范。从现实情况看，大多数企业知识产权管理的效果还不好。企业知识产权管理的使命和目的是充分整合企业人力资源、信息资源等知识资源、资本资源和经营资源，促进企业知识创新和管理创新，有效运营知识产权，为企业带来最佳经济效益和社会效益。[1] 放眼国内企业，真正通过知识产权管理实现这种目标的企业为数不多。良好的知识产权管理对于创新型企业尤为重要，而目前这些企业却存在知识产权组织管理体系不完善、知识产权战略与企业整体战略融合度差、制度不健全等多方面的问题[2]。

4. 知识产权中介服务的成效问题

（1）中介服务的覆盖范围不大。虽然知识产权中介服务的范围在不断拓展，有些中介服务机构已经能够提供多种中介服务活动，但大部分中介服务机构由于能力所限，事实上只能提供一两种服务。有些知识产权中介服务，如知识产权交易的谈判等，还很少有中介机构去提供；一些随着市场发展而出现的中介服务需求，现有的中介机构还很难迅速跟进并填补空白。目前的知识产权中介机构的服务活动主要在境内，能够提供境外知识产权服务的机构很少，有些高端的境外知识产权服务甚至没有中介机构可以提供。

（2）中介服务的发展不平衡。中介服务在不同的知识产权业务之间存在明显的发展不平衡问题，现有的中介机构主要提供知识产权代理、维权等方面的服务，而对于知识产权风险预警、知识产权鉴定、知识产权资产评估等业务则提供得较少，像知识产权资产评估这样的业务在很多地方

[1] 冯晓青：“企业知识产权管理基本问题研究”，载《湖南社会科学》2010 年第 4 期。

[2] 邸晓燕、张杰军：“创新型企业知识产权管理的现状、问题及对策”，载《中国科技论坛》2011 年第 4 期。

还处于缺乏市场竞争的垄断局面[1]，而企业知识产权顾问、知识产权投融资、企业知识产权战略的制定等服务还很少有中介机构涉及。知识产权中介服务在专利、商标领域比较常见，而在其他知识产权领域则相对薄弱，在植物新品种方面，全国平均一个省还没有1个中介服务机构。中介服务在不同的地区之间有严重的发展不平衡问题，目前的知识产权中介机构和中介人员主要集中在大城市，特别是像北京、上海、广州、深圳这样的大城市，在沿海地区的知识产权中介服务发展得较好，而在广大农村、西部地区、中小城市知识产权中介服务发展缓慢，即便有些经济发展水平较高的中小城市，专利代理人等专业较强的中介服务人员的数量也很少。

（3）中介服务的质量不高。一些企业反映，由于中介服务的内容存在同质化现象，有些服务机构人员变动频繁，服务质量没有保证，使企业对知识产权服务难有信任感。[2] 即使在商标、专利这两个中介服务开展较早的领域，由于部分中介人员的素质低、在服务时不诚信或故意违法、市场规制不足等原因，也存在较多服务质量不能令人满意的问题，在一些新型的、尚不成熟的知识产权业务方面，中介服务的质量就存在更多问题了。

（4）中介服务的社会效果不理想。部分中介机构及中介服务人员为了获得更多的业务，在服务时片面迎合当事人或地方知识产权主管部门的要求，损害社会利益和“战略”的整体推进。比如，有些商标中介机构为企业提供“创造驰名商标”的顾问和代理服务，人为主动地推动驰名商标的认定，违背了驰名商标认定的法律精神和制度规范，使驰名商标的认定步入歧路，影响了驰名商标在公众心目中的应有地位及其在经济社会发展中正常功能。再如，一些专利中介机构为了帮助一些地方或企业完成专利申请的任务，采取不合理地拆分发明创造成果或杜撰的方式去撰写专利申请文件，骗取专利申请资助，影响了正常的专利申请秩序，也消耗了国家的

---

[1] 唐艳：“我国知识产权评估中存在的问题及对策”，载《财会研究》2012年第5期。

[2] 吴桐等：“我国知识产权服务业发展现状与对策研究”，载《中国发明与专利》2012年第6期。

专利审查力量。这些因素使得社会公众对于知识产权中介服务机构形成一种不好的印象，影响整个知识产权中介服务行业的健康发展。

5. 知识产权教育宣传的成效问题

在“战略”实施中，国家和地方在知识产权教育宣传方面虽然给予了高度重视，也采取了较多有力的措施，但仍然有较多的问题存在：纵观全国，突击性的知识产权宣传教育比较多，而稳定、持续、耐心的宣传教育显得较少。基础性的知识产权宣传教育较为欠缺，中小学开展知识产权知识教育的情况很少，只有少量高校针对全校学生开设了普及性的知识产权课程，更多的宣传教育具有较强的针对性和功利性。在知识产权主管部门的推动下社会性的知识产权宣传教育虽然日益增多，但大多流于形式，实效较差；在一份有关知识产权宣传教育的调查中，对影响宣传效果主要原因的调查显示，受访者认为专项宣传推广活动力度和广度不够（60.20%）、形式单一（39.5%）、缺乏创意（39.1%），导致社会公众参与度不高（75.9%），活动难以达到预期效果。[1] 社会宣传与高校教育是知识产权教育培训的两个重要组成部分，但两者并未能形成很好的配合和良性互动。总体看来，知识产权教育宣传的成效还不能适应“战略”实施的需要，还没有通过各种教育宣传活动造就浓厚的知识产权文化氛围，也未能在很大程度上保障各方面所需要的知识产权人才的供给。

二、国家知识产权战略实施中问题的简要分析

（一）国家知识产权战略实施中的问题具有相对性

前文所分析的“战略”实施中的问题是指“战略”实施已经取得的成绩还不够，是在已有成绩的基础上谈不足，实际上是从成绩的角度谈的。这种问题实际上有两种：（1）应当取得的成绩却未能取得；（2）虽然取得了成绩，但未及预期。这里所谈及的问题，有的是基于纵向比较，特别是

---

[1] 姚芳、刘华：“知识产权文化的中国实践：现状调查与政策建议”，载《科技进步与对策》2013年第11期。

与以往的发展速度及正常的发展趋势进行比较；有的是基于横向比较，包括与知识产权发达国家的成绩和与国内知识产权先进地方的情况进行比较，比如说，湖南省在“战略”实施以来，企业在知识产权创造方面还存在较大的差距，是把湖南与广东、江苏、上海、山东、浙江等先进省市进行比较；[1] 有的是基于目标的衡量，即与某方面知识产权工作的预期目标或应实现的目标相比较；有的是基于条件的衡量，根据已经具备的条件而推断某方面知识产权工作应当取得的成绩。

（二）国家知识产权战略实施中的问题具有复杂性

知识产权工作本身的复杂性决定了“战略”实施中问题的复杂性。现有的问题有些是全国性的，而有些则是地域性；有些问题在整个知识产权领域都存在，而有些问题则是局部性的，存在于某些知识产权领域。有些问题长期存在，而有些问题是在“战略”实施后才出现的。有些问题解决较为容易，有些问题解决则难度较大。“战略”实施问题的复杂性要求我们必须在认真分析、理清脉络的基础上寻求应对办法，保证“战略”实施取得预期成绩或者更大的成绩。

（三）国家知识产权战略实施中的问题具有关联性

科学的“战略”实施需要处理好多方面的关系，这些关系包括战略层面的关系（如国际环境、政策法律的保障等）、内部运行机制层面的关系（主要是知识产权创造、运用、保护和管理之间的关系）和外部环境层面之间的关系（如人才支持、文化氛围等）。[2] 各种层面的各个要素实际上已经形成一个有机整体，其中任何一个要素出现问题都会影响其他要素，任何一个要素出现的问题也往往能从其他要素中找到原因。很多要素往往结合在一起发挥作用，这就是有的时候一个地方在某一方面或某几方面的知

---

[1] 彭晨曦、尹锋、刘海萍：“湖南省企业知识产权经营现状及对策”，载《中国经贸导刊》2012 年 7 月中旬刊。

[2] 杨德桥：“科学发展观视野下的国家知识产权战略实施机制研究”，载《生产力研究》2012 年第 5 期。

识产权服务性工作做得很好但却没有在知识产权创造或运用方面取得相应成绩的重要原因，其在服务性工作的个别环节出现的问题拖累了其他诸多方面努力的结果。基于此，要使“战略”的实施在今后取得突出的成绩，必须在“战略”实施的各个环节、各个方面下功夫，不能将注意力放在某些方面的问题上而忽视了其他问题的解决。

（四）国家知识产权战略实施中问题的形成原因具有多样性

虽然“战略”实施的各方面工作具有整体性和关联性，但每个具体问题形成的原因又具有差异性。同样的问题，如知识产权创造的成绩不佳，在不同的地方、不同的行业、不同的企业有不同的原因。比如，同样是高校知识产权工作的成绩不如人意，陕西省的主要原因是观念和意识淡薄、机构建制缺失、制度建设不完善、知识产权激励不足等，[1] 浙江省主要是高校没有专门的知识产权管理机构、对科研人员的流动和对外技术服务的管理不规范、不重视科研成果的保密工作、缺少知识产权的专项经费、评价体系和奖励政策不合理等。[2] 就此而言，在解决现有问题时，必须要进行具体分析，做到对症下药；别人的经验可以借鉴，但切不可照搬。

（五）国家知识产权战略实施中问题的解决具有长期性

在“战略”实施的整个过程中都会有各种矛盾关系相伴，[3] 这就决定了“战略”实施中的问题会始终存在，有时旧的问题还未解决，新的问题就已经出现，因此，可以说，“战略”实施的过程也是不断解决问题的过程。有的问题涉及多重利益关系，如因行政管理体制不完善导致的行政管理绩效差的问题，需要多方经过长期的博弈才能逐步解决；有的问题涉及根深蒂固的传统和习惯，如浓厚知识产权文化氛围的营造，不是通过短时

[1] 葛莉、王先锋：“陕西高校知识产权管理存在问题浅析”，载《渭南师范学院学报》2013 年第 5 期。

[2] 徐阿进、程华：“浙江高校知识产权保护状况分析”，载《教育评论》2013 年第 3 期。

[3] 刘洋：“试析国家知识产权战略实施中的基本矛盾”，载《知识产权》2011 年第 2 期。

间的强力灌输就能成就的，需要长期潜移默化的努力。总之，我们对于“战略”实施中问题的解决要始终抱着动态考察的态度，要保持足够的耐心。

第三节　保障条件的检视——成绩和问题的聚焦

一、从保障条件看国家知识产权战略实施的成绩

（一）国家知识产权战略实施的成绩得益于保障条件的改善

与以往相比，在“战略”实施后的这些年，我国知识产权发展的速度最快，各项知识产权工作的成绩最好，可以说，其中基本的原因在于这些年我国知识产权工作的保障条件是最好的。正如国家知识产权局在其2012年度报告中所说，2007～2012年我国知识产权创造、运用、保护和环境全面改善，各项指数均平稳增长，其中知识产权环境发展指数提升最为明显。[1] 这里的知识产权发展环境实际上主要指的是本书所说的保障条件。

知识产权制度建设的强化是“战略”实施成果的基本保障条件。根据国家知识产权局相关部门的调查分析，制度环境优化对环境发展指数的增长贡献最大。[2] 这些年我国更加重视知识产权制度建设。正如前文所述，国家和地方制定或完善了大量知识产权法律、行政法规、部门规章、地方性法规、地方政府规章和其他规范性文件，并出台或完善了很多相关的政策和配套的法律制度，特别是对于知识产权中的核心部分专利的发展起着关键作用的《专利法》的重大修改；制度建设的另一突出体现就是，出于对地方、行业的知识产权发展在整体上奠定制度基础的考虑，很多地方和行业都出台了自己促进知识产权发展的战略性文件，截至2011年年底，已

[1] 国家知识产权局知识产权发展研究中心：《2012年全国知识产权发展状况报告》，第10页。

[2] 国家知识产权局知识产权发展研究中心：《2012年全国知识产权发展状况报告》，第59页。

经有15个国务院的部门制定了落实《纲要》的配套政策和实施方案，22个省（区、市）出台了地方知识产权战略或实施意见[1]。

知识产权组织管理的加强对“战略”实施成果的取得提供了有力保障。在《纲要》颁布后，全国基本上形成了由国务院统一领导，部际联席会议统筹协调，各地区、各部分分工负责，协作推进的“战略”实施组织体系，各地区、各行业也根据自身的情况构建了类似的组织体系。在“战略”实施后，无论是知识产权工作的领导力量、行政组织体系、审判组织体系和行业、企事业单位内部的组织体系都得到了不同程度的加强，很多组织机制只是在“战略”实施以后才出现。知识产权主管领导的配备或层次提升、知识产权主管机构的增设或结构优化、知识产权主管部门的区域合作机制、“三审合一”的知识产权审判组织机制等都是基于“战略”实施的需要而产生的。

经费支持力度的加大是“战略”实施获得现有成果的根本物质保障。“战略”实施以来，从中央财政到地方财政都加大了研发投入，企业自身更是加大了这方面的投入。2006年以来，我国全社会研发经费支出实现每年20%以上的增长，从2006年的3 000亿元，增长到2011年的8 610亿元，占国内生产总值的比例从1.42%提升到1.83%，居世界第3位。[2] 其他知识产权工作经费在这些年也快速增长，许多地方因此还制定了知识产权专项经费的管理办法，以提高这些经费的使用效率。

知识产权社会基础的改善是“战略”实施获得现有成果的重要依靠。“战略”实施以来，其所需要的社会基础不断夯实，突出地体现为：(1) 知识产权社会服务发展迅速。由政府主导的公益类知识产权服务体系

[1] 朱宇、唐恒：“创建实施国家知识产权战略示范省工程评价研究报告”，见国家知识产权局保护协调司编：《区域知识产权战略研究文集》，知识产权出版社2012年版，第12页。

[2] 新华社北京2012年7月21日电：“我国全社会研发经费占GDP比例世界第三”，载http://epaper.nfdaily.cn/html/2012-07/22/content_7106579.htm，2013年5月21日访问。

不断完善，各地陆续建成多种形式的知识产权公共服务平台，包括知识产权信息服务公共平台、知识产权数据检索与服务系统、维权援助服务公共平台、知识产权交易转化公共平台以及各种综合性服务平台等，形成公益性服务网络；由市场主导的传统知识产权代理服务机构数量不断增加、规模不断扩大；新兴知识产权服务业态不断涌现。[1]（2）知识产权文化氛围日益浓厚。由于各方面的大力宣传和知识产权本身作用的显现，全社会正在形成知识产权热潮，从普通公众到专业人员，知识产权意识正在逐步提高。由一项调查可知，社会整体对知识产权的认知程度和自我保护意识明显提升，相关部门的管理者也具备了较高的知识产权文化建设工作认同度，这是“战略”实施取得现有成绩的思想基础。[2]（3）企业的知识产权工作基础逐步加强。更多的企业开始重视知识产权工作，认识到自身知识产权主体的地位，在组织机构、人员配置、经费投入、管理规范等方面有了较大的进步，企业在知识产权创造与运用方面的整体能力有了较大提升。（4）行业协会等社会性组织的作用得到一定的发挥。行业协会的自律功能、代表功能、服务功能、协调功能在“战略”实施中得到了相应的体现。

知识产权人才支持为“战略”实施相关成果的取得提供了必要的智力保障。这种人才支持主要有三个方面：（1）科技人才，他们是知识产权创造与运用的直接推动者。2009 年全国共有 4.6 万个企事业单位开展了科学研究与试验发展活动，参与人员达到 318.4 万人，按实际工作时间计算的全时当量为 229.1 万人年，我国已是世界上在科学研究与试验发展中投入人力资源最多的国家。[3]（2）知识产权管理人才与保护人才。通过多种途

---

[1] 吴桐等：“我国知识产权服务业发展现状与对策研究”，载《中国发明与专利》2012 年第 6 期。

[2] 姚芳、刘华：“知识产权文化的中国实践：现状调查与政策建议”，载《科技进步与对策》2013 年第 11 期。

[3] 人民网，http://scitech.people.com.cn/GB/13298254.html，2013 年 8 月 10 日访问。

径的努力，知识产权中介服务人才、政府知识产权管理人才、企业知识产权管理人才、知识产权审判人才在数量和素质上都有较大的提升，培养知识产权管理及保护人才的高校和专业不断增加。(3) 知识产权教育人才。高校的知识产权师资已经初具规模，通过一份针对158所高校知识产权人才培养情况调查发现，近66%的高校已经有专职知识产权师资；[1] 知识产权师资建设得到国家知识产权局与教育部的重视，他们不断举办知识产权师资培训班，提高现有师资队伍水平。

(二) 保障条件好的地方在国家知识产权战略实施中获取了更好的成绩

根据国家知识产权局相关部门的最新统计分析，经过“战略”的实施，目前我国知识产权综合发展水平最高的5个地方依次是广东、上海、北京、浙江和江苏，综合发展水平最低的5个地方则是甘肃、海南、宁夏、青海和西藏。[2]

从该统计分析还可以看出，“战略”实施取得较好成绩的地区在知识产权环境方面（包括制度环境、服务环境、知识产权意识环境等）也是最好的，这里的知识产权环境正是“战略”实施的重要保障条件。这些地方在其他保障条件方面也是做得比较好的，作为全国经济发展最快的地区，在“战略”实施过程中其在经费等物质资源的投入方面是最大的；这些地方高度重视知识产权人才培养，全国培养多方面知识产权人才的培养机构、学科专业和师资力量主要集聚在这些地区，先期经教育部批准进行知识产权本科专业试点的高校就是主要分布这些地方。每个地方的“战略”实施保障条件在整体上都是比较好的，而不仅仅是某一保障条件较为出色。以第五名江苏省为例，其在“十一五”期间及“十二五”开端，专利申请量、授权量、发明专利申请量，企业专利申请量、授权量，有效注册商标

---

[1] 钱建平：《关于高校知识产权人才培养工作的调查报告》，南京理工大学，2013年。

[2] 国家知识产权局知识产权发展研究中心：《2012年全国知识产权发展状况报告》，第11页。

总数等多项指标大幅增长，有 5 项指标为全国第一，而其知识产权的成果丰硕，主要是源于组织管理的强化、资助力度的加大、中介服务组织建设的推进等措施的采取。[1] 另外，江苏省还高度重视知识产权人才的培养和核心制度的建设，全国首个知识产权主管部门与高校合作建设的知识产权学院便产生于该省。

与之产生鲜明对比的是，知识产权综合发展水平最差 5 个地方的知识产权发展环境的水平也处在全国最后一档，其指数都没有达到 50。

专利是我国知识产权体系最为核心的部分，也是国家和地方最为关注的部分。这一部分的情况也进一步验证了前述论点。国家知识产权局知识产权发展研究中心发布的《2012 年全国专利实力状况报告》显示，[2] 全国目前专利实力最强的 5 个地方也是广东、北京、江苏、浙江和上海 5 个省、市，这些地方的专利保障条件在总体上看也是比较好的。比如，从专利执法条件看，其中的 4 个省市在 2011 年和 2012 年位列前十位，江苏和广东则位列前三位；从专项经费上看，这 5 个省市占据了前六名中的 5 席（第五名为天津市）；在管理机构建设方面，除浙江外，其他 4 个地方占据了前五名中的 4 席（第二名为四川省）；在企业能力建设上，这 5 个省市占据了试点示范优势企业指数前六名中的 5 席（第三名为山东）；在专利代理机构数量和专利代理人数量上，这 5 个省市则牢牢占据着前五名。

（三）保障条件好的领域在国家知识产权战略实施中取得了更大的进步

从“战略”实施到现在，我国在专利与商标领域获得了巨大发展，特别是这两方面的知识产权创造活动，成绩突出，多项指标已经跃居世界第一，甚至远远超出其他国家或地区。这种成绩的取得固然有多方面的原因，但保障条件的明显改善无疑是其根本原因。各个地方的知识产权事业在整

[1] 汤淏、周文魁：“江苏知识产权运用成效和发展对策研究”，载《现代商贸工业》2013 年第 3 期。

[2] 该报告第 64 ~ 100 页。

体上在不断发展，但其中专利与商标工作的成绩最大，这是与各地在这两方面给予了较高程度的重视和较大力度的投入密切相关的。

专利创造的发展速度之所以很快，缘于从国家到地方的高度重视和大力支持，无论是在制度建设，还是在组织领导，抑或是在经费投入、社会条件建设、人才培养方面，可以说国家、地方和企业在专利方面给予的关注是最高的。单就直接推动专利创造成果的研发投入看，其占 GDP 的比例在不断提高。前文已经述及，我国到 2011 年的全社会的研发投入占 GDP 的比例为 1.8%，总量列世界第三位；而在中共中央、国务院 2012 年下发的《关于深化科技体制改革加快国家创新体系建设的意见》又明确要求“十二五”期间全社会研发经费达到 GDP 的 2.2%。企业自身的研究投入对于推动企业科技创新具有根本性的作用，我国的企业在“战略”实施以来在这方面也有了较大的进步。根据世界经济论坛专家的分析，我国企业在研发方面投入目前在世界上排名第 24 位，[1] 这要相对于我国整体竞争力的排名，已经是一个较好的名次，这也说明我国企业在技术创造投入方面的力度是比较大的。

我国近些年在商标注册申请量、商标国内注册量方面一直高居世界首位，马德里体系的商标国际注册申请量和注册量也在快速发展，同时在商标的有效运用方面也取得了不错的成绩，这与国家和地方政府及相关主管部门的高度重视和在保障条件方面采取有力措施是分不开的。从 2011 年和 2012 年国家商标总局发布的《中国商标战略年度发展报告》可以看出，为了取得现有的成绩，全国上下在商标战略实施的保障条件建设方面做了很大的努力：在制度建设上积极推动《商标法》和《商标法实施条例》的修订，加快《商标代理条例》的立法进程，并着手开展《特殊标志管理条例》的修订工作，很多地方制定了实施商标战略的规划或实施意见，制定或完善了有关著名商标的地方规范性文件；在商标中介服务的建设方面，2012 年新增商标代理机构 1 662家，再次刷新纪录，商标代理机构总数由

[1] WEF：The Global Competitiveness Report 2012 ~ 2013，p. 139.

2007年的3 352家发展到2012年的8 719家，并积极推动商标代理行业的自律管理；各地在地方财政上对于商标战略的实施给予较大的支持，湖南省财政第一次安排2 000万元的商标战略实施专项经费；在组织管理上，很多地方政府都加强了对商标战略实施的领导，加强了商标主管部门与政府其他职能部门和司法机关的合作与协调，通过多种有效形式加强了商标管理队伍建设；在宣传教育方面，全国工商行政管理机关不断创新宣传培训方式，加大宣传力度，营造全社会保护知识产权良好氛围。❶

相对而言，集成电路布图设计专有权、植物新品种、商业秘密、民间文学艺术等知识产权虽有发展，但其发展速度及影响远不及专利权、商标权等知识产权。究其原因，保障条件不足是一个关键因素。对于这些知识产权，既缺乏强有力的主管部门，也没有专门化的管理机构，更缺乏专门的管理人员；我国在这些知识产权的制度建设方面还不成熟，缺乏应有的制度体系；国家、地方、企业对于这些知识产权创造与运用的经费投入相对而言要少得多；在这些知识产权领域也没有专门的中介服务机构，普通的知识产权中介服务机构也较少有能力提供这些方面的知识产权中介服务；从人才支持的角度看，这类知识产权专门人才很少，高校培养的知识产权人才也基本上不涉及这些领域（至少一般高校的知识产权人才培养内涵中通常没有关注这些知识产权）。

二、从保障条件看国家知识产权战略实施的问题

（一）从保障条件看知识产权创造方面的问题

在取得较大成绩的同时，我国在知识产权创造方面也存在着诸多问题，这些问题都能在保障条件方面找到原因，保障条件的制约还往往是其主要原因。

知识产权创造成果的质量较低，与组织管理不力，特别是管理导向的

---

❶ 相关内容参见国家工商行政管理总局发布的《2011年度中国商标战略年度发展报告》和《2012年度中国商标战略年度发展报告》。

偏差、高水平科技人才和知识产权管理人才的缺乏、经费投入的力度还不够大等因素有重大关系。其中发明专利比重较小是与我国总体上的研发投入不足密切相关的。我国总体研发投入强度还不高，与世界领先国家3%左右的水平相比仍有较大差距；特别是基础研究和应用研究支出所占比重偏低，与发达国家基础研究支出占10%以上和应用研究支出占20%以上的水平相比差距明显，这两项支出所占比重不高表明我国科技发展的根基还不够坚实，原始创新能力不足。[1] 世界知名品牌的缺乏，与我国相关商标法律制度不够完善、商标法律意识还不够强、地方政府的组织管理不科学等因素不无关联。

知识产权创造的波动，其重要原因在于地方、企业知识产权工作规划或计划不够合理，企业的知识产权工作基础不够扎实和稳定，政府和企业在知识产权工作方面经费投入不够稳定。以知识产权工作专项经费的财政性支出这一核心保障条件为例，很多地方的此项经费不是稳定增长，而是出现减少的情况，比如，北京的经费由2011年的18 472.0万元减到2012年的15 341万元，辽宁由2011年的7 530.9万元减到2012年的7 190.7万元，黑龙江由2011年的3 691.4万元减到2012年的3 232.1万元，河南由2011年的4 877.3万元减到2012年的4 338万元，陕西由2011年的6 092.0万元锐减到2012年的4 767.2万元，作为经济大省和知识产权大省的江苏由2011年的37 873.6万元骤减到2012年的29 356.32万元。[2]

知识产权创造工作在地区发展上的不平衡主要在于各地区实际提供的“战略”实施保障条件不相同，保障条件整体水平高的地方其知识产权创造的成果也较多，而保障条件整体水平低的地方其知识产权创造的成果也较少。至于不同知识产权领域在知识产权创造成果方面所出现的较大差异，可以从组织管理力度的不同、科技人才和知识产权管理人才基础的不同、

---

[1] 人民网，http://scitech.people.com.cn/GB/13298254.html，2013年8月10日访问。

[2] 国家知识产权局知识产权发展研究中心：《2012年专利综合实力状况报告》，第77页。

财力支持的差异等方面找到原因。

（二）从保障条件看知识产权运用方面的问题

企业和高校的专利转化率低，专利运用的效率低，其重要原因在于专利运用的配套条件的制约，尤其是配套经费的不足以及相关人才的缺少。这种问题在中小企业更加突出。大部分中小企业普遍缺乏专利信息、资金以及专利人才，其专利技术因此而运用不到位。❶ 即使在广东这种在我国知识产权发展水平最高的地区，中小企业由于保护经费投入、进一步创新投入、竞争对手模仿等原因，而不愿意维护，致使专利存活期较短，更谈不上通过专利许可、转让、质押、产业化等手段去获得更多的收益。另外，许多企业中小企业申请专利只是为了政府奖励或申报项目；企业没有成立专门的机构和配备专业的人员；针对中小企业的知识产权服务机构和专业人员不多，尤其是具有区域特色的知识产权公共服务平台较为缺乏。❷ 这些保障条件方面的制约也是中小企业专利运用不佳的重要原因。高校的专利运用同样存在严重不足，其主要原因也在于诸多保障条件的制约：高校在科研管理制度、奖励机制及其他配套制度上存在诸多不合理的问题；知识产权保护和维持经费严重不足；❸ 内部知识产权管理组织不健全，缺乏有效的知识产权运营机制和运营管理人才；知识产权中介服务组织对于高校专利的运营关注不够。

专利权、商标权、版权及其他知识产权通过转让、许可、质押、投资等方式进行有效运用的比例很低，也是源于多方面保障条件的制约：国家和地方的配套制度和政策存在空白，或者相关规定不够合理；知识产权宣传教育的力度不够，公众对于相关知识产权知识和配套法律知识的缺乏；社会中介服务机构对于这类业务缺乏应有的关注或缺乏相应的配套服务

---

❶ 杨银丹：“基于中小企业的专利技术运用探析”，载《知识经济》2009 年第 12 期。

❷ 张滢、黄亦鹏、何谦：“中小企业知识产权问题及对策研究”，载《中国高校科技》2012 年第 11 期。

❸ 刘奕、孙文、孙光明：“论高校知识产权的流失与对策”，载《高教研究与实践》2012 年第 1 期。

能力。

(三) 从保障条件看知识产权制度建设方面的问题

我国知识产权政策、法律制度所存在的部分制度空白、制度的协调性不足、制度的内容不完善等问题，也在一定程度上源于某些“战略”实施保障条件的制约：部分政策、规范性文件的制定或修改存在组织不力的问题；具有广泛代表性的行业组织或其他专业组织在制度建设中的作用没有得到应有发挥；知识产权文化氛围和知识产权意识的欠缺对于知识产权政策和法律制度的完善产生了一定的阻碍；政策、法律制度的出台受到国际环境的一些不良影响，制度外力强加而造成“水土不服”的现象，[1] 在我国“战略”实施过程中也有不同程度的体现；在政策、法律制度的研究方面所投入的经费还不到位，部分研究经费的使用效果不好；部分地方参与知识产权政策、制度制定的人员素质不高，这方面的专业性人才还显不足。

(四) 从保障条件看知识产权保护方面的问题

前文述及，在“战略”实施中我国知识产权的行政保护、司法保护和社会维权仍然存在较多的问题，这些问题一般都是因保障条件的制约而产生的。行政保护的主动性不强、行政保护的认同度不足、行政保护的力度不够，其重要原因是，知识产权行政执法的制度规范不够健全；知识产权行政执法体制尚未理顺，[2] 并存在组织不力的问题；知识产权行政执法人员无论是在数量上还是在专业性上都还明确不足；在知识产权行政执法经费的财政性支出上力度不够，行政执法的其他物质条件还有所欠缺；对于知识产权行政执法的宣传教育还不够，还缺乏相应的社会意识。知识产权司法保护存在的能力不足、力度不够、刚性不强、权威不明显等方面的问题，究其原因，跟以下“战略”实施保障条件的制约有着很大的关系：审

---

[1] 吴汉东：“中国知识产权法制建设的评价与反思”，载《中国法学》2009 年第 1 期。

[2] 肖尤丹：“中国知识产权行政执法制度定位研究”，载《科研管理》2012 年第 9 期。

判组织机制不够完善，[1] 知识产权案件审判权的配置不够合理；知识产权司法人员在数量和素质上仍然存在很多不足；社会知识产权文化氛围不浓，缺少尊重知识产权、尊重法院裁判的良好社会环境；知识产权中介服务发展不够成熟，在知识产权案件处理过程中的积极作用没有得到较好的发挥。知识产权社会维权的不足，主要在于社会维权的政策、制度没有及时跟进，维权的组织管理不是很合理，可以提供维权服务的专业人才（数量及其能力）比较缺乏，社会维权的意识不强、环境不好，社会维权的经费投入不够，配套资源的保障不到位。

（五）从保障条件看知识产权管理方面的问题

从知识产权行政管理上看，目前存在的管理范围不合理、管理质量不够好、管理效率不够高等问题，都能在“战略”实施保障条件的制约上找到重要的原因：相关的知识产权法律、法规、规章、政策存在较多不合理的因素，特别是不同的规范性文件之间的衔接存在较大问题；知识产权行政管理体制存在较大的问题，缺乏有效的组织保障体系；知识产权行政管理人员数量不足，专业性不强；知识产权行政管理的经费存在不同程度的不足问题，经费使用管理的规范不健全，部分知识产权行政管理资源的配置不够合理；[2] 部分地方或部门领域的知识产权意识不强，缺乏必要的知识产权知识，导致盲目的指挥或不当干预。

从企业知识产权管理上看，绝大多数企业在这方面存在各种问题，这与企业（特别是其领域）的知识产权意识薄弱、[3] 知识产权人才（尤其是专门知识产权管理人才）的缺乏、企业知识产权管理经费的不足、政府对企业知识产权工作的组织管理不力等因素有重要关系。

---

[1] 杨志祥、梅术文、龙龙：“我国知识产权司法保护体制改革的探索与完善”，载《东岳论丛》2012 年第 11 期。

[2] 王莹：“完善我国知识产权行政管理体制的探讨”，载《云南财经大学学报》2012 年第 4 期。

[3] 周维：“企业知识产权管理中容易出现的问题及对策”，载《东方企业文化》2013 年第 6 期。

（六）从保障条件看知识产权中介服务方面的问题

目前，知识产权中介服务还或多或少地存在服务覆盖范围不大、服务发展不平衡、服务质量不高、服务的社会效果不理想等问题。这些问题主要在于，知识产权中介服务的制度规范不健全，制度缺失和规范合理的问题较多；知识产权中介机构不够成熟，知识产权中介服务专业人才缺失现象严重，人员数量、质量都不能满足需求，这在涉及专利工作的服务领域尤为突出；❶ 政府对知识产权中介服务的组织管理不够到位，干预过多、管理空白的现象并存，自律管理的能力较差；知识产权中介服务需要的社会环境还不够好；政府对于知识产权中介服务在经费和其他方面的扶持力度相对较小。

（七）从保障条件看知识产权教育宣传方面的问题

我国当下的知识产权教育宣传还存在较多问题，这些问题一般都能在“战略”实施保障条件的制约上找到根源：知识产权教育宣传方面的制度规范还存在不完善的问题，存在一些明显的制度障碍；知识产权教育人才缺口较大，特别是缺乏高水平的知识产权师资；传统的教育体制，尤其是学科、专业的设置、招生管理方面的制度阻碍了高校对知识产权人才的有效培养；知识产权教育资源的配置不够合理，知识产权教育宣传方面的经费投入力度严重不足；知识产权社会宣传、学历教育的组织管理不够合理，力度不足，社会培训机构缺乏必要的准入机制；❷ 社会对知识产权人才培养的认识不深，知识产权人才培养的社会支持力度不够。

---

❶ 吴桐等：“我国知识产权服务业发展现状与对策研究”，载《中国发明与专利》2012 年第 6 期。

❷ 钱建平：“谈国家知识产权人才战略实施的障碍及其克服——基于知识产权人才培养的视角”，载《南京理工大学学报（社科版）》2010 年第 6 期。

第三章　法律制度的制约及相关对策

第一节　国家知识产权战略实施涉及的主要法律制度

一、专门的知识产权法律制度

（一）专门知识产权法律制度对于国家知识产权战略实施的意义

专门的知识产权法律制度是“战略”实施的重要支撑，是各种“战略”实施活动得以开展的基础，对“战略”实施具有重大影响。

1. 知识产权法律制度是“战略”实施的依据

为包括“战略”实施在内的各种涉及知识产权的活动提供依据和必要的支持是知识产权法律制度的基本价值所在。我国“战略”的实施涉及国家机关、企事业单位、个人等各种主体的活动，这些主体所有的“战略”实施活动都应有相应的法律依据，而这种法律依据首先就是知识产权法律制度，知识产权法律制度往往是各种“战略”实施行动的直接法律依据。

知识产权主管部门授予或确认知识产权，必须依据知识产权法所规定的条件与程序进行。创新者申请和取得知识产权也要依据知识产权法规定的条件和程序进行。知识产权人自行运用其知识产权、许可他人运用其知识产权及转让其知识产权，都是按照知识产权法的规定进行的。知识产权执法部门对知识产权人的行为进行管理，查处侵犯他人知识产权的行为，司法机关审理知识产权案件，都要从知识产权法中寻找依据。知识产权中介服务机构提供各种知识产权服务，都应依据知识产权法的规定。即便是知识产权教育宣传机构，其教育培训的内容也必须依据知识产权法的规定进行设计。知识产权法律制度是各种“战略”实施行动的效力源泉，是其正当性的基础。如果在“战略”实施的某一方面存在知识产权法律制度的缺失，甚至是法律规范模糊的问题，相关的主体就会感到无所适从，这就会导致他们裹足不前，或导致他们行动混乱，特定的“战略”实施活动的效果肯定会受到影响。

2. 知识产权法律制度是“战略”实施的动力

法律的首要目的是通过提供一种激励机制，诱导当事人采取从社会角度看最优的行动。❶ 知识产权法律制度除了具有法律制度所具有的这种一般激励功能外，还基于其一些特殊的规范设计提供一种利益刺激，并借助这种利益刺激引导人们去实现“战略”的目标和任务。知识产权法的产生、发展和日臻完善的过程也正是从对知识产权的侵害者的制裁开始逐步向对知识产权创造主体和运用主体的激励演化的过程，而且，相对于其他法律制度，知识产权法律制度具有更强的激励性。❷

知识产权法律制度从根本上确认了智力创造者对其智力成果享有知识产权，并使其能够享有运用这种知识产权所产生的利益。正是这种权益归属的确认刺激大量的企事业单位与个人不断进行创新，并积极将其创新成果加以运用，这是“战略”所追求的知识产权创造和运用目标得以实现的力量源泉所在。这种激励机制还形成一种促进后续创新的“压迫机制”，即由于他人知识产权的存在，后来者为避免侵权而不得不进行再创造，这种再创造往往又是对在先成果缺陷的克服。❸ 这又是对“战略”所追求的知识产权创造和运用目标的另一种促进。另外，这种激励性规范还可以提

---

❶ 张维迎：“作为激励机制的法律”，见张维迎：《信息、信任与法律》，生活·读书·新知三联书店2003年版，第66页。

❷ 范在峰：“论知识产权法律对技术创新的功能”，载《科技与法律》2002年第4期。

❸ 朱谢群：“我国知识产权发展战略与实施的法律问题研究”，中国人民大学出版社2008年版，第78页。

高整个社会的创新效率，那就是知识产权制度通过其特有的对专有权利的确认机制，避免重复性劳动，大大减少重复性创造性活动的概率，促使人们在现有成果的基础上不断创新，有利于优化配置技术创新资源，提高创新效率，加快创新进程。[1]

3. 知识产权法律制度规范着“战略”的实施

知识产权法律制度对于“战略”实施的规范作用主要体现在三个方面。

（1）对政府机关的管理行为进行规范。以知识产权主管部门为代表的政府机关实施必要的管理行为对于“战略”实施的顺利推进是必要的，因为这种管理能够对“战略”的实施进行合理规划并创造良好的环境。但需要注意的是，我国政府在实施知识产权战略方面仍存在定位不够准确的现象，缺位与越位现象并存；政府行政力量在某些领域过度干预，往往弱化了市场主体的自觉意识，造成市场行为的扭曲。[2] 因此，需要对政府机关的管理行为进行必要的控制和约束，知识产权法律制度对于知识产权主管机关的管理行为往往设置一定的边界，规定相应的条件和操作程序，就是为了实现这种规范和控制的目标。

（2）对知识产权人的行为进行规范。知识产权法律制度主要是对知识产权人运用知识产权的行为进行规范。知识产权主要是一种私权，体现权利人自身的利益要求；知识产权的授予又是为了激励创新，体现增进公共利益的要求。知识产权人行使权利的行为是“战略”实施的一部分，是知识产权运用的基本形态，而知识产权人在行使权利时主要是为了实现其私人利益。知识产权中私人利益的过度膨胀可能会损害公共利益，使知识产权制度的公共目标无从实现；从利益平衡论的角度看，知识产权制度也试

---

[1] 陈昌柏：《知识产权战略（第2版）》，科学出版社2009年版，第13页。

[2] 刘洋：“试析国家知识产权战略实施中的基本矛盾”，载《知识产权》2011年第2期。

图在公共和私人利益之间确立一个精妙的平衡。❶ 正是基于利益平衡的需要，知识产权法律制度需要对知识产权人运用知识产权的行为进行一定的规范和约束，规定其权利的范围和行使方式，防止其权利的不当扩张及滥用。

（3）对知识产权服务行为进行规范。以知识产权中介服务为代表的各种知识产权服务行为是“战略”实施的润滑剂，是对各种“战略”实施行动提供的帮助，特别是对企事业单位、个人的知识产权创造、运用及保护活动提供相应的支持。这种知识产权服务行为对于“战略”实施的促进和推动是以其自身的健康发展为前提的。为了保证知识产权服务业的健康发展，知识产权法律制度需要对知识产权服务活动进行规范和限制，主要是对服务主体、服务范围、服务方式乃至程序进行必要的规定。另外，知识产权服务体系的健康发展，离不开行业协会的监管和服务，❷ 而知识产权法律制度则能够为知识产权服务业的行业自律创造一个良好的制度环境。

4. 知识产权法律制度是“战略”实施的保障

知识产权法律制度可以为“战略”的实施提供有力的保障，增强“战略”实施行动的效力，巩固“战略”实施的成果。

（1）知识产权法律制度对“战略”实施行动的保障。对于依法实施的知识产权管理行为、知识产权申请行为、知识产权运用行为、知识产权服务行为，知识产权法律制度一般都会为其提供一定的路径和形式，从而保障这些行为的正常开展；针对这些行为产生的纠纷，知识产权法律制度往往提供解决的模式和程序，从而排除妨碍这些行为的干扰因素。

（2）知识产权法律制度对“战略”实施成果的保障。这种保障突出地体现在两个方面：①通过权利的授予或归属的确认，保障知识产权创造人的创新成果；②通过对侵权行为的排除或制裁，保障知识产权人享受到其

---

❶ 冯晓青：“试论以利益平衡理论为基础的知识产权制度”，载《江苏社会科学》2004 年第 1 期。

❷ 洪群联：“我国知识产权服务体系发展现状与战略思路”，载《经济纵横》2011 年第 11 期。

知识产权运用的成果。正是通过对无数个案中知识产权人创新成果和知识产权运用成果的保障，知识产权法律制度实现了对于整个“战略”实施成果的保障。

（二）国家知识产权战略实施涉及的专门知识产权法律制度

“战略”的实施是一个浩大工程，涉及与知识产权相关的各方面工作，毫无疑问，所有的知识产权法律制度都与之存在密切关系。

从规范的内容上看，这些专门的知识产权法律制度包括专门关于专利的法律制度、专门关于商标特殊标志的法律制度、专门关于著作权的法律制度、专门关于商业秘密的法律制度、专门关于集成电路布图设计的法律制度、专门关于植物品种的法律制度、专门关于民间文学艺术的法律制度、专门关于域名的法律制度、专门关于网络知识产权的法律制度以及其他一些涉及多方面知识产权的专门法律制度。

从规范的渊源上看，这些专门的知识产权法律制度包括全国人大或全国人大常委会颁布的法律、国务院颁布的行政法规、拥有地方立法权的地方人大或其常委会制定的地方性法规及这些地方政府制定的地方政府规章、国务院的部门制定的部门规章、最高人民法院发布的司法解释、各级政府及其工作部门发布的其他规范性文件及制定的相关政策、我国参加的知识产权国际条约。

就目前有效的规范性文件看，这些专门的知识产权法律制度主要包括以下几类❶：

（1）全国人大及其常委会颁布的法律或作出的决定及国务院制定的实施条例，包括2010年经第二次修正的《著作权法》及《著作权法实施条例》、2008年经第三次修正的《专利法》及《专利法实施细则》、2007年关于批准《修改〈与贸易有关的知识产权协定〉议定书》的决定、2013年经第三次修正的《商标法》及《商标法实施条例》、1998年关于加入《国际植物新品种保护公约（1978年文本）》的决定和1984年关于我国加入

❶ 信息来源于中国人大网法律法规数据库。

《保护工业产权巴黎公约》的决定。

（2）国务院颁布的行政法规，包括2013年修订的《计算机软件保护条例》、2011年修订的《著作权集体管理条例》、2013年修订的《信息网络传播权保护条例》、2004年颁布的《世界博览会标志保护条例》、2004年《国防专利条例》、2010年修订的《知识产权海关保护条例》、2002年《奥林匹克标志保护条例》、2001年《集成电路布图设计保护条例》、2013年修订的《植物新品种保护条例》、1996年《特殊标志保护条例》、1991年《专利代理条例》和1992年《实施国际著作权的决定》。

（3）国务院各部门颁布的部门规章或其他规范性文件，包括2012年《发明专利申请优先审查管理办法》《专利实施强制许可办法》《专利标识标注办法》、修订的《国家知识产权局行政复议规程》，2011年《专利实施许可合同备案办法》《关于修改〈专利代理管理办法〉的决定》，2010年《专利行政执法办法》《著作权质权登记办法》《关于台湾同胞专利申请的若干规定》《专利权质押登记办法》《关于专利电子申请的规定》，2009年《商标代理管理办法》《注册商标专用权质权登记程序规定》《软件产品管理办法》《海关进出口货物优惠原产地管理规定》，2008年《专利代理人资格考试违纪行为处理办法》《专利代理人资格考试实施办法》《专利代理人资格考试考务规则》，2007年《农产品地理标志管理办法》《关于规范专利申请行为的若干规定》，2006年《专利费用减缓办法》《关于专利审查指南》《展会知识产权保护办法》，2005年《互联网著作权行政保护办法》，2004年《世界博览会标志备案办法》《能源效率标识管理办法》《中国互联网络域名管理办法》，2003年《铁路计算机信息系统安全保护办法》《马德里商标国际注册实施办法》《集体商标、证明商标注册和管理办法》、最近修订的《驰名商标认定和保护规定》、修订的《著作权行政处罚实施办法》，2002年《农业植物新品种权侵权案件处理规定》《专利代理惩戒规则（试行）》《奥林匹克标志备案及管理办法》《农业转基因生物标识管理办法》、修订的《商标评审规则》，2001年《集成电路布图设计行政执法办法》《集成电路布图设计保护条例实施细则》以及1998年修订的《商标印制管理办法》。

（4）最高人民法院的司法解释，包括2010年《关于做好涉及网吧著作权纠纷案件审判工作的通知》《关于充分发挥刑事审判职能作用依法严惩侵犯知识产权和制售假冒伪劣商品犯罪的通知》《关于审理商标授权确权行政案件若干问题的意见》，2009年《关于审理侵犯专利权纠纷案件应用法律若干问题的解释》《关于专利、商标等授权确权类知识产权行政案件审理分工的规定》《关于审理涉及驰名商标保护的民事纠纷案件应用法律若干问题的解释》《关于当前经济形势下知识产权审判服务大局若干问题的意见》《关于贯彻实施国家知识产权战略若干问题的意见》《关于涉及驰名商标认定的民事纠纷案件管辖问题的通知》，2006年《关于建立驰名商标司法认定备案制度的通知》、修改的《关于审理涉及计算机网络著作权纠纷案件适用法律若干问题的解释》，2005年《关于办理侵犯著作权刑事案件中涉及录音录像制品有关问题的批复》，2004年《关于进一步加强知识产权司法保护工作的通知》，2002年《关于审理商标民事纠纷案件适用法律若干问题的解释》《关于审理著作权民事纠纷案件适用法律若干问题的解释》《关于对注册商标专用权进行财产保全和执行等问题的复函》《关于诉前停止侵犯注册商标专用权行为和保全证据适用法律问题的解释》《关于审理商标案件有关管辖和法律适用范围问题的解释》，1993年《关于深入贯彻执行〈中华人民共和国著作权法〉几个问题的通知》，1987年《关于审理专利申请权纠纷案件若干问题的通知》。

（5）地方人大、地方政府或相关部门颁布的地方性法规、地方政府规章和其他规范性文件。这些规范性文件目前约有280部[1]，较有代表性的有北京市2007年《北京市展会知识产权保护办法》、2005年《北京市专利保护和促进条例》，上海市2012年《上海市著名商标认定和保护办法》，江苏省2009年《江苏省专利促进条例》、2011年《南京市知识产权保护和促进条例》、2010年《苏州市专利促进条例》等，广东省的2012年《广东

---

[1] 全国人大网（中国法律法规检索系统）。

省展会专利保护办法》、2010 年《广东省专利条例》、2010 年《广州市专利奖励办法》、2009 年《深圳市互联网软件知识产权保护若干规定》、2007 年《广东省计算机信息系统安全保护条例》等，浙江省的 2011 年《浙江省专利保护条例》、2012 年《宁波市专利管理条例》、2011 年《杭州市著名商标认定和保护办法》等。

二、宏观调控方面的法律制度

（一）宏观调控法律制度对于国家知识产权战略实施的意义

我国“战略”的实施实质上是要通过各种有效手段促进知识产权产业的发展，在此基础上推进整个经济社会的发展。知识产权产业虽然具有特殊性，但它同样是我国市场经济的一部分，企业是这一产业的主体，企业围绕知识产权进行的各种行为实际上也是一种市场行为。作为市场行为，主要由市场进行基础性的调节；但是，市场在不断推动社会生产力提高的同时，也会不断出现市场本身所不能解决的问题，这就必然要求国家从社会整体利益出发采取切实有效的措施。[1] 这种市场与政府间的关系理论同样适用于“战略”实施过程的企业的相关市场行为。在市场经济下构建知识产权战略体系，企业作为知识产权创造和运用的主体应当居于中心位置，而政府的责任更多地体现在为企业提供一个良好的知识产权发展环境上。[2]

在“战略”实施过程中，企业和其他市场主体会围绕知识产权开展各种各样的活动，这些主体往往是在有限的范围内基于自身的个体利益要求进行市场行为，这样难免带有较多的盲目性、局限性，妨碍“战略”整体目标的实现，也因相互冲突而导致部分个体目标很难达成。这就需要国家进行适当干预，从宏观上对各市场主体在“战略”实施中的行为进行必要的引导、协调和促进。国家干预是国家从社会整体利益出发对社会经济生

---

[1] 李昌麒主编：《经济法学》，法律出版社 2007 年版，第 44 页。

[2] 刘洋：“试析国家知识产权战略实施中的基本矛盾分析”，载《知识产权》2011 年第 2 期。

活进行总体的、必要的、适度的决策、干预、调控和指导。[1] 国家对"战略"实施中企业和其他市场主体的行为进行宏观调控，也是以社会整体利益为基础的，这里的社会整体利益就是"战略"的总体目标和"战略"各方面的协调发展。

为了保证"战略"目标的实现，保证各市场主体在"战略"实施中的行为能够协调发展，使各市场主体在实现其自身利益的同时能够增进"战略"所追求的整体利益，国家需要在"战略"实施过程中有效运用多种宏观调控手段：通过计划的制定和实施保证"战略"实施的重要行动受到高度重视，并得到预先安排；通过产业导向可以对相关知识产权的创造与运用产生较大的刺激作用，并遏制一些不利于"战略"实施的经营活动；通过投资的合理安排和国有资产的运用能够使知识产权创造与运用获得必要的财产支持，并为知识产权的有效运用提供相应的渠道；通过财政安排使"战略"实施中的各种活动能够得到财政资金的资助；通过税收、政府采购等能够对知识产权的创造与运用进行激励；通过金融手段也可以使"战略"实施的相关活动获得必要的资金支持；通过基本建设可以使"战略"实施行动所需要的基础设施获得一定程度的保障；通过标准化工具的运用，可以保证"战略"实施行动的质量，并可以使相关知识产权的运用实现规模化，进而刺激知识产权创造；通过价格机制能够鼓励企业对高水平创新成果的追求，促进知识产权成果的及时运用；通过外贸政策的运用能够对企业产生一种导向和启示，带动知识产权创造与运用；通过中小企业促进措施使中小企业在"战略"实施中的作用得到有效发挥；通过科技进步促进措施引导多方面的"战略"实施行动，协调"战略"实施中各方的利益，有效调动各方面的积极性[2]。

上述宏观调控手段要得以有效使用，就必须有法律的保障，需要完善

---

[1] 喻玲："国家干预经济理论的反思"，见顾功耘、罗培新主编：《经济法前沿问题(2009)》，北京大学出版社 2010 年版，第 24 页。

[2] 于兆波："从新的《科技进步法》看知识产权保护与知识共享"，载《中国新科技论坛》2009 年第 2 期。

的计划法、预算法、产业政策法、国有资产管理法、多方面的税收法律文件、金融法、投资法、政府采购法、基本建设法、标准化法、价格法、对外贸易法、中小企业促进法、科技进步法等，我国各方面的宏观调控法要适应“战略”实施的需要，要基于“战略”实施的要求设计相关内容，为“战略”实施中相关宏观调控措施的采取提供依据、路径和保障。

（二）国家知识产权战略实施涉及的重要的宏观调控法律制度

由于宏观调控法本身影响的广泛性和全面性，“战略”的实施也是涉及面广并且因素复杂的浩大工程，因此，“战略”的实施实质上会涉及所有宏观调控法律制度或相关政策。择其要者，概述如下。

计划法、投资法，目前全国性的与“战略”实施具有较大关联度的规范性文件较少，主要有2001年科技部颁布的《国家科技计划管理暂行规定》和《国家科技计划项目管理暂行办法》。地方在这方面制定了较多的规范性文件，如广东省2011年《广州市政府投资管理条例》、2012年《深圳经济特区创业投资条例》，浙江省2011年《浙江省政府投资预算管理办法》、2009年《宁波市政府投资项目管理办法》。

科技促进法，与“战略”实施有直接的关系，如2007年修订的《科学技术进步法》，2003年《国家科学技术奖励条例》，2002年《科学技术普及法》和1996年《促进科技成果转化法》。

财政法方面的规范性文件较多。如各级人大关于同级预算的决定，全国人大关于国债发行的一些决议，全国人大及其常委会2008年制定的《企业国有资产法》，2006年修订的《审计法》及国务院颁布的《实施条例》，2002年《政府采购法》，1999年《招标投标法》，1994年《预算法》及国务院颁布的《实施条例》。国务院2011年颁布的《企业国有资产监督管理暂行条例》、修订的《财政违法行为处罚处分条例》、修订的《国库券条例》，1996年《企业国有资产产权登记管理办法》，1991年《国有资产评估管理办法》。国务院各部门颁布的规范性文件有2013年《中央预算内投资补助和贴息项目管理办法》，2012年《行政单位财务规则》《财政部门监督办法》《事业单位财务规则》，2011年《中央企业境外国有产权管理暂行办法》《中央企业境外国有资产监督管理暂行办法》《地方国有资产监管工作指导监督办法》，2010 年《中国清洁发展机制基金管理办法》《中央企业财务预算管理暂行办法》，2006 年《金融企业财务规则》《企业财务通则》《事业单位国有资产管理暂行办法》《行政单位国有资产管理暂行办法》《中央企业综合绩效评价管理暂行办法》，2005 年《企业国有资产评估管理暂行办法》，2004 年《企业国有资本保值增值结果确认暂行办法》。

金融法方面的规范性文件也比较多。全国人大及其常委会颁布的法律有 2006 年修订的《银行业监督管理办法》《反洗钱法》，2003 年修正的《人民银行法》《商业银行法》，2001 年《信托法》。国务院颁布的有 2011 年《现金管理暂行条例》《储蓄管理条例》，2008 年修订的《外汇管理条例》，2006 年《外资银行管理条例》，2001 年《外资金融机构管理条例》，2000 年《金融资产管理公司条例》《人民币管理条例》，1999 年《金融违法行为处罚办法》，1996 年《结汇、售汇及付汇管理规定》。国务院各部门制定的规范性文件有 2012 年《商业银行资本管理办法（暂行）》，2011 年《商业银行理财产品销售管理办法》《商业银行杠杆利率管理办法》，2010 年《信托公司净资本管理办法》《融资性担保公司管理暂行办法》《非金融机构支付服务管理办法》《流动资金贷款管理暂行办法》《个人贷款管理暂行办法》，2009 年《固定资产贷款管理暂行办法》，2007 年《商业银行内部控制指引》《信托公司集合资金信托计划管理办法》《金融租赁公司管理办法》《信托公司管理办法》，2006 年《国际金融组织和外国政府贷款赠款管理办法》，2005 年《商业银行个人理财业务管理暂行办法》《国际金融组织和外国政府贷款投资项目管理暂行办法》，2003 年《人民币银行结算账户管理办法》，2002 年《技术更新改造项目贷款贴息资金管理办法》。

税法方面的规范性文件数量最多。2011 年修订的《个人所得税法》及其《实施条例》、《车船税法》及其《实施条例》，2007 年《企业所得税法》及其《实施条例》，2001 年修订的《税收征收管理法》及 2012 年修订的《实施细则》，1993 年《关于外商投资企业和外国企业适用增值税、消费税、营业税等税收暂行条例的决定》，2011 年修订的《土地增值税暂行条例》《城镇土地使用税暂行条例》《印花税暂行条例》《固定资产投资方向调节税暂行条例》《城市维护建设税暂行条例》《资源税暂行条例》及其《实施细则》，2010年修订的《发票管理办法》及其《实施细则》，2008年修订的《增值税暂行条例》及其《实施细则》、《消费税暂行条例》及其《实施细则》、《营业税暂行条例》及其《实施细则》，2007年修订的《耕地占用税暂行条例》及其《实施细则》，2000年《车辆购置税暂行条例》；2013年《税收执法监察规则》《网络发票管理办法》，2012年《税收违法违纪行为处分规定》，2010年《增值税一般纳税人资格认定管理办法》，2007年《科学研究和教学用品免征进口税收规定》《科技开发用品免征进口税收暂行规定》，2006年《个体工商户税收定期定额征收管理办法》，2005年《企业财产损失所得税前扣除管理办法》，2003年《税务登记管理办法》《企业债务重组业务所得税处理办法》，2000年《企业所得税税前扣除办法》《技术改造国产设备投资抵免企业所得税审核管理办法》，1999年《关于个人因解除劳动合同取得经济补偿金征收个人所得税问题的通知》《企业技术开发费税前扣除管理办法》《关于企业的免税所得弥补亏损问题的通知》，1995年《演出市场个人所得税征收管理暂行办法》。

其他对“战略”实施会有较大影响的法律：2004年修订的《对外贸易法》，2002年《中小企业促进法》、修订的《进出口商品检验法》及其《实施条例》，1997年《价格法》，1988年《标准化法》和1990年《标准化法实施条例》，1991年《进出境动植物检疫法》，2011年修订的《技术进出口管理条例》，2004年《进出口货物原产地条例》、修订的《保障措施条例》《反补贴条例》《反倾销条例》，2002年《生物两用品及相关设备和技术出口管制条例》，2012年《商务领域标准化管理办法（试行）》《进出口许可证证书管理规定》，2009年《两用物项和技术出口通用许可管理办法》，2008年《货物出口许可证管理办法》，2004年《安全生产行业标准管理规定》《关于非优惠原产地规则中实质性改变标准的规定》，2002年《医疗器械标准管理办法（试行）》，2001年《采用国际标准管理办法》《新闻出版行业标准化管理办法》，1991年《农业标准化管理办法》，1990

年《国家标准管理办法》《行业标准管理办法》《地方标准管理办法》《企业标准化管理办法》《能源标准化管理办法》。另外，还有国务院和国务院相关部门制定的某一行业的产业政策或就某一行业的产业政策发布的意见。

科技投入不足和激励不够被看做是影响我国科技创新和“战略”推进的重要因素，❶ 这两方面问题的解决需要相关的法律制度去引导、规范和保障，而能够实现这种目标的法律制度主要是前述宏观调控方面的法律、法规、规章与政策。

三、市场交易方面的法律制度

（一）市场交易法律制度对于国家知识产权战略实施的意义

虽然政府的外部管理与推动在“战略”实施中发挥着重要作用，在有些领域、有些地方政府部门的作用甚至是主导的，但从总体上看，“战略”实施的基本力量和关键因素还是各种市场主体，主要是以经营者身份出现的企业、中介服务机构，高校、科研院所、社会团体等事业单位有时也参与“战略”实施中一些市场活动。因此，“战略”的实施活动除了必要的政府管理活动外主要是围绕科技创新和知识产权进行的各种各样的市场行为。

市场行为主要由市场进行调节，市场机制在此过程中发挥着基础性的作用，遵循自由竞争的法则。但是，由于市场主体的自利性及市场机制本身的局限性，市场主体在其行为过程中很容易出现破坏竞争秩序、损害其他经营者利益、损害消费者权益、牺牲环境与生态等行为。正因如此，市场经济体制下国家对市场的规范与管理仍然不可缺少。在“战略”实施中，企业的技术创新及其相关行为、企业知识产权运用及其相关行为、知识产权中介服务机构的服务行为、部分知识产权教育培训行为等都是市场行为，也存在一般市场行为可能存在的问题，同样需要知识产权主管部门

---

❶ 董世龙、薛惠：“科技创新法律制度存在的问题与对策”，载《科技进步与对策》2013 年第 13 期。

和其他政府机关的规范与管理。

国家对于市场行为的规范与管理必须建立在法律的基础上。政府要维护知识产权创造与运用过程中的竞争秩序，而竞争需要法律形式的国家保护，需要法律对个体的保护和制度上的保护，[1] 要以竞争法律制度为基础；政府要为各种知识产权交易行为提供路径、模式与安全保障，这需要借助合同法、公司法等法律制度；政府要引导经营者通过知识产权创造与运用去提高产品质量、维护消费者的权益，需要在质量法律制度和消费者权益保护法律制度中做出相应的设计；政府要推动知识产权中介服务机构更好地参与到知识产权创造与运用过程中去，需要通过知识产权中介服务法律制度为其提供服务模式、规范其服务行为。

（二）国家知识产权战略实施涉及的主要市场交易法律制度

从“战略”实施中的相关市场行为的内容看，与其有较大关联及其需要的市场交易政策法律制度主要有以下三个方面。

(1) 市场交易行为法。这方面的法律制度主要是对“战略”实施过程中的相关市场行为提供实现的路径和形式。《合同法》及配套的规范性文件为“战略”实施中的各种知识产权合同提供了基本的形式和保障；知识产权担保需要完善的法律制度，[2]《担保法》及相关的规范性文件为知识产权质押及服务于知识产权交易的各种担保提供了实现形式的基本规范；《公司法》及其他企业法律制度为知识产权投资等运用行为提供了实现的方式；《证券法》及配套法律制度可以为知识产权证券化等投、融资活动提供有效的途径；发达国家的经验表明，知识产权保险是一种知识产权集中托管的有效方式，[3] 而其运作及推广有赖于《保险法》等法律制度的相

---

[1] ［德］乌茨·施利斯基著，喻文光译：《经济公法》，法律出版社 2006 年版，第 167～168 页。

[2] 李鹏：“知识产权担保法律规定及其完善——以收益控制权为视角”，载《理论探索》2010 年第 3 期。

[3] 林小爱：“发达国家知识产权保险的发展及对我国的启示”，载《中国科技论坛》2009 年第 2 期。

应设计。

（2）市场行为规制法。这方面的法律制度主要是对知识产权交易行为进行规制与约束，防范其损害交易相对人和损害社会整体利益现象的发生，或者通过其对相关市场交易行为的规制，促进知识产权创造与运用。在现代社会，无论是知识产权被滥用的可能性还是被滥用后造成的后果，都会大大增加，[1] 这就需要通过《反垄断法》及配套法律规定进行有效的规制，特别是专门就知识产权领域的反垄断问题制定的规范性文件或指导性文件；在知识产权运用过程中也会有各式各样的不正当竞争行为，这就需要《反不正当竞争法》等规范性文件发挥相应的作用；另外，《产品质量法》《消费者权益保护法》等法律制度可以从提高质量、加强对消费者权益保护的角度促进企业努力创造与运用先进的知识产权成果。

（3）中介服务法律制度。我国以知识产权中介服务为代表的知识产权服务业在促进经济发展、转变经济发展方式中发挥着重要作用，而这种作用的发挥需要完善知识产权服务业立法，规范知识产权服务市场秩序。[2] 除了专利的知识产权中介服务法律制度外，《律师法》《注册会计师法》及相关的配套法律制度在这方面也发挥着重要作用。

四、其他相关的法律制度

（一）刑事法律制度

为了使“战略”的实施取得预期成效，就必须努力排除破坏或阻碍“战略”实施的因素。从当下我国的现实情况看，“战略”实施的一个很重要的障碍是侵犯知识产权行为的大量存在。因此，如果要想为“战略”的实施创造一个好的环境，就必须有效打击和遏制知识产权侵权行为，特别是制裁那些严重的知识产权侵权行为。虽然我国通过民法和行政法给知识

---

[1] 王先林：“知识产权滥用及其法律规制”，载《法学》2004 年第 3 期。

[2] 吴桐等：“我国知识产权服务业发展现状与对策研究”，载《中国发明与专利》2012 年第 6 期。

产权人提供了一定的保护，侵权人因此付出了一定的代价，受到了一定的制裁，但民事责任和行政责任的特点决定了它们并不能给侵权人以足够的威慑，侵权人常常通过侵权获得的利益要超过他们因为承担民事责任和行政责任而付出的代价。因此，民法保护和行政法保护并不能有效遏制知识产权侵权行为，尤其难以消除那些严重的知识产权侵权行为。

在各种法律责任中，刑事制裁是最为严厉的，也最具威慑力，因而成为维护包括“战略”实施秩序在内的社会秩序的最有力武器。在我国目前知识产权侵权行为还比较多，还存在一些很严重的知识产权侵权行为的背景下，刑法在“战略”实施环境创造方面更加突显其价值。正如有学者认为，挖掘和惩处知识产权犯罪，实现和保护知识产权的生产和再生产，发挥刑事法律的功效和价值已不容忽视，建立一个良好的、利于知识产权战略实施的刑事法治环境就显得尤为重要和必要。❶ 刑事法治环境的创造主要是司法机关按照《刑事诉讼法》规定的程序去适用《刑法》，追究知识产权犯罪人的刑事责任；最高人民法院针对知识产权刑事案件出台了一些司法解释，如最高人民法院、最高人民检察院《关于办理侵犯知识产权刑事案件具体应用法律若干问题的解释（二）》（2007 年），最高人民法院、最高人民检察院《关于办理侵犯知识产权刑事案件具体应用法律若干问题的解释（一）》（2004 年），它们对于知识产权犯罪的追究和“战略”实施环境的保障也发挥着较大的作用。

（二）劳动人事法律制度

创新型国家的基础是创新人才❷，作为创新型国家建设一部分的“战略”实施更是需要人才的支持。离开知识产权人才，“战略”实施中的各项工作很难得到高效完成，甚至就不可能完成。基于此，我国需要高校教育、在职培训、人才引进等方式增加知识产权人才，保障“战略”实施所

❶ 冯振强：“论我国知识产权战略实施的刑事法治环境”，载《广西社会科学》2010 年第 6 期。

❷ 林崇德、罗良：“建设创新型国家与创新人才的培养”，载《北京师范大学学报（社科版）》2007 年第 1 期。

需要的知识产权人才供给。[1] 要保证“战略”实施所需要的知识产权人才供给，人事制度也要发挥相应的作用，在人才引进政策、职称职务晋升政策、进修交流政策等方面要有导向性的配套规定。

再好的人才、再多的人才，如果其作用不能得到有效发挥，此前的人才培养工作也是徒劳。在“战略”实施中调动各类知识产权人才的积极性，就必须有效保护知识产权人才的利益，防止其权益被企业侵犯，并努力促进知识产权人才的合理流动和科学配置，这就需要《劳动合同法》《劳动法》等法律制度发挥相应的作用。

第二节　目前法律制度保障方面存在的主要问题

一、知识产权法律制度存在的问题

(一) 立法思想的不统一

立法者、执法者、学者乃至社会公众对于知识产权法律制度所涉及的一些基本问题在认识上的差异与争论，导致“战略”实施所需要的一些知识产权法律制度未能及时出台，或者因迁就于不同的主张而使一些知识产权法律制度存在立法思维上的混乱及具体规范的不合理问题。这种立法思想的不统一可以归纳为两种。

(1) 在知识产权保护基本思想上的不统一。这方面的争议是比较多的，其中较有影响的有两个：①知识产权保护的强度问题。对于中国知识产权保护水平的判断，在政界、商界、学术界都存在广泛的争议[2]。有些学者与执法者认为我国部分地区的经济发展水平已经进入了对知识产权进行“强保护”的阶段，应当进一步加强对知识产权的保护力度；还有不少

---

[1] 谷丽、丁堃、陈树文：“国家知识产权战略中的人才培养研究”，载《生产力研究》2012 年第 5 期。

[2] 吴汉东：“中国知识产权法制建设的评价与反思”，载《中国法学》2009 年第 1 期。

人则认为，实施知识产权战略、加强知识产权保护更多地是迫于国际压力的结果，更多地保护了外国人的利益，存在战略实施只是“给外国人做做样子，没必要动真格”的心理。[1] ②知识产权保护体制问题。我国目前实行的是多元化的知识产权行政管理体制，尽管学者们很早就指出其所存在的行政管理成本高、行政管理效率低、因执法力度不均而有损法律的权威、加剧了各种知识产权之间的冲突、不利于我国开展国际交流等问题，[2] 但这种行政管理体制一直持续着，因为很多知识产权执法部门认同并坚持这种体制。另外，知识产权行政保护和司法保护的双轨制也颇受争议，有学者认为，随着我国知识产权制度的完善和司法审判力量的加强，侵权纠纷应当通过司法途径解决，这有利于社会资源的合理配置；[3] 而有的学者则认为这种知识产权保护双轨制在我国有其存在的合理性，[4] 知识产权行政执法部门出于其自身权力的考虑，一般都认同这种观点。

（2）对于具体知识产权制度内容的争论。这种争论无论是在立法过程中、还是法律通过后都广泛存在。围绕着《商标法》的第三次修订，从法律的名称到其中的具体内容，各种争论屡见于媒体；[5] 对于《著作权法》的第三次修订，更是引起了热议与激烈争论，[6] 尤其是关于录音制度的法定许可、延伸性集体管理等问题的争议；同样，在《专利法》修订过程中也曾经有过很多的争论，即便在《专利法》修正案通过后一些争论还在继续；对于其他方面的知识产权立法问题也从来不缺少方方面面的争议。这

---

[1] 刘洋：“试析国家知识产权战略实施中的基本矛盾”，载《知识产权》2011 年第 2 期。

[2] 朱雪忠、黄静：“试论我国知识产权行政管理机构的一体化设置”，载《科技与法律》2004 年第 3 期。

[3] 徐玉麟：《中华人民共和国商标法释义》，中国法制出版社 2002 年版，第 175 页。

[4] 郑书前：“论知识产权保护双轨制的冲突及协调”，载《河南大学学报（社科版）》2007 年第 5 期。

[5] 笔者在《中国期刊网》上以“商标法修改”为题搜索了 2008 年 1 月 1 日以后的文章，检索到 95 条。

[6] 笔者在《中国期刊网》上以“著作权法修改”为题搜索了 2008 年 1 月 1 日以后的文章，检索到 217 条。

种争论本来是提高立法质量的应有之道，但由于其中的很多意见是为了单纯地维护某一小范围的狭隘利益，而不是主要从制度设计上的合理性进行考量，这不仅导致立法进程的滞后，❶ 而且会影响此后相关法律规范的质量。

（二）专门规范性文件的缺失

虽然我国立法机关、行政机关针对知识产权已经制定了很多法律、行政法规、地方性法规、部门规章和地方政府规章，但仍然存在一些重要的规范性文件空白的问题。

（1）商业秘密专门立法的缺乏。在技术创新与运用方面，我国的立法者将更多的注意力放在了专利上，对于商业秘密的重视程度明显不够。事实上，商业秘密对于企业的作用及其对经济发展的贡献并不亚于专利，"可口可乐"的配方可谓最典型的代表；很多企业往往把专利与商业秘密结合使用，以谋取其最大利益，甚至将商业秘密作为防范专利侵权的一种有效手段。可以说，商业秘密是与专利权、商标权、著作权同等重要的知识产权，但其在立法上却没有获得同等重视。其他传统的知识产权目前都有专门的法律及其实施条例，而商业秘密却没有，即便是专门的部门规章也没有。我国目前有关商业秘密的法律规范分散在多个规范性文件中，主要是《反不正当竞争法》《民法通则》《合同法》《公司法》《劳动法》《合资经营企业法》《合作经营企业法》《刑法》《民事诉讼法》《律师法》《进出口商品检验法》，❷ 这种高度分散的状况不利于法律规范的适用，不利于商业秘密的保护，商业秘密在"战略"实施中的作用也因此难以得到充分发挥。

（2）民间文学艺术专门立法的缺乏。中国是文明古国，有着5 000年的悠久历史文化，民间文学艺术是极其灿烂、多样化的；党的十七届六中

---

❶ 陈香："《著作权法》第三次修订，多重利益博弈致难产？"，载《中华读书报》2013年3月6日。

❷ 臧东娥："完善我国商业秘密立法的刍议"，载《商业研究》2008年第5期。

全会确立了“文化立国”的战略，文化的传承与创新是中华民族伟大复兴，增强民族凝聚力和创造力的需要，也是中华民族和平崛起于世界的需要。[1] 加强民间文学艺术的保护是其传统与创新的重要保障，而这种保护需要制度的跟进，特别是知识产权制度。虽然我国1990年的《著作权法》便明确规定“民间文学艺术作品的著作权保护办法由国务院另行规定”，但直到现在，国务院也没有出台相关专门规定，国务院的相关部门也没有专门的规章，这种状况对于民间文学艺术的知识产权保护是很不利的。虽然2011年我国颁布了《非物质文化遗产法》，但在对知识产权的保护上，该法并没有实质性解决问题，其第44条第一款规定，“使用非物质文化遗产涉及知识产权的，适用有关法律、行政法规的规定”。

（3）网络知识产权专门立法的缺乏。网络的影响已经渗透到经济社会生活的各个角落，也与各种知识产权有着关联，网络环境下知识产权侵权纠纷不断增加，其形式也日益多样化，但由于网络的虚拟性，使得网络知识产权侵权呈现出很多特殊性，并由此造成司法实践中的很多困惑。[2] 网络世界已经形成现实世界之外的另一个世界，其在知识产权保护方面有特殊的要求，应当有专门的规定，对网络知识产权的保护应当进行系统、专门的立法，使网络发展与“战略”的实施得以有机融合。我国目前还缺少这种专门的立法，虽然我国已有《信息网络传播权保护条例》和《互联网著作权行政保护办法》，但这两个规范性文件只涉及网络知识产权中的有限一部分，而对于网络环境下专利权、商标权及其他知识产权的保护显得无能为力。

（4）商业标识专门立法的缺乏。商业标识遍布于各种商品、服务场所、宣传媒介，是我国经济生活最重要的元素之一，对于企业的生产经营和社会经济的发展具有重要作用。“战略”实施的重要内容就是推动和规

---

[1] 石雪梅、程平：“民间文学艺术的知识产权保护”，载《福州大学学报（哲社版）》2011年第6期。

[2] 陈爽：“网络环境下知识产权保护的新问题及对策研究”，载《改革与战略》2011年第3期。

范各种商业标识的创造与使用，借此促进经济社会的发展。我国目前的商业标识众多，但却没有专门的商业标识法，这不利于商业标识的创造、运用、保护和管理。目前有关商业标识的立法非常分散，相关的管理部门也很多，大概有20个规范性文件，涉及8个不同的管理部门，有些商业标识还没有任何规范性文件进行调整[1]。

(三) 规范之间协调的不足

知识产权虽然有很多种，但由于其共性的存在又使得知识产权形成一个有机的统一体，其内部应当相互协调，这样才能充分发挥其促进经济社会发展的功效。作为法律属性非常强的一类财产，知识产权的这种内部协调依赖于相关知识产权法律制度的内部协调。

我国目前的知识产权法律制度还没有满足这种要求。各单行法律、法规，由立法者依职权而制定，彼此间本应具有相对的一致性和协调性；但是，由于法律文件的起草者不同以及制定的时间不同，其调整的法律关系又具有相对独立性，因此某些规定存在不合时宜、不相协调的问题。[2] 这种协调性不足的问题体现在多个方面：(1) 不同类型知识产权法律制度之间的不协调。有些创新成果可能依据不同的知识产权法律制度都能受到保护，比如，某些创新图案可能同时属于著作权法、专利法和商标法的保护范围，但我国目前这三个方面的法律制度并未在这类客体的保护上体现出高度的协调性。[3] (2) 同一类知识产权法律制度内部的不协调。这种不协调主要体现在商业标识法律制度中，我国的商业标识种类较多，并有不同的规范性文件，这些规范性文件之间在有些内容上还存在着冲突和不协调的问题，如驰名商标制度与地方著名商标制度之间。[4] (3) 不同地方法律

---

[1] 王莲峰："论我国商业标识立法的体系化"，载《法学》2007年第3期。

[2] 吴汉东："中国知识产权法制建设的评价与反思"，载《中国法学》2009年第1期。

[3] 刘宇晖、梁平："外观设计的多重保护——兼谈我国知识产权各法的修订"，载《电子知识产权》2008年第1期。

[4] 董新凯、李天一："谈我国地方著名商标制度的协调问题"，载《知识产权》2012年第8期。

制度的巨大差异。很多地方都制定了专利促进方面的地方性法规或地方政府规章，也制定了关于地方著名商标的规范性文件，但不同地方的规范性文件之间有时差异很大，导致同样的知识产权可能在不同地方获得的待遇有巨大的差别。

（四）规范内容的不完善

我国的知识产权法律制度从构架上看正在趋于完善，但很多规范性文件在内容上存在缺陷，甚至有较多不合理的规定。有些问题是共性的，比如，我国主要的知识产权法律制度对于知识产权行政主管部门的义务和责任缺乏明确而合理的规定，特别是没有规定其完成一些重要行政行为的期限，这也是我国商标注册申请大量积压、专利申请得不到及时审理的一个重要因素。[1] 更多的问题是个性的，比如，驰名商标是我国经济生活中极具影响的因素，也是各地“战略”实施行动的重要内容，但我国法律所规定的驰名商标的认定标准却充斥着对直观、表面现象的考察，而对于商标的内在价值和内涵因素没有给予相应的重视，这是我国在驰名商标认定和使用过程中种种异化现象形成的重要原因。[2]

我国知识产权法律制度中具体规范在内容上的缺陷受到学者、执法者和社会公众较多的关注，这种缺陷从学者们有关我国知识产权法律制度的论著中就可以感受到，[3] 甚至有些知识产权法律制度在出台后不久就被指出内容方面的不足。

（五）部分制度受重视的程度不够

我国专门的知识产权法律制度从渊源上看有法律、行政法规、部门规

---

[1] 2013 年 8 月 30 日全国人大常委会通过《商标法》修正案明确规定了商标审查与审理工作的法定时限，将在一定程度上有利于商标方面这一问题的解决，但仍有一些应有的时间限制没有在该法中出现。

[2] 虽然我国 2013 年 8 月 30 日全国人大常委会通过的《商标法》修正案禁止宣传和展览“驰名商标”，但还没有从根本上解决这方面的问题。

[3] 从中国期刊网上的文献看，绝大部分文献都指出了我国知识产权法律制度在内容上存在的这样那样、或多或少的问题。

章、地方性法规、地方政府规章和司法解释几种。知识产权法律制度的渊源不同在某种程度上体现了其受重视程度的差异。对于目前存在的各种类型的知识产权，我国采取的是制定单行的规范性文件的方式，但相关的规范性文件的渊源层次并不相同。对于著作权、专利权和商标权，我国通过全国人大常委会制定了法律，即《著作权法》《专利法》《商标法》；对品种权、集成电路布图设计专有权、特殊标志（奥林匹克标志、世界博览会标志等），我国通过国务院制定了行政法规，即《植物新品种保护条例》《集成电路布图设计保护条例》《奥林匹克标志保护条例》《世界博览会标志保护条例》；对于域名，我国通过工业与信息化部制定了部门规章，即《中国互联网络域名管理办法》。

如果说奥林匹克标志、世界博览会标志等特殊标志因其影响、作用与传统的主要知识产权还存在较大差距而不必要由全国人大常委会制定法律的话，对于我国这样一个农业大国，动植物的品种具有特别重大的意义，在立法上不将品种权与另三种传统的知识产权同等看待并给予足够重视，就没有充分理由了。这种做法将影响“战略”在农村和农业上的实施效果。另外，基于互联网的巨大影响及域名适用的广泛性，对于域名仅仅制定一部部门规章显然不够，最起码也应由国务院制定一部行政法规。

二、宏观调控法律制度存在的问题

（一）宏观调控法律制度的一些共性问题

没有宏观调控法律制度提供经费支持、政策导向和良好环境，“战略”的高效实施几乎是不可能的。但我国宏观调控法律制度的制定者却并未充分意识到这一点，没有对“战略”实施的需要给予及时的回应。虽然“战略”的实施已经超过5年，在此过程中与宏观调控法律制度相关的一些部门或者领导也提及要重视“战略”的实施，但各项宏观调控法律制度基于“战略”实施的需要真正进行修改、调整以便配合“战略”实施的情况极少。

现行各种宏观调控法律制度在运用或者服务于“战略”实施时还存在

很少有针对性、操作性不强、保障的力度不够大、部分内容与“战略”精神不符、适用效果未达预期等方面的问题。由于针对性不强等问题，很多人一般不会把这些宏观调控法律制度与“战略”的实施联系起来，更不会有意识地利用这些宏观调控法律制度去推进知识产权工作，这自然会导致这些宏观调控法律制度促进“战略”实施的功效有较多的折损。另外，不同的宏观法律制度之间在“战略”实施的背景下还存在相互衔接不够的问题。

（二）宏观调控法律制度的一些具体问题

产业政策与知识产权存在着重要的关系，产业政策原则甚至被看成是知识产权制度的一项重要原则；❶ 产业政策是“战略”实施所需要的公共政策体系的重要组织部分，❷ 虽然“战略”的实施需要各个行业产业政策的配合和响应，但在“战略”实施后并没有出现各行业纷纷制定本行业的知识产权战略或者在其原有行业发展战略中融入知识产权战略的现象。服务于“战略”实施需要的产业政策或专门的行业知识产权战略的缺失影响了“战略”推动的进程。

财政政策及相关法律制度对于“战略”实施的经费起着重要的保障作用，其中的知识产权资助政策的作用尤为明显。目前我国财政扶持政策有两个明显的不足：（1）资助的力度还不够；（2）资助的方式不够合理。这种不合理性尤其存在于地方性财政政策上，特别是在专利资助和品牌资助方面。❸

税收政策和法律制度在“战略”的实施中具有重要的激励作用和导向作用，但与“战略”实施的需要相比，我国目前相关税收法律制度和政策

---

❶ 张平：“论知识产权制度的‘产业政策原则’”，载《北京大学学报（哲社版）》2012 年第 3 期。

❷ 刘华、孟奇勋：“知识产权公共政策的模式选择与体系构建”，载《中国软科学》2009 年第 7 期。

❸ 董涛：“我国究竟需要什么样的知识产权创造‘扶持’政策？”，载《科学学研究》2009 年第 3 期。

存在着内容杂乱而缺少统一性、区域性优惠过重而产业性优惠不足、所得税优惠明显大于流转税优惠、重知识产权创造而轻知识产权运用等方面的问题。❶一些税收优惠的配套性规定不到位也影响了这些税收优惠政策在“战略”实施方面的功效。比如，《企业所得税法》对于高新技术企业适用15%的优惠税率征收企业所得税，但由于有关高新技术企业认定的配套规定（如认定主体、认定标准、认定程序、认定效力等）不是很合理或者执行不得力，导致一些不合要求的企业被认定为高新技术企业，而一些真正的高新技术企业却没有获得此种认定，这使得税收优惠政策的目的很容易落空。❷

投融资方面的政策与法律对于作为“战略”实施主体的企业筹集创新资金具有特别重要的意义，但我国目前的金融政策及法律、投资政策及法律并没有很好满足“战略”实施的这一需求。一些重要的金融法律制度还没有作出一些针对性较强的制度设计；知识产权风险投资的政策法律体系还未形成；知识产权证券化的基本制度没有建立起来，现有的有关制度又对知识产权证券化形成一定的限制和阻碍。❸

政府采购是对创新企业的具体支持，对于企业的创新成果起着一种间接保障作用，但我国现有的政府采购法律制度还不能保证这种作用的发挥。我国目前的政府采购对自主创新产品的支持主要还停留在政策性规定层面，《政府采购法》根本没有涉及，缺乏对政府采购企业自主创新产品的制度规范。即使一些地方政府的采购政策也存在不合理的内容，特别是其中缺乏自主知识产权产品的优先支持。总体上看，目前的政府采购法律制度不利于“战略”核心的自主知识产权的发展。

---

❶ 冯晓青：“促进我国技术创新的相关制度与政策研究”，载《青海社会科学》2013年第1期。

❷ 董新凯、俞佳：“国家知识产权战略实施的经济法要素”，载《中国科技论坛》2009年第11期。

❸ 孙春伟：“知识产权证券化的制度缺失与完善”，载《学术交流》2010年第9期。

三、市场交易法律制度存在的问题

市场交易法律制度的问题主要存在于市场规制法律制度和知识产权中介服务法律制度上。

（一）市场规制法律制度的缺陷

由于自身的一些问题，我国市场规制法律制度对“战略”实施的促进作用还远远没有发挥出来。究其要者，这些问题有以下几个方面。[1]

（1）对于知识产权领域的不正当竞争行为没有做出完善的规定。在现实中，采取不正当手段获得或冒用他人知识产权的现象是多种多样的，而专门针对不正当竞争行为的反不正当竞争法只是对其中的部分行为作出了明确规定，对于假冒他人专利、冒用他人拥有版权的作品等较为常见的行为则未作规定，这不利于对这些涉嫌侵犯知识产权的不正当竞争行为的打击。

（2）“惩罚性赔偿”制度的特有功能没有得到应有的发挥。我国的“惩罚性赔偿”制度主要规定在消费者权益保护法中，其重要目的在于威慑以假冒他人注册商标为代表的欺诈行为。有些消费者为了获得“惩罚性赔偿”，便明知假货而购买。这种“知假买假”的行为如果也能获得“惩罚性赔偿”，这一制度的威慑力量就会得到充分展现，经营者可能很少再有胆量去销售假冒注册商标的商品。但对于这种行为能否适用消费者权益保护法规定的“惩罚性赔偿”问题，在理论上和司法实践中存在着很大的争论，消费者权益保护法却未对此做出具体规定，这使得“惩罚性赔偿”在防范假冒注册商标方面的功能大打折扣。另外，目前消费者权益保护法规定的“惩罚性赔偿”只对假冒注册商标这种侵犯知识产权的行为适用，而对于经营者销售假冒其他知识产权的商品的行为并不适用，这使得“惩

[1] 对于这方面的问题，笔者在此前与俞佳合著的《国家知识产权战略实施的经济法要素》（《中国科技论坛》2009 年第 11 期）一文中论证过，该文所指出的问题目前仍然存在，故下面直接引用了该文的观点。

罚性赔偿”在防范冒用知识产权的范围上受到了很大的限制。[1]

（3）部分不合理的制度设计不利于先进技术的创造与运用。以与技术创新关联度较高的产品质量法为例，该法未将产品不存在“不合理的危险”作为经营者履行保障消费者健康安全义务的唯一标准，而是规定如果产品有国家标准或者行业标准的，只要产品达到该国家标准或行业标准即可。事实上，由于我国目前有些国家标准或行业标准的技术水平比较低，有些经营者并不需要采用很先进的技术便可使其产品达到国家标准或行业标准；这样一来，经营者为了防止自己的产品存在不合理的危险而去积极进行技术创新或受让先进技术的压力就没有了。

（4）部分制度规范的不明确会妨碍知识产权成果的有效利用。知识产权拥有者能否大胆地运用其知识产权成果，他们是否会利用其技术优势去限制市场竞争，这些问题的解决有赖于反垄断法对知识产权滥用行为作出明确而合理的规定。但我国目前的反垄断法只对知识产权的滥用问题作出了非常简单而抽象的规定，没有设计具体而可操作性强的认定标准和认定方法，[2] 主要是因为“要区分哪些权利的行使是正当的、哪些权利的行使是不正当的，这不仅涉及两大法律制度之间的关系及协调，而且还存在当两法发生冲突时，优先适用谁的问题”。[3] 比如，近些年跨国公司借技术标准的特殊地位向我国企业发难已经成为一种新的动向，即出现所谓“技术专利化—专利标准化—标准垄断化”趋向，[4] 能否将这种行为作为知识产权滥用行为就是一个难题。法律界限的不明确会产生两个弊端：有的经营者因顾忌涉嫌垄断而不敢大胆地发挥其技术优势；有的经营者则会不合理地运用其知识产权，从而限制正常的市场竞争。

---

[1] 我国《消费者权益保护法》目前正在修订过程中，这方面的问题也在大家的关注之列。

[2] 到2013年6月底，我国国家工商行政管理总局制定的《关于知识产权领域反垄断执法的指南》已经趋于完善，该《指南》有助于这一问题的解决，但目前仍未正式颁布适用。

[3] 文学国：《滥用与规制》，法律出版社2003年版，第453页。

[4] 谷祖莎：“我国实施知识产权战略的思路”，载《经济纵横》2008年第3期。

（5）行业性市场规制法律制度的欠缺影响了知识产权运用和保护的市场化。知识产权运用和保护的市场化需要有良好的知识产权中介服务市场，而我国目前的这一服务市场还存在服务人员数量不足、服务质量不高、服务信用不强及不正当竞争等诸多问题，这使得我国知识产权运用和保护的市场化程度明显偏低。这些问题需要通过行业性的市场规制法律去解决。与这种需要相比，我国相关的行业性市场规制法律制度存在明显不足，要么是制度的体系化不强，要么是规范性文件的效力层次较低，要么是制度内容不够合理。

（二）知识产权中介服务法律制度的缺陷

知识产权中介服务法律制度在规范与促进知识产权中介服务这种市场交易行为并间接推动其他知识产权市场交易行为方面的作用还没有较好地展现出来，因为我国这方面的法律制度还存在一些问题。

（1）知识产权中介服务法律制度没有体系化。知识产权中介服务是一个涉及面广而专业性强的业务，其重要性与影响力丝毫不亚于律师业务与注册会计师业务，后两者现在基本上已经分别以《律师法》与《注册会计师法》为中心形成各自的体系。目前我国还没有统一调整各种知识产权中介服务活动的规范性文件，知识产权中介服务法律制度目前还是处于分散立法、各自为政的状况。国家相关部门制定了专利代理方面的规范性文件和商标代理方面的规范性文件，其他知识产权代理业务的规范性文件还没有，不少知识产权中介服务活动还存在法律制度上的空白，知识产权中介服务法律规制的一些共性要求也没有在法律制度上明确体现出来。这种状况造成不同知识产权中介服务业务在发展上的严重不平衡，一些新型的知识产权中介服务业得不到发展，也造成知识产权中介服务活动在管理上的混乱，不利于不同知识产权中介服务活动之间的协调，也不利于综合性知识产权中介服务机构的发展。

（2）知识产权中介服务法律制度的层次较低。虽然我国在专利代理方面和商标代理方面制定了一些规范性文件，但目前还没有法律层面的规范性文件，层次最高也仅是国务院制定的行政法规《专利代理条件》，在商标代理方面还仅适用国家工商行政管理总局制定的部门规章。这种状况不利于人们对于知识产权中介服务工作的重视，不利于加强对知识产权中介服务活动的管理。

（3）知识产权中介服务法律制度的内容不完善。对于专利代理人的考试资格，目前不少人认为过于僵化，特别是有一些有相应的理工知识和技能但因没有理工学位或毕业证书的人被无情地挡在了准入的大门之外，不利于专利代理人队伍的扩大和多样化专利代理业务的发展。与之相反的是，对于商标代理人的资格，目前的规定又过于宽松，导致商标代理人队伍发展过滥；目前全国拥有商标代理资格的机构已经达到1.7万多家，10年来增长20倍，[1] 是全国专利代理机构总数的17倍多，商标代理人资格要求过低不能不说是一个重要原因。这种状况虽然从表面上看商标代理业比较繁荣，但明显不利于商标中介服务质量的保障。从现有的知识产权中介服务法律制度看，对于中介服务行为的规范程度不够，特别是服务质量保障机制和控制措施不够，这无疑会影响到知识产权中介服务的长期稳定发展，影响到知识产权中介服务“战略”作用的持续有效发挥。

四、其他关联法律制度存在的问题

（一）刑事法律制度存在的问题

虽然我国刑事法律制度不断完善，但从“战略”实施需要的法治环境角度考察，仍有一些不足。

（1）刑法保护的范围较小，一些侵犯重要知识产权的行为在刑法中没有相应的罪名可以追究。比如，动植物新品种和集成电路布图设计在目前的知识产权体系中的重要性日益显现，但针对这两种知识产权的严重侵犯行为在刑法中却没有对应的具体罪名。

（2）刑法对一些犯罪构成的要求不利于打击“战略”实施中的严重侵

---

[1] 张晓松：“我国商标代理机构数量自2003年以来增长20倍”，载http：//www.sipo.gov.cn/mtjj/2013/201306/t20130617_803293.html，2013年8月15日访问。

权行为。对于知识产权犯罪，我国的刑法一般在犯罪主观要件中要求以营利为目的，这种保护方式显然已经过时，也不必要地增加了具体知识产权犯罪案件处理的难度。我国刑法对于一些犯罪客观要件的行为方式的规定过于狭隘，使得许多侵犯知识产权的行为得不到有效解决，如侵犯商业秘密罪所规定的犯罪行为不包含当下普遍存在的掌握着商业秘密的行为人在辞职后披露或自行使用其掌握的商业秘密而获利的情形。[1] 再如，对于假冒注册商标犯罪，我国目前的刑法只针对使用相同商标的行为，对于那些使用近似商标的侵权行为，即使情节再恶劣、后果再严重，也无法追究其刑事责任，这无疑会助长这些侵权行为人的气焰。

（3）刑事法律制度的协调性存在问题。这种协调不足有两个方面：在刑法典内部，没有较好地解决知识产权犯罪与非法经营罪及生产销售伪劣商品罪等其他犯罪发生竞合时的处理问题，虽然 2011 年“两高”和公安部、司法部联合发布的司法解释对此有所规定，但仍然存在一定的疑问；在刑法典与其他规范性文件之间也存在协调不足的问题。比如《刑法》第 217 条规定了四种侵犯著作权的犯罪，而《著作权法》第 47 条则规定了 8 种侵犯著作权的犯罪，这也在一定程度上造成了刑法适用的困难。

（4）有关知识产权犯罪管辖地的规定未必有利于对知识产权犯罪的追究。2011 年四部门联合发布的《关于办理侵犯知识产权刑事案件适用法律若干问题的意见》规定知识产权犯罪案件的管辖地为犯罪地司法机关，而其对于犯罪地作了非常宽泛的解释，表面上看有利于在更多的地方对于知识产权犯罪分子进行追究，但实际上这种解释很容易造成相互推诿的局面，有时候反而不利于打击知识产权犯罪。

（二）劳动人事法律制度存在的问题

总体上看，我国目前的劳动人事制度并没有因为“战略”的实施而做一些针对性的设计或调整，与“战略”实施进行有效配合的主动性不够。

---

[1] 冯振强：“论我国知识产权战略实施的刑事法治环境”，载《广西社会科学》2010 年第 6 期。

目前的劳动人事方面的政策和法律制度还存在一些不利于“战略”推进的因素。现行的劳动法律制度还没有很好地解决知识产权人才流动过程中的竞业禁止问题，知识产权人才的合理流动还存在一些制度障碍，知识产权人才在职称晋升方面还缺乏专门的体系和通道。

高校在“战略”实施中发挥着重要作用，但高校的人事管理制度却没有很好地促进这种作用的发挥。在高校，科研主体的利益分享制度的空白和机制失调，造成大量科研成果不能得到基本知识产权制度的保护；[1] 现存的高校人事制度使高校大部分科研人员与企业接触少，不了解市场的实际需求，这必然会影响高校科研工作的水平和质量。[2]

第三节 国家知识产权战略实施视角下法律制度之完善

一、现有法律制度缺失的原因分析

现行法律制度与“战略”实施的要求不相适应，其原因是多方面的，主要有以下几点。

（一）战略意识的缺乏

只有各方面具有很强的“战略”意识，“战略”的实施才能得到各种力量的支持，并得到顺利推进。目前，知识产权意识仍然是知识产权工作中最薄弱和亟待加强的重要环节，其中包括国家的知识产权意识，[3] 立法者“战略”意识的薄弱就是这种国家知识产权意识不强的表现之一。虽然在2008年我国制定《纲要》前后及其颁布后，对于“战略”的宣传没有停止过，但很多部门对于“战略”的重视仅仅停留在口头上和表面上，一

---

[1] 肖尤丹、苏竣：“我国大学知识产权政策困境及其完善”，载《科学学研究》2010年第7期。

[2] 夏凯丽、向征：“中国综合类高校专利绩效现状与对策分析”，载《江苏科技信息》2013年第1期。

[3] 张泽吾：“国家实施知识产权战略的层面及重点”，载《理论界》2009年第5期。

些规范性文件的制定机关及其工作人员并没有真正将“战略”放在一个很重要的位置上。在这种心态下，规范性文件的制定者也就没有通过新规则的制定或修改既有规则来配合“战略”实施的意愿，没有这方面的主动性。因此，“战略”实施在不断向纵深发展，而相关的规范性文件却“无动于衷”，没有相应的变化。

立法者“战略”意识不强的另一方面就是对于“战略”实施的需求认识不够。有些立法虽然也认识到了“战略”实施的重要性及其相关立法作相应调整的必要性，但由于他们对“战略”实施对于法律制度究竟有什么需要没有很好的认识，导致他们明知应当修订规则或制定新规则但却不知如何制定，或者对于已有规则进行了不合理的修订或制定了不适当的新规则。

（二）思想观点的分歧

在我国知识产权法制建设过程中，一直存在各种立法思想和不同观点的分歧与争论，如在知识产权国际保护方面的“消极接受”还是“合作博弈”，对于现有保护水平认识的“超高保护”还是“过低保护”，对于知识产权行政管理体制的“分散管理”还是“集中统一管理”，对于知识产权司法体制的“因循守成”还是“适时通变”，对于知识产权立法模式的“单行立法”还是“专门法典”等方面的不同看法。[1] 每一部重要的规范性文件的制定都会遭遇激烈的思想碰撞。虽然真理愈辩愈明，争论和探讨有助于法律规范的完善。但在很多情况下彼此观点反差很大、各不相让而又势均力敌，这里就会产生两种不利的结局：（1）立法者犹豫不决、难以取舍，最后便以时机不成熟为由而将规则的出台暂时搁置，“战略”实施需要的一些规范性文件迟迟不能通过。（2）对不同的观点进行机械地折中，不合理地照顾不同的声音，导致一部规范性文件立法思维混乱、体系不完整，甚至在同一部规范性文件中的条文之间存在冲突。

---

[1] 吴汉东：“中国知识产权法制建设的评价与反思”，载《中国法学》2009 年第 1 期。

（三）立法本身的局限

立法工作是需要高度审慎的工作，由于通过立法所制定的规范性文件影响的广泛性和长期性，必须要格外谨慎，科学的立法需要经过周密计划、有力组织、认真研究和广泛讨论，并经过严格的步骤和程序。这样一来，一部高质量的规范性文件往往会需要很长时间才能出台。这是“战略”实施过程中急需的一些法律文件迟迟不能获得通过的重要原因之一。

立法工作具有高度复杂性，其需要考虑和妥善处理多方面的关系。以科学的地方立法工作为例，其涉及的重要关系至少有以下几种：地方立法与国家立法的关系，质量与数量的关系，形式与内容的关系，立、改、废的关系，所规范的权利与义务的关系，公平与效益的关系，法规范与其他社会规范的关系，理论与实践的关系等。[1] 完善的法律制度需要在对这些关系进行充分探讨的基础上采取科学、合理的应对措施，但这在事实上是很难做到的。身处各种关系漩涡中的立法者免不了要受到某种或某几种关系更多的影响，从而在规范设计上会有一些偏向而不合理的选择和设计。另外，正是由于立法涉及复杂的关系，加上立法者本身认知能力的局限性，要立法者对这些关系能够进行充分的认识未免是一种难以实现的理想，因为立法者考虑不周或论证不充分而产生一些不合理规范的现象确实是在所难免。

立法工作的质量评价机制不够健全。我国对于立法的质量和效果尚无评价机制，立法的质量控制主要通过立法审查机制和过程控制。现行的立法审查机制偏重于立法权限、立法程序、立法监督的制度规定，但并未对立法者的立法责任有所规定。[2] 立法责任的缺失使得少数立法者在制定规范性文件时责任心不强，最终出台的规范性文件在内容上或形式上往往会存在各种问题。

---

[1] 丁伟：“地方立法工作与科学发展观的落实”，载《社会科学》2007 年第 2 期。

[2] 任尔昕、宋鹏：“关于地方重复立法问题的思考”，载《法学杂志》2010 年第 9 期。

（四）局部利益的羁绊

从本质上看，现代知识产权制度的目的已经变成对经济利益的过度追求。❶ 这种对经济利益的追求和争夺首先发生在立法过程中。由于各种主体的博弈和争执不下，在立法者难以有效协调一些较大的利益冲突时便会导致“战略”实施所需要的一些规范性文件被搁置，利益争夺无疑在一定程度上对一些政策或法律的出台增加了障碍。另外，如果某种利益主体主导了某些规范性文件的制定，这些规范性文件在内容的设计上就因为存在诸多偏向而出现很多不合理的规范。正如有些学者担心的，地方立法机关委托某一行政主管部门起草某一法规草案时，起草者往往为了方便本部门的行政管理，从部门利益出发，使自己的某些权力合法化，而对公民、法人和其他组织设置过多的禁止性规定和法律责任，从而忽视了经济发展的需要和广大人民群众的利益；在不同行政部门起草内容相关联的法规时，出于对本部门利益的保护，还可能造成这些法规在内容上的矛盾与冲突。❷

二、完善现行法律制度的主要对策

（一）解决现行法律制度问题的基本策略

1. 立法者战略意识的全面提高

要使立法工作与“战略”实施的要求相适应，将“战略”实施的要求体现在法律规范中，首先就要使立法者具有较强的“战略”意识。这种“战略”意识主要是三个方面。

（1）充分认识到“战略”的重要性。每一个参与立法工作的人都应当认识到，实施知识产权战略是我国当前正在进行的创新型国家建设的必然要求，是完善社会主义市场经济体制建设的必然要求，是我国积极参与国

---

❶ 马治国：“现代知识产权法律制度目的之反思”，载《华东科技大学学报（社科版）》2008 年第 6 期。

❷ 应成平、佟春燕：“关于我国地方科技立法工作的思考”，载《知识经济》2009 年第 16 期。

际竞争的必然要求，[1] 更是我国转变经济增长方式的必由之路。只有这样，他们才会意识到其立法工作与“战略”实施相结合的重要意义，才会感觉到他们在配合“战略”实施方面责任重大。

(2) 深刻把握“战略”实施的要求。立法者要想使立法工作与“战略”的实施密切结合，他们就必须清楚“战略”实施究竟需要什么，特别是“战略”实施对于立法工作有着怎样的期待。而要做到这一点，就要采取有效措施对于立法者进行全面、细致的知识产权战略教育，促使立法工作者认真研读以《纲要》为代表的知识产权战略材料，对于“战略”的内容有着清晰的认识，在此基础上认真思考“战略”的实施所需要的法制环境，甚至去分析“战略”的实施对于具体法律规范的需求。

(3) 高度领域法律制度对于“战略”实施的重要意识。对于专门的知识产权法律制度与“战略”的关系立法者一般都比较清楚，而对于宏观调控法律制度、市场交易法律制度和其他一些法律制度对于“战略”实施的价值，很多立法者尚未深刻领会，需要在这方面进行深入的思考。在相关规范性文件的制定或修改过程中立法者要具有主动与“战略”的实施进行对接的意识，增强这些法律制度中的部分规范在“战略”实施中的适应性、针对性、可操作性。

2. 不同思想观点的有效协调

立法过程中始终会伴随着各种观点的争论，立法者应当尽可能地多组织较大范围的知识产权研讨会，努力使大家在充分讨论的基础上形成更多的共识。即使经过各种形式的讨论仍然不能消除较大争议的，也不能搁置“战略”实施所必需的一些规范性文件的制定与出台。对于有分歧的问题，可以更多地借助公众参与的方式去判断和取舍，这也是立法民主化和科学化的体现；[2] 将不同的方案在一定范围内公布由公众进行评价或选择，并

[1] 张志成：“对制定和实施国家知识产权战略的思考”，载《科技促进发展》2012 年第 7 期。

[2] 吴邦国：“法律要充分体现人民群众的共同意愿”，载《中国人大》2005 年第 19 期。

将公众的评价或选择情况作为立法者对待一些立法争论的重要依据，这种做法对于争论各方来说或许更有说服力。

3. 法律文件起草的去部门利益化

为了防止明显的利益倾向影响立法的进程与质量，中央与地方应当改变目前大多数规范性文件由相关政府部门牵头起草的做法。从规范性文件起草开始，就应努力避免其受部门利益的左右。立法者要更好地发挥中立的专家和研究团队的作用，更多地将法律草案的起草任务交给专家团队。在整个规范性文件的制定过程中要采取多种有效措施避免强力利益团体或部门利益的维护者对于立法活动的干预，尽力消除最终形成的规范性文件出现部门利益偏向的现象。即使在规范性文件的制定过程中要听取相关部门或强力利益团体的意见或建议，也不能盲目或迫于压力而将其意见或建议纳入规范性文件之中，而是应当将他们提出的意见或建议付诸公众或专家评议，择其合理部分而融入规范性文件。

4. 立法者责任追究机制的运行

为了解决部分立法者不负责任、草率立法的问题，在我国有必要建立立法质量评价机制和责任追究机制。有学者针对地方立法质量方面的问题提出，对于浪费立法资源的重复立法行为设定制裁机制，建立立法的成本效益的经济学模型，提供责任轻重的判断标准。[1] 这种做法也可引入到知识产权立法中来。立法者应当基于知识产权的特点和知识产权领域立法的特殊要求制定一套评价知识产权立法质量或效果的评价机制（主要包括评价组织、评价标准及该标准的运用方法和操作程序），对于评价较差的知识产权规范性文件的制定者（对于经过集体表决程序通过的规范性文件，则为该文件的最终草案审定者），给予一定的惩戒，比如，将立法效果不好的规范性文件及其制定者予以通报，调整立法主要参与者的工作等。

---

[1] 任尔昕、宋鹏："关于地方重复立法问题的思考"，载《法学杂志》2010 年第 9 期。

（二）解决现行法律制度问题的具体措施

1. 专门知识产权法律制度方面的问题的解决

国家和地方应当针对前文所说的专门知识产权法律制度所存在的一些具体问题采取相应的措施。

（1）抓紧时间填补一些重要的知识产权规范性文件的空白。制定商业秘密法是我国的一项重要立法任务，[1] 全国人大常委会应当制定一部商业秘密法，对商业秘密的保护和运用进行系统的规定，并借此提高商业秘密法的立法层次，协调好其他规范性文件有关商业秘密的规定；适应现实需要，并与《著作权法》的相关规定相协调，国务院应当尽快制定《民间文学艺术保护条例》，在条件成熟时，也可由全国人大常委会制定《民间文学艺术保护法》；面对形形色色的网络知识产权的侵权行为，[2] 组织专人对网络知识产权进行深入研究，在此基础上制定一部系统的《网络知识产权法》或《网络知识产权保护法》，作为过渡，可先由国务院制定《网络知识产权（保护）条例》；全国人大常委会应当制定商业标识法，对于各种商业标识的基本问题做出统一规定，并对涉及商业标识的各种规范性文件进行必要的协调，借此实现我国一些学者主张的商标标识立法的体系化；[3] 国家和地方立法机关加强调研工作，看看是否还有其他一些需要及时出台的知识产权规范性文件，如是否要制定单行的《地理标志保护法》并采取应对措施。

（2）采取恰当措施协调处理好不同知识产权规范性文件之间的冲突问题。立法应当对各个层次、各种类型的知识产权规范性文件进行认真的梳理和分析，发现其中存在哪些相互冲突的现象；也可以通过设立课题或其他有效的方式将这种规范梳理任务交由社会上的研究团队去承担。对于同

---

[1] 袁荷刚：“反思与重构：我国商业秘密立法之完善”，载《法学杂志》2012 年第 1 期。

[2] 展云：“浅析网络知识产权法律保护”，载《常州大学学报（社会科学版）》2010 年第 4 期。

[3] 王莲峰：“论我国商标标识立法的体系化”，载《法学》2007 年第 3 期。

一立法机关制定的不同规范性文件之间的冲突，由该立法机关自行采取措施进行协调（主要是修改部分规范性文件或做出必要的立法解释）；对于不同立法机构制定的规范性文件之间的冲突，在自行协调无果的情况下由上级立法机关或政府机关介入协调；如果仍然不能解决问题的，则由司法机关在法律适用过程中作灵活处理以消解冲突的影响，并借此为冲突的最终协调进行较好的铺垫。

（3）全面完善知识产权规范性文件的内容。所有知识产权规范性文件的制定机关应当对照《纲要》的内容和“战略”实施的需求，认真检视其以前制定的规范性文件的内容，全面查找其中不合理或不合时宜的规定，必要时可引入专家团队进行深入分析，并及时启动规范性文件的修订程序。对于已经进入修订程序的知识产权规范性文件，要加紧研讨，提高修订的效率，使更为合理的修订稿能够及时出台。

（4）提高部分知识产权规范性文件的立法层次。基于植物新品种在我国这样一个农业大国的重要性，有必要改变目前通过行政法规提供保护依据的局面，宜由全国人大常委会制定《植物新品种保护法》；鉴于集成电路布图设计在经济生活中的巨大作用及其快速发展的局面，最好也能由全国人大常委会制定《集成电路布图设计保护法》以取代目前国务院所颁布的行政法规；考虑到当前网络影响的深远和广泛，应当提升有关域名的立法层次，至少应当由国务院制定单行的行政法规（如《互联网域名管理条例》），而不能像目前这样仅有一部部门规章；地理标志保护方面的专门规定目前也仅仅为部门规章，其效力与级别较低，也应当提高这方面的立法层次，有的学者甚至主张单独的《地理标志保护法》，[1] 突显了提高其立法层次的重要性。

2. 宏观调控法律制度方面的问题的解决

宏观调控法律制度对于“战略”实施环境的创造、物质条件的保障和

---

[1] 郑书前：“论我国亲农性地理标志法律制度的构建”，载《中州学刊》2010 年第 6 期。

行动的激励发挥着基础性的作用，面对这方面法律制度存在的主要问题，我们必须采取针对性的措施。

（1）完善产业政策法律制度，充分发挥产业政策法律制度的引导作用。目前存在的很多行业没有在“战略”实施后制定本行业的知识产权产业政策（行业知识产权发展战略）、既有的一些行业知识产权发展战略也存在诸多不足的问题，与我国在产业政策法治建设方面的问题不无关系。我国产业政策的奠基性文件确立的产业政策制定的权限制度、产业政策发展序列制度等基础性制度均存在不足，[1]基础性规范的缺失影响了行业对于制定知识产权产业政策的判断和行动，也影响了他们在制定其他产业政策时去考虑和配合“战略”实施的需要。要解决这样的问题，我国需要出台专门的、统一的、综合性的产业政策法。[2]另外，在其他的产业政策制定过程中，决策者应当充分考虑“战略”实施的要求，对于知识产权的创造、运用提供一些鼓励性、刺激性的政策，将有利于知识产权创造与运用水平提升的一些生产经营活动列入产业促进的范围。

（2）完善财政法律制度，提高财政支持的力度和效果。预算法律制度应当明确各级财政加大“战略”实施经费投入的要求，使国家和地方的研发投入及知识产权工作经费投入的不断增长制度化。中央和地方编制的经济和社会发展规划及年度计划应当将“战略”实施的财政资助作为一项重要的内容。为了保证“战略”实施经费的有效使用，有必要专门制定这一经费的专项管理制度，如由国务院或财政部制定《国家知识产权战略实施相关经费使用管理条例》或《国家知识产权战略实施相关经费使用管理办法》，优化经费的分配办法，并通过立法构建“战略”实施相关经费的使用评价机制和奖励机制。

（3）完善税收法律制度，有效利用税收的激励和导向功能。立法机关和

---

[1] 叶卫平：“产业政策法治的现状与展望——深圳大学‘产业政策法治理论研讨会’综述”，载《法学》2013年第5期。

[2] 叶卫平：“产业政策法治的现状与展望——深圳大学‘产业政策法治理论研讨会’综述”，载《法学》2013年第5期。

税收征管部门有必要对税收政策和法律制度进行全面的梳理，尽可能消除其中与“战略”实施的要求不相适应的规定；与“战略”实施相关的税收政策能够统一的，尽量统一起来；在税收优惠重点方面，借鉴发达国家的经验，以激励研究开发和自主创新为主；❶ 减少区域性优惠比重，增强产业性优惠的力度，将知识产权产业置于税收优惠的重要领域；在增值税、营业税、消费税等流转税法律制度中加大对知识产权创造与运用的优惠范围和优惠力度；对知识产权运用成果给予更优惠的税收待遇，借此促进知识产权运用行为，在一定程度上解决我国知识产权成果运用不佳的问题。为了使税收在促进“战略”实施方面的整体效应最大化，还需要协调好各种税收规范性文件中与“战略”实施相关的内容，并填补一些配套性规定的空白。

（4）完善投资融资法律制度，保障投资、融资渠道的畅通。及时梳理和修改《公司法》《合伙企业法》《个人独资企业法》等企业法律制度，为知识产权出资与运用提供更好的法律形式；为促进知识产权证券化和知识产权风险投资，有必要梳理和修改《证券法》，制定一些配套的规范性文件，最好由国家立法机构授权国务院做出具体规定，用单行行政法规对知识产权证券化问题做出专门规定；❷ 在改变金融法律制度整体构架的情况下，可以考虑由国务院制定单行的行政法规，就“战略”实施过程中的融资问题做出系统、专门的规定。

（5）完善政府采购法律制度，合理利用政府采购的保障、拉动功能。修改《政府采购法》或制定一些配套的规范性文件，保障政府采购对于自主创新产品、知识产权含量高的产品和服务的倾斜，为知识产权水平较高的产品或知识产权工作突出的企业的产品在政府采购中保留必要的份额，并通过制度保证政府采购优先适用于高度契合于“战略”实施目标的产品或服务。

---

❶ 冯晓青：“促进我国技术创新的相关制度与政策研究”，载《青海社会科学》2013 年第 1 期。

❷ 孙春伟：“知识产权证券化的制度缺失与完善”，载《学术交流》2010 年第 9 期。

3. 市场交易法律制度方面的问题的解决

针对前文所论及的问题，市场交易法律制度的完善主要是做好以下几个方面工作：修订《反正当竞争法》或者制定配套的部门规章，对于涉及知识产权的不正当竞争行为作出明确具体的规定；[1] 利用《消费者权益保护法》修订的时机，扩大惩罚性赔偿的适用范围，适用于各种假冒知识产权的行为以及其他涉及知识产权的欺诈方式；修改产品质量法的相关内容，给经营者采用先进技术增加更大的压力，主要是提高产品质量标准，更多地采用水平较高的国际标准，并将产品存在“不合理的危险”作为产品缺陷的认定标准；[2] 尽快出台《关于知识产权领域反垄断执法的指南》，对于知识产权的合理使用与知识产权滥用进行明确的界定，促进知识产权的正当使用和大力推广；针对一些知识产权较为集中的行业制定知识产权运用行为规范或者指南；为加强知识产权中介服务行为的统一管理，有必要由全国人大常委会制定一部《知识产权中介服务法》，也可以先由国务院制定《知识产权中介服务条例》；制定版权代理服务规范和其他知识产权代理服务的专业规范，填补这方面的规则空白；适时提高有关专利代理和商标代理的规范性文件的层次，如果立法机关没有制定统一的《知识产权中介服务法》的计划，最好由全国人大常委会分别就专利代理、商标代理规范制定法律；完善有关知识产权中介服务人员资格的规定，修改有关代理人资格的规定，适当放宽专利代理人资格的报考条件，允许有一定的理工知识或技能但不具有理工科毕业证书的人员参加专利代理人资格考试，同时提高商标代理人的资格要求，对从事商标代理工作的人员在学历、知识背景和经验等方面提出明确具体的要求；在相关规范性文件中增加或强化有关知识产权中介服务人员行为规范和执业纪律。

4. 其他相关法律制度方面的问题的解决

随着“战略”实施的推进，全国人大常委会应当适时再次修改《刑

---

[1] 主要是就《反不正当竞争法》未规定的不正当竞争行为加以规定。

[2] 即使产品达到国家标准或行业标准，只要存在不合理的危险，仍然算是缺陷产品，这样可以迫使经营者尽可能采用更先进的技术以避免这种不合理危险的产生。

法》，增加一些侵犯知识产权的犯罪，扩大刑法保护知识产权的范围，协调好《刑法》的规定与知识产权单行法律相关规定之间的关系，并完善各个知识产权犯罪的构成要件和罪状，加大对严重侵害知识产权行为的打击力度。由于《刑法》的修订过程较长，作为过渡，可以由最高人民法院和最高人民检察院颁布新的司法解释，先行解决上述问题。

从“战略”实施的需要出发，国家和地方的劳动人事制度，主要是人员引进或聘用制度、职务晋升制度、奖惩制度等，也要作相应的调整或修改，其主要的方向是便于知识产权人才的引进和合理流动，防止用人单位的知识产权在人才流动过程中受到损害，但要同时注意保护知识产权人才的权益和充分发挥知识产权人才的作用。

第四章　知识产权行政管理体制的制约及相关对策

第一节　知识产权行政管理体制的现状梳理

一、知识产权行政管理机关的设置情况

这里的知识产权行政管理机关是指依法设立并直接负责某一方面知识产权事务行政管理的机关，具有法定的行政管理职能和相应的行政编制，区别于本节第二部分所说的协调性行政组织。

（一）知识产权行政管理机关的设置模式

知识产权行政管理机关的设置模式指的是对于不同类型的知识产权的行政管理权在行政机关中的配置方式，这里的知识产权主要是指具有较大影响、存在范围广泛的著作权、专利权和商标权。

从世界范围看，知识产权行政管理机关的设置模式主要有三种模式：(1)“三合一”模式，即将著作权、商标权和专利权的行政管理工作交由单一行政机关负责，设置统一的知识产权管理机构，约有 74 个国家或地区采取了这种模式；❶ (2)“二合一加一”模式，即由一个行政机关统一对专利权与商标权进行行政管理，而由另外一个行政机关管理著作权，或者由

---

❶ 单晓光、王珍愚：《各国知识产权行政管理机构的设置及其启示》，载于《同济大学学报（社会科学版）》2007 年第 3 期。

一个行政机关统一对著作权与专利权进行行政管理，而由另外一个行政机关管理商标权，采取这种模式的国家或地区最多，超过100个；（3）分散管理模式，即每一类知识产权分别由不同的行政机关进行管理，采取这种模式的国家或地区最少，全世界约10个国家或地区采取这种做法。

从我国情况看，无论是在国家层面，还是在地方层面，还没有采取“三合一”模式的。中央和地方的知识产权行政管理一般都是采取分散管理的模式。随着人们对于知识产权行政管理体制认识的加深，在少量的地方开始采用“二合一加一”模式，主要是将著作权和专利权交由一个行政机关统一管理，而将商标权交由另一个行政机关管理，目前采取这种模式的有广东省深圳市、江苏省苏州市、湖南省长沙市，[1] 其中前两个地方是全国知识产权工作最好的地级市。

（二）知识产权行政管理机关的设置

1. 著作权行政管理机关的设置

在党的“十八大”以后，我国进一步进行机构改革，原来的新闻出版总署与广播电影电视总局合并为国家新闻出版广电总局，原来两个部门的行政管理职能也都并入新设立的国家新闻出版广电总局，这样原来由新闻出版总署负责的著作权行政管理职能也由目前的新闻出版广电总局承担，新闻出版广电总局下设立国家版权局直接负责著作权的行政管理，各个地方一般也设置了相同的机构，由地方新闻出版广电部门中的版权职能部门管理当地的版权（著作权）工作。但是，国家和地方新闻出版广电部门在著作权行政管理方面的职能并不相同；就版权登记而言，接受申请的单位是省一级和国家版权局，各省、自治区、直辖市版权局负责本辖区的作者或其他著作权人的作品登记工作，国家版权局负责外国以及台湾、香港和澳门地区的作者或其他著作权人的作品登记工作，其他地方的新闻出版广电部门并不负责版权登记工作；新闻出版广电总局还负责制定全国著作权

[1] 这三个城市的知识产权行政管理模式可以从这些地方知识产权局网站上显示的机构职能看出来。

管理方面的部门规章，地方新闻出版广电部门通常并不具有这方面的职能。国家和地方各级新闻出版广电部门的共同职能是查处版权侵权及其他违法行为、相关的辅助性管理或服务工作。

新闻出版广电部门还将一些行政管理职能委托或交付给一些事业单位承担，如中国版权保护中心便在计算机软件登记、作品著作权登记、著作权转让和专有许可合同登记与备案、质押合同登记等版权公共服务领域以及与此密切相关的著作权法律宣传与咨询、版权鉴定、版权认证、第三方调查取证、作品保管、版权纠纷调解等版权社会服务领域和国家版权局交办的其他工作任务等方面履行职责及提供专业服务。

2. 专利权行政管理机关的设置

专利权的行政管理机关为各级政府的知识产权局，但国家知识产权局和地方知识产权局的职能范围和管理权限并不相同，它们的主要差别在于部分专利权的行政管理职能集中于国家知识产权局，地方知识产权局没有这些权限，这些集中于国家知识产权局的管理职能主要有专利授权事务（含专利申请的审查和授权、专利复审等）、无效专利宣告、专利强制实施许可的决定、全国专利代理人资格考试的命题组织、专利实施许可合同的备案、专利权转让合同的登记、专利权质押合同的备案等。国家知识产权局和地方各级知识产权局有许多相同的行政管理职能，主要是涉及专利的规范性文件的起草或制定、专利行政执法（主要是查处专利侵权等违法行为）、制定同级专利发展规划或计划、推动专利维权工作、进行专利保护知识的宣传、构建专利服务公共平台、为社会提供专利信息服务等。

从目前的机关职能上看，无论是国家知识产权局还是地方知识产权局，基本上都是集专利行政规范性文件的制定权、专利管理权和专利行政执法权于一身。

3. 商标权行政管理机关的设置

商标权的行政管理机关为各级工商行政机关。其中，工商行政管理总局负责起草或制定涉及商标的规范性文件，负责商标注册和管理工作，依法保护商标专用权和查处商标侵权行为，处理商标争议事宜，加强驰名商标的认定和保护工作，并负责特殊标志、官方标志的登记、备案和保护。❶在工商行政管理总局内部设立商标局和商标评审委员会，专门负责全国的商标事务管理工作。地方工商行政管理局负责起草商标方面的行政管理地方性法规、规章草案，制定当地商标方面的行政管理规范性文件或类似文件，负责商标管理工作，组织实施商标知识产权战略，依法保护商标专用权和查处商标侵权行为，协调处理商标争议事宜，认定地方著名商标，加强驰名商标和地方著名商标的保护工作，依法保护特殊标志、官方标志。❷地方工商行政管理机关内部一般也都设立专门的商标职能部门（如商标管理处、科等），负责当地商标事务的管理。

虽然同属工商行政管理机关系统，但工商行政管理总局与地方工商行政管理局在商标事务的管理职能上也是不同的，有些管理职能只有工商行政管理总局具有，地方工商行政管理机关没有，这些职能主要是：商标注册、变更、续展、注销，注册商标的撤销和无效宣告，注册商标争议的处理，驰名商标的认定，注册商标使用许可合同的备案，注册商标转让的核准，特殊标志、官方标志的登记等。

4. 其他知识产权行政管理机关的设置

商标秘密虽然是一种重要的知识产权，但目前并未针对这种知识产权设置专门的行政管理机构，而是将其置于竞争法中，由工商行政管理机关实施行政保护，且该职责由工商行政管理机关内部的竞争管理部门承担。

集成电路布图设计专有权也是一种重要的知识产权，但我国没有针对这种知识产权设置专门的行政管理机构，而是由国家知识产权局负责集成电路布图设计专有权的登记和保护工作。

虽然我国是农业大国，植物品种对于我国有重要意义，但我国对于植物品种权的登记和保护并未设置专门的行政机关，而是由农业部负责草本植物品种权的登记与保护，国家林业局负责木本植物品种权的登记与保护

❶ 《国务院关于机构设置的通知》（国发〔2008〕11 号）。

❷ 根据江苏等地方工商行政管理机关网站上公示的职责范围归纳。

（国家林业局内部设立植物新品种保护办公室）。

地理标志的行政管理最为复杂，国家商标局负责注册为证明商标或集体商标的地理标志的管理与保护，农业部农产品质量安全中心负责农产品地理标志的登记工作，而质量监督检验检疫总局则可批准实施地理标志产品保护。[1]

对于域名的注册和管理，由工业和信息化部负责，而工业和信息化部委托中国互联网信息中心具体承担该项职能。对于进出口环节的知识产权行政保护，由各地的海关统一实施。

二、其他知识产权行政组织的设置情况

除了前述知识产权行政管理机关外，为了加强或促进知识产权行政管理，国家和地方还建立了很多知识产权行政管理或保护方面的协调组织，以提高知识产权行政管理的整体效果。从目前情况看，这种协调性知识产权行政组织主要有以下几种。

（一）跨部门的知识产权联络组织

“战略”的实施是涉及面广泛的复杂工程，与很多政府部门的职能相关，需要这些政府部门的共同努力。为了这些部门在“战略”实施中能够协调一致，形成合力，需要有一种稳定的联络沟通组织。正是基于这种需要，国家和地方组建了一些跨各行政管理部门的知识产权联络组织。

在中央层面，这种联络组织为国家知识产权战略实施工作部际联席会议，这是在“战略”实施后组建的。联席会议由中宣部、外交部、发展改革委、教育部、科技部、工业和信息化部、公安部、司法部、财政部、人力资源社会保障部、环境保护部、农业部、商务部、文化部、卫生部、国资委、海关总署、质检总局、工商总局、广电总局、国家版权局、国家林业局、国家知识产权局、国务院法制办、中科院、最高人民法院、最高人

[1] 戴琳：《论我国的知识产权行政保护及行政管理机构设置》，载于《云南大学学报（法学版）》2010 年第 6 期。

民检察院、总装备部共28个部门和单位组成，国家知识产权局为牵头单位，国家知识产权局局长为召集人，国务院副秘书长和各单位负责人为联席会议成员。其主要职责在于，在国务院领导下，统筹协调"战略"实施工作，研究制定"战略"实施计划，指导、督促、检查有关政策措施的落实，协调解决"战略"实施中的重大问题，研究"战略"实施的重大政策措施，向国务院提出建议，研究协调与"战略"实施工作有关的其他重要事项。

在中央层面还有局部性的知识产权联络组织，主要是公安部经济犯罪侦查局，工商行政管理总局公平交易局、商标局，国家知识产权局协调管理司以及最高人民法院刑事审判第二庭、最高人民检察院侦查监督厅等部门之间组织的知识产权保护工作联席会议。

在各级地方，尤其是省、自治区、直辖市一级和一些省辖市，也分别在人民政府的领导下组织了跨不同行政管理部门的知识产权工作联席会议或类似组织，其成员一般是同级政府的各行政机关。甚至在一些知识产权工作较好的地区，在县区一级政府中也组建了跨部门的知识产权联席会议组织。❶

（二）跨地区的知识产权联络组织

知识产权工作涉及的地域范围往往比较广，特别是知识产权保护工作，通常要超越某一特定知识产权行政主管机关的管辖范围；协同和整体推进是"战略"实施的基本途径，❷ 地区间的协同和配合是其中的重要一环。因此，一些有效的知识产权行政执法或其他管理活动需要得到其他地区知识产权行政管理机关的配合才能顺利完成。为了保证这种不同地区间配合行动的稳定进行，有必要组建跨地区的知识产权联络组织，一些地区在这

---

❶ 如江苏省苏州市的相城区，参见 http：//www. szxc. gov. cn/szxc/zwgkinfo/showinfo. aspx? infoid = 50a0544d - 13ac - 4fb7 - 8bb6 - 93ada8c4ccd0&categoryNum = 001003009，2013年9月2日访问。

❷ 马海生："协同和整体推进是实施国家知识产权战略的基本途径"，载《改革与战略》2007年第6期。

方面进行了有益的尝试。

较早的跨地区知识产权联络组织是泛珠三角知识产权联席会议机制，于 2004 年由广东、广西、福建、云南、四川、江西、湖南、贵州、海南等 9 省区联合组建，后来港、澳加入。该机制包括联席会议制度、联络员制度和专题工作小组制度。[1] 另外，2003 年 11 月，长三角 16 个城市的知识产权局局长或有关代表集聚上海，在华东六省一市知识产权局局长会议上提出了联合加强知识产权保护、联手打击侵权行为的共同宣言，结成知识产权保护联盟，并建立 16 城市知识产权保护联席会议。[2] 还有长三角地区专利行政执法协作联席会议，由上海、江苏和浙江于 2005 年签订《长三角地区知识产权局系统专利行政执法协作协议》而设立，由沪、苏、浙三地知识产权局的执法机构组成长三角地区专利行政执法联席会议办公室，并设定联络员。[3]

在 2007 年，北京、天津、河北等省市的知识产权局签署《环渤海地区知识产权保护合作协议》，建立环渤海区域知识产权保护行政执法协作机制。2011 年 4 月，长三角地区知识产权服务联谊会成立，它是由上海市知识产权服务中心及苏、浙两省 23 个市（县）城市知识产权行政管理机构共同组成的区域性、非营利性的知识产权服务合作组织。

还有一些省内不同地方之间的知识产权联络组织或机制，如湖南省长沙市、株洲市和湘潭市签订了三市间专利行政执法协作协议。

---

[1] 吕国强、陈志兴等：“建立长三角区域知识产权合作机制研究”，见国家知识产权局协调司编：《区域知识产权战略研究文集》，知识产权出版社 2012 年版，第 94 页。

[2] http：//news. xinhuanet. com/newscenter/2003 – 11/21/content_ 1192117. htm，2012 年 9 月 15 日访问。

[3] 吕国强、陈志兴等：“建立长三角区域知识产权合作机制研究”，见国家知识产权局协调司编：《区域知识产权战略研究文集》，知识产权出版社 2012 年版，第 100 页。

第二节　目前知识产权行政管理体制存在的主要问题

一、职能分散的问题

前文述及，目前世界上采取分散管理模式的国家和地区不到10个，这在一定程度上说明这种模式在绝大多数国家和地区管理者的心目中是不可取的，而我国恰恰就是世界上采取这种模式的几个极少数国家之一，这已经反映了我国现有模式和体制的问题。知识产权行政管理和执法机关设置过于分散，职能部门多，称谓复杂，[1] 这是目前知识产权行政管理体制最大的问题，弊端较多。

（一）不同知识产权权利冲突的问题

职能分散导致各知识产权行政管理机构各自为政，也容易导致知识产权内部各权利之间的冲突，即由同一知识产权保护客体依法产生两项或两项以上并存的权利相互抵触的现象。[2] 比如，因同样的标志而产生的商标权保护与商号权保护之间的冲突，因同样客体而产生的外观设计专利权保护与商标权保护之间的冲突，因同样的美术作品而产生的著作权保护与外观设计专利权保护之间的冲突，[3] 因同样的标志而产生的普通地理标志保护与农产品地理标志保护、证明商标或集体商标保护之间的冲突，因同样的标志而产生的商标权保护与域名权保护之间的冲突，等等。这种冲突对于“战略”实施中的知识产权创造与保护者会带来很多困惑与障碍。

---

[1] 武善学：“健全中国特色知识产权行政管理和执法体制”，载《法学杂志》2010年第4期。

[2] 戴琳：“论我国的知识产权行政保护及行政管理机构设置”，载《云南大学学报(法学版)》2010年第6期。

[3] 对于这类冲突的消除虽然2008年修订的《专利法》作了一些规定，但分散管理的模式使《专利法》的这种努力发挥的作用会大大减损。

（二）不同部门之间协调不足的问题

正是由于分散管理模式的固有缺陷，国家和地方在意识到这种问题后都在努力寻找对策。目前的主要办法就是建立各种形式的联络协调机构，但这种办法实际上并未根本解决分散管理模式所造成的问题。同级政府领导下的部门联席会议制度是目前主要的联络沟通方式，但联席会议召开时间不确定，通常每年召开 1 ~ 2 次，有时甚至不开会；开会时一般主题松散，协商气氛过浓，有时开会前已经将会议决定作出，开会只是走过场。[1]在政府领导下的部门联席会议尚且如此，不同地方之间自发形成的协调联络组织的作用就更加有限，有时甚至只是宣传一下而已，没有实质性的行动。即使一些联络组织通过会议的形式进行了一定的协调或形成了一定的协议，如果某一成员并未按事先的协调去行动，也没有什么刚性的不利后果，这也进一步导致这类协调机制的影响力下降。部门之间协调的不足必然会对“战略”实施工作的整体推进产生不良影响。

（三）知识产权行政管理效能不高的问题

现有的行政管理模式严重影响了知识产权管理的效能，主要体现在以下几个方面。

（1）行政管理的硬性成本大大增加。知识产权行政管理机构众多，而各个机构都是“麻雀虽小、五脏俱全”。每一机构均配备相应的政务、党务、财务、后勤、人事等管理和服务部门，造成大量的人力资源、设施及财政资金的浪费，增加了硬性的行政成本。[2]

（2）行政执法的效率受到较大的影响。对于有些知识产权成果，可能涉及多方面的知识产权，针对这种知识产权成果的侵权行为有可能涉及多方面的违法行为，在目前的行政执法模式下往往一个知识产权行政管理机

[1] 金明浩：“论武汉城市圈知识产权战略实施协作机制的构建”，载《武汉大学学报（哲学社会科学版）》2010 年第 4 期。

[2] 单晓光、王珍愚：“各国知识产权行政管理机构的设置及其启示”，载《同济大学学报（社会科学版）》2007 年第 3 期。

构只能查处其中的一种违法行为，而将其他违法行为留给其他知识产权行政管理机构，其他知识产权行政管理机构在处理时不仅要重复调查，还会丧失较好的查处时机，使得有些知识产权违法行为没有得到及时处理。

(3) 行政管理的社会效果受到损害。由于不同的知识产权由不同的行政管理部门管理，面对危害程度相当的知识产权违法侵权行为，不同的知识产权行政管理部门可能作出差异较大的处理决定或采取明显不同的措施，这样必然引起社会公众对于其中部分知识产权行政管理部门的质疑，影响知识产权行政管理部门管理或执法的公信力，也很容易为相关知识产权行政管理部门以后的管理行为增加难度。

(四) 知识产权人行政维权成本增加的问题

行政保护是知识产权人维权的重要途径，甚至是部分知识产权人维权的首要选择，但分散管理的模式却使很多知识产权人在求助于行政管理机关时增加了很多成本。这种成本主要体现在两个方面：(1) 寻找成本，面对众多的知识产权行政管理部门，普通的知识产权人要花较多的时间和精力去确定向哪一个部门去寻求保护，特别是当其创造性成果可能涉及多种知识产权时，权利人有可能因为不熟悉法定管理职能的划分而奔走于多个部门之间；(2) 重复劳动的成本，当权利人的创造成果同时涉及多种知识产权而要寻求所有保护时，他们往往只能分别向多个不同的行政管理部门提出要求，并分别按照这些部门的要求提供相应的材料，而事实上这些材料是共通的或相同的，特别是一些基础材料，这无疑使得知识产权人进行了很多重复劳动和重复支出费用。

(五) 知识产权保护作用范围的限缩问题

现有行政管理模式所造成的执法主体与各类知识产权之间“一一对应”的关系，使得知识产权行政执法中出现了一些“灰色地带”(或称“三不管地带”)，这主要是由于各种知识产权保护客体相互间的交叉重叠以及各种知识产权之间的权利冲突所导致的；这种情况使得知识产权行政保护的作用范围受到不应有的限缩。[1] 知识产权的范围是开放式的，在出现新的知识产权或者出现交叉性的知识产权时，这种限缩问题就会愈发突出。

二、管理权威的问题

（一）知识产权行政管理机构的行政级别较低

知识产权管理单位性质不一、级别较低，导致行政执法权威性受到影响。就全国31个省级（不含港、澳、台地区）知识产权局基本情况而言，单位性质属于行政的有12个，属于事业的有19个占61.3%；单位行政级别更加紊乱，正厅级的4个，副厅级的20个，正处级的7个；运作方式直属省市自治区政府的14个，归口科技厅的17个，其中还有4个知识产权局局长由科技厅厅长或副厅长兼任。[2] 可见，相对于其他领域的行政管理部门而言，大部分省级知识产权局或类似管理部门的地位还比较低，没有受到应有的重视。其他的知识产权行政管理机构实际上仅仅是某一行政管理机关中的一个职能部门，甚至是其中的一个“弱势”部门，这种地位决定了它们的管理能力会受到很大的限制。

（二）知识产权行政管理机构的社会号召力较弱

在进行知识产权保护和相关的大型活动时，往往需要其他国家机关的配合或共同参与，而从目前的现实情况看，以知识产权局为代表的知识产权行政管理机关对于其他国家机关的影响力明显不够，缺乏相应的号召力和牵头能力。他们牵头组织的一些活动，其他的一些国家机关（特别是强力机关）通常没有较高的参与热情，也很少给予高度重视。甚至在一些地方，本应由知识产权主管部门牵头的一些组织或活动却由其他一些较强势

---

[1] 朱一飞：“论知识产权行政执法权的配置模式”，载《法学杂志》2011年第4期。

[2] 上海市知识产权局局长吕国强讲话，http://www.66law.cn/news/58176.aspx，2013年8月29日访问。

的国家机关去组织或牵头。[1]

（三）核心知识产权行政管理机构对企业的影响力不足

企业是“战略”实施的主要力量，知识产权主管部门需要有效调动企业积极性；企业知识产权战略实施情况如何，将在很大程度上决定国家知识产权战略目标的实现程度，因为企业实施知识产权战略是落实国家知识产权战略的重要保障。[2] 知识产权行政管理机关要想有效调动企业积极性，就必须对企业有足够的影响力和引导力。但现实中这种影响力存在明显不足，尤其是体现在核心的行政管理机关知识产权局身上。目前各地知识产权局除了通过其可以支配的一些经费去激励和引导企业按照其要求去从事知识产权相关活动外，基本上没有能够真正制约和牵引企业的有效手段；在一些知识产权工作经费紧张的地方，知识产权局对于当地企业的影响力就更弱了。

三、组织弱化问题

行政机关只有自身组织健全、领导有力、人员整齐，才能真正有效发挥其组织领导作用，但我国目前的知识产权行政管理机关大多没有满足这样的要求。

（一）独立知识产权管理机构的缺失

目前只在国家和大部分省、自治区、直辖市一级设立了独立的知识产权局（主要负责专利管理和知识产权协调工作），在设区的市以下政府机构中，除了深圳、苏州等少数知识产权工作较好的地方外，基本上没有设置独立的知识产权局，一般只是在当地科技行政主管机关中挂知识产权局的牌子，设一名主管知识产权局长（实际上是当地科技局的副局长兼任）。

---

[1] 以知识产权工作较好的江苏为例，南京市的知识产权保护联盟是由南京市人民检察院牵头组织的，南京市雨花区的知识产权一站式服务平台由该区的检察院组织，江苏省法学会组建的江苏省知识产权法学研究会也是交给江苏省高级人民法院去牵头。

[2] 冯晓青：“国家知识产权战略视野下我国企业知识产权战略实施研究”，载《湖南大学学报（社科版）》2010 年第 1 期。

即便是一些省级独立的知识产权局，并没有自己的党组，其局长往往是同级科技行政主管机关的党组成员，这也说明这些名义上独立的知识产权局实际上的独立性并不强。至于其他知识产权，目前都没有独立的主管机关，其行政主管部门只是其他行政机关中的一个部门。这种知识产权行政主管部门独立性的缺失影响了知识产权工作在人们心目中的地位，削弱了“战略”实施工作的凝聚力，降低了其应有的受关注程度。

（二）知识产权行政管理机关的内部组织不健全

从一些地方政府有关知识产权局的内部职能机构设置的文件看，省级知识产权局内设机构普遍较为简单，通常为5个左右的机构；地市级知识产权局的内设机构就更简单了，像南京这样经济发展较快、专利工作较好的省会城市，其知识产权局的内设机构只有个别机构。这样一来，每个机构承载的职能就比较多，甚至事务繁杂，很难保证其在“战略”实施中的行动效率；诸多职能交由同一个内部机构去处理，影响了专利事务管理的专业化。另外，各个地方知识产权局的内设机构相互间差异较大，如上海市知识产权局内设办公室（组织人事处）、政策法规处、规划发展处、协调管理处、国际合作交流处和专利管理处（专利代办处）等机构，❶江西省知识产权局内设办公室、对外合作与协调处、专利管理处、专利执法处、国家局南昌代办处等机构，❷广州市知识产权局内设办公室、政策法规处、规划发展处、协调合作处、执法监督处等机构；即使机构名称相同，在不同地方其职能也有很大差异。这种乱象使得公众对知识产权局的职能产生混淆，不利于知识产权局在“战略”实施中实行统筹协调和强化专利管理工作。从上述一些地方知识产权局的内设机构还可以看出，机构残缺现象或多或少存在，如上海市知识产权局没有设置专门的专利执法机构，江西省知识产权局没有设置政策法规机构，而广州市知识产权局居然没有设置

---

❶ http：//www. sipa. gov. cn/gb/zscq/node2/node24/userobject1ai2587. html，2013 年 3 月 5 日访问。

❷ http：//news. 9ask. cn/zclaw/zcf/200905/176857_ 2. html，2013 年 3 月 5 日访问。

专门的专利管理机构。内部组织机构的残缺肯定会使“战略”实施中的某些专利管理工作被忽视或削弱。

至于地方商标、版权等其他知识产权行政管理机关，其内部组织就更为简单了，通常政府只是在某一知识产权管理机关内部设立一个内设机构来专门管理相关的知识产权工作，而该内设机构内部由于人力有限，也很少再进行科学的分工和组织。

（三）知识产权行政管理机关人员配备不整齐

知识产权行政管理机关在人员配备上的问题主要有两个：(1) 专职人员的数量总体上偏少，有些地方则严重不足；(2) 管理人员的专业化程度不足。据2010年一份有关专利行政保护与地方专利管理体系建设的课题研究成果，[1] 全国省级、地区一级和县级知识产权局的人员编制不到1万人；大部分地区专利执法人员较少，像广东、江苏这样的知识产权大省和专利大省，省级知识产权局的专利执法人员编制居然不超过5人；目前我国知识产权行政管理和执法人员中，近一半以上所学专业与目前工作无关；只有少部分地方的省级专利行政执法人员中具有法律背景的人员超过50%，各省的平均比例为28.6%。在专利管理这样一个具有高技术含量的领域，居然很多地方还是由部队的转业干部去承担这一管理工作。这种专利管理人员的数量和素质状况必然影响“战略”实施中的专利管理质量，不利于专利这一核心知识产权在“战略”实施中发挥其应有作用。在其他知识产权方面，行政管理人员在数量方面的问题就更加突出了。

（四）知识产权行政管理机关的领导力量不够强

在我国目前的各种知识产权行政管理机关中，只有国家和省级专利管理机关（这两级知识产权局）自成体系，具有专门的集体领导组织；而在地市级以下知识产权局，绝大多数都是残缺的领导机制，通常附设在当地科技行政主管部门，仅设一个相当于科技行政主管部门副职的领导主管知识产权工作。版权行政管理机关的领导状况与地市以下知识产权局的领导

---

[1] http：//www.doc88.com/p-187636037881.html，2013年6月8日访问。

力量相似。而在商标、其他知识产权领域，一般都在相关行政管理机关确定一个副职领导分管相应的知识产权工作，但该分管领导并非专门管理知识产权，还同时分管该行政管理机关中其他方面的事务。无论是领导体系的缺失，还是分管理领导的非专门化，都会严重影响知识产权工作受重视的程度。

四、经费配置的问题

（一）各部门在经费分配上的不平衡

由于各地知识产权局均冠以"知识产权"这一名称，很多地方政府和相关部门误以为该机关统管全部知识产权，便将知识产权工作经费等资源主要配置给了知识产权局，特别是在"战略"实施后增加的一些知识产权工作经费基本上都交由知识产权局去支配。而工商行政管理机关、新闻出版广电管理机关、农林主管机关等其他政府机关虽然也管理一些重要的知识产权，但它们没有从各地财政新增的知识产权工作经费中分得相应的份额。这就导致不同知识产权主管部门之间可支配经费严重不均的现象，在"战略"实施后的一段时间内，一些知识产权局因为经费增长迅速而显得经费较为宽裕，而其他一些知识产权管理部门的经费则因为"战略"实施后工作目标的提高而显得非常紧张。正如有人所说，分散的管理体制导致知识产权行政管理资源的配置不均，客观上导致某些部门的资源闲置，另一些部门的资源匮乏。[1] 以推动知识产权管理机制或工作机制创新为目的的软科学研究经费为例，"战略"实施后，国家知识产权局和省级知识产权局所设立的软科学课题无论从数量还是从经费支持力度上都明显增长，而版权主管部门、品种权主管部门则没有相应的经费可以进行软科学研究课题的招标。

---

[1] 杨美琳："我国知识产权行政管理体制的改革与完善"，载《金融教学与研究》2012 年第 3 期。

（二）各部门在经费使用上的不平衡

专项财政经费在不同知识产权主管机关之间的初始分配的不平衡，可以在一定程度上通过获得财政经费的知识产权主管机关在不同知识产权领域的合理使用（经过该知识产权主管机关进行的二次分配）而得到缓解。但是，现行的知识产权行政管理体制妨碍了这种通过二次分配的平衡。政府将知识产权工作经费主要配置给了知识产权局，而在分散管理模式下知识产权局实际上仍然主要负责专利事务的管理，具有很强的部门利益倾向，这就导致知识产权局会将财政部门拨付的知识产权工作经费基本上用于专利领域，其他的知识产权工作很难从这些财政经费中获益。提高财政科技投入资金的使用效益，始终是财政支持科技创新面临的重要任务，[1] 现有的知识产权行政管理体制影响了这个任务的实现，在强烈的部门利益刺激下，即使一些知识产权局知识产权工作经费较多，在满足其正常的知识产权管理工作的需要后仍有一定的节余，他们也不会用这些经费去支持其他知识产权领域的工作，而是在本部门或本系统中随意地开支了，而不论这种支出的具体效益如何。

五、国际保护的问题

（一）不利于我国对境外知识产权人的保护

对于目前分散的多元化行政管理体制，我国的知识产权人在其知识产权受到侵害时还往往弄不清楚其寻求给予救济的行政管理机关，一个不了解中国情况、不熟悉中国行政管理体制的外国人如果到中国寻求知识产权的行政保护或办理其他知识产权行政事务，就更会遇到严重障碍。常态之下，社会公众在遭遇知识产权侵权或纠纷之时，无法找到一个权威的行政执法机关，有时不得不求助于多个政府部门，可谓是“钻行政迷宫”，造

[1] 王保安：“积极运用财政政策促进国家知识产权战略”，载《中国资产评估》2007年第12期。

成许多不必要的困扰和麻烦；❶ 国内的知识产权人尚且如此，境外的知识产权人在我国要想获得行政保护所面临的困扰和麻烦就更多了。

（二）不利于我国履行知识产权国际保护规则

TRIPs 协议将透明度原则作为一项基本原则，它要求成员涉及知识产权的规范性文件应当公布，还要求一成员所作出的司法裁定和行政决定涉及知识产权的有效性、范围、取得、实施和防止滥用，都应以官方语言加以公布。我国高度分散的知识产权行政管理模式会影响其他成员对我国履行知识产权国际条约义务的判断，有时即使我们觉得自己已经严格按照国际条约的要求做了，但在政策及决定的透明度方面仍然被其他成员方所诟病。原因在于，我国知识产权行政管理部门众多，且每个部门在其管理过程中都会不时制定一些部门规章或其他规范性文件，这些规范性文件之间又缺少必要的协调，其他成员很难及时方便地查知相关规定。正如有的学者所说，我国知识产权行政管理机关各部门政令繁多、数量巨大，甚至有时相互冲突，难以贯彻执行透明度原则。❷ 另外，我国各知识产权行政管理机关针对知识产权问题作出的行政决定缺乏系统的梳理，加之有些知识产权行政管理机关在行政决定的公布方面做得不够规范，也容易涉嫌违反 TRIPs 协议的透明度原则。

（三）不利于我国对外进行知识产权交流与合作

基于知识产权本身的复杂性及其涉及因素的广泛性，加之在知识产权问题上往往体现着不同国家的不同利益要求，因此，不同国家或地区间围绕知识产权问题产生的矛盾冲突会比较多。在 WTO 框架下，知识产权领域经常需要国际协调，但是其他国家常常不确定该与我国众多管理机构中的哪一个机构沟通更合适，往往会造成很多不便；倘若某外国要与我国建立知识产权合作关系，就需要分别与我国的不同知识产权行政管理机构签订

❶ 朱一飞：“论知识产权行政执法权的配置模式”，载《法学杂志》2011 年第 4 期。

❷ 从雪莲：“中国知识产权行政管理机构之设置与职能重构”，载《首都师范大学学报（社科版）》2011 年第 5 期。

合作协议。[1] 在我国对外进行知识产权交流与合作时，我国的各个知识产权行政管理机关往往也是各行其是，分散行动，很容易违背我国在知识产权问题上对外的整体性要求，也严重影响了我国知识产权行政管理机关对外交流与合作的效率。

六、权力约束的问题

（一）行政权力在内部监督机制上的缺陷

在目前的体制下，各个知识产权行政管理机关，尤其是国家层面上的知识产权主管机关，既有直接制定规章或其他规范性文件，或者向国家或地方立法机关提出相关规范性文件草案的权力，又对各种知识产权事务进行管理，负责查处知识产权违法行为。知识产权行政管理部门既拥有知识产权立法权限，又肩负着执法功能，将本身属于不同阶层的行为合并在一起不符合法治原则，不利于有效监督，因而近年来饱受诟病。[2] 各个环节之间应有的相互制约的功能弱化了，行政管理系统的内部监督缺失或效果较差，对于知识产权行政管理机关行为的有效监督只能主要依靠各种外部力量。

（二）行政权力在内部监督力度上的差异问题

由于各个知识产权行政管理机关自成体系，并且就其知识产权管理活动国家或地方制定了不同的法律、法规等规范性文件，而这些不同的规范性文件对于知识产权行政管理机关的行为往往设计了不同的程序机制，这就使得通过这种程序机制进行的监督和约束在不同的知识产权行政管理机关之间出现了较大的差异。以行政主管机关对知识产权申请的审查时间限制为例，2013 年修订的《商标法》对于商标局审查注册商标申请的时间、

---

[1] 戴琳：“论我国的知识产权行政保护及行政管理机构设置”，载《云南大学学报（法学版）》2010 年第 6 期。

[2] 从雪莲：“中国知识产权行政管理机构之设置与职能重构”，载《首都师范大学学报（社科版）》2011 年第 5 期。

商标评审委员会审理商标注册争议的时间已经有了明确规定，而2008年修订的《专利法》并未就专利管理机关处理专利申请的时间限制作出规定，这就导致在知识产权申请的审查方面目前两大主要的知识产权行政主管机关所受到的约束是不同的。

另外，由于分属于不同的行政管理系统，各个系统对于其知识产权行政管理中的各个环节所应进行的监督方式、监督程度等问题的认识不同，加上各个系统在监督力量、监督条件等方面的差异，各个知识产权行政管理系统的内部监督在实质上可能有较大的差异，有的可能会实施较严格的监督，有些系统的内部监督可能仅流于形式。

第三节　知识产权行政管理体制的优化对策

一、优化的主要内容

（一）部分管理职能的合并

对于知识产权行政管理体制的完善思路，目前有很多学者主张完全合并，特别是传统的三大知识产权的行政管理职能的合并。实践中这种主张也得到一些地方的青睐，如在前几年，深圳就曾酝酿将商标、版权、专利“三合一”进行统一管理，在深圳市、广东省这两个层面都通过了，但是工商总局“不愿意商标过来”，理由是“商标要划归知识产权管理部门，尚待《商标法》的修改”。[1] 现在，上海也将进行这样的尝试，据悉，上海市自由贸易区将在全国首先尝试版权、商标、专利三种知识产权类型实行统一执法模式，并设立专门知产管理机构取代传统的专利授权、商标注册、版权登记等行政机关，统一实施行政执法权。[2]

[1] 风飞伟：“知识产权行政执法谋求‘三合一’”，载《南方日报》2008年12月26日。

[2] 万静：“上海将试行知识产权统一执法”，载《法制日报》2013年8月27日。

笔者认为，将所有的知识产权行政管理职能合并到一个行政管理机关并不是一个理性的选择，特别在近期的一段时间内。因为有些知识产权之间，主要是著作权与其他类型的知识产权之间，不仅有太大的差异，而且在我国特定的社会制度下在管理上也有明显不同的要求。因此，笔者主张实现部分知识产权行政管理职能的合并，主要是将专利权、商标权、商业秘密、地理标志、集成电路布图设计专有权、域名等知识产权置于同一行政管理机关的管理之下，而将著作权和品种权分别单独管理，这样便形成一种三元管理体制。民进中央在2012年向全国政协提交的第1015号提案提出：考虑到版权领域涉及意识形态的问题，仍然单独管理，但是将专利与商标的行政管理统一于知识产权局，特别是专利授权和商标注册工作的统一。❶ 实际上也是这个思路，但其合并的程度还不够。

实行版权和品种权分别单独管理、其他知识产权合并管理的三元管理体制，至少可以有四点理由。

（1）考虑到知识产权本身的特点和管理要求。著作权所保护的作品，一般是指通过语言文字、符号等形式来反映作者的思想情感或对客观世界认识的智力劳动成果，具有较强的思想性，与意识形态紧密相连，直接关系到我国社会主义精神文明建设，需要加强管理和引导；这类成果更多地运用在文化、教育、社会生活方面，并非全部与生产经营活动有关，甚至其主要部分与生产经营活动没有直接关系。专利权与商标权所保护的对象具有共同的特点，❷ 它们都没有很强的意识形态的属性，都只是企业在生产经营过程中需要运用的成果，也只有在生产经营过程中才能显示出它们的价值，国家只需要按照市场竞争的需要和国家干预经济的一般原理去管理它们就可以，因此两者可以交由同一行政机关去管理。商业秘密、地理标志、集成电路布图设计专有权、域名等知识产权也具有专利权、商标权的上述共同特点；而且地理标志、域名与商标一样，同属于外观标志，具

---

❶ 李宇浩："关于完善知识产权管理体制，推进知识产权战略实施的提案"，载《人民网－中国政协新闻网》，2012年3月13日。

❷ 这里所说的共同特点不包括它们作为工业产权所具有的共同特点。

有同一性，完全可以合并管理，商业秘密、集成电路布图设计与专利一样，主要涉及产品的内在技术或品质，也可以合并管理。品种权主要与农业生产经营活动有关，其涉及的保护客体具有较强的自然属性，并与人的健康和生命安全密切相关，适宜单独管理。

（2）有效解决现有管理体制的突出问题。这种三元化的集中管理体制基本上解决了知识产权行政管理职能过于分散、职能交叉或冲突现象容易发生等问题。它可以通过减少重叠机构及设施设备而有效节省知识产权行政管理资源，便于采取高效的行政管理行动，从而减少知识产权人行政维权的困惑和成本，便于不同知识产权行政执法行动的协调，在减少行政管理机关的基础上也便于两大知识产权行政管理机关之间的沟通与协调，避免分别执法容易产生的执法空白或漏洞，有利于知识产权工作经费和其他管理资源的合理调配和高效使用，便于我国更好地进行知识产权国际合作与交流。

（3）借鉴国外的成功经验。在一些知识产权发展水平较高的国家或地区，比较成熟的做法是将专利权、商标权等工业产权的行政管理职能交给一个行政管理机关，而将著作权的行政管理职能赋予另一个行政管理机关。在美国，知识产权管理主要分两类，一类是对版权的管理，主要由国会图书馆版权局负责，一类是对专利和商标的管理，由商务部下属绩效单位美国专利商标局负责；在德国，版权由联邦司法部负责，而其专利商标局则负责专利、商标、地理标志、集成电路布图设计等知识产权的管理，植物品种权由食品农业和消费者保护部下属的植物新品种局负责；在法国，其工业产权局是主要的知识产权管理机关，主要负责专利、商标、外观设计和企业注册，而版权的管理则由文化交流部负责，植物新品种由农业部负责；[1] 在日本，经济产业省下设的日本特许厅负责发明、实用新型、外观设计的审查，商标的注册，以及不正当竞争的防止、企业商号的注册，而

[1] 董希凡：“知识产权行政管理机关的中外比较研究”，载《知识产权》2006 年第 3 期。

其文部省下属的文化厅则负责著作权的管理工作，农林水产省负责植物新品种的审查和登记及《种苗法》的实施。[1]

（4）形成脉络更为清晰的知识产权体系。在三元行政管理体制下，会形成在逻辑上更为清晰的知识产权体系，有利于人们更好地认识知识产权。基于其根本特点的差异，目前的知识产权实际上可以划分为三大类：①文教类知识产权，主要是著作权与相关权利，它们主要在教育、科学、文化、艺术领域发挥作用；②工商类知识产权，主要是专利权、商标权、地理标志、域名、企业名称等，它们主要在工业品的制造、销售、商品流通和服务领域发挥作用；③农业类知识产权，主要是植物品种权，它们主要在农林领域发挥作用。对于三类差异较大的知识产权应当实施区分管理，这种区分管理首先就需要由不同的行政管理机关分别对它们实施管理。

（二）行政管理机关地位的提升

中国的现实表明，某一方面的行政管理能否取得较好的效果，往往与实施管理的机关的地位有着重要关系。知识产权行政管理效能的提升需要知识产权行政管理机关有一个较高的地位，主要符合两个要求。

（1）知识产权行政管理机关的独立运行。行政管理机关的独立性本身就是其地位的重要体现，也会让社会公众感觉国家对于知识产权行政管理工作的重视。在我国目前的体制下，我们无法谋求所有知识产权行政管理机构成为完全独立的机关，但至少一些已经有一定基础且担负着重要知识产权管理事务的知识产权行政管理机关应当独立。目前，管理专利工作和知识产权协调工作的知识产权局在国家层面和省、自治区、直辖市层面已经基本上独立，但仅此还不够，各级政府的知识产权局都应当独立，从目前其隶属或合署办公的科技主管机关中分离出来。

（2）知识产权行政管理机关行政级别的提升。在我国，行政级别直接关系到该行政机关的地位，我国目前知识产权行政管理机关所管理的知识

---

[1] 雷艳珍："日本知识产权行政管理的改革及对我国的启示"，载《特区经济》2009年第7期。

产权事务的重要性与其地位并不相称。就独立的知识产权局而言，其行政级别应当与政府的其他重要行政管理机关相同，也就是国家知识产权局应当为正部级，省级知识产权局应当为正厅级，地市以下的知识产权局应当为当地的正局级。行政级别的提升可以在一定程度上提升知识产权局的管理权威，也有利于知识产权局在知识产权管理过程中与其他行政管理机关进行更好的协调。

（三）内部职能机构的强化

以各级知识产权局为代表的知识产权行政管理机关要想在知识产权管理过程中发挥较好的作用，必须设置高效有力的内部职能机构。从目前情况看，主要应当做好以下两个方面的工作。

（1）完善内部机构的配置。对于承担多种知识产权行政管理职能的行政机关，应当针对每一种知识产权设置一个专门的内部机构，以便在该行政机关内部实现对于每一种知识产权行政管理的专门化。对于以某一种知识产权的行政管理为主要职能的行政机关，应当就该知识产权行政管理的各个主要环节分别设置专门的内部机构，比如，在目前的知识产权局中除了办公室、人事部门等事务性、保障性内部机构外，还应当设置政策规划机构、专利事务管理机构、行政执法机构、宣传教育机构、合作协调机构等专业性内部机构。

（2）优化内部机构的关系。各内部机构在职能方面应当有明确的区分，尽量避免职能交叉或重叠的情形；另外，各个内部机构的职能加在一起应当覆盖全部知识产权行政管理事务，不能遗留管理上的空白。还有一点，就是要考虑内部监督的实施问题，必要时可以设置专门的内部监督机构。在内部机制的设计上，要保证各个机构形成一种相互竞争、相互配合、相互制衡、共同促进的局面。

（四）协调机制的完善

基于知识产权的一些共性特征及其复杂性，再加上不同知识产权之间的关联性，任何一方面知识产权管理工作都可能涉及其他方面知识产权的管理工作，也会涉及非知识产权管理机关所管理的事务，一个地方的知识产权管理也会涉及其他地方的因素。因此，在知识产权行政管理体制中必须构建一套完善的协调机制。

（1）完善地区间的协调机制。区域协调是各区域知识产权战略实施工作协同推进的重要组织形式，其协调的内容主要是协同决策、信息沟通与交流，[1] 以及不同地区的知识产权行政管理部门在执法过程中紧密配合。各区域要突破目前仅仅通过协议或临时性组织进行协作的做法，建立一个统一的、较为稳定的协作组织；同时，在各个协作的主要领域或主要环节设立专门的工作小组。

（2）完善部门间的协调机制。建立知识产权联合执法协调机构具有多方面的正当性和必要性，即使是美国，也在1999年成立了全国知识产权执法协调委员会，后来，又设立了向总统负责的知识产权执法代表和知识产权执法顾问委员会，协调知识产权部门联合执法活动。[2] 目前我国的部门间知识产权联席会议的组织形式在实践中被证明有一定的成效，但由于存在前文所说的一些问题，有些学者对此产生了怀疑，“从某一段时间来看，联合执法确实可以收到一定的效果，但从长远来看，这种短期行为并不能从根本上解决问题”。[3] 我们应当完善现有的知识产权联席会议组织，主要是加强该会议的领导，一律由政府的副职领导人担任联席会议的主席，保留现有的办公室，并增设多个较为稳定的工作小组或专门委员会，定期召开会议，并根据需要召开一些临时会议，强化各成员部门落实会议决定的责任。除了成员来自政府各部门的联席会议外，还有必要借鉴美、日、韩的做法，“将原来分散在不同知识产权系统的执法人员整合起来”，建立专

---

[1] 金明浩：“区域知识产权战略实施协调机制体系构建及其实现路径”，载《南京理工大学学报（社科版）》2013年第2期。

[2] 谭江：“美国知识产权立法的最新动向——解读美国《优化知识产权资源与组织法案》”，载《知识产权》2009年第1期。

[3] 金国坤：《行政权限冲突解决机制研究——部门协调的法制化路径选择》，北京大学出版社2010年版，第80页。

业、高效的知识产权部门联合执法队伍，[1] 加强不同的知识产权行政管理机关和其他相关的行政机关在知识产权行政执法方面的合作，提高打击重大知识产权违法行为的力度和效果。

二、优化的主要途径

理想的知识产权行政管理体制的实现，需要多方面的共同努力，需要从不同的角度采取有效措施。

（一）理论研究的加强

理想的知识产权行政管理体制首先需要学者进行充分的研究与论证，提出较有说服力的理由，并设计出科学合理的方案。只有这样，对于知识产权行政管理体制的完善拥有决策权的机构或人员才有可能去推进这样的工作，也才有可能使阻碍这种完善进程的人面对强大的理论压力而退却。应当说，我国的知识产权理论研究者和实践者在这方面已经做了一些工作，我们通过中国期刊网以“知识产权行政管理”“知识产权行政保护”“知识产权行政执法”为篇名进行搜索，分别搜索到相关文章 17 篇、39 篇、39 篇，这些文章中还有很多属于新闻报道，并非理论研究成果。就此看来，目前学者们在这方面的研究还很不够，较为成熟的理论研究成果还不多；而且，目前的研究成果在观点上还有较多的分歧，知识产权领域的权威专家在这方面研究的参与不够。因此，理论工作者今后在知识产权行政管理体制的优化方面要投入更多的研究力量，特别是有影响的知识产权专家应当更多地参与这一问题的研究，通过他们的影响力用其理论研究成果说服怀疑者，并在理论上谋求更多统一的声音。

（二）试点工作的推进

知识产权行政管理体制的完善难以一蹴而就，需要逐步推进。在大家还缺少普遍认同的情况下，可以通过一部分地区先行试点的办法，在取得

---

[1] 武善学：“我国知识产权部门联合执法协调机制研究”，载《山东社会科学》2012 年第 4 期。

良好成绩的基础上说服更多的人，并逐步扩大试点范围，最终实现在全国实施的目标。试点的内容也可以逐步增加，目前，深圳市、苏州市等地尝试专利权与版权合并管理的经验启示下可以考虑在其他一些有条件的地区进行专利权与商标权合并管理的试点，在试点一段时间后再增加合并管理的项目，将域名、地理标志、商业秘密、集成电路布图设计等知识产权全部纳入合并管理的范围。从目前我国的情况看，试点工作要得以展开，首先需要有一两个地方能够大胆地在全国先行尝试，通过试点的成绩进一步增强知识产权行政管理体制优化的说服力，带动更多地方进行同样的尝试，为知识产权行政管理体制的优化奠定较为广泛的实践基础。

（三）体制改革的深化

知识产权行政管理体制是我国政治体制的一部分，其优化有赖于整个政治体制改革的推进，需要政治体制改革创造良好的条件。我国政治体制改革的深化需要进一步打破权力的条块分割，要提高权力运用的整体效应，中央的大部制改革正是这一思路的不断实践。大部制的特点是扩大一个部所管理的业务范围，把多种内容有联系的事务交由一个部门管辖，即合并职能相近的部门，最大限度地避免政府职能交叉、政出多门、多头管理，从而提高行政效率，降低行政成本。[1] 知识产权行政管理体制的优化恰恰体现了这种职能整合的要求，也应当成为大部制改革的下一个目标。基于地方看中央、地方效仿中央的现状，只要中央进行了这种改革，各级地方会逐步跟进。因此，从体制改革的角度看，需要中央能够率先下定决心，排除一些强力部门的阻碍和干扰，将知识产权行政管理职能进行优化组合，地方知识产权行政管理体制的优化就不再是难题了。

（四）法律制度的跟进

法治国家的法律制度是行政管理的基础，知识产权行政管理当然不能例外。从知识产权行政管理体制优化的角度考虑，相关规范性文件的及时

---

[1] 范广垠：“大部制的理论基础与实践风险”，载《同济大学学报（社科版）》2009年第1期。

制定和完善是重要支撑。法律制度在知识产权行政管理体制的优化方面至少可以发挥两个重要作用：(1) 立法者将知识产权行政管理体制优化的要求有意识地设计到相关规范性文件中，通过法律制度实践这些要求或推广相关的做法。(2) 将知识产权行政管理体制优化的实践尝试或试点做法及时通过法律制度固定下来，通过规范性文件强化这些实践活动的效力或提升其影响，并通过法律规范的强制性推广经实践证明较为有效的做法。在推进知识产权行政管理体制优化的过程中，地方有一些可行的做法对于法律制度的跟进具有强烈的需求。比如，各地广泛推进的知识产权部门联合执法可以高效率、低风险地解决重点领域和行业严重存在的侵权违法犯罪行为，但也面临着联合执法是否有“联合”的法律依据、联合执法主体是否符合法律规定的质疑。目前，知识产权部门联合执法主要通过地方政府“红头文件”或者彼此间签订的“协议”来统一行动，任务一旦完成就地解散或撤销，具有临时性、突击性、运动式的特点，执法的法律依据值得怀疑。❶

(五) 社会氛围的营造

良好的社会氛围是我国目前知识产权行政管理体制变革和优化的基础和压力所在。前述理想的知识产权行政管理体制只有得到社会的广泛认可，才有利于体制改革和优化工作的推进，新的知识产权行政管理体制在采用后才能顺利地推进，并发挥预期的作用。社会对于新的知识产权行政管理体制的高度赞同、热切期待和强烈追求会形成一种强大压力，一方面，促使对于新的知识产权行政管理体制的采用具有决策权和主导权的部门尽早采取落实措施；另一方面，会使那些出于狭隘的部门利益而阻碍新的知识产权行政管理体制推广的部门或人员有所收敛。为了营造有利于理想的知识产权行政管理体制采用和推广的社会氛围，一方面需要大力宣传有关新的知识产权行政管理体制研究成果的宣传，通过科学的理论观点说服并影

---

❶ 武善学、张献勇：“我国知识产权部门联合执法协调机制研究”，载《山东社会科学》2012 年第 4 期。

响广大社会公众；另一方面，在部分地方进行新的知识产权行政管理体制试点的基础上，及时对成功的经验加以总结，利用实践成果的感召力影响和引领社会公众的行为，并形成一种推动新体制的合力。

(六) 部门利益的淡化

从我国目前情况看，新的知识产权行政管理体制的采用和不同知识产权行政管理机关之间的协调的困难主要是因为部分知识产权行政管理机关不予配合或人为的阻碍，而这种阻挠的根源在于部门利益观念。因此，如果我们要减少新的知识产权行政管理体制推行的现实阻力，就要淡化甚至消除这种部门利益观念。要实现部门利益观念的淡化，主要应当采取三个措施：(1) 强化对于各知识产权行政管理机关工作人员的公共利益和大局意识的教育，加强知识产权工作整体性和统一思想的宣传；(2) 通过相应的改革和相关法律实施的强化，部门利益与其管理工作之间的关联将被大大削弱，尽可能地压缩部门利益的空间，减少知识产权行政管理机关通过其管理活动实现部门利益的可能性；(3) 对于知识产权行政管理机关的负责人和其职能机构的管理人员进行不断调整，借此削弱其自身利益与部门工作的联系，从而降低其对本部门利益的重视程度。

第五章　物质条件的制约及相关对策

第一节　资金保障方面存在的主要问题

资金投入是“战略”实施的基本物质保障，其作用体现在“战略”实施的全过程和各个方面。离开必要的资金支持，知识产权创造、知识产权运用、知识产权管理、知识产权保护、知识产权中介服务、知识产权教育宣传等各个方面的工作将无法高效开展，甚至难以进行。但是，我国目前在资金投入的多个渠道上都存在或多或少的问题。

一、财政资金投入的问题

（一）财政资金投入计划不周

虽然各地财政在知识产权工作方面事实投入了不少资金，但这种财政资金投入无论是在总量上还是在具体项目上都明显缺乏应有的计划性。即使在广东、上海和江苏这些知识产权发展水平较高的地区，知识产权财政资金投入的计划性也明显不足。笔者查阅了这三个地方 2012 年和 2013 年的财政预算方案，令人遗憾的是，虽然这些地方都在大力推进“战略”的实施，但在其财政预算中却都没有对于“战略”实施的安排，甚至在广东省的财政预算方案中提到了《基本公共服务均等化规划纲要》，却没有提及《知识产权战略纲要》。江苏的预算方案中根本未提及知识产权工作经费问题，只是笼统地提到了科学技术经费支出；上海虽然提及知识产权经费，但仅针对专利资助一项，且没有具体的金额安排，没有提及其他知识产权工作的经费支出；广东虽然多处提及知识产权工作经费，也是具体的金额计划，但都是针对部分专利工作的，对于其他方面的专利工作和其他知识产权工作经费则没有提及。❶ 知识产权工作经费缺乏相应的预算，往往导致知识产权工作经费得不到保障，也会使知识产权工作经费在支出过程中出现混乱局面和使用上的松紧不均现象。

各地政府的财政预算一般都关注到了科技经费的投入，但对于这方面的经费缺乏周密的计算和统筹，这导致财政性科技经费在不同领域、不同地方、不同部门、不同项目之间的分配不均和使用上的混乱。正如有学者针对财政性科研经费使用上问题时所指出的那样，由于缺乏实质性的统筹协调机制，我国的财政性科技经费一方面存在总量不足的问题，另一方面又因重复研究、重复购置科研设备等而存在资源浪费的现象。❷ 虽然很多地方都发布了本地知识产权工作的纲领性文件，但在这种全面规划知识产权工作的文件中居然没有对知识产权工作财政资金的投入总额和使用方案作出安排，这也足见各地对“战略”实施的财政资金投入计划的漠视或无奈。

除了宏观上的计划不足外，我国很多部门、很多地方对于财政性项目支出的计划管理也存在明显问题，没有计划、虚拟计划、计划不周、计划审批不严、计划不落实等问题在重大项目资金和一般项目资金的管理上都存在，这既导致项目资金分配的不合理，也影响项目资金的使用效益。针对重大项目资金计划不周的问题，有学者尖锐地指出，我国当前实施国家科技计划项目或重大专项时，虽然在立项之初的各种论证涵盖了可行性、环境影响评价、经济效益等方面，但对于科研项目研究过程和后期应用中

❶ 参见三个地方财政部门：《关于江苏省 2012 年预算执行情况与 2013 年预算草案的报告》《关于广东省 2012 年财政预算执行情况和 2013 年财政预算草案的报告》《关于上海市 2012 年预算执行情况和 2013 年预算草案的报告》。

❷ 康小明、薛澜：“发达国家科研资助体系及借鉴”，载《中国高等教育》2008 年第 5 期。

如何切实保障公众利益，通常没有切实的计划和措施。[1] 项目的预算管理在科研管理中具有核心的价值，[2] 但我国目前项目资金的预算和计划管理却存在较为普遍的问题。

（二）财政资金投入力度不足

总体上看，我国在“战略”实施方面投入的财政资金在数量和力度上还存在较大不足。以具有代表性的研发投入为例，目前世界领先国家 R&D 占 GDP 的比重平均为 3% 左右，中国 2011 年前后达到 1.75% 的水平，同世界领先水平还有差距。[3] 虽然中国在 2010 年已经超越日本成为世界上 R&D 经费投入（GERD，单位 PPPMYM）的大国，但研发强度（GERD/GDP%）还比较低，而财政性资金投入不足是症结所在。现有统计数据显示中国政府的 R&D 投入不足是造成全社会 R&D 强度偏低的主要原因；在工业化第二阶段，世界各国一般正在经历政府主导型或者政府企业双主型研发阶段，因此政府的 R&D 投入比重虽然有所下降，但与企业的 R&D 投入比重大体相当，如美国当时还处于典型的政府主导型阶段，但中国当前企业的 R&D 投入比重已经超过 60% 。[4]

（三）财政资金投入方式不活

目前，国家和各地与“战略”实施相关的财政资金投入的主要方式是发布和资助竞争性的科研项目、对于知识产权工作成绩突出的单位和个人进行资助或奖励、对于相关项目的贴息贷款、知识产权工作经费的直接拨付和多层级支付等。在财政性研发资金的投入上，我国目前主要采取竞争性的项目资助模式，表面上看这种方式契合市场经济体制的需要和公平的

---

[1] 徐婕、周宁：“公共财政支持的科研项目如何保障公共利益”，载《中国科技论坛》2012 年第 9 期。

[2] 张世慧、袁渊、蔡芳：“预算管理在科研管理中的核心价值及其制约因素”，载《湖北农业科学》2013 年第 12 期。

[3] 汪时峰：“去年中国研究与试验发展经费支出增两成”，载《第一财经日报》2011 年 3 月 1 日。

[4] 陈实、章文娟：“中国 R&D 投入强度国家比较与分析”，载《科学学研究》2013 年第 7 期。

原则，但实际效果并不好。正如有学者所说的那样，市场化导向严重，多数科技项目通过课题制、竞争方式获得，难以有效形成合力，也会造成多头申报，资金浪费。❶ 竞争性的项目申报和评审制使很多研究主要出于课题组的个人兴趣，其研究成果与社会的现实需求通常有较大差距，导致很多课题的研究成果并没有被社会所重视与运用。以专利申请资助为代表的项目或工作资助是另一种财政资金投入的重要方式，这种投入方式使用了大量知识产权工作经费，但其存在的问题是明显的，那就是没有将经费投入与工作成果直接挂钩，有很多受资助项目最终没有形成知识产权成果。目前的奖励性支出方式虽然运用广泛，但力度还明显欠缺；能够引导社会投资的财政资金的间接投入方式没有得到应有的重视；财政资金投入方式的创新不够，相互学习搬用的情况较为普遍。

（四）财政资金投入结构不佳

首先，知识产权财政资金投入在地区分布上的不平衡。以财政性资金为代表的科技创新资源的配置存在很大的区域差异，特别是东西部之间的严重不平衡。无论是科技基础条件平台、创新基础设施，还是研究开发经费投入，比较重视向东部城市配置，向大城市配置，对中西部的配置严重不足。以研发投入占 GDP 的比重为例，上海科技活动经费支出占上海 GDP 的比例由 2000 年的 1.61% 持续上升到 2011 年的 3.11%，大大高于全国平均水平，达到或者超过欧美发达国家水平。❷ 财政资金地区配置上的不平衡在地方范围内也存在，以山东省为例，在其各地方历年的财政科技拨款中，以青岛、济南、烟台和潍坊为主的经济发达地区的财政科技拨款明显高于经济欠发达地区，特别是青岛市一直高居榜首，比第二名济南市的 2 倍还多，而经济欠发达地区，如日照、德州、莱芜和枣庄市年度财政科技

---

❶ 宋河发、眭纪纲："NIS 框架下科技体制改革问题、思路与任务措施研究"，载《科学学研究》2012 年第 8 期。

❷ 吕向阳："上海市科技经费投入分析"，载《郑州航空工业管理学院学报》2013 年第 3 期。

拨款还不及青岛的1/8，甚至更少。❶

其次，知识产权财政资金投入在不同知识产权领域的比重失调。从目前情况看，在专利方面的财政资金投入最大，无论是研发的投入还是知识产权管理经费的投入，都是其他知识产权领域无法比拟的；政府财政在商标工作方面也作了较大的投入；版权工作虽然重要，但财政资金对版权工作经费的投入是很有限的，整个文化事业费用占财政支出的比重都明显偏低，文化发展仍然严重落后于经济发展，“十一五”以来，文化事业费用占国家财政总支出的比重基本维持在0.39%～0.41%，2009年全国文化事业费用为292.32亿元，占财政支出的0.39%，比上年回落0.01%；❷至于在其他知识产权方面，财政资金的投入就更是少得可怜了。就行业领域看，财政资金对于工业领域的知识产权经费支持最大，对于其他领域的知识产权工作则关注较少。农业虽然在我国具有重要的地位，各级政府在农业知识产权工作方面的经费投入实在是太少了；我国农业科技成果转化率低，融资难仍是首要制约因素，2009年全国科技成果统计年度报告数据表明，因资金问题而导致成果未应用或停用的占50.2%，中央财政每年用于农业科技的支出不足农业财政支出的1%，其中用于农业科技成果转化的资金不到农业科技支出的5%。❸

再次，知识产权财政资金投入在不同知识产权工作主体间的不平衡。虽然《纲要》强调了企业在“战略”实施中的主体地位，但以财政资金为基础的创新资源向企业配置则较为不足；受传统模式和思维定式的约束，科技创新经费尤其是政府投入部分投入科研机构和高校的较多，而投向企

---

❶ 徐晓雯、吴笑晗：“山东省促进科技自主创新的财政投入研究”，载《山东财政学院学报》2010年第3期。

❷ 林丽：“我国文化产业发展中的投融资问题及对策”，载《经济纵横》2012年第4期。

❸ 王敬华、钟春艳：“加快农业科技成果转化，促进农业发展方式转变”，载《农业现代化研究》2012年第2期。

业的严重不足。[1] 政府对于知识产权运用的资助则主要流向了企业，对于高校知识产权的转化运用则关注不够，这也是高校专利转化率很低的一个原因。

最后，知识产权财政资金投入在不同知识产权工作上的不平衡。就知识产权创造、知识产权运用、知识产权管理、知识产权保护和知识产权服务这些工作而言，财政资金主要以研发投入的方式资助了知识产权创造，并在知识产权运用资助和知识产权管理经费上进行了一定的投入，而投入到知识产权保护和知识产权服务上的费用则明显不足。在政府资助最大的知识产权创造方面，财政资金的分配也是不合理的；研究开发经费中基础研究经费占的比例一直较低，严重制约原始创新能力的提升和重大科技创新成果的出现。在与发达国家的比较中，在基础研究、应用研究和试验开发三类研发活动中，我国的基础研发强度过低，而试验开发强度则偏高。[2]

（五）财政资金投入效益不高

从总体上看，在“战略”实施中，我国的财政资金投入没有达到理想效果，主要有三个方面的问题。

(1) 财政资金投入的利用效率低。资金投入时的计划不合理和资金投入后的监管不到位，导致“战略”实施中部分财政资金的闲置。有学者针对这方面的问题指出，财政科技支出一般主要针对某个部门、企业或单位，而不是针对具体的科技项目或经济行为，一方面容易导致各部门、单位跑项目跑资金的情况，另一方面也容易导致财政资金沉淀在某一个部门或单位，不能有效地促进产学研合作，难以充分调动社会各方科技力量，导致财政资金使用效率低下。[3]

---

[1] 宋河发、眭纪纲：“NIS 框架下科技体制改革问题、思路与任务措施研究”，载《科学学研究》2012 年第 8 期。

[2] 陈实、章文娟：“中国 R&D 投入强度国家比较与分析”，载《科学学研究》2013 年第 7 期。

[3] 徐博、王自强：“自主创新的财政投入政策研究”，载《河南财政税务高等专科学校学报》2010 年第 6 期。

（2）财政资金投入的资金拉动效果不好。财政资金对企业知识产权工作的投入主要是发挥杠杆作用，引导和带动企业自身的投入和社会性资本对企业的投入。从目前情况看，财政资金的投入在这方面的作用不明显。以知识产权工作发展较快、财政资金对知识产权工作支持力度较大的江苏为例，一方面，财政对部分企业补贴水平过高，产生了挤出效应；另一方面，财政资金的投入对重点发展产业的企业研发引导作用不够明显，企业一般不愿意大幅增加研发开支。❶

（3）财政资金投入没有取得预期的“战略”实施成果。在“战略”实施后，部分地区的财政资金在知识产权经费方面的投入大幅增长，但相关的知识产权工作成果并未与经费投入同步增长，甚至没有增长。以知识产权行政主管机关的软科学研究经费的投入为例，很多地方的知识产权局希望通过其委托的软科学课题的研究获得可以直接使用的研究成果，但现实是很多课题组的研究成果与知识产权行政主管机关的要求相差较大，难以直接利用，一些地方知识产权局只好又另外投入经费再行研究。

二、企业自身投入的问题

（一）企业知识产权经费投入不充分

企业作为“战略”实施的主体，其自身在知识产权工作方面应当投入较多的经费。但是，企业投入 R&D 能力弱、投入水平低、R&D 自有投资资金严重不足，是我国全社会研究与开发投入能力普遍存在的问题。❷虽然我国企业研发经费规模已居世界前列，但我国企业研发投入强度与发达国家还有很大差距，增长乏力。当前我国大中型工业企业研发经费投入强度仅为0.93% ，而美国、日本、德国等发达国家则普遍在2%以上，其中

❶ 蒋漱清：“江苏财政投入对企业研发开支影响的实证分析”，载《会计之友》2012年第12期。

❷ 印巧云、彭宇飞：“南通市全社会研发投入存在的问题与对策”，载《南通大学学报（社科版）》2011年第5期。

日本达到3.57%。❶ 在很长的时间内，我国政府基础研究投入占全社会基础研究R&D投入的85%左右。根据“2000年全国全社会R&D资源清查”获得的基础研究数据资料显示，大约有88%的基础研究经费由政府（包括中央和地方政府）提供，而剩余12%中的大部分（7%）来自研究机构和高等学校事业收入对基础研究课题的补助，企业的投资仅仅占5%。❷ 这种状况在目前也没有太多的改观。与美国民间的基础研究强度相差甚远，中国企业的基础研究强度只有0.01%，这是造成我国全社会基础研究强度过低的主要原因。❸ 在研发方面，企业的经费投入就这么少，在企业知识产权工作的其他方面投入的经费数量就更少了。企业管理层往往更多地强调有形资产的使用和管理，对知识产权这类无形资产的管理普遍不够重视，加上自身规模不大、资金紧张等现实问题，投入自然也就偏低。❹ 即使在知识产权工作方面有较大贡献的高新技术企业，其经费不足的问题也较为突出；以研发经费为例，由于前期研发具有极大的不确定性，许多高科技企业在研发投入上有所顾忌，不愿意投入大量经费进行技术创新，调查显示，目前国内有57.5%的高科技企业承认在研发经费投入上的不足制约了高科技企业技术创新能力的提升。❺ 在一些薄弱领域，这种企业知识产权经费投入不足的问题更为突出；以种业为例，目前注册登记的8 700余家种子企业，具有自主研发能力的企业不到1%，科研经费投入平均不到销售

---

❶ 玄兆辉、吕永波：“中国企业研发投入现状与问题研究”，载《中国科技论坛》2013年第6期。

❷ 王娅莉：“影响我国基础研究投入的因素分析——我国基础研究资源结构与部分国家差异比较”，载《科技管理研究》2005年第1期。

❸ 陈实、章文娟：“中国R&D投入强度国家比较与分析”，载《科学学研究》2013年第7期。

❹ 徐俊峰：“浅谈我国企业知识产权管理现状及对策”，载《中国发明与专利》2013年第2期。

❺ 刘荣华：“高科技企业技术创新能力培养路径研究”，载《商品与质量》2011年10月刊。

收入的1%，平均8家企业才拥有1件品种权。[1]

另外，我国企业的研发投入与知识产权发展较快的国家的差距有进一步拉大的趋势。据悉，在日本，国家科研经费不足20%，而80%是企业的科研经费；据日本有关机构日前对近300家大企业调查，经营状况好转后增加科研经费的企业占43%，300家大企业2013年科研经费预计平均增长5.4%，超过2012年4.3%的水平，为连续4年保持增长。[2]

（二）企业研发经费投入的效率低

企业在知识产权方面的资金投入更多集中在以研发为核心的知识产权创造上，但我国企业研发的效率并不高。有人对近些年知识产权工作突飞猛进的浙江省的企业研发经费投入的效率问题进行调查发现，2010年，浙江253家创新型企业的R&D投入总额占全省R&D投入总额的33.8%，占全省工业企业R&D投入总额的41.4%，但这些创新型企业发明专利申请量只占全省发明专利申请量的16.5%；[3]也就是说，其研发成果达到可申请发明专利水平的成果比例居然只有全省平均水平的一半。再看另一个知识产权水平较高的北京市的情况，北京的R&D投入强度高于一些国家的R&D投入强度，但每万人PCT申请量仅为1.1件；日本、德国、韩国、美国和法国的R&D投入强度均低于北京市，但每万人PCT申请量高于北京市。[4]这说明即使在国内处于领先水平的地区，其研发投入的效果也要比一些西方国家的平均水平差。

（三）企业知识产权经费投入的不平衡

一般的企业在知识产权经费的安排上存在严重的厚此薄彼的问题，主

---

[1] 王敬华、钟春艳："加快农业科技成果转化，促进农业发展方式转变"，载《农业现代化研究》2012年第2期。

[2] 闫海防："日本企业大幅增加科研经费投入"，载http：//www.iprchn.com/Index_NewsContent.aspx？newsId＝63995，2013年9月10日访问。

[3] 段姗："浙江创新型企业R&D投入和发明专利产出的关系研究"，载《科技管理研究》2013年第9期。

[4] 陈可南："入世十年北京地区专利发展情况分析"，载《中国发明与专利》2012年第12期。

要的投入方向是研发工作、商标宣传工作、驰名商标或著名商标的促进工作，在知识产权成果的运用、知识产权的日常管理、知识产权的保护、知识产权人才的培训等方面则投入较少。在研发经费支出方面也存在不平衡问题，以上海 2011 年 R&D 经费内部支出为例，用于基础研究的经费为 377 819万元，用于应用研究的经费为 924 252万元，而用于试验发展研究的经费则高达 4 675 064万元，江苏等地企业的研发支出也存在同样的情况；❶ 这种状况导致企业知识产权工作的不协调发展，特别是知识产权成果的转化运用效率低、知识产权工作的基础薄弱、知识产权发展的后劲不足等问题，由此也导致企业知识产权工作的整体效能不高。有些企业虽然有水平较高的产权成果，但由于知识产权保护的经费投入不足，其知识产权受到了较多的侵犯却没有得到有效的救济，这又反过来打击了企业的创新积极性。❷

知识产权经费投入的不平衡不仅在一个企业内部存在，在不同性质的企业之间也存在。从产业构成看，传统产业仍然主导着我国企业研发投入，高技术企业研发投入偏低。❸ 根据一项研究成果，2008 年我国企业的科技经费投入强度从高到低依次为：中高技术产业、高技术产业、中低技术产业和低技术产业，中高技术产业科技经费强度达到 2.6%，远高于高技术产业 1.96% 的水平。中高技术产业科技经费强度最高，低技术产业科技经费强度增幅最大。❹ 这种状况近些年还在延续，这种投入上的不平衡存在明显的不合理性：它违背了经济增长方式的转变要求和创新型国家建设的要求，国家致力推动的高新技术企业的知识产权经费投入没有得到重点保

---

❶ 数据来源：《中国经济与社会发展统计数据库》之《上海第三产业统计年鉴 2012》《江苏第三产业统计年鉴 2012》等。

❷ 梁雪强、黄文九、罗良为："广西知识产权现状及发展战略研究"，载《广西师范学院学报（哲社版）》2012 年第 4 期。

❸ 玄兆辉、吕永波："中国企业研发投入现状与问题研究"，载《中国科技论坛》2013 年第 6 期。

❹ 吕薇、马名杰、杨超："创新能力提升路径与前景的行业比较"，载《中国发展观察》2012 年第 8 期。

障和快速增长，中国大陆进入全球研发投入1 400强的企业有21家，但是在全球企业投入水平最高的医药与生物技术行业，我国没有一家企业入围；[1] 创新能力较低的低技术企业在知识产权经费投入上高速增长，导致更多低水平的技术的出现和运用，背离了整个社会技术水平快速提高的要求与趋势。

（四）企业知识产权经费投入的不稳定

从目前我国的情况看，绝大部分企业的知识产权经费投入存在不稳定的问题。企业知识产权经费投入的不稳定影响了企业知识产权工作的持续发展，甚至使以前知识产权经费投入所启动的知识产权工作因缺乏后续资金的支持而陷于停顿或荒废，也造成此前的部分知识产权经费投入的浪费和沉没。

企业知识产权经费投入的不稳定性主要体现在两个方面：(1) 企业知识产权经费增减的不稳定。随着经济社会的发展和企业面临的竞争压力加大，企业的知识产权经费应当不断增加，但不少企业的知识产权经费有的年份却不增反减，甚至持续减少，有时甚至成为整个行业的现象。近些年浙江的知识产权工作虽然发展较快，但这种问题同样存在。有一份针对浙江创新型企业的调查显示，其石化行业企业的研发投入存在或增或减的现象，如2008年为128 708万元，而2009年则减少到113 280万元，2010年又增加到141 914万元；其轻工食品行业企业的研发投入在2008年为92 277万元，而此后的两年都少于这一数额，分别为89 994万元、90 982万元；其有色金属行业和钢铁行业企业的研发投入都存在2009年比2008年大幅减少、2010年又大幅增加的现象。[2] 这种研发投入不稳定的现象在中小企业中更是严重，2007年中小企业实际发生研发支出占当年营业收入的比重为5.42%，而2011年中小企业全年的实际发生研发支出占当年营业收

[1] 陈敬全等："全球企业研发投入趋势分析"，载《科技导报》2011年第6期。

[2] 段姗："浙江创新型企业R&D投入和发明专利产出的关系研究"，载《科技管理研究》2013年第9期。

入的比重为4.56%，比2007年减少近1个百分点。[1]（2）企业知识产权经费增幅的不稳定。有些企业虽然知识产权经费呈现逐年增长的态势，但不同年份增长的幅度差异较大。在从事研发活动的企业中49.25%的企业研发活动不稳定或缺乏稳定经费来源。[2]

三、社会资金利用的问题

（一）社会资金投入的力度问题

企业知识产权创造、运用、管理和保护等方面的知识产权工作经费除了通过财政资金投入和企业自身的投入予以保障外，还需要社会性资金的投入。企业融资难是目前我国企业面临的共性问题，特别是对于中小型企业，融资是制约其经营发展的命根。[3] 除了通过募集设立方式的股份有限公司外，无论是从整个社会的情况看，还是从大部分企业自身的情况看，研发经费的投入主要来源于政府财政资金的投入和企业自身的投入，而真正来自于社会其他主体投入的资金数量非常少，甚至在很多有研发活动的企业根本就没有获得社会资金的支持；至于研发以外的其他知识产权工作环节，来源于社会的资金投入就更少了。

（二）社会资金引入的渠道问题

保障研发经费是企业解决知识产权工作经费问题的核心。企业自主研发活动是一项长期性、持续性且投入资金量巨大的活动，这使得大多数企业往往由于内部资金供给约束而需要进行大量的外部融资，进而良好的外部融资环境就成为企业持续增加研发投入的重要保障。[4] 这种良好的外部

---

[1] 樊茜茜："中小企业研发投入存在的问题及对策研究"，载《现代经济信息》2013年第13期。

[2] 成力为、戴小勇："研发投入分布特征与研发投资强度影响因素的分析"，载《中国软科学》2012年第8期。

[3] 樊茜茜："中小企业研发投入存在的问题及对策研究"，载《现代经济信息》2013年第13期。

[4] 张冰、冉光和、姚斌："金融产业集聚与企业研发投入增长"，载《经济问题探索》2012年第11期。

融资环境的重要表现之一就是融资渠道的畅通，但我国目前企业并没有获得这样一个外部融资环境。

企业的外部融资渠道主要有股票市场和债券市场等资本市场、金融衍生品市场、银行贷款等。资本市场因其快速、量大、范围广等优点，在解决知识产权经费短缺方面具有明显的作用。正如有学者研究表明，资本市场的资金配置功能缓解了高新技术企业的融资约束，推动了高新技术企业的 R&D 投入；资本市场对 R&D 投入的积极影响，对那些缺乏资金的小企业来说是更为显著的。❶ 但是，在我国目前，大部分融资渠道还不够畅通，社会融资的压力仍然集中在银行贷款身上。就像有的学者所说的那样，我国股票市场、债券市场以及金融衍生品市场都欠发达，银行在金融体系中占据着绝对的引导地位，而银行体系中又以国有商业银行为引导。❷ 在有些领域，甚至连银行贷款这种融资方式也存在很大困难，比如文化产业，其直接融资存在进入门槛高、融资规模小、融资成本高等问题；文化企业从银行获得间接融资存在规模小、成本高等问题；为文化企业投融资提供服务的各种金融中介机构缺失。❸

中小企业融资难一直是普遍性的问题，根据全国中小企业协会公布的数据来看，截至 2009 年，共有 501 家企业在银行间市场发行非金融企业债务融资工具（短期融资券/中期票据）共 23 852. 15亿元，独立发债企业中仅有 8 家中小企业，发行规模仅为 2. 65 亿元。❹ 这种状况同样存在于研发型中小企业及知识产权事务较多的中小企业。

---

❶ 夏冠军、陆根尧：“资本市场促进了高新技术企业研发投入吗”，载《科学学研究》2012 年第 9 期。

❷ 成力为、戴小勇：“研发投入分布特征与研发投资强度影响因素的分析”，载《中国软科学》2012 年第 8 期。

❸ 林丽：“我国文化产业发展中的投融资问题及对策”，载《经济纵横》2012 年第 4 期。

❹ 樊茜茜：“中小企业研发投入存在的问题及对策研究”，载《现代经济信息》2013 年第 13 期。

第二节 场所设备方面存在的主要问题

一、知识产权行政管理的场所设备问题

(一) 存在的主要问题

目前，除了省级以上的知识产权局具有独立的办公场所外，其他地方知识产权局一般没有独立的办公场所，仅仅是在当地科技主管部门的办公场所得到少量的办公室。相对于知识产权局的其他工作部门，专利执法具有较强的独立性，最好有独立的办公地点和场所，便于执法机构更好地直面社会，但各地专利执法机构大多没有这种独立的办公场所。至于其他知识产权事务的行政管理部门，就更缺乏独立的办公场所了。

设备器材的缺乏是知识产权行政管理的另一个现实问题。在一些县市，就连起码的办公器材和设备都得不到保障，更谈不上为知识产权行政管理提供较好的硬件条件了。设备器材的缺乏对于知识产权行政执法的影响尤其大，由于缺乏必要的交通工具、先进的技术设备，知识产权行政执法人员很难对于侵权行为作出快速反应，也很难及时、准确地搜集和固定行政执法涉及的证据材料，行政执法的效能因此受到较大的损害。

(二) 问题产生的原因

知识产权行政管理场所设备的保障不足是有多方面原因的，究其要者有以下几个方面：

(1) 知识产权工作经费的缺乏。知识产权行政管理所需要的场所、设备器材一般是使用经费购买的，知识产权工作经费的紧张也就导致知识产权管理机关在设备、场所方面投入的紧缩或节略。

(2) 行政管理体制改革进程的缓慢。现有的知识产权行政管理体制使得绝大部分知识产权行政管理机关还不具有独立性，这使得它们也就不大可能拥有独立的办公场所。

(3) 行政管理机关自身资源配置的不当。有些知识产权行政管理机关

对于知识产权工作经费使用不当，将本该购买设备器材的经费用于其他方面，甚至随便浪费了；有些知识产权行政管理机关对于行政执法的设备器材没有引起足够的重视，在经费有保障的情况下也未购置必要的设备器材，或者将已经购置的设备器材用于其他方面。

二、知识产权社会服务的场所设备问题

（一）知识产权社会服务对于场所设备的需求

知识产权社会服务涉及面较广，除了知识产权中介服务机构的活动外，主要指一些社会性的知识产权公共服务机构、整合各种知识产权保护力量的知识产权公共服务平台所提供的服务。较有代表性的就是各地知识产权维权中心的活动、知识产权保护联盟或知识产权“一站式”服务平台、产权和技术交易服务平台的活动。这种知识产权社会服务的重要内容或者支撑就是整合、统筹协调各种知识产权保护力量和保护手段。影响知识产权保护统筹协调能力的硬件因素主要是交通、通信、网络等物质条件，特别是知识产权保护信息平台。[1] 也就是说，这类知识产权社会服务通常需要交通工具、通信设备与器材、网络设施等硬件条件。当然，作为面向社会提供稳定、公开服务的机构或平台，必要的场所和办公设备肯定是应当具备的。

（二）知识产权社会服务场所设备的不足

各地陆续建成的形式多样的知识产权公共服务平台，包括知识产权信息服务公共平台、知识产权数据检索与服务系统、维权援助服务公共平台、知识产权交易转化公共平台以及各种综合性服务平台等，[2] 要真正发挥有效作用，需要具有较强的辐射功能，实现网络化运作，这就需要其在很多

---

[1] 王肃：“论我国知识产权保护统筹协调能力建设”，载《人民论坛》2012 年第 3 期。

[2] 吴桐等：“我国知识产权服务业发展现状与对策研究”，载《中国发明与专利》2012 年第 6 期。

地方拥有分散的场所，但目前大部分知识产权保护联盟、“一站式”服务平台或类似的公共服务机构的活动往往局限于一个场所，没有产生应有的网络效应。甚至有些知识产权保护联盟等组织存在严重虚拟化的现象，根本就没有场所等实体运作的条件。在全国较常见的产权和技术交易服务平台，由于公共财政投入不足等原因，导致相关基础设施或公共服务平台建设滞后，严重影响其服务功能的提升。[1]

三、企业知识产权工作的场所设备问题

对于绝大部分企业来说，由于研发经费和其他知识产权工作经费比较缺乏，基本上没有供知识产权管理人员使用的专门场所，也没有供知识产权管理工作使用的必要的设备器材。即使一些知识产权经费较多的企业，但由于认识上的误差，特别是受重技术、轻管理心态的驱使，一般也是将经费使用在研发、成果转化、职工培训等方面，特别是用于材料购置、技术引进和消化、人员报酬等的支出，真正用于知识产权管理工作方面的经费很少，用于改善知识产权管理的办公条件和设备器材方面的经费更少。

专门场所的缺失造成企业的知识产权管理工作经常受到其他工作的干扰，也影响了企业知识产权管理人员的凝聚力和有效的协作；设备器材的缺失，使得知识产权管理人员经常要与其他方面的工作人员交替使用或争用一些设备器材，或者就根本没有相应的设备器材可用，这明显削弱了企业知识产权管理工作的效能，甚至导致企业的一些知识产权管理工作无法正常开展。

---

[1] 姜长云、洪群联：“加强产权和技术交易服务体系建设的探讨”，载《首都经济贸易大学学报》2012 年第 1 期。

第三节　强化物质条件保障的主要对策

一、国家经费投入力度的加大

（一）知识产权经费在各级财政支出中比例的增加

考虑到“战略”实施的重要性及知识产权经费在“战略”实施中的重要作用，在中央和各级地方的财政预算中，总的知识产权经费的比例应当有一定的提升，在科技工作和其他知识产权工作居突出地位的地方，这种比例还应当有较大的提升。

在确定知识产权工作经费的比例前，首先需要对目前知识产权工作经费的支出进行准确核算。这里的知识产权工作经费应当涵盖在各知识产权领域、各个知识产权工作环节所支出的费用。这是一项繁杂的工作，要从目前分散列支的各方面的财政预算中去梳理和计算，主要是对科技经费预算的相关支出、工商管理经费预算中的相关支出、文化经费预算中的相关支出、农业经费预算中的相关支出、信息化经费预算中的相关支出等方面去考察和分析。

在考察现状时，不仅要对各级财政预算的结构和金额进行考察，还要考察经费的实际支出情况，包括在知识产权工作方面的经费赤字部分。在确定增长比例时，可以先确定知识产权经费总额的增长比例，再对各领域、各环节知识产权工作的重要性及其对资金的需求情况进行具体分析，确定不同领域、不同工作环节知识产权经费的增长比例。对于农业、服务业等知识产权工作没有受到应有重视的领域，知识产权工作的财政支持力度应当加大，使这些领域的知识产权事业能够得到同步发展；对于品种权、集成电路布图设计、地理标志等长期游离于主流知识产权之外的知识产权，财政投入的比例应当得到更快的增长。

（二）知识产权管理专项经费的增长

就目前而言，无论是从整个社会的情况看，还是从企业内部的情况看，知识产权管理工作都显得很重要，有效的知识产权管理可以对各项“战略”实施行动进行严密的组织、科学的引导、合理的协调、必要的约束，从而保证“战略”实施的顺利进行并取得较好的效果。

无论是知识产权行政管理，还是企业内部的知识产权管理，都需要经费支撑，否则各种管理手段难以得到有效利用，甚至是根本无法运用。事实上，知识产权行政管理较好的地区，知识产权管理部门支配的经费通常也是较多的；而知识产权管理水平较高的企业，其在知识产权管理经费方面的投入也是较多的。

目前，虽然以知识产权局为代表的各级知识产权主管部门都有了知识产权工作经费，但知识产权行政管理经费还普遍存在数量不足、保障不稳定的问题。企业的知识产权管理经费更是缺乏，几乎所有的企业基本上将知识产权管理制度的实施，当做一项额外费用的支出，包括人力成本、设备成本、申请费用、维护费用、调查费用、律师费用、专家费用，等等，没有建立独立的组织编制及预算。[1]

要解决这一问题，首要的就是加大财政资金对于知识产权管理经费的投入。各级财政要改变目前将知识产权管理经费混杂在其他经费之中的做法，避免知识产权管理经费被其他工作所占用。各级财政应当设置知识产权管理专项经费，并按照一定的标准和模式分解给各类知识产权主管机关。各知识产权主管机关应当将其支配的知识产权管理经费的一部分用于扶持和推进企业的知识产权管理工作，对于知识产权管理任务重而企业自身资金紧张的企业给予经费资助。

为保证知识产权管理专项经费的数量，并使知识产权管理工作能够与处在各地、各企业关注焦点的研发工作相适应，政府财政资金安排的知识产权管理专项经费应当占当地全部研发投入的一定比例。至于具体的比例，可以考察以往该地区研发成果与知识产权管理工作的关联度来确定。

---

[1] 邸晓燕、张杰军：“创新型企业知识产权管理现状、问题及对策”，载《中国科技论坛》2011 年第 4 期。

另外，在目前部门利益倾向较为严重的知识产权行政管理体制下，知识产权管理经费不能集中在某一个知识产权主管机关手中。各级财政在安排知识产权管理专项经费时应当根据各知识产权主管机关的职能及其目标计划在它们之间进行合理的配置；每一个知识产权主管机关再根据其管理的知识产权各个工作环节的实际需要和其所要扶持的企业的实际需要对知识产权管理经费再次进行配置。

（三）研发经费支出的持续增长和结构优化

基于研发工作在建设创新型国家中的核心地位及其在整个知识产权工作中的重要地位，财政经费的分配必须对此给予高度的关注，目前主要是做到以下几点。

首先，财政经费在研发方面的支出应当快速增长。自 20 世纪 90 年代以来，发达国家的财政研发投入总量持续增长，新兴工业化国家的财政研发投入总量更是迅猛增长。[1] 我国既然确定了经济发展到 21 世纪中叶达到中等发达国家水平的目标，在研发方面首先就要顺应这种发展要求，研发投入的水平不应当低于这些国家的水平；而且，由于我国还处于追赶阶段，研发投入应当高于这些国家的水平。目前世界领先国家 R&D 占 GDP 的比例平均为 3% 左右，而我国 2011 年左右才达到 1.75% 的水平。[2] 基于此，我国在未来数年财政性研发支出占 GDP 的比例的增长速度必须快于这些领先国家的增长速度，以便能够用 5 ~ 10 年的时间达到这些领先国家研发投入的平均水平，至少我国经济发展较快的地区的研发投入水平应当在 5 年的时间内率先达到领先国家的平均水平。这种增长应当在每年的财政资金安排中逐步实现，不能指望一两年突飞猛进。

其次，财政经费在研发方面的投入方式应当更加灵活。在目前采用较多的竞争性课题的资助、项目贷款的贴息、部分知识产权工作经费的直接

---

[1] 徐晓慧、常菲：“国外促进科技自主创新的财政投入政策及其启示”，载《管理学刊》2009 年第 1 期。

[2] 汪时峰：“去年中国研究与试验发展经费支出增两成”，载《第一财经日报》2011 年 3 月 1 日。

拨付、知识产权申请的资助、知识产权工作成果的奖励等方式之外需要进行财政资金投入方式的创新，特别是努力设计和采用一些间接资助的方式。在财政体制方面，应由原来的建设型财政向公共财政发展，地方政府财政支出的重点应当转向具有正外部效应的公共品领域。❶ 基于此，可以由政府授权机构以财政资金创设一些知识产权公共服务平台（特别是这类平台的硬件设施和系统的构建），然后将这些服务平台提供免费提供给知识产权服务机构使用，再由这些知识产权服务机构向企业等主体提供费用较低的服务，这样既可以带动服务机构在公共服务平台上的继续投入，也间接资助了需要服务的企业等主体。对于财政资金现有的一些主要投入方式应当进行完善，提高各种投入方式的效果。对于课题的资助方式宜将竞争性立项方式与定向协商立项方式相结合，保证国家或社会急需的一些重大项目的研究能够及时得到开展，由研究水平较高的机构或团队承担；知识产权申请费用的资助应当与授权结果相结合，将大部分资助经费在成果获取授权后兑现，使申请人承担部分申请风险，借此减少盲目申请或专为获得财政资助而进行的申请；将知识产权奖励经费与成果的转化结合起来，着重奖励进行初始转化阶段的高水平的知识产权成果。

再次，财政经费在研究方面的投入重点应转向基础研究。基础研究水平决定了一个国家原创性知识产权的实力，也是一个国家创新驱动和知识产权事业发展的根本所在，“战略”的实施作为构建创新型国家的一部分，应当将基础研究水平的提升作为一个重点。英、德、法、日等发达国家在其工业化第二阶段的基础研究的财政投入占其研发投入的比例已经达到20%左右，而我国长期重试验开发投入，轻基础研究和应用研究投入，到2010年我国的基础研究投入占研发投入的比例还未超过6%。❷ 为此，学者们建议我国的财政资金应当加大对基础研究的支持，基础研究经费在研

---

❶ 顾元媛、沈坤荣：“地方政府行为与企业研发投入”，载《中国工业经济》2012年第10期。

❷ 陈实、章文娟：“中国R&D投入强度国家比较与分析”，载《科学学研究》2013年第7期。

究开发经费中的比例不低于10%；提高对科研机构与重点高校的科研经费预算保障，加大科研机构基本科研业务费、行业科技专项经费和科研条件建设经费投入。[1] 10%的比例应当是我国全国基础研究投入近期应当实现的平均水平，经济发展水平较高、知识产权事业发展较快的地区应当将近期基础研究投入比例的目标定位于发达国家在工业化第二阶段已经达到的水平，即20%。

最后，财政经费在研发方面的投入应当兼顾不同的发展要求。从全国范围看，中西部地区知识产权发展的缓慢影响了西部大开发的进程和后劲，而东部地区财政自我支持的能力又比较强，因此，在不会延缓东部地区知识产权发展势头的条件下，中央财政资金应当更多地考虑对于中西部地区知识产权工作的支持，甚至在这方面适当运用财政转移支付制度。在各地在分配研发资金时，也应当考虑不同地区的需求，特别是要加强对于经济发展水平较低、但研发工作有较大潜力地区的财政支持。财政研发经费应当加大对于农业科技工作的支持，不仅要提高农业科技支出在农业财政支出中的比例，农业科技财政支出的增长幅度不应低于工业科技财政支出的增长速度。财政性研发资金在不同主体的分配应当实现平衡，研发资金的流向不能以高校和科研院所为主，而要重视企业在这方面所能发挥的主导作用，较多地关注和满足研发能力较强的企业对于研发资金的需求；而在成果转化资金的分配上，要关注高校知识产权成果转化不力的问题，给予必要的财政经费扶持。

二、社会融资渠道的拓展

（一）财政资金投资引导功能的发挥

财政资金虽然数量很大，但相对于知识产权工作和其他公共事务对于经费的巨大需求，相对于民间所蕴藏的巨大财富而言，这毕竟是有限的。

---

[1] 宋河发、眭纪纲：“NIS框架下科技体制改革问题、思路与任务措施研究”，载《科学学研究》2012年第8期。

因此，政府财政资金的主要作用不在于直接满足知识产权工作的各方面需要，而是要引导社会资金流向知识产权工作。政府要积极利用市场化运作手段，充分发挥政府资金的引导放大作用，切实增强财政资金撬动社会资本的杠杆效应，启动民间投资，充分发挥财政资金的作用。[1] 带动效应是地方政府科技投入资金的一项重要作用，地方政府通过财政科技资金的投入，吸引金融、证券及民间资金对高新技术产业的投入，意在形成“政府引导、银行贷款、企业筹资、上市融资”多渠道并举的科技投入良好环境。[2]

为了发挥财政资金在知识产权领域引导社会资金的作用，需要做到以下几点：（1）通过财政资金对于某些知识产权项目的直接投入，增强社会对于该项目的关注和未来增长的预期，从而提高社会对于该项目投资的兴趣；（2）通过财政资金的投入为一些知识产权项目或者服务平台打下坚实的基础，为社会投资的进入创造良好的条件，降低社会投资进入的风险和投资者的顾虑；（3）利用财政资金为社会资本进入知识产权领域提供必要的配套资金，使财政资金与社会资本相互配合，既解决社会资本的短缺问题，也可以提高社会资本在知识产权工作中运用的整体效应；（4）利用财政资金所形成的奖励资金，对于社会投资效果较好的项目或投资人进行奖励，鼓励社会资金在知识产权工作上的积极投入。

（二）社会融资良好环境的营造

社会资金如果想顺利进入知识产权领域，就需要有较为宽松的投资环境，有较为便利的投资渠道。

首先，社会资本的进入需要有良好的社会氛围。在知识产权领域，人们需要有一种渴求社会资本、尊重社会资本和用好社会资本的心态，从而使社会资本的拥有者产生投资于知识产权领域的冲动与信心。

---

[1] 虎立伟：“转变经济增长方式的财政支出体系建设”，载《时代金融》2012年第11期。

[2] 徐晓雯、吴笑晗：“山东省促进科技自主创新的财政投入研究”，载《山东财政学院学报》2010年第3期。

其次，金融市场的融资渠道应当畅通。要积极深化金融体制改革，降低政府对金融市场的行政干预，有效促进金融资源区域间流动；要构建“互补型”区域金融组织体系，促进金融信用体系建设。[1] 知识产权质押融资是当前一种重要的融资方式，要使这种融资方式的作用得到有效发挥，需要有具体的政策法规提供依据和支撑，需要有明确的质押登记机关及其周到高效的服务，也需要有便捷的知识产权交易市场去实现作为质押标的的知识产权变现。

再次，资本市场的融资渠道应当便捷。股票或债券的发行是筹集分散的社会资本的有效方式，也是分散的社会资本进入知识产权领域的重要通道。为了更好地发挥这种融资渠道的作用，需要公司法、证券法对于风险投资公司的活动或以知识产权开发运用为核心的公司发行股票或债券的行动规定较为宽松的条件和较为便捷的程序，特别是在保障公众利益的前提下尽量减少一些审批、干预的环节。

最后，其他民间筹资渠道的障碍较少。其中最典型的渠道就是民间借贷，但由于认识上的问题和民间借贷本身的一些特点，这种融资渠道的发展受到了很大的限制，甚至很多民间筹资行为被视为违法。民间借贷是一把双刃剑，其存在一定的合理性，对待民间借贷不能一味地持反对态度抑制其发展，而应进行合理地引导，采取有效措施，促使其规范化发展。[2] 为了充分发挥民间借贷在知识产权工作中的筹资功能，政府应当充分认识民间借贷的重要作用，并通过制度创新使其作用得到有效发挥。在中国目前的条件下，创新我国民间借贷制度的基本思路在于通过法律制度的创新使民间借贷合法化；在将民间借贷纳入正式法律制度的同时，必须通过创

---

[1] 张冰、冉光和、姚斌：“金融产业集聚与企业研发投入增长”，载《经济问题探索》2012 年第 11 期。

[2] 李智、程娟娟：“民间借贷风险的法律防范”，载《重庆大学学报（社科版）》2013 年第 1 期。

新民间借贷监管制度，减少民间借贷自身所存在的风险。❶ 在对知识产权领域的民间借贷进行合法性识别和政府监管时，必须对于知识产权领域的筹资和资金的运用特点有较清晰的认识。

（三）多种社会融资方式的有效利用

基于社会资金的分散性和多样性，资金的拥有者又有着不同的喜好，容易引起其投资兴趣的因素也比较复杂。因此，对于知识产权领域的资金需求者来说，必须审时度势，对内外情况进行细致分析，使其可以利用的融资方式得到最恰当地运用；政府机关也应当为企业较好地利用社会融资方式提供必要的帮助。要较好地利用社会融资方式，需要做好以下几点。

（1）组合运用多种社会融资方式。企业对于自己可以利用的各种社会融资方式应当进行认真分析，基于自身的情况和可融资对象的情况选择有利于自己的社会融资方式。考虑到各种社会融资方式的互补性及各自的优势，企业应当努力将多种社会融资方式加以组合运用，增强融资效果，保证融资需求及时得到满足。政府机关应当加强对于各种社会融资方式的教育宣传，使企业对这些社会融资方式有更清晰的认识，以便作出更合理的选择与决策。

（2）充分利用地区性社会融资方式。中国是一个典型的“熟人社会”，在企业所熟悉的较小范围内进行融资，既可以降低企业寻找资金供给者的成本，也可以降低资金供给者出资的风险，地区金融和熟人之间的民间借贷就是适应这种需求的社会融资方式。地区金融研发融资方面的优点已经被人们充分认识到。地区金融发展对于公司研发投入具有积极影响，对于那些缺乏资金的小企业和私有权控制的企业来说这种影响更为显著。❷ 区域金融产业集聚对区域企业研发投入具有以下几方面的作用机制：①集聚储蓄功能扩充了企业研发融资“资金储蓄池”；②便利融资功能拓展了企

❶ 岳彩申、袁林、陈蓉：“民间借贷制度创新的思路和要点”，载《经济法论丛》2009年卷。

❷ 解维敏、方红星：“金融发展、融资约束与企业研发投入”，载《金融研究》2011年第5期。

业研发融资来源渠道；③信息网络功能降低了企业研发融资交易费用。[1]因此，从保障“战略”实施的资金需求考虑，国家和地方政府应当采取有效措施推动地区金融的发展，特别是推动地方性金融机构对于当地研发事业的关心与扶持。熟人之间的民间借贷对于满足知识产权工作的少量资金需求具有较为突出的作用，尤其可以解决正规金融对于少量资金需求漠视的问题。政府部门应当在理清民间借贷合法性界限的同时加强对企业进行民间借贷的教育与引导，使企业能够通过理性的民间借贷解决基本的资金需求问题。

（3）有选择地用好开放性社会融资方式。考虑到股票、债券的发行等开放性融资方式在融资方面所具有的时间快、规模大的优点及其过程审慎、监管严格的特点，那些因研发或其他知识产权工作在短期内对于资金需求量大的企业可以考虑采取这种社会融资方式，但必须审视一下自身能够满足相关法律的要求。

（四）社会融资薄弱环节的关注

虽然可供企业利用的社会融资方式比较多，但企业在真正运用这些融资方式时却有较多困难。农业知识产权工作的社会融资问题和中小企业知识产权工作的社会融资问题一直比较突出，应当是我国在“战略”实施过程中解决社会融资问题的重点。农村地理标志商标的开发和运用、植物新品种的研发和推广、农村传统文化事业的发展，都需要必要的资金支持。但是，农民和农业集体经济组织自身通常没有相应的资金，当地政府也没有足够的财力可以支撑。这就需要政府部门采取有效的措施调动社会资本的投入。正如有学者所说的那样，我国目前尚无法仿效日本，对农业区域品牌发展给予巨额的财政支持，但政府可在适度增加财政投入的同时，积极拓展支农资金来源渠道，充分发挥资金的引导作用，调动地方特色农业

---

[1] 张冰、冉光和、姚斌：“金融产业集聚与企业研发投入增长”，载《经济问题探索》2012年第11期。

发展的积极性。[1] 农村当地政府应当积极对外宣传其地方农业优势和发展前景，特别是对当地着力推广的农业品牌或着力研发的农业技术的宣传，并为当地农业企业引入社会投资提供必要的便利。各级政府应当制定一些优惠政策鼓励金融机构在农村设立分支机构，为农业知识产权的发展营造较好的融资环境。中小企业融资难问题在“战略”实施过程中同样严重存在，除了中小企业自身要通过展示其知识产权工作的良好前景以吸引社会资本外，政府在这方面负有更多的责任，应当切实履行其在《中小企业促进法》中所承担的义务和职责，制定一些针对性较强的政策，并利用财政投入的导向和带动功能，将更多的社会资本引入研发型中小企业或其他知识产权工作较好的中小企业。

三、企业自身投入的激励

企业在知识产权工作中所需要的资金等物质条件，虽然可以由财政资金和社会融资提供支持，甚至少量企业所需要的这些物质条件主要由外部获得，但从总体上看，企业的物质条件的保障主要来自企业自身。因此，激励企业自身加大投入的力度是保障企业知识产权工作物质条件的基本路径。在这方面，政府与企业应当共同努力，在多方面采取有效措施。

（一）企业对物质投入认识的提高

企业重视在知识产权方面的物质投入，增强这方面工作的主动性，首先源于企业对于在知识产权工作方面物质投入重要性的认识，源于企业对其作为知识产权工作物质投入主体地位的认识。这种认识不仅来自企业自身长期的实践与经验，在“战略”实施的初始阶段更有赖于必要的教育宣传。为了提高企业对于知识产权方面物质投入重要性的认识，在对企业进行的“战略”教育宣传中应当有这方面的内容，知识产权主管部门在日常的管理和指导过程中也应不断向企业灌输这一思想。要通过多种方式使企业认识到：在知识产权方面，企业自身的投入往往更有针对性，比外部的

---

[1] 吕苏榆：“日本农业区域品牌发展探析”，载《现代日本经济》2012 年第 2 期。

投入也更有效率；企业 R&D 经费支出存量比政府 R&D 经费支出存量对技术收入的影响更大；❶ 企业的 R&D 投入对其创新成果有着积极的影响，即一个企业对自主研发的合理投入会转化为企业的知识资产，增强核心竞争力，从而达到提高自身产值的目的。❷ 企业上述认识的形成，是其在知识产权工作方面加大物质投入的基础。

企业对于知识产权工作物质投入的认识的提高，不仅体现在对于此种投入重要性的认识上，还应体现在对于此种投入的科学性的认识上。企业不仅应当认识到加大其知识产权工作物质投入力度的重要性，还应当认识到企业的物质投入应当兼顾不同知识产权工作的需要，不能顾此失彼；应当认识到知识产权工作的物质投入不能靠临时突击，而是要保持稳定增长的态势；应当认识到知识产权工作的物质投入不能只讲形式，而是要注重实效。相关部门应当通过多种有效方式使企业养成上述认识，这是企业对于知识产权工作的物质投入进行正确决策和合理配置的前提。

（二）企业对其物质投入结构的优化

在企业的生产经营过程中其物质条件的需求是多方面的，也是多样化的；同时，企业可供使用的物质资源也是多种多样的，并且存在总量限制。在这种情况下，如何在知识产权工作和企业的其他工作之间进行合理的物质资源分配，就显得十分重要。企业在进行资金分配时，应当考虑到知识产权在企业发展中的基础地位和主导作用，优先考虑知识产权工作的经费需求。除非基于某一企业的特殊性，其他某方面的工作对于企业至关重要的，企业在知识产权工作方面的资金投入应当居于首位。对于企业现有的场所、设备器材，企业要进行合理的使用，保证企业知识产权工作的实际需要。对于设置了专门的知识产权管理机构的企业，该机构应当具有专门的工作场所，并有一些专供知识产权管理机构和知识产权管理人员使用的

---

❶ 李洁、石林芬："R&D 投入与国际技术贸易关系的实证分析"，载《科技管理研究》2009 年第 12 期。

❷ 李秋漩、闵惜琳、刘国华："广东省技术创新描述性统计分析"，载《当代经济》2011 年第 9 月刊。

设备器材。为了提高设备器材的使用效率，企业通常有一部分设备器材是共用的，即面向企业各方面或多方面的工作需求。企业为了保证其知识产权工作的顺利推进，应当将这些设备器材对知识产权工作部门或相关工作人员开放，当知识产权工作与企业的其他工作在使用这些设备器材上发生冲突时，应当优先保障知识产权工作的需要。

为了促进企业为其知识产权工作配备必要的场所和设备器材，特别是保证企业现有的设备器材和场所能够满足知识产权工作的使用需求，政府部门应当从外部施加一定的影响。特别是相关部门和知识产权主管部门在通过各种方式分配财政资金时，可以加大对企业这方面情况的考察，将企业在知识产权方面的场所和设备器材配置情况作为项目立项或拨款的重要依据。

另外，对于用于知识产权工作的物质资源，企业还应当在知识产权工作内部进行合理的分配，除了满足研发工作和品牌推广工作的需要外，还应当兼顾其他知识产权工作的合理需要。在研发投入方面，企业不能仅仅为了短期利益而把物质投入的重点放在试验开发研究上，而应着眼于企业的长远发展和内在竞争的提升，将更多的资金与其他物质资源用于基础研究方面。

（三）企业加大物质投入的利益刺激

企业以营利为目的，利益的刺激往往对于企业的行为会产生重要的导向作用。为了促进企业加大在知识产权方面的物质投入，提高企业的研究投入强度和其他知识产权工作的投入强度，改变我国企业知识产权投入强度与国外先进水平差距较大的局面，外部的利益刺激是不可缺少的。

外部利益刺激主要体现为政府的政策引导，通过政策引导和鼓励企业自主创新，引导企业自主研发是保持企业发展长久不衰的生命源泉。[1] 政府应通过进一步实施国家科技重大专项和科技计划、大力发展战略性新兴

---

[1] 陈丽霞："如何发挥企业研发投入的积极性和主动性"，载《厦门科技》2012 年第 4 期。

产业等工作，综合利用财税、金融、政采、产业及人才等各方面的政策措施，完善和规范市场经济环境，降低企业研发投入的风险，使企业在科技创新活动中获得切实利益，使企业家发现开展创新活动的必要性和紧迫性，从而提高企业研发投入力度和研发投入强度，增强我国企业的创新能力。[1]

政府政策工作的引导和刺激要具有科学性与针对性，在刺激企业在整体上加大知识产权工作物质投入力度的前提下，要着重围绕企业在知识产权物质投入方面的薄弱环节展开：对于在基础研究方面物质投入较大的企业给予更多的优惠待遇；优惠待遇的给予，不仅要考察企业在知识产权工作方面物质投入的数量，更要将优惠政策与企业的知识产权工作投入的效果结合起来；政府的优惠政策还应当关注那些在知识产权工作方面进行持续稳定的物质投入的企业。

（四）重点企业物质投入工作的强化

在“战略”实施过程中，企业在知识产权工作方面的物质资源的投入得到普遍的保障和增长应当是一种理想的状况。同时，更应关注一些重点企业在知识产权方面的物质投入的增长。这些重点企业主要是指那些在“战略”实施中或在经济社会发展中具有重要影响或地位特殊而知识产权方面的物质投入却显不足的企业。

国有企业在我国长期以来具有特殊的地位，近些年其在经济总量中所占比重虽然下降了，但其在经济社会发展中所具有的特殊作用是其他经济成分所难以取代的。因此，保障国有企业知识产权物质投入的增长、维系国有企业通过“战略”实施得到较好的发展也就有了重要的意义。但是，我国国有企业在知识产权方面的物质投入并不如人意；以研发资金投入为例，据统计，在我国全部大中型工业企业研发经费支出中，民营企业所占比重从2003年的46%上升到2010年的55%，同期“三资”企业从23%上

[1] 玄兆辉、吕永波：“中国企业研发投入现状与问题研究”，载《中国科技论坛》2013年第6期。

升至26%，而国有企业则从31%下降至19%。[1] 国有企业自身必须重视这种变化，利用经济增长方式转变的时机，将更多的资金及其他物质资源投入到知识产权的创造、运用、管理与保护方面；国有资产监督管理部门在对企业国有资产保值、增值情况进行评价时，应当将企业在知识产权方面的投入情况作为企业资产增值潜力的重要因素。

高新技术企业在“战略”实施过程中发挥着引领作用，但其在研发等知识产权工作方面资金投入增幅的下降影响了这种引领作用的发挥和高新技术企业自身竞争力的维持。这种局面的改变除了需要企业自身继续将创新作为其生命力所在并加大投入外，政府也要适当调整对高新技术企业进行扶持的政策，将政府采购、税收优惠、贴息贷款等待遇与高新技术企业自身对知识产权工作投入的力度和增长情况有机结合起来，借此促进企业在增加创新投入上作出更大的努力。

农业是国民经济的基础，植物新品种的培育是农业持续发展的重要保证。面对我国种子企业在科研经费投入方面严重不足的局面，国家必须采取有效措施，特别是将农业高新技术企业的认定、增值税和企业所得税的优惠待遇、政策性支农资金的使用等行动与种子企业在知识产权工作方面的经费投入密切挂钩，带动种子企业自觉增加科研经费和其他知识产权工作经费的投入。

四、资源利用效率的提高

在国家、社会和企业投入知识产权工作上的物质资源均有限的情况下，提高资源的利用效率就显得尤为重要。针对我国部分投入知识产权方面的物质资源利用效率不高甚至存在严重浪费现象的问题，国家和企业应当采取多种相应的措施。

（一）增强资源配置的计划性和科学性

（1）强化财政资金配置的计划性。发达国家在财政科技投入管理的

[1] 玄兆辉、吕永波：“中国企业研发投入现状与问题研究”，载《中国科技论坛》2013年第6期。

实践中普遍建立了较为科学的财政科技投入计划分类管理机制，针对创新过程中的不同环节、不同主体设立专门化的支持计划。❶我国应当借鉴这样的做法，在各级财政预算中，专列知识产权工作经费，或“战略”实施专项经费，对于各知识产权领域、各知识产权工作环节的经费支出分别作出预先安排。各知识产权主管部门和其他相关部门在分配或使用其支配的知识产权经费前，也应当制定较为详细的计划，落实经费的具体用途。

（2）提高财政资金配置的科学性。财政资金的配置应当与相关政策目标紧密结合，并作出灵活设计。在处理财政支出总量与结构的关系方面，政府出于政策目标的考虑，在需要提升社会整体创新产出水平时，一方面可在保持R&D经费总量不变的情况下，通过调整投入企业和公共研发机构比例实现产出优化；另一方面也可通过增加公共R&D投入总额并适当调整在不同执行主体间的配置比例来寻求更大的创新产出。❷财政资金的安排应当充分考虑高技术产业在“战略”实施中的重要地位与突出作用。鉴于高技术产业研发财力资源投入与产业发展之间稳定的长短期作用关系，保持两者间的协调被认为是一项重要且紧迫的任务。一方面要保证产业研发财力资源投入的可持续性，科学统筹研发经费的流向；另一方面要扩大高技术产业的影响范围，加快实现财政或社会资源向高技术产业的集聚。❸

财政资金的预算要紧盯全球知识产权发展趋势，特别是研发趋势。从全球企业研发投入的趋势看，替代能源领域企业研发投入增长迅猛，医药与生物技术产业研发投入增幅稳定。❹因此，这些领域的知识产权工作经

---

❶ 王雪莹：“国际财政科技投入的新特征和新趋势”，载《科技进步与对策》2012年第23期。

❷ 刘凤朝、姜滨滨、孙玉涛：“基于结构—过程的公共R&D投入技术创新效应机理分析”，载《管理学报》2013年第3期。

❸ 李平等：“高技术产业R&D资源投入与产业发展关系实证研究”，载《资源科学》2011年第11期。

❹ 陈敬全等：“全球企业研发投入趋势分析”，载《科技导报》2011年第6期。

费应当成为各级财政预算的重点方向。

财政资金的预算还应特别关注农业知识产权发展的需要。考虑到农业在国民经济和社会发展中的基础地位，而目前农业知识产权工作非常薄弱，企业的资源投入能力和实际投入水平都很低，政府的财政支持因此显得尤其重要。在设计这方面的财政预算时，日本的情况可给予有益的启示。为促进农业区域品牌的发展，日本政府创立了农产品和食品区域化支援基金，对农产品加工业的发展、商标的申请、样本的展示进行财政支持；[1] 日本政府还对相关设施建设给予资金上的大力支持，政府拨款建立起发达的有地域特色的地域农业信息系统，以计算机通信利用为中心的地域农业信息系统，方便日本农协各分店之间以及农户与农协之间的信息传递，对于区域品牌的发展起到了积极的推动作用。[2] 财政预算应当针对农村知识产权工作的实际需要，不是一定要以研发为中心，要彰显地方特色，要着力构建农村知识产权工作的基础。

（3）增强企业资源配置的计划性。企业知识产权管理的使命和目的是充分整合企业人力资源、信息资源等知识资源、资本资源和经营资源，促进企业知识创新和管理创新，有效运营知识产权，为企业带来最佳经济效益和社会效益。[3] 资金和其他物质资源的计划与配置就是这种资源整合的重要内容，是提高这些资源运用的经济效益与社会效益的重要保证。企业对其使用于知识产权工作的资金等物质资源配置的计划性主要通过三个途径实现：①制定企业的知识产权战略，在该战略中对于企业在知识产权工作中需要使用的资金及其他物质资源的总量、来源、用途进行合理的规划；②在企业财务预算的制定过程中对于当年企业知识产权经费作出相应的安排；③制定专项计划，即对于企业重要的知识产权工作经费的使用制定专

---

[1] 王志刚、谭梦琳、包书政：“日本农产品区域品牌保护制度及其启示”，载《中国农学通报》2010 年第 16 期。

[2] 吕苏榆：“日本农业区域品牌发展探析”，载《现代日本经济》2012 年第 2 期。

[3] 冯晓青：“企业知识产权管理基本问题研究”，载《湖南社会科学》2010 年第 4 期。

门的计划，在企业制定固定资产的使用计划时，在其中专门就固定资产满足知识产权工作需求问题作出规定。

（二）加强资源运用的过程控制

资源运用的过程控制，主要是指加强在知识产权工作中各类资金投入和物化资源使用的监督管理。就监督管理的内容而言，主要是监督资金及其他物质资源是否安排计划使用、资金的使用是否合法。就监督管理的主体而言，在科技经费使用过程中要发展完善必要的公示制度和公共监督机制，❶ 也就是既要发挥以财政主管部门和知识产权主管部门为代表的公共管理机构的监督作用，也要发挥广大公众（或者企业的广大职工）的监督作用；另外，为了增强监督管理的专业性和效率，有必要有效地发挥专业性监督机构的作用，特别是要建立科技计划经费的独立第三方审计监督制度。❷ 就监督管理的方式而言，主要是经费拨付或报销环节的审查控制、设备器材领用环节的审查控制、资源使用情况的公开及相应的群众异议与质询、定期审计与专项审计等。

（三）强化资源运用成果的绩效评价

为了保证投入知识产权工作的资金与其他物质资源能够按照计划使用，并达到预期目标，需要对资源运用的绩效进行评价、考核，并采取相应的措施。特别是对于财政资金的投入，要实行财政科技拨款目标责任制，并以此为导向建立健全财政科技投入的绩效考核评价机制，积极探索财政科技投入资金的效益审计；❸ 与绩效评价考核相结合，要鼓励经费包干，并对经费节约行为进行奖励。❹ 在企业内部，也应当实行类似的绩效评价考

---

❶ 徐晓雯、吴笑晗："山东省促进科技自主创新的财政投入研究"，载《山东财政学院学报》2010 年第 3 期。

❷ 宋河发、眭纪纲："NIS 框架下科技体制改革问题、思路与任务措施研究"，载《科学学研究》2012 年第 8 期。

❸ 徐晓雯、吴笑晗："山东省促进科技自主创新的财政投入研究"，载《山东财政学院学报》2010 年第 3 期。

❹ 当然，奖励针对的是完成既定的知识产权工作目标而有经费节余的行为，如果经费节余却没有完成原定的知识产权工作目标，则不能给予奖励。

核机制，促使企业知识产权工作经费及其他物质资源得到有效利用。无论是财政资金，还是企业自有资金及其他资源的绩效考核，都应当尽量实行量化，特别是针对不同资源的特点和相关知识产权工作的要求，制定并实施一套操作性较强的绩效评价指标体系。

第六章　社会化服务的制约及相关对策

第一节　知识产权中介服务方面存在的问题

一、知识产权中介服务组织的问题

知识产权中介服务组织是指提供各种知识产权中介服务的社会组织，包括专利代理机构、商标代理机构、综合性的知识产权服务组织、提供部分知识产权服务的律师事务所、知识产权评估组织等，其在知识产权创造、运用、保护和管理过程中具有重要的作用，但我国目前的知识产权中介服务组织存在一些问题，影响了其应有作用的发挥。这些问题突出地体现在以下几个方面。

（一）知识产权中介服务组织的规模较小

除个别地区外，我国绝大多数地区的知识产权服务机构都存在数量少、规模小、收益低的问题，这严重制约了知识产权中介服务业的发展壮大。

1. 知识产权中介服务组织在数量上的问题

全国各地都存在知识产权中介服务组织整体规模不大的问题，其主要表现就是知识产权中介服务组织在数量上的不足。除商标代理机构因为从业人员资格限制的取消和业务的相对简单而数量较多外，其他领域的知识产权中介服务组织都存在数量不足的问题。真正的综合性知识产权代理机构很少，有些公司虽然冠以“知识产权服务公司”等名称，但实质上还是主要从事某一种知识产权中介服务活动。尽管专利事务和专利代理业务被全国上下广泛重视，我国的专利代理机构的数量都明显偏少，以知识产权综合实力位居全国第一的知识产权大省江苏省为例，其2012年的专利代理机构数量仅为59家，相当于该省商标代理机构的1/10。虽然我国当前正值文化大繁荣、大发展时期，版权中介服务应当在此过程中发挥激发活力的作用，但我国专门的版权中介服务组织却非常少；据统计，2012年专业的版权代理机构与公司在我国经过国家版权局批准的仅28家，不仅数量少，而且影响小、业务范围狭窄。❶ 在非典型的知识产权领域，中介服务组织的数量就更少了；比如植物新品种方面，目前全国仅有21家植物新品种权代理机构，平均一个省（区、市）还不到一家。❷

2. 知识产权中介服务组织在人员数量上的问题

就单个知识产权中介服务组织而言，其规模小的重要表现就是专业人员数量上的不足。虽然专利代理业务和商标代理业务长期以来颇受重视，但我国各地的专利代理机构和商标代理机构大多是小微型企业。虽然商标代理机构的数量较多，但绝大多数商标代理机构只有寥寥几个专业代理人员。以专利事务所为主的专利代理机构也是如此，根据2012年一份统计，广东省规模最大的专利代理机构只有26名专利代理人，具有10名以上代理人的机构只有18家，大多数仅有3～5名执业代理人；重庆市90%的代理机构人员在20人以下；四川省知识产权服务机构平均每家只有5.8人，许多代理机构的实际执业人数还更少；❸江苏省2012年每个专利代理机构的专业代理人员平均不足7人。❹ 知识产权评估机构等其他类型的知识产权中介服务组织也都存在这样的人员数量问题。

---

❶ 戴云波、马莉：“版权代理机构与出版经纪人制度：出版业的两个命门”，载《中国版权》2012年第4期。

❷❸ 吴桐等：“我国知识产权服务业发展现状与对策研究”，载《中国发明与专利》2012年第6期。

❹ 国家知识产权局：《2012年全国专利实力状况报告》。

3. 知识产权中介服务组织在分支机构上的问题

知识产权中介服务组织的规模还体现在其分支机构的设立方面，这方面的问题在我国更加突出。全国除了少数几个大城市的少数影响较大的知识产权中介服务机构在其他地方设立分支机构外，其他的知识产权中介服务机构均自顾不暇，根本就没有能力在其他地方开办分支机构以拓展其业务。仍以专利代理业务需求非常旺盛的江苏为例，截至2012年年底，全国专利代理机构在该省设立的分支机构仅有33家，与从事非知识产权业务的公司的分支机构相比不可同日而语。

（二）知识产权中介服务组织的专业人才不足

我国知识产权服务专业人才缺失现象严重，尤其是知识产权中介服务人员数量、质量都不能满足需求。

1. 知识产权中介服务人员在数量上的不足

从总体上看，我国知识产权服务体系从业人员存在总量不足、结构短缺和素质不高的问题。按照国际标准，一般企业应按研发人员的1%～4%比例配置知识产权人才，以全国企业科技活动人员352.4万人计算，我国知识产权人才的社会总需求量为3.5万～14万人。[1] 当前各类知识产权人才的数量远远没有达到社会需求的数量。

专利代理人的缺乏在知识产权发展较快的地区和知识产权发展相对较慢的地区都严重存在。2012年江苏省专利申请量近50万件，而执业专利代理人只有397人，每人面临超过1 000件的专利代理压力。2012年，重庆市专利申请量达到38 924件，但全市执业专利代理人仅74人。[2] 版权业的中介服务人员的缺乏更是严重。比如，出版经纪人在国内的出版业则始终是个被排斥、冷落的概念，人们对于经纪人这一职业仍有无形的偏见；既然现实并没有这样的需要，那么出版经纪人队伍的发育迟缓也是顺理成章

[1] 洪群联：“我国知识产权服务体系发展现状与战略思路”，载《经济纵横》2011年第11期。

[2] 张亦筑、曾思涵：“重庆执业专利代理人仅74人 人才缺口在百人以上”，载http：//news.xinhuanet.com/yzyd/local/20130813/c_116914689.htm，2013年10月9日访问。

的事了。[1]

2. 知识产权中介服务人员在素质上的问题

显然，当前的知识产权人才队伍远不能满足我国知识产权快速发展的需要。现有知识产权从业人员知识结构单一，业务素质同质化导致机构服务水平和层次较低。多数代理人知识面窄，只具备相关领域的代理知识和技能，不能胜任创新主体日益增加的知识产权服务需求。[2] 在专利代理人方面，我国大多数专利代理人对国外专利制度驾驭能力不足，这很大程度上制约了专利代理机构开拓国际合作渠道。其主要表现为：(1) 不能有效地掌握国外专利保护状况；(2) 不能有效地掌握国外有关法律；(3) 不熟悉专利申请渠道与程序等。[3] 在商标代理人方面，自从商标代理人资格行政审批取消以来，从事此项业务不再有专业背景的要求，大量不懂商标业务，也无必备的基本法律知识的人进入商标代理人队伍，[4] 商标代理人队伍在整体素质事实上较以前有了较大的下降。商标代理人专业水平的良莠不齐，不但提供不了委托人期待的专业服务，损害委托人的合法权益，而且使大量本来简捷的工作变得烦琐，导致商标确权机构工作量大量增加，严重影响商标确权与保护工作的质量和效率。[5]在版权代理方面，较多的版权代理人员知识较少、能力欠缺，只能从事一些单一的代理业务。同时掌握出版知识、版权知识，且有谈判能力、市场敏感性强和精通外语的复合型人才凤毛麟角。[6] 这种中介服务人员素质上的问题，在其他零星的知识产权服务领域，存在的情形更为突出。

---

[1] 戴云波、马莉："版权代理机构与出版经纪人制度：出版业的两个命门"，载《中国版权》2012 年第 4 期。

[2] 洪群联："我国知识产权服务体系发展现状与战略思路"，载《经济纵横》2011 年第 11 期。

[3] 林小爱、朱宇："专利代理机制存在的问题及对策研究"，载《知识产权》2011 年第 5 期。

[4][5] 刘燕："论我国商标代理组织的发展（上）"，载《中华商标》2010 年第 1 期。

[6] 徐真、李宏瑞："我国版权代理发展路径初探"，载《中国编辑》2010 年第 6 期。

（三）知识产权中介服务组织的分布不均衡

知识产权中介服务组织分布的不平衡既是知识产权发展不平衡的结果，又进一步加大了知识产权发展的不平衡程度。这种不平衡主要体现在以下两方面：

（1）地区分布的不平衡。我国目前的各类知识产权中介服务机构主要分布在经济发展较快的东部地区，中西部地方明显偏少。即使在东部地区，又偏重在北京、上海。北京因其独有的资源优势，仅一个城市就汇集了全国26.66%的专利代理机构、39.67%的执业专利代理人以及50%的国防专利代理机构。与之相反的是，其他地区的知识产权服务机构数量不足，而且经营收入也很低。2010年，北京市专利代理机构年经营收入总额达34.5亿元，执业专利代理人平均创收达149万元，而即便是处于东南沿海的改革开放前沿城市深圳，其专利代理人人均年产值仅为15万元，差距明显。[1]

（2）服务领域的不平衡。目前，我国知识产权中介服务机构主要集中在专利、商标、版权等传统知识产权领域，[2]这些领域的知识产权中介服务机构的数量在近些年增长也比较快。而在集成电路布图设计、域名、植物品种权、商业秘密等其他知识产权领域的中介服务机构很少，有些领域根本就没有专门的中介服务机构，甚至现有的知识产权中介服务机构（即便是综合性的知识产权中介服务机构）也很少将关注点投向这些知识产权领域。

（四）知识产权中介服务机构的组织机制不健全

企业具有健全的组织机制，是企业内部顺利运行、对外有效开展活动的重要保障。知识产权中介服务机构只有具有健全的组织机制，才能就其服务对象、服务范围、服务定位、服务方式等问题作出科学决策，才能有效地整合与运用自身的各种服务资源，才能保证其对外服务活动的一致性。

[1][2] 吴桐等："我国知识产权服务业发展现状与对策研究"，载《中国发明与专利》2012年第6期。

但是，我国目前知识产权中介服务机构在组织机制方面在总体上没有达到这些要求。

从现实情况看，我国以专利代理机构和商标代理机构为典型的知识产权中介服务机构通常采用有限责任公司的组织形式。为了保证公司的规范运作，我国公司法要求一般的公司要设立决策机构（股东会）、经营管理机构（董事会、经理）和监事会等内部组织，并对每一个内部组织的组成和运行机制作了规定，还允许公司结合自身的特点通过其章程对这些内部组织机制作一些有针对性的规定。我国绝大部分知识产权中介公司的内部组织比较简单，三种内部组织并存且独立发挥作用的情形很少，往往是整个公司受一两个投资人控制并缺少相应的制约，这种状况虽然有利于提高公司决策和行动的速度，但产生了很多问题，如其服务决策的科学性、合理性会出现较大的偏差，其在服务过程中违反执业规范、职业道德或破坏服务市场竞争秩序的行为往往因内部监督的缺失而增多。公司法赋予公司通过章程设计公司内部组织机制的权力没有得到应有的重视，导致各个公司虽然差异较大但其内部组织机制基本相同的局面，缺少基于每个知识产权中介服务机构的特殊性而作的个性化设计。绝大部分知识产权中介服务公司未实行职业经理人制度，而是由执业者亲自管理公司，这一方面降低了公司经营管理的效率，另一方面也会影响担任管理职务的执业者的知识产权服务质量。

二、知识产权中介服务质量的问题

从总体上看，由于相关法律法规的缺失、政府监管的乏力及行业自律无法解决诸多问题等原因，[1] 我国目前知识产权中介服务的质量还处于较低的水平上，这种质量问题主要体现在以下几个方面。

---

[1] 刘燕："论我国商标代理组织的发展（上）"，载《中华商标》2010年第1期。

（一）服务范围上的问题

在各个知识产权服务领域，知识产权中介服务机构能够提供的服务种类明显偏少，职能简单。在专利代理方面，大多代理机构的业务还局限于申请文件的撰写、通知书答复等常规业务，❶ 而在专利运用技巧的提高、专利战略的制定、竞争对手专利情报的检索分析、专利侵权的预警等方面的业务还很少有较大的作为。在企业的科研立项选题、确定研发路径方向、企业专利保护策略构建等前端服务，在专利技术交易转让和产业化实施等后端服务方面还是非常薄弱。❷ 在商标代理方面，更多的商标代理机构还将业务集中在商标注册申请等传统简单的业务上，而在企业品牌设计与提升等高端业务方面还涉足不多。在版权代理方面，现阶段，我国版权代理服务主要集中在版权交易环节，❸ 但在出版代理、确权登记、诉讼维权等业务方面，发展速度则明显较为缓慢。面对社会对于知识产权服务多样化的需求，大多数知识产权中介服务机构还不能满足这种需要。

（二）服务层次上的问题

总的说来，我国知识产权中介服务机构的业务还集中于知识产权服务的低端环节。在知识产权价值评估、产权融资、知识产权预警等方面尚处起步阶段，难以为企业提供前瞻性、战略性的高水平服务。❹ 大量的专利事务所、商标事务所及其执业人员在重复简单、不需要服务人员有较强创造能力的知识产权申请、登记、知识产权诉讼代理等业务漩涡中乐此不疲；那些真正能够体现知识产权中介服务人员高超智慧和创造力、能够给企业创造较大经济利益并有效实现其知识产权价值的业务，如基于市场竞争状

---

❶ 朱涛、刘桂明：“拓展代理机构职能促进知识产权战略实施”，载《中国发明与专利》2010 年第 10 期。

❷ 陈岩峰、吕一尘：“广东省专利代理科技服务业发展路径研究”，载《科技管理研究》2012 年第 22 期。

❸ 徐真、李宏瑞：“我国版权代理发展路径初探”，载《中国编辑》2010 年第 6 期。

❹ 洪群联：“我国知识产权服务体系发展现状与战略思路”，载《经济纵横》2011 年第 11 期。

况和技术发展趋势为企业设计知识产权发展策略，为企业的知识产权选择投资方向和设计投资方案，接受企业委托对企业闲置的知识产权进行有效运营，为企业进行周密的知识产权布局和设计科学的知识产权体系等业务，却很少有知识产权中介服务机构可以提供，寥寥的提供者对这些业务的熟练程度也远不及其在那些传统的业务方面。

（三）服务效果上的问题

由于多方面的原因，较多知识产权中介服务的效果不尽人意。这种状况在专利代理和商标代理这两个有代表性的知识产权中介服务领域都有较明显的体现。

就专利代理人员最常见、最熟练并被他们看做最拿手的代理业务专利申请文件的撰写而言，就存在很多问题。有学者接触了大量由专利代理人撰写的专利申请文件，发现常见的两个撰写质量问题是太实或太虚，它们都很容易给委托人造成较大的损害。所谓太实，就是整个专利申请完全依照申请人提供的原始素材，就事论事罗列而成；这种太实的专利申请，实际上其保护范围非常有限，甚至可能仅是一个点而已，使得竞争对手很容易就可以绕过该专利；这种专利申请不但不能给申请人带来任何实质性的好处，反而是相当于向公众无偿贡献了自己的研究成果。❶ 太虚的专利申请往往在说明书中没有给出足够的实施例，由此提出的权利要求的保护范围会非常不稳定，在后续专利争议过程中很容易被判定为违反专利法关于新颖性的要求而丧失专利权。最常规业务的服务效果尚且如此，其他专利服务的效果就可想而知了。

商标中介服务的效果也不容乐观，存在与专利中介服务类似的情况。以最为普遍的商标注册申请代理业务为例，自商标代理人资格的行政审批取消以来，商标注册申请代理在质量上的保证程度大大降低了。据统计，商标代理组织代理的商标注册申请被商标局不予受理的数量呈现不断增长

---

❶ 潘炜：“浅谈专利代理对中国企业专利申请从量向质转变的推动作用”，载《中国发明与专利》2012 年第 12 期。

的态势：2002 年 1 314 件，2003 年 3 945 件，2004 年 5 681 件，2005 年 10 003件，2006 年 16 381件，2007 年 39 345件，远远超出了注册商标申请量的增长幅度。[1] 商标服务效果不佳，不仅使委托人浪费了很多时间、经费，甚至丧失了较好的商机，还使商标主管机关付出了很多无谓的劳动，增加了本已很大的商标注册申请审查压力。在一些商标中介机构参与的注册商标维权活动中，由于相关服务的效果不佳导致部分商标权人丧失了较好的维权时机，或者没有得到应有的法律救济。

（四）服务秩序上的问题

知识产权中介服务市场是一个相对新兴的市场，由于对于这一市场认识的不足，相关管理规范的缺失，由分割的知识产权管理体制所导致的服务管理运行机制的不合理，加上政府监督的不到位，这一市场的秩序因此存在较多的问题。特别是部分知识产权行业的准入门槛较低，导致一些低资质机构盲目进入，既恶化了行业竞争环境，也损害了行业诚信氛围。[2]

在专利代理方面，无论是代理机构之间的竞争，还是代理机构内部的运行，都存在一定的秩序不佳的问题。从外部看，一些专利代理机构为了争揽业务，还不时使用一些不正当手段；某些部门也会利用其管理职能和发放专利资助金的条件，搞指定代理，打包代理，或以专利咨询为名，搞违规有偿专利代理，对专利代理市场造成一定的冲击。[3] 从内部看，很多代理机构管理不到位，有很多不具备专利代理资格的人在事实上从事专利代理业务；即使像广东这样的知识产权工作处于领先地位的地区，全省的代理机构由于多方面的原因，绝大部分缺乏工作流程、管理制度、奖惩制度等一系列规章制度，管理混乱。[4]

---

[1] 刘燕："论我国商标代理组织的发展（上）"，载《中华商标》2010 年第 1 期。

[2] 洪群联："我国知识产权服务体系发展现状与战略思路"，载《经济纵横》2011 年第 11 期。

[3] 徐关寿等："浙江省专利代理业存在问题和发展趋势研究"，载《科技通报》2009 年第 5 期。

[4] 陈岩峰、吕一尘："广东省专利代理科技服务业发展路径研究"，载《科技管理研究》2012 年第 22 期。

在商标代理方面，由于商标代理人行门槛降低，商标代理从业人员鱼龙混杂，良莠不齐，导致商标代理行业无序竞争的混乱局面。❶ 其不良现象主要表现在两大方面：(1) 扰乱商标代理市场竞争秩序，损害其他商标代理机构的权益。如一些不具备基本专业素质的人员混入商标代理行业；已经离开商标代理行业的一些人凭借原来的名片招摇撞骗；有些代理人采取恶意申请、恶意异议的方式妨碍他人正当经营行为；有的故意低价竞争扰乱行业秩序。(2) 违背诚信原则，损害当事人的合法权益。如有些商标代理人见利忘义，铤而走险，干脆出具虚假法律文件，骗取委托人钱财；有些商标代理人对当事人设计超低价诱惑的骗局，或者给出“包注成功”的不诚信允诺，或者以注册时间短为幌子欺骗当事人，或者以商标局指定代理机构或与商标局有“关系”的谎言欺骗当事人。❷

在版权代理方面，由于这一市场发展较晚，服务秩序方面的问题就更为严重。部分版权代理机构为了利益而放弃职业操守，甚至违反法律规定谋取私利；国内出版商在版权引进时也相互抬价、无序竞争。❸ 一些民营版权代理公司成立时间较晚、缺乏规范的业务操作准则，市场诚信度还不够高，有的民营图书公司在为作者代理书稿时，存在故意隐瞒印数、拖欠稿费等信誉不良行为。❹

三、知识产权中介服务利用的问题

我国当前知识产权中介服务在发展规模、发展水平等方面存在的问题不仅体现在服务提供者一方，同时也存在于服务需求者一方。由于服务需求者没有能够较好地利用知识产权中介服务，也影响了知识产权中介服务的健康发展。从服务需求者一方看，主要问题有以下几个方面。

---

❶ 蓝顺昌：“商标代理需要专业与诚信”，载《中华商标》2010 年第 6 期。

❷ 张康、汪霞：“商标代理骗局‘面面观’”，载《中华商标》2013 年第 1 期。

❸ 胡全兵、曾星、王远美：“我国版权代理制度的问题及对策”，载《出版发行研究》2012 年第 7 期。

❹ 徐真、李宏瑞：“我国版权代理发展路径初探”，载《中国编辑》2010 年第 6 期。

（一）利用知识产权中介服务的意识较低

在我国，有大量的知识产权拥有者或使用者没有借助知识产权中介服务的力量，不是因为他们不需要知识产权中介服务的帮助，而是因为意识上的问题，他们不知道可以利用知识产权中介服务，或者错误地认为自己不需要知识产权中介服务，或者他们不愿意接受知识产权中介服务。

当前，知识产权服务机构与企业之间缺乏有效的信息沟通机制，尚未形成有效的知识产权信息需求环境。在实践中通常表现为两个方面：一方面，企业急需的知识产权服务找不到合适的知识产权服务机构；另一方面，知识产权服务机构因客户需求不足而难以发展，知识产权服务体系运转中的信息不对称现象较为突出。[1] 由于信息了解不足，很多企业对知识产权中介服务机构的性质、服务内容、服务方式等缺乏必要的认识，因而他们不知道知识产权中介服务与自身知识产权工作的有机联系及可以为自己提供的帮助，因而也就没有委托中介服务机构为自己提供相应的服务。也有一些企业或知识产权人虽然对于知识产权中介服务机构的工作有较多的认识，但他们往往过高地估计了自身的能力，认为自己能够在知识产权取得、保护或运用方面实现自身的利益需求，不需要知识产权中介服务机构提供帮助。

另外，由于对知识产权中介服务机构真正能够发挥的作用缺乏充分的认识，甚至有偏见，一些企业虽然对知识产权中介服务机构有一定的了解，也不愿意借助中介服务。以版权领域为例，出版经纪人在国内的出版业则始终是个被排斥、冷落的概念，人们对于经纪人这一职业仍有无形的偏见；当前出版业的现实是，知名作者并不需要经纪人去帮着推销作品，非知名作者又不愿让经纪人从自己的辛苦所得中分成。[2] 究其要者，就是因为很多著作权人并未真正理解版权代理人的价值，没有充分地认识到专业的版

---

[1] 冯晓青：“基于技术创新与知识产权战略实施的知识产权服务体系构建研究”，载《科技进步与对策》2013 年第 2 期。

[2] 戴云波、马莉：“版权代理机构与出版经纪人制度：出版业的两个命门”，载《中国版权》2012 年第 4 期。

权代理机构与出版经纪人可以有效地利用其专业优势，最大限度地谋求出版社或作者的利益，在法律和经济两个方面为客户方提供全方位的服务。在专利与商标领域，一般的社会公众往往觉得专利事务所、商标事务所只能提供专利申请或商标注册申请代理服务，因而当其存在知识产权价值评估、知识产权战略谋划、知识产权投资等服务需求时，他们也不愿意委托专利事务所或商标事务所提供服务。

（二）利用知识产权中介服务的方式不合理

知识产权中介服务作为社会性服务的一种，主要是解决企业及其他服务对象自己所不能解决或不便解决的问题，实际上是对服务对象在知识产权方面的事务提供帮助，其所发挥的应当是一种辅助性、补充性的作用。因此，只有那些企业自己不能完成或自己完成需要较大代价的事项才适宜委托知识产权中介服务机构提供相应的服务。如果一项知识产权事务，企业自己完全有能力处理，而且不存在障碍，就不需要将其委托给知识产权中介服务机构。比如，在专利事务方面，有些知识产权管理水平较高的企业，其知识产权管理人员完全可以撰写高质量的专利申请文件，就不宜委托专利代理人承担这一任务；而像专利权价值评估这样的事务，专利代理人在这方面有较多的优势，[1] 而企业自身的评估又难以受到对方当事人的认可，由专利代理机构进行就显得很有必要。然而，在现实中很多企业在委托知识产权中介服务机构前并未进行这样的分析，把自己可以胜任的一些工作也轻易交给知识产权中介服务机构，这不仅耗用了有限的知识产权代理资源，也是企业自身知识产权管理能力的一种浪费。

任何知识产权代理活动得以顺利进行并取得成效，需要代理人与委托人相互配合，从而将代理人的专业能力与企业的真实需求及相关的信息有机结合起来。但在代理实务中，委托人存在两种不良的现象：（1）将相关知识产权事务委托给代理机构后，企业完全不管，一切活动都交给代理人

[1] 李小童："我国专利代理机构开展专利权价值评估业务正逢其时"，载《中国发明与专利》2013 年第 7 期。

去做。(2) 在知识产权代理人实施代理活动的过程中，委托人进行不合理的干预，甚至要代理人能够满足自己一些不合理的要求。[1]

(三) 知识产权中介服务的利用效率不高

虽然从总量上看我国各种知识产权代理业务及其他知识产权中介服务活动增加很快，大量的企业将一些知识产权事务委托给知识产权中介服务机构办理，但很多委托人并没有将受托中介机构的作用有效利用起来。有些委托人未能与代理人进行深入沟通，或者未能将自己的真实想法清晰、准确地告知代理人，致使代理人提供的服务没有很好地体现委托人的意图，让委托人感到不满意；有些委托人对代理人的服务能量、服务规范缺少必要的认识，致使其在代理过程中有所顾虑，没有将一些本属于服务范围的事项交给代理人办理，从而没有将自己所购买的中介服务的价值有效发挥出来。

第二节　知识产权公共服务平台建设方面存在的问题

一、知识产权公共信息服务平台建设的问题

知识产权公共信息服务平台是知识产权的发展需要借助的、具有较强公共性的信息提供和获取的通道，它既是政府宣传知识产权意识、发布法律法规和政策文件、传播知识产权信息和弘扬知识产权文化的重要平台，又是企业提高知识产权管理水平和增强自主创新能力的重要外部支持条件。在这种平台建设方面，我国还存在较多的问题。

(一) 平台系统化问题

虽然从《纲要》颁布以来，各个知识产权相关部门逐步重视公共信息服务平台的建设，但他们缺乏必要的沟通交流与合作，分别建设自己的公

[1] 潘炜：“浅谈专利代理对中国企业专利申请从量向质转变的推动作用”，载《中国发明与专利》2012 年第 12 期。

共信息平台，目前在全国各个地方、各个层面还没有形成一个高度系统化的知识产权公共信息服务平台。这种做法导致我国的知识产权信息处于条块分割和散乱状态，没有有效集成和共享；专利、商标、版权、集成电路布图设计、植物新品种、地理标志等知识产权信息分属不同的政府部门管理，企业和公众查询与利用知识产权信息存在较大难度和不便，信息利用效率低下。[1]

（二）平台专门化问题

知识产权公共信息服务平台应当专门提供知识产权方面的信息，这种平台才能具有独特的价值，也才能成为知识产权事业发展的重要基础。但是，我国目前除了国家和省一级知识产权主管部门建立了专门的知识产权公共信息服务平台外，其他地方一级的知识产权主管部门所构建的知识产权公共信息服务平台很少具有较强的独立性，它们就像当地的知识产权主管部门一样，往往与科技信息公共服务平台结合在一起。这种状况往往使企业和个人所需要的知识产权信息淹没在大量的科技信息中，知识产权信息的搜索因此而费时费力，知识产权信息服务平台的功用也因此而减损。

（三）运用便捷性问题

知识产权公共信息服务平台运用上的便捷性决定了其所提供信息的利用效率及其真正的价值，但由于信息平台建设上存在的问题，我国的知识产权信息需求者大多没有感受到这种便捷。问题主要在于：（1）知识产权公共信息服务平台较少。虽然很多地方和一些行业组织越来越关注公益性知识产权信息的提供，但总体说来这种公共信息服务平台数量还很少，信息需求者获得信息的渠道来源不多，选择的余地很小。（2）知识产权公共信息服务平台运行不畅。由于一些公共信息服务平台在技术、硬件等方面的原因，加上因公共信息服务平台较少而造成查阅操作拥堵等因素，使用者查阅信息的速度很慢。（3）知识产权公共信息服务平台互联互通的程度

---

[1] 吴桐等："我国知识产权服务业发展现状与对策研究"，载《中国发明与专利》2012 年第 6 期。

很低。各公共服务平台往往相互隔绝，信息共享和相互衔接的程度较低，导致有时为了获得某方面的信息而不得不辗转反复于多个网站之间。

（四）信息数量与质量问题

虽然有很多知识产权公共信息服务平台已经建立，但更多的是为顺应知识产权发展的形势而采取的权宜或应急之举，这就使得这些服务平台所提供的信息的种类及数量都比较少。据一些学者调查，大多数公共信息平台所提供的信息资源都很有限，服务机构难以获得政府部门所掌握的全面的知识产权信息数据。[1] 我国知识产权行政管理型网络信息服务以政务信息、确权公告等信息公布为主，新闻资讯、政务公开等栏目信息资源丰富，在线服务和互动交流栏目服务相对欠缺。[2] 笔者浏览了许多知识产权公共信息服务平台，发现它们主要提供相关的统计信息和一些组织活动信息，而对于知识产权交易、投资等方面的信息关注不够。即使有些知识产权公共服务平台有相关的信息栏目，其中的信息量也寥寥无几；以广东省知识产权公共信息综合服务平台为例，2014 年 5 月 16 日笔者查阅了其中的需求信息，发现其中虽然有著作权和专利交易需求的信息，但只有从 2012 年 10 月至 2013 年 10 月的 5 条信息，而在交易公告栏目竟然没有一条信息。

较多的服务平台提供信息的质量较低，他们在信息分类和编排、信息的审查等方面没有投入足够的力量，很多信息比较粗糙，有些信息来源就是简单地摘抄他人的信息，还会存在较大的误差。正如有学者说，目前，中国功能强大、覆盖广泛的知识产权信息平台发展不足，许多信息平台存在兼容性弱、数据库内容不丰富等问题，导致入网会员少、优质服务资源开发不足等问题，服务平台“小、弱、散、同、低”等问题突出。[3]

---

[1] 吴桐等：“我国知识产权服务业发展现状与对策研究”，载《中国发明与专利》2012 年第 6 期。

[2] 李喜蕊：“中美英行政管理型知识产权网络信息服务对比研究”，载《湘潭大学学报（哲社版）》2013 年第 1 期。

[3] 姜长云、洪群联：“加强产权和技术服务体系建设的探讨”，载《首都经济贸易大学学报》2012 年第 1 期。

（五）信息及时性问题

信息传播的及时性直接关乎信息的利用效率及其价值，有时，即使信息迟延的时间很短，也可能导致信息利用者作出错误的判断与决策，并因此受到较大的损失。企业等知识产权相关主体一般希望能够通过公共服务平台检索到最新的知识产权信息，这种意愿的实现却往往遭遇障碍。信息更新速度慢或信息发布迟延，是较多知识产权公共信息服务平台经常受到信息需求者诟病的问题。笔者也查阅了一些知识产权公共信息服务平台，在及时提供或更新企业或个人需要检索的知识产权信息方面确实鲜有成绩突出者。即使像广东省这种知识产权发展水平处于国内领先地位的地方，当我们在2014年5月使用其知识产权公共信息综合服务平台时，发现其“展示与交易”栏目中的“通知公告”项中只有2012年10月的一条信息，其中的“公知项目”列表中项目申请时间最晚的是1989年7月；其专利统计信息中最新的统计信息是2012年1～10月的信息。类似的情况在北京市知识产权公共信息服务平台和上海市知识产权信息平台中都有程度不同的体现。

二、知识产权公共综合服务平台建设的问题

知识产权公共综合服务平台是指由一定的国家机关组织建设，具有公共性和公益性，面向社会公开提供知识产权信息和咨询、知识产权保护和维权、促进知识产权创新与运用、协助知识产权管理等多方面服务的体系。知识产权公共综合服务平台的典型表现是在多个地方出现的由行政机关或司法机关牵头组建的知识产权一站式服务平台。

（一）公共综合服务平台的价值

从各地实践的情况看，知识产权公共综合服务平台具有服务宗旨公益性、服务内容多元性、服务对象广泛性、服务方式公开性、服务资源开放性、服务能力权威性等特点和优势。相对于各种专业性的知识产权服务平台而言，此类服务平台具有较强的资源整合功能和集中服务功能，还具有较强的辐射功能和服务延伸功能，它能够避免服务对象分头寻找服务资源

的麻烦，具有较强的便捷性。理想的知识产权公共服务综合服务平台是推动知识产权创造、运用、保护和管理的重要力量，社会需求也很大。正是基于其重要的价值，上海从2005年开始建设“知识产权一门式服务”平台后，不到3年时间便接待了国内外要求服务的来电、来访3万多人次，取得良好的社会效应。❶ 南京市雨花台区知识产权一站式保护中心模式启用后，位于该区的软件谷的知识产权受侵犯案件大幅减少。❷ 从国家和地方知识产权战略实施的需求上看，知识产权公共综合服务平台的建设和推广具有相当的必要性。

（二）当前公共综合服务平台建设的问题

目前，我国各地的知识产权公共综合服务平台并未能充分发挥其作用，原因在于它们自身还存在各类问题。

1. 综合服务平台的数量问题

总体而言，当前我国比较缺乏高效运转的知识产权公共服务平台，尤其是区域性平台和面向企业提供专题服务的知识产权公共服务平台。❸ 从省、自治区、直辖市这一层面看，利用互联网的强大信息功能，进行多方面的搜索后发现，除知悉上海较早建立了“知识产权一门式服务”平台外，还没有发现其他省、自治区、直辖市知识产权行政主管部门或其他国家机关组织建设了此类平台。从设区的市这一层面看，这种公共综合服务平台也很少，见诸媒体的也只有山东青岛的“一站式”知识产权服务平台❹和温州市知识产权服务园，而且从其服务内容和方式上看，有的服务平台更像是一个综合性知识产权公共信息服务平台。从县、区这一层面看，它们是目前试点知识产权“一站式”公共服务平台的重点，但这种试点还

---

❶ 陈勇：“上海形成知识产权服务体系”，载《中国科技投资》2008年第2期。

❷ 李丽、陈明贵、徐涛：“一份知识产权调研报告 催生雨花软件谷一站式‘保护’模式”，载《南京日报》2012年6月28日A11版。

❸ 冯晓青：“基于技术创新与知识产权战略实施的知识产权服务体系构建研究”，载《科技进步与对策》2013年第2期。

❹ 迟军：“青岛欲打造‘一站式’知识产权服务 联通47家服务网络”，载http://qd.ifeng.com/fgqd/detail_2013_11/20/1488278_0.shtml，2013年12月30日访问。

主要在江苏、浙江等知识产权工作做得较好的地方的局部地区，如南京市雨花区、无锡市宜兴、杭州市拱墅区等。

2. 综合服务平台的组织领导问题

知识产权公共综合服务平台需要诸多政府部门、司法机关和社会力量的支持，因此，其组织领导者应当具有较强的资源整合和调动能力，这一角色宜由当地人民政府担当，借助知识产权联席会议的平台推进，而知识产权主管部门在其中应当充当主力军的作用。但从现实情况看，极少的“一站式”知识产权公共服务平台是在当地人民政府的组织领导下构建的，不少“一站式”服务平台是由当地检察机关牵头或推动下建设的，如江苏南京雨花台区、无锡市宜兴、湖北武汉江岸区的知识产权“一站式”服务平台，当地知识产权行政主管机关在其中只发挥了配角的作用。

3. 综合服务平台的服务资源问题

知识产权公共综合服务平台的作用主要取决于其对服务资源的整合力度，特别是其所利用的服务资源的广度和质量。从已有的一些“一站式”知识产权公共服务平台的情况看，在利用国家资源方面，除了牵头机关参与较深外，其他的国家机关配合的积极性不高，甚至只是表面上的应付；在利用社会资源方面，平台活动缺乏较多权威专家和行业专家的参与，有些权威人士虽然被列入平台的专家库，但他们实际上并未真正提供过服务。以江苏省无锡市宜兴的知识产权一站式服务平台为例，其专家只是来源于个别高校。❶ 服务资源的制约导致部分知识产权公共综合服务平台的服务能力薄弱，不仅服务范围和服务内容受到限制，服务水平也不高，一些企业只能求助于营利性的社会服务机构。

4. 综合服务平台的物质支持问题

知识产权公共综合服务平台作用的有效发挥离不开必要的物质支持。当前物质条件保障的不足成为制约知识产权“一站式”服务平台有效运作

❶ 卢志坚、李崇闽、伊剑：“江苏省委副书记、省长李学勇在宜兴调研肯定知识产权一站式服务”，载《检察日报》2011 年 6 月 4 日 01 版。

的重要因素之一，这在县区层次服务平台上表现得更加突出。从实际运行的状况看，这种物质支持方面的问题主要体现在以下几个方面：平台所需要的服务场所得不到有效保障，特别是缺乏专供“一站式”服务平台运作的场所，有些“一站式”服务平台实际上是挂靠在高校校园或科技园、软件园等场所。[1]“一站式”服务平台综合性很强，涉及类型多样的事务，也就需要各式各样的设备器材，但部分设备器材往往得不到保障。活动经费得不到有效保障也是大部分“一站式”服务平台面临的困难；有些“一站式”服务平台的活动经费靠牵头部门提供，而牵头部门本身的经费就不充足；虽然相关地方表面上很重视“一站式”服务平台的工作，但大多未将平台所需经费列入预算。

5. 综合服务平台的服务水平问题

上海较早建立知识产权“一站式”服务平台，其服务水平也比较高，通过该平台为社会提供专利、商标和著作权等方面的咨询、检索、专利转让和许可合同的登记与备案、知识产权海关保护备案、植物新品种保护、计算机软件登记、网络域名登记咨询和知识产权侵权判定分析与评估等服务内容，还引进并集聚社会的知识产权中介服务机构，共同为社会提供高质量服务。[2]与之形成反差的是，绝大部分地方的知识产权“一站式”服务平台没有做到这些，在服务水平上存在较多的问题：大多服务平台在服务内容上偏向以专利为主的技术类服务，其他知识产权服务的比重很小，甚至在事实上没有提供部分知识产权服务；大多服务还处于信息提供、咨询等较低层次的服务，高价值的服务缺乏；很多服务平台主要提供知识产权保护服务及关联服务，提供其他知识产权服务的能力较低；较多服务平台提供的服务局限于很小的地域范围内，大范围的区域性综合服务平台较

---

[1] “温州市知识产权服务园正式开园”，载 http：//blog. 163. com/wziporg@ 126/blog/static/16183641120103814757 61/，2014 年 5 月 12 日访问；“知识产权保护‘一站式服务中心暨检察工作站’”，载 http：//rjg. 5ipatent. com/content? id = 487C79C8 – 5CCB – 4658 – 8CE8 – 9CFF4B1B6D0A，2014 年 5 月 13 日访问。

[2] 陈勇：“上海形成知识产权服务体系”，载《中国科技投资》2008 年第 2 期。

为欠缺，不同地方的“一站式”服务平台之间的联动与合作较少；大多“一站式”服务平台没有解决好公共服务与商业性服务之间的关系，没有将公共服务平台与商业服务平台进行有效对接，没有有效地利用社会中介服务机构的力量去提升平台的服务水平。

第三节 行业组织自治方面存在的问题

一、知识产权行业组织自治方面的问题

（一）知识产权行业自治组织的价值

本书所说的知识产权行业自治组织指主要从事知识产权方面的活动的行业自治组织，区别于产业类行业协会，以知识产权服务类行业协会为代表。它们主要是由一些专司知识产权研究和保护的专业性行业协会所组成，在我国有中国知识产权研究会、专利代理人协会、中国版权保护中心、中国音乐著作权协会、中国版权协会、中国发明协会、中国专利保护协会、中华商标协会等。他们的特点是专业性、业务性比较强，不同协会对理论和实践保护等方面各有侧重，他们在知识产权保护和服务的某一方面作用发挥也相对充分。[1] 各地也都建立了相应的协会，从而形成一个庞大的知识产权行业自治组织体系。

这类行业组织除了具备一般的行业协会在促进产业发展和规范市场行为方面所具有的信息优势、亲和力优势、专业优势和群众基础优势外，[2] 其在知识产权方面的专注度及专长是其他行业组织所无法比拟的，其在知识产权的信息提供、理论支持、保护帮助、管理咨询、行为引导、人才培训、沟通交流等方面所能发挥的综合作用通常要强于其他类型的行业协会，

---

[1] 邓忠华：“行业协会在知识产权保护中的地位”，载《中华商标》2007 年第 4 期。

[2] 董新凯：“市场规制的社会化——以行业协会为例”，载《江苏社会科学》2006 年第 5 期。

因此，它们是我们在“战略”实施中利用行业自治力量的重点。

然而，由于诸多问题的存在，我国知识产权服务类行业协会虽然数量较多、体系庞大，却未能将其应有的能量较好地展现出来。

（二）知识产权行业自治组织的组织结构问题

合理的组织结构是行业协会有效发挥作用的机制保障，而这种合理的组织结构在很多知识产权行业自治组织中是缺失的。通过对一些协会实际情况的了解和查阅部分协会的网站，我们发现这方面的问题主要有以下几种。

（1）协会领导层面的问题。在很多知识产权服务类行业协会中，协会较多的领导是由政府机关现任的领导或管理人员担任的，甚至多个不同协会的部分领导是一批相同的政府官员。如果协会的会长和常务理事成员大多具有政府身份特征，协会的组织边界因为政府身份背景者的渗透而被打破，则协会容易受到政府的控制而丧失自主性。[1] 固然政府官员的加入可以提供协会的权威性，也能够为协会的活动提供一些便利，但这种做法实质上使知识产权服务类行业协会失去了真正的自我，它们成了政府知识产权主管机关的附属，完全受制于政府知识产权主管机关，沦为“二政府”的地位，作为一个行业性的知识产权自治组织的诸多优点因此荡然无存。多个知识产权服务类行业协会的重要领导由同一部分人担任，往往使这些本应有着不同职能的自治组织同质化，造成知识产权领域部分行业自治功能在事实上的缺位。

（2）具体办事组织的问题。从各种知识产权服务类行业协会的章程就该协会的组织规定的情况看，其重点在于协会领导机构及各级领导的规定，[2] 而对于具体行使协会服务职能的办事组织根本未作规定，这使得很多知识产权服务类行业协会严重虚化，只是成了一个定期交流或议事的机

---

[1] 张沁洁、王建平：“行业协会的组织自主性研究——以广东省级行业协会为例”，载《社会》2010年第5期。

[2] 一般的章程主要是就会长、副会长、秘书长、副秘书长、常务理事、理事及会员代表会、常务理事会议、理事会议作出规定。

构或平台，很多重要职能没有具体的承担者和实施者。

（三）知识产权行业自治组织的职能定位及行使问题

合理的职能定位是知识产权服务类行业协会发挥其应有作用的前提，但目前一些知识产权服务类行业协会的职能定位有失偏颇，主要是章程所规定的职能范围过宽，使协会难以集中精力专注于其服务于协会成员的职能。比如，在江苏等地方的专利代理人协会章程中，规定组织学习法律政策、制定行规、普及宣传、组织业务培训与研讨、为社会提供专利咨询与代理服务、维护发明创造人及专利权人的权益、开展民间交流、编辑出版专利刊物或书籍等职能，其中的为社会提供专利咨询与代理服务、维护发明创造人及专利权人的权益等职能显然应当是其会员专利代理机构及专利代理人的业务，而不是协会应有的职能，章程中规定这些职能无异于越组代庖，并会冲淡其为作为其会员的专利代理机构和专利代理人服务的职能。再如，在广东等地的版权保护联合会的职责中包含“提供与版权有关的常年法律服务”，这种服务的范围通常会覆盖到会员之外的组织或个人，影响联合会服务于会员职能的发挥。又如，在浙江等地的商标协会章程中，除了规定为会员服务的各项业务范围外，还规定“接受委托，参与商标价值的评估……，以及其他涉及商标的事务”，这种职能定位很容易协会在经济利益的驱使下将很多精力用于对非会员的服务上。

章程中规定的职能只有落实才有意义，否则只能算是一种文字游戏。事实上，很多知识产权服务类行业协会的职能实际上只有一部分得到发挥。比如，很多协会的章程都规定要维护会员的合法权益，但这种维权往往只使较大或较有影响的会员从中受益，而中小会员并未享受到这种福利。很多协会的章程都规定了推动会员参与国内外的合作与交流，但真正能够在会员与境外机构或人员的交流中发挥较大的实质性作用的协会很少。不少协会章程中强调“加强行业自律，维护行业的正常秩序，制止和谴责不正当竞争行为”，“调解会员在执业过程中发生的纠纷”，[1] 但这些规定大多停留在纸面上，特别是面对知识产权代理行业的一些恶性竞争现象，这些协会在制裁会员不当的市场行为、维护市场秩序方面实际上并未发挥明显作用；这主要是因为我国没有在立法明确专利代理协会等知识产权服务类协会的法律地位，更没有像《律师法》那样明确赋予协会对于违规会员的惩戒权。[2]

（四）知识产权行业自治组织的条件保障问题

知识产权服务类行业协会在发挥职能作用方面存在诸多保障条件方面的制约。

首先，人力保障条件的不足。知识产权服务类行业协会在行使职能的过程中往往需要处理较多事务性工作，但这类行业协会普遍缺乏足够的办事人员，尤其是专职办事人员，影响了涉及协会职能的一些事务性工作的及时处理，从而害及其职能的发挥。另外，从现在诸多知识产权服务类行业协会的管理队伍看，有些政府机关的领导或管理人员进入了协会的管理队伍中，而这些领导或管理人员实际上缺少必要的知识产权知识或技能，影响了这类协会具有较强专业性的职能的发挥。

其次，物质保障条件的不足。知识产权服务类行业协会的良好运作需要必要的经费支持，虽然这类行业协会的章程都规定了会员会费、政府资助、有偿服务收入、接受捐赠等多种经费来源，但由于会员会费标准较低，政府资助力度有限，有偿服务效果不佳，外部捐赠极少，加上部分协会的经费使用不合理、经费管理不够严格等原因，经费紧张现象在很多知识产权服务类行业协会都有所存在，包括成绩比较突出的一些地方知识产权服

---

[1] 2013 年修订的《广东专利代理协会章程》第 7 条之规定，其他地方专利代理协会章程都有类似的规定。

[2] 赵浩：“我国专利代理行业存在的问题及其解决思路”，载 http：//china.findlaw.cn/chanquan/zhuanlifa/zhuanlidaili/25563.html，2014 年 4 月 26 日访问。

务类行业协会。❶ 以出版行业协会为例，协会普遍存在经费不足的问题；资金的短缺导致协会机构设置不完善，工作内容简单，人员老化，缺乏工作规则。❷ 此外，从部分知识产权服务类行业协会反映的情况看，必要的场所、交通工具等物质条件的缺乏也制约了它们作用的发挥。

最后，环境保障条件的不足。这种问题主要体现为良好的行业氛围的缺乏：一方面，很多知识产权服务类行业协会的成员对于协会工作的支持不够，对于协会在服务过程中需要的资源较少给予积极的帮助；另一方面，一些知识产权服务类行业协会的行业认同度较低，缺少协会成员的信任，协会成员较少求助于协会，致使协会的服务资源和服务能力因闲置而浪费。

二、产业类行业组织自治方面的问题

产业类行业协会在“战略”实施中具有很重要的作用，正如有些学者所说，“战略”的实施涉及宏观、中观和微观三个层面，而在中观层面实施知识产权战略，主要的力量为行业协会、中介机构和评估机构等社会中间层主体；在这些中间层主体中，最为关键的又是行业协会。❸ 这一点在有些领域特别明显，比如，在海外知识产权纠纷中，经常涉及同行业的多个企业，甚至整个行业都牵涉其中，这时候就迫切需要由行业协会来沟通、引导或组织涉案企业应诉。❹ 但是，我国产业类行业协会存在的一些问题影响了其在“战略”实施中作用的发挥，这些问题主要有以下几个方面。

（一）部分行业协会的独立性不强

行业协会功能的发挥与其自身的独立性有较大关系，一般说来，只有行业协会具有高度的独立性，其所具有的各种优点才能在其职能行使过程

---

❶ “知识产权协会也‘差钱’供有偿服务”，载 http：//lights. ofweek. com/2013 - 09/ART - 220009 - 8120 - 28718916. html，2014 年 5 月 20 日访问。

❷ 金娜：“出版行业协会特点分析及我国发展对策”，载《科技信息》2007 年第 19 期。

❸ 张泽吾：“国家实施知识产权战略的层面及重点”，载《理论界》2009 年第 5 期。

❹ 卢海君、王飞：“‘走出去’企业知识产权风险研究”，载《南京理工大学学报（社会科学版）》2014 年第 2 期。

中充分体现出来。一个高度独立的行业协会，能够在“战略”实施中发挥政府机关、企业和个人不能发挥的作用。但是，我国目前行业协会的独立状况还不能令人满意。纵观全国，相当一部分行业协会是从政府专业职能部门转化而来的，或由政府出面成立，其在维持运转上依赖于政府部门，有些协会的会长也由地方政府官员兼任；这尽管可以使其获得政府的支持，但也在很大程度上使行业协会沦为政府部门的附庸，影响了其独立性和功能的发挥。❶ 因为行业协会的效能与政治控制存在显著的负相关关系，政府职能转移不到位是影响协会效能发挥的重要政治变量。❷ 协会与政府的关系越强，协会自主性越低。❸ 而行业协会的自主性是行业协会发挥能动作用和具有创造性的前提，行业协会的这种创造性和能动作用是其推动“战略”实施的灵魂所在，这是“战略”实施活动本身的创新性和复杂性所决定的，一个没有自主性的行业协会是没有办法在“战略”实施中发挥补充政府机关功能作用的。另外，部分产业类行业协会还承担着政府部门的某些职能，这虽然一定程度上有利于提升协会对企业的影响力，但是从其本质来看，行业协会的管理功能偏离了协会为企业服务的本质，❹ 更不利于这些行业协会集中精力与智慧为其成员在“战略”实施中的行动提供优质服务。

（二）部分行业协会的“战略”意识不强

意识具有强大的能动作用，意识可以能动地认识世界，也可以能动地改造世界。“战略”的实施同样需要发挥各相关主体的主观能动性，需要他们有很强的“战略”意识。行业协会要想在“战略”实施中有较大的作为，也需要有较强的“战略”意识，要在主观上高度认识到“战略”实施

---

❶ 高映红：“行业协会与产业集群知识产权保护”，载《北方经济》2010 年第 5 期。

❷ 李学楠：“行业协会的效能与资源依赖——一项基于上海市的实证研究”，载《广东行政学院学报》2014 年第 1 期。

❸ 张沁洁、王建平：“行业协会的组织自主性研究——以广东省级行业协会为例”，载《社会》2010 年第 5 期。

❹ 赵向莉、贾志永：“行业协会对企业机会主义行为的治理模型及实证分析”，载《学术探索》2012 年第 1 期。

的重要性，要清楚“战略”实施的主要内容和根本要求。早在国务院发布《纲要》之前，浙江的一些行业协会便具有了很强的专利战略意识，在这种意识的指引下，他们为了弥补国家专利制度的局限性，能动性地实施了行业内部的“土专利”制度，有效地维护了行业内的竞争秩序，刺激了协会成员的创新热情。[1] 这在一定程度上说明行业协会的“战略”意识对于其推动“战略”实施的重要意义。

然而，目前我国大量的产业类行业协会并没有较强的“战略”意识。他们没有意识到“战略”对于整个国家的发展及其行业自身发展的重要意义，更不清楚《纲要》的主要内容和“战略”实施的要旨，没有意识到“战略”的实施对于本行业的影响及本行业在“战略”实施过程中能够发挥的作用。正是由于这种“战略”意识的缺失，很多行业虽然涉及大量知识产权方面的事务或问题，也很有必要制定本行业的知识产权战略，但相关的行业协会没有及时利用“战略”实施的时机制定相应的知识产权战略，也没有在国家和各地知识产权行政主管部门推进“战略”实施的行动中以积极主动的姿态参与其中。

（三）部分行业协会具有狭隘的局部利益观念

从产业类行业协会的本质及其现实状况看，这种局部利益观念主要体现在三个方面。

（1）狭隘的行业利益观念。产业类行业协会是某一行业范围内的经营者基于自愿而形成的一个自治组织；其宗旨主要在于促进本行业的集体性利益或共通性利益。[2] 在实践意义上讲，不仅在市场内生型行业协会，甚至于在自上而下形成的政府性行业协会，行业协会作为行业利益的代表，往往注重的是行业内的“公益”，而损害了行业外的社会“公益”；换句话

---

[1] 赵坤：“行业协会在产业集群知识产权保护中的作用”，载《甘肃行政学院学报》2007 年第 1 期。

[2] 鲁篱：“行业协会经济自治权研究”，法律出版社 2003 年版，第 5 页。

说，协会范围内的公共利益在实践上是高于社会公益的。[1] 这种利益倾向在“战略”实施中是一把双刃剑。一方面，它能够使行业协会采取一些符合我国“战略”宗旨的行动。比如，行业协会作为成员企业的自律组织，可以协调企业之间激烈的技术竞争；在建设创新型国家过程中，国内外的同行业科技竞争是不可避免的，但为减少竞争中无谓的效率损失，行业协会可以发挥适当协调和维护竞争秩序的作用，以增强同行业整体的自主创新能力。[2] 再如，行业协会可以研究我国的技术壁垒，制定行业技术标准，强化市场准入机制，保护国内市场和提高民族产业的国际竞争力；还可以联合企业行动，宣扬民族品牌，协助企业开拓国际市场。[3] 另一方面，就国内层面看，行业协会的这种利益倾向又会使它们采取一些有悖于“战略”意旨的行动。比如，在一些传统产业，为了避免落后技术的淘汰给全行业带来的阵痛及眼前利益的损失，行业协会可能会利用技术标准制定的便利维系落后技术的使用，阻碍一些先进技术研发和推广。再如，在一些重要的知识产权法律、行政法规、政策的制定过程中，一些行业协会可能只站在其行业的角度思考问题，而不考虑这些规范性文件及政策对于“战略”推进的整体效果；在“战略”实施中一些关系到知识产权整体发展的行动可能会因其与个别行业利益的冲突而遭到相关行业协会的抵制。

（2）狭隘的成员利益观念。基于行业协会组成的自愿性，很多行业协会的成员并未覆盖到整个行业，这样在这些行业的企业就分成了行业协会的成员企业和非成员企业两部分。行业协会作为一个组织体，天然存在将自身行业利益庸俗化、狭隘化，并以行业协会的名义对非本协会成员的企业进行打压和排挤的倾向。[4] 行业协会作为其成员企业的代表，会在激烈

---

[1] 吴东民、王海祥：“公与私：中国行业协会的矛盾定位解析”，载《四川行政学院学报》2009 年第 6 期。

[2] 张国华：“论创新型国家的行业协会法制建设”，载《唯实》2008 年第 4 期。

[3] 朱英主编：《中国近代同业公会与当代行业协会》，中国人民大学出版社 2004 年版，第 544 页、第 546 页。

[4] 侯雪梅：“反垄断法视野中的行业协会”，载《北方论丛》2008 年第 4 期。

的技术竞争与品牌竞争过程中，将其成员企业组织起来，通过操作行业技术标准的制定权和管理权，或在技术方面进行联合抵制或拒绝交易，阻碍非成员企业的技术创新和技术应用。对于一些由政府扶持建立的行业知识产权服务平台，行业协会往往会利用其管理权，将其服务资源全部提供给成员企业，而非成员企业很难分享这种具有一定公共性的知识产权服务平台所带来的便利。行业协会还往往通过决议，促使其成员企业拒绝对作为交易相对方的某一企业进行交易，借此对同行业的非成员企业进行抵制、排挤或限制，拒绝新的同行业非成员企业进入其已有市场，或不正当地区分不同的交易主体，在产品供给价格上对作为非成员企业的交易主体实行区别于其他交易主体的歧视价格。这些做法会对非成员企业品牌的成长造成严重障碍，也使我国企业的品牌实力无法在正常的市场竞争中获得整体的提升，影响我国民族品牌的健康发展。

（3）狭隘的集团利益观念。在协会内部有可能形成不同的利益集团，在内部利益协调的过程中占优势的企业团体将控制行业协会，利用行业协会的名义对协会内部其他成员采取措施，❶ 对其他协会成员进行歧视，不正当地排斥某一企业，或者不正当地区别对待某一企业，给该企业的生产销售活动带来困难。❷ 这样一来，不仅使被排斥企业的创新能力受到压制，也会使整个协会成员的技术进步与品牌发展的速度因缺乏必要的竞争而受到较大的损害。另外，这种优势成员企业对其他成员企业的排斥还会引发行业协会内部的矛盾与纷争，行业协会很难整合整个行业的力量去进行协调创新和集成创新，影响重大知识产权成果的产出，各个成员企业的品牌发展水平也会因为内耗而受到损害。在一个内部极不和谐的行业协会，“战略”的实施很难得到高效有序地开展。

（四）部分行业协会缺乏知识产权专业人才

协会效能与协会的人力资本具有显著相关关系；协会秘书长认知越到

---

❶ 喻术红、周玮：“行业协会利益失衡问题及其法律规制”，载《武汉大学学报（哲学社会科学版）》2008 年第 1 期。

❷ 侯雪梅：“反垄断法视野中的行业协会”，载《北方论丛》2008 年第 4 期。

位、工作人员越年轻、平均教育程度越高、专业人员数量越多，协会的效能越高。[1] 由于“战略”实施的高度专业性，专业人才的作用就显得更为重要；没有相应的知识专业人才，即使行业协会知道“战略”的重要性及“战略”的内容，也不知道自己该如何做，更不知道如何将“战略”的实施与本行业协会的特点结合起来。但是，从现实情况看，我国目前大部分产业类行业协会在知识产权专业人才方面远远不能满足“战略”实施的需要。我国的行业协会现有人力资源素质不高，缺乏在知识产权和技术创新管理方面有经验的专业人才，无法实现行业协会的功能。[2] 在有些地方，行业协会在推动中小企业科技进步方面发挥了较大的作用，但由于专职人才队伍的局限，这种作用还是受到了较大的制约。[3] 产业类行业协会知识产权专业人才的不足主要体现在以下几个方面：(1) 该类行业协会的管理人员大多没有必要的知识产权知识和相应的知识产权管理能力。他们无法就本行业切入到“战略”实施中的角度、工作内容、工作方法、人员调配、资源配置作出合理的安排。(2) 该类行业协会基本上没有设置专人管理和协调本行业的知识产权工作。因此，即使知识产权工作被列入协会的工作内容，也会因为专人的缺乏而流于形式，难以产生实效。(3) 该类行业协会很少引入知识产权服务机构为其知识产权事务提供指导与帮助。在自身没有足够能力应对行业内各种知识产权事务时，很多行业协会没有能力或者不愿意引入社会资源以弥补自身的不足。

---

[1] 李学楠：“行业协会的效能与资源依赖——一项基于上海市的实证研究”，载《广东行政学院学报》2014 年第 1 期。

[2] 高映红：“行业协会与产业集群知识产权保护”，载《北方经济》2010 年第 5 期。

[3] 姜长云、谢贝妮：“行业协会对农村中小企业科技进步和创新能力建设的影响”，载《江淮论坛》2011 年第 4 期。

第四节 社会性知识产权服务资源利用方面存在的问题

一、社会性知识产权服务资源利用的重要价值

本书的称社会性知识产权服务资源包括两个部分：（1）指由企业、事业单位和社会团体所拥有，不具有开放性，主要提供给其内部成员的知识产权服务资源，亦即内部服务资源。（2）知识产权中介服务机构以外的社会性组织面向社会有偿或无偿提供的知识产权服务资源。打破社会性知识产权服务资源的封闭性，实现内部知识产权服务资源的共享，重视和有效利用知识产权中介服务机构以外的组织所提供的知识产权服务资源，具有重要的意义。

（一）弥补知识产权公共服务资源供给的不足

虽然“战略”实施后各地在知识产权公共服务平台和社会中介服务机构的建设上倾注了大量的人、财、物力，但它们所提供的知识产权服务资源远远不能满足各地加速推进知识产权战略加速实施的需要；无论是在其所提供的服务资源的数量上，还是在服务的质量上，都还存在不少欠缺。社会性知识产权服务资源的平台虽然各自的规模不一定大，但由于数量众多，可以对知识产权公共服务资源的不足起到较好的补充作用。一些内部知识产权服务资源往往是精雕细刻而成的，比一些仓促应急上阵的公共知识产权服务资源在质量上更好；一些社会性组织往往在知识产权服务特色或细节上做较多的文章，其所提供的知识产权服务有时也具有较高的质量。因此，社会性知识产权服务资源有时也会对一些公共知识产权服务资源在质量上的欠缺发挥一定的弥补作用。比如，高校科技查新站以图书馆资源为支撑，依托于科研氛围浓厚的高校，有着其他信息服务机构不可比拟的

信息资源、现代化设备、专业人才、学术氛围等多方面的优势。[1]

（二）促进社会性知识产权服务资源自身质量的提高

将社会性知识产权服务资源加以推广运用，可以在两个方面促进这些服务资源本身在质量上的提升：（1）可以使服务提供者获得一定的使用费用，解决其资源平台建设与运行经费紧张的问题，增强其优化资源平台软硬件的能力，使其服务资源质量的提升获得必要的物质条件。（2）随着社会性组织所提供的知识产权服务资源使用范围的扩大以及内部知识产权服务资源的开放，这些服务资源的提供者就会面临越来越大的竞争压力，为了巩固或强化其在竞争的地位，他们就必须在服务质量上做出较大的努力。

（三）更好地满足社会对于知识产权服务的需求

一方面，由于内部知识产权服务资源和社会性组织提供的知识产权服务资源具有量大、分散、存在广泛的特点，服务需求者可以较轻易地找到其需要的服务，在利用上具有较大的便利。另一方面，这些为数众多的服务提供者在不断地挖掘或开发新的服务资源，服务需求者往往能够从中找到最新的知识产权资讯或最新的服务形式。另外，它们更容易满足社会对于知识产权服务资源多样化的需求，因为这些形式各异、风格多样的组织通常会具有自身的优势和个性化考虑，他们所提供的服务也会有一定的差异，对于不同的社会需求有较强的适应性。

二、社会性知识产权服务资源利用方面的不足

从目前情况看，我国社会性知识产权服务资源的价值远远没有得到发挥，存在着以下主要的问题。

（一）对社会性知识产权服务资源缺乏足够的重视

从“战略”实施的领导者和组织者层面看，由国家到地方，无论是政府知识产权联席会议，还是政府的知识产权主管机关，还没有开发和利用

[1] 潘颖、周金元：“高校科技查新服务社会化探讨”，载《现代情报》2009年第9期。

社会性知识产权服务资源的意识，他们把主要的精力都放在知识产权公共服务平台的建设和知识产权社会中介服务工作的推动上，没有将社会性知识产权服务资源纳入知识产权服务体系的建设中。从社会性知识产权服务资源的拥有者层面上看，他们还没有扩大其服务范围的强烈意愿，也没有担当知识产权公共服务平台和知识产权社会中介服务机构的补充力量的要求，更没有与他们进行竞争的想法。以科技查新为例，很多高校的图书馆在这方面都有较强的优势，但他们严重缺乏主动服务的意识；作为行政事业单位体制的高校图书馆，长期以来一直为学校的教学、科研服务，服务模式单一，而且图书馆的工作人员目前还是吃“皇粮”，缺乏激励机制，觉得开展社会化服务不是分内事，多一事不如少一事，这种消极心态造成图书馆员对社会化服务的积极性不高，只是简单地等用户上门寻求服务。❶从知识产权服务需求者的层面上看，他们已经习惯性地将目光盯在知识产权公共服务平台和知识产权社会中介服务机构身上，没有从其他途径寻求服务和帮助的意识。在多个层面上不受重视的状况下，社会性知识产权服务资源的开发、维护和运用自然也就存在很多问题。

（二）社会性知识产权服务资源存在利用上的障碍

从社会性知识产权服务资源的现有状况看，在开放性利用上存在着较多的不便：单位内部的知识产权服务资源在使用者身份方面往往设定了限制，外部组织或个人通常没有使用权限，或者因为服务场所、服务设施的选择与配置、服务时间的安排一开始就是从本单位内部成员的需要出发的，外部人员进入或使用服务系统会有较多的麻烦或不便。以高校的科技查新服务为例，高校查新机构的工作时间和学校同步，受学校寒暑假的影响。在假期中很少开展业务，不能满足随时提供查新服务的需求，这便在一定程度上影响了查新社会化的发展。❷ 有些社会组织提供的知识产权服务资

---

❶ 聂峰英：“高校科技查新服务社会化 SWOT 分析及战略决策”，载《情报探索》2011 年第 12 期。

❷ 潘颖、周金元：“高校科技查新服务社会化探讨”，载《现代情报》2009 年第 9 期。

源也多针对自己的成员，非成员的组织或个人在接触或操作其服务系统或配套设施时也存在各种障碍。另外，社会性服务资源在个性化设计方面往往比较强，资源需求者要在纷繁复杂的各种信息载体中找到自己需要的服务也会费很大的周折。

（三）社会性知识产权服务资源提供者存在一定的问题

很多单位内部的知识产权服务平台也有较高的服务水平，但其设计是针对内部员工需要的，在服务能力上有较大的局限，如果对外提供服务，很可能会影响其对内服务职能的发挥。较多拥有知识产权服务资源的单位长期生存于计划体制内，没有参与社会化竞争的动力和能力，不情愿对外提供服务。借助“战略”实施和创新型国家建设的有利形势，各种各样的社会组织也提供形式多样的知识产权服务，但相互之间存在较多不正当竞争，服务水平良莠不齐，秩序混乱，严重影响了人们对社会性知识产权服务资源的判断与利用。另外，与政府全力打造和助推的知识产权公共服务平台与知识产权中介服务机构相比，社会性知识产权服务资源在公众心目中缺乏必要的权威性，影响人们对这些服务资源的信任和运用。

第五节　社会化服务水平提升的主要对策

一、强化知识产权中介服务的对策

面对我国在知识产权中介服务方面存在的诸多问题，我们应当对症下药，采取针对性较强的有效措施。

（一）大力加强知识产权中介服务组织建设

1. 迅速扩大知识产权中介服务组织的规模

各地应当加大宣传和引导力度，加强知识产权服务行业的财政税收政策和其他相关政策的支持，相关政府部门简化企业开办的手续，培育壮大知识产权服务业。鼓励有条件和有能力的组织或个人创办知识产权中介服务机构，我国2013年年底修订的《公司法》所创造的宽松环境，支持公司形式的知识产权中介服务机构的设立，特别是基于当前突出的社会需求支持主要从事专利中介业务或版权中介业务的知识产权中介服务机构的建立。

在增加知识产权中介服务组织总体数量的基础上培育一批规模较大的中介机构，这是当前的一个重要任务。知识产权主管机关可以通过政策扶持和示范引领等方式，鼓励较小的中介服务机构进行优化组合，形成较多具有一定规模的中介服务机构，以此增强中介服务机构自身的服务能力，并提升我国知识产权中介服务机构的整体竞争力。特别是在商标代理业务方面，规模化的运作更显得必要，各地商标主管机关应当加强引导和协调，在自愿的前提下促成一些小的商标事务所进行整合，或将其他一些中介服务机构兼营的商标中介服务通过一定的方式融合给专业性的商标中介机构。各地知识产权主管部门有必要发挥自己的影响，并合理配置其所掌握的资源，缔造一些具有较强实力的知识产权中介服务龙头机构，以此引领和带动本地的知识产权中介服务业的健康、快速发展。

各地知识产权主管部门可以通过政策引导、资金扶持、环境营造等方式推动本地的知识产权中介服务机构到外地设立分支机构，以此带动知识产权中介服务机构在规模上的提升，并促进不同地方知识产权中介服务机构之间的竞争，也可以利用知识产权发展较快地区的知识产权中介服务机构的力量带动知识产权发展缓慢地区知识产权中介服务的发展。

知识产权中介服务组织规模化的另一个重要体现就是知识产权服务机构的集聚，这种集聚既为满足企业的需求提供便利，也有利于服务机构自身做大做强，还有利于政府相关部门进行集中监管，从而能同时解决我国目前知识产权服务业所存在的“小、乱、偏、散”等方面的问题。知识产权主管部门应当有意识地创建知识产权服务集聚区，落实配套措施和优惠政策，为知识产权服务搭建发展平台，培育市场需求；鼓励知识产权服务机构进驻产业园区、产业基地，在有条件的地方建设知识产权服务产业

园区。❶

2. 有效培养知识产权中介服务组织的专业人才

基于知识产权中介服务的高度专业性，知识产权中介服务组织的发展是以足够数量的专业中介服务人员为支撑的。为了有效地增加知识产权中介服务人员的数量，国家相关主管部门可以在保证中介服务人员质量不下降的基础上，适当调整以专利代理人资格考试规范为代表的知识产权执业资格考试政策，增加政策的灵活性和适应性，使更多在事实上能够胜任知识产权中介服务工作的人员可以通过考试取得执业资格。知识产权行政主管部门应当与教育行政主管部门密切合作，建立多层次的知识产权人才培养培训体系，为发展与完善知识产权服务体系提供人才保障；❷ 鉴于高校在人才培养方面的成熟体系和较强的人才培养能力，相关部门应当充分调动高校在知识产权中介服务人才培养方面的积极性，使高校主动适应社会需求进行专业调整、培养方案的优化，为社会输送具有较好知识产权中介服务基础的毕业生；江苏省人民政府、工业和信息化部、国家知识产权局于2013年签署协议，共建南京理工大学知识产权学院，借此推动以专利代理人为核心的高层次知识产权人才的培养工作，❸ 这种做法值得提倡。

知识产权中介服务人员数量的增加是知识产权中介服务发展的基础，而知识产权中介服务人员素质的提升则是知识产权中介服务发展的关键。为了提高知识产权中介服务人员的素质，我们需要从多方面作出努力：从长远角度考虑，应当着重通过高校进行系统教育，培养具有全面素质的知识产权中介服务人员，甚至可以考虑设置专门的专业和学科。优化知识产权中介服务的从业资格规范，在专利代理人执业资格考试中强调其全面的

❶ 吴桐等："我国知识产权服务业发展现状与对策研究"，载《中国发明与专利》2012年第6期。

❷ 洪群联："我国知识产权服务体系发展现状与战略思路"，载《经济纵横》2011年第11期。

❸ 钟华、杨萍："三省部级单位共建南京理工大学知识产权学院：开创知识产权人才培养的新路"，载《中国科学报》2014年3月6日第5版。

素质及开拓高端或新型业务的能力；恢复商标代理人执业资格的要求，防止缺乏商标中介服务基本知识和技能的人员进入该行业；在版权代理等其他领域的知识产权中介服务方面实行从业资格制度，保证从业人员的基本素质。知识产权主管部门采取专项措施，通过境内系统培训和境外合作交流等方式，培养一批能够熟练从事国际知识产权服务业务的知识产权代理人员。通过竞争机制和知识产权主管部门的合理引导，促使知识产权中介服务人员在掌握基本业务知识和执业技能的基础上形成各自的服务特色。

3. 促进知识产权中介服务组织的平衡发展

国家知识产权主管部门应当高度重视经济欠发达地区和中西部地区知识产权中介服务组织的发展，通过经费资助、业务培训、政策扶持等方式帮助这些地区有更多的人能够具备知识产权中介服务从业资格，并在此基础上增加知识产权中介服务机构的数量。在知识产权发展水平较高而知识产权中介服务没有相应发展的地区，知识产权主管机关应当加强引导，特别是通过有效的宣传使有知识产权服务能力的人看到该行业的美好前景，增加更多的人设立知识产权服务组织的意愿和信心。

相对于专利代理和商标代理，版权代理组织仍然显得不足。要解决这个问题，版权主管机关应当与相关机关紧密配合，采取一些促进措施。最好是成立职业化、专业化、实体化的版权代理公司，国家在起步阶段可给予一定扶持，或依托某一大型出版集团，或几家集团公司联合控股，总之一定要办成真正的企业；要大力鼓励和支持行业性的、职业人的自发性组织的成立与联合，在实践中逐渐寻求有效捍卫自身权益的途径。[1] 在集成电路布图设计、域名、植物品种权、商业秘密等领域，相关政府部门应当与知识产权主管机关合作，给予必要的资金支持，并赋予一些优惠待遇，直接扶持一些中介服务组织的设立。

4. 完善知识产权中介服务机构的内部组织机制

各地工商行政管理机关应当加强对知识产权中介服务机构的指导，帮

---

[1] 戴云波、马莉：“版权代理机构与出版经纪人制度：出版业的两个命门”，载《中国版权》2012 年第 4 期。

助他们优化和完善内部组织机构及规章制度的建设，特别是具有公司组织形式的中介服务机构能够形成完善的法人治理结构。相关的知识产权主管机关可以与工商行政管理机关进行合作，在知识产权中介服务机构中推行法人治理结构示范建设，以此带动整个知识产权中介服务领域企业组织机制的规范化。

（二）高度重视知识产权中介服务质量的提升

1. 扩大知识产权中介服务机构的服务范围

面对新时期国家实施知识产权战略以及创新型国家建设对代理行业提出的新要求，代理机构应当着力拓展职能，以适应时代的发展。[1] 中介服务机构不应囿于传统的基础业务和代理业务，要向一些进取性业务方向发展，帮助企业进行知识产权规划，提供知识产权运营策划或品牌设计服务，为企业提供知识产权预警、项目知识产权监理等服务。知识产权主管部门可以有效利用其政策工具，打造一批具有较强综合服务能力的中介服务机构，鼓励中介服务机构在形成或保持自身特色的基础上向纵深拓展，有能力应对和满足各种不同的服务需求。

2. 提高知识产权中介服务机构的服务层次

知识产权主管部门应当利用培训、研讨会等形式加强对知识产权中介服务机构的教育和引导，使他们充分认识到发展知识产权高端服务业的重要性，并能够主动调整其服务内容和服务结构，不断向高端服务拓展。知识产权主管部门还可以争取财政部门的支持，设立专项资金，培育自主品牌的高端知识产权服务机构，提供发展研发设计、市场需求调查、竞争对手分析、战略布局、专利申请、专利组合与运用、知识产权管理等全流程、全方位服务。[2] 知识产权中介服务机构应当自觉加强业务研究，把握知识产权服务业发展的趋势，及时开发和提供一些具有前瞻性和战略性的高端

---

[1] 朱涛、刘桂明：“拓展代理机构职能促进知识产权战略实施”，载《中国发明与专利》2010 年第 10 期。

[2] 吴桐等：“我国知识产权服务业发展现状与对策研究”，载《中国发明与专利》2012 年第 6 期。

服务品种。

3. 增强知识产权中介服务机构的服务效果

为了提高委托人对知识产权中介服务机构的满意度，知识产权中介服务人员就必须提高中介服务的质量。我国正在推行企业知识产权管理标准化工程，这一做法可以引入知识产权中介服务业；为了全面提高知识产权中介服务的质量，有必要实行知识产权中介服务标准化工程。通过标准化管理，规范知识产权服务行为，优化知识产权服务流程；依靠相关服务标准的制定、实施、自我评价、监督检查等工作环节，很好地在服务中实现中介机构及中介人员的自我规范、自我实施、自我监督和自我完善；并通过标准化创新知识产权服务内容，拓展服务领域。[1] 除了通过规范化管理来保障服务效果外，从业人员的能力还要不断提高。知识产权主管机关和知识产权服务业行业协会应当加强从业人员的继续教育，将从业人员继续教育制度化，并加强继续教育制度的实施，特别是要防止继续教育流于形式，加强高校和社会培训机构在知识产权中介服务人员继续教育过程中的合作，切实使中介服务人员能够通过继续教育补充新的知识，提高服务技能。另外，加强中介服务人员与当事人的沟通，防止因为误解而使部分服务成果被消解。

4. 维护好知识产权中介服务的市场秩序

良好的市场秩序是提高知识产权中介服务质量的重要保障。服务秩序的维护需要多方的共同努力：（1）各个方面应当加强对知识产权中介服务人员职业道德和执业纪律的教育，使他们在从业过程中能够自觉奉行诚实守信、公平竞争的信条。（2）以知识产权主管机关为代表的相关政府部门应当加强对知识产权中介服务机构和中介服务人员的监管，要探索监管体制的改革，[2] 严格监督服务内容和服务行为，切实提高监督的效率。对于

---

[1] 李伟、陈哲、李鹏：“知识产权服务标准化工作的实践与思考”，载《标准科学》2013 年第 2 期。

[2] 洪群联：“我国知识产权服务体系发展现状与战略思路”，载《经济纵横》2011 年第 11 期。

违反法律、法规、职业道德的中介服务机构和中介服务人员，监管机构要严格执法，依法惩戒，维护政府监督的权威性。（3）要充分发挥行业协会的自律作用，[1] 尤其是利用行业协会对于其成员业务及可能的违规行为比较熟悉的特点，通过行业协会的内部规范和针对性的措施及时制止一些服务机构和服务人员的不当行为。

（三）提升社会利用知识产权中介服务的水平

1. 增强企业利用知识产权中介服务的意识

知识产权中介服务的主要对象是企业，企业对于知识产权中介服务的积极利用与知识产权中介服务的发展存在互动关系。企业重视知识产权中介服务的作用实际上是企业知识产权意识的一个方面，也是知识产权文化的重要内容，这种文化精神的培育也需要一定的教育宣传。为了增强企业利用知识产权中介服务的意识，知识产权主管机关、知识产权中介服务机构和知识产权行业协会需要发挥应有的作用，主要是通过多种有效方式向社会加强知识产权中介服务的宣传，特别是对企业进行有针对性的宣传。中国政府提高知识产权意识的重心可以放在中小企业和大多数微型企业，[2] 就知识产权中介服务知识的宣传教育也应针对此类企业，因为它们才是知识产权中介服务的真正需求者和主要利用者。针对社会的宣传教育主要是解决信息不对称的问题，消除社会对于知识产权中介服务的陌生感和误解。从促进知识产权中介服务利用的角度考虑，宣传教育的内容主要应当集中于以下几个方面：（1）对于知识产权中介服务的性质进行宣传。（2）对于知识产权中介服务的作用进行宣传，让企业认识到这种中介服务可以对自己提供的帮助。（3）对于知识产权中介服务资源进行宣传，让企业清晰地知道可以从哪里获得其所需要的中介服务。（4）对于知识产权中介服务的利用方式进行宣传，帮助企业科学地选择相应的中介服务。

---

[1] 刘燕：“论我国商标代理组织的发展（下）”，载《中华商标》2010 年第 2 期。

[2] 王珍愚、单晓光：“试析中国政府在培育知识产权文化中的作用”，载《科学管理研究》2009 年第 2 期。

2. 提高企业利用知识产权中介服务的能力

为了使企业利用知识产权中介服务的效果达到最大化，企业首先对于自身的情况要有清醒的认识和科学的评估，要清楚企业自身能够解决的问题和需要外部提供帮助才能解决的问题，在此基础上确定聘请知识产权中介服务机构的方向。在选择知识产权中介服务机构时，企业也要根据自己需要解决的问题进行选择；对于一般的知识产权服务机构能够熟练解决的问题，就不需要花费较大的代价去聘请知名度比较高的中介服务机构；对于一般的知识产权服务机构没有能力解决的问题，尽量聘请高水平的知识产权中介服务机构提供帮助。在确定中介服务机构后，中介服务机构应当与企业在互信的基础上进行良好的沟通与设计，以便提供更加有针对性的服务；同时，企业知识产权管理机构或知识产权管理人员要与知识产权中介服务机构进行良好的配合，既可以提高中介服务人员的工作效率，又使得双方能够真正实现互补，避免不必要的劳动和支出。

二、加快知识产权公共服务平台建设的对策

（一）有效解决知识产权公共信息服务平台存在的问题

1. 提高知识产权公共信息服务平台的系统化程度

世界上有70多个国家实行了知识产权统一管理的模式，知识产权公共信息服务的整合和系统化是这些国家的惯常做法。以英国为例，其知识产权局网络信息服务最鲜明的特色和优势是对各种类型知识产权领域信息资源的高度整合，采取了一种知识产权信息综合服务的模式。[1] 从信息提供的效率和利用上的便捷考虑，这种高度系统化的知识产权公共信息服务平台是值得我国借鉴的。

在我国现有国情条件下建立高度系统化的知识产权公共信息服务平台可以有三种路径：（1）建立统一的知识产权行政管理机关，并由该机关建

[1] 李喜蕊：“中美英行政管理型知识产权网络信息服务对比研究”，载《湘潭大学学报（哲社版）》2013年第1期。

立和维护集合各种知识产权信息的统一的公共服务平台。(2) 维持目前知识产权行政主管机关分立的状况，由其中某一个知识产权主管机关牵头建立和维护统一的知识产权公共信息服务平台，其他知识产权主管机关在信息提供方面给予积极的配合。(3) 由财政支持某个社会组织负责建立和维护一个知识产权公共信息服务平台，或者国家直接设立一个专门的事业单位性质的社会组织去构建知识产权公共信息服务平台，由它们去搜集各方面的知识产权信息并免费向社会提供，各个知识产权行政主管机关在信息提供方面给予积极的支持。

第一种路径当然是最为理想的做法，但在目前也是难度最大的，因为它的实施涉及复杂的行政制度改革，推进时间比较长，成本比较高昂，而公共信息服务平台的构建需要在短时间内完成，故这种路径在当前不宜采用，可以作为未来努力的方向。目前可以考虑采用第二个路径或第三个路径。在采取第二个路径时，牵头机关很重要。目前各级政府的知识产权局通常为各级政府的知识产权联席会议的办公机关，本身担负着一定的协调职能，再加上其所使用的名称，在现有的多个知识产权行政机关中，最适宜作为这样的牵头机关，可以各级知识产权局分别作为各个层次的知识产权公共信息服务平台的牵头机关，由它们负责整合知识产权文献与信息资源，建构统一、高效、方便、快捷、内容丰富而全面的知识产权公共文献与信息网络。在采取第三个路径时，各级政府需要专门做出规定，并明确所设立的专门机构在公共信息服务平台构建和运行方面的职能。但是这两种路径的采用需要具备一个前提，那就是这种牵头机关和专门的信息资源机构必须具有强有力的领导和协调能力，才能从根本上解决知识产权基础信息资源各自为政、条块分割和资源垄断的弊端。[1] 从目前的实际情况看，知识产权局在多个知识产权行政主管机关中并没有足够的领导力，一个事业单位性质的信息资源机构对于知识产权主管机关的协调能力显然也是有

---

[1] 李喜蕊："中美英行政管理型知识产权网络信息服务对比研究"，载《湘潭大学学报（哲社版）》2013 年第 1 期。

限的。因此，在采取这两种路径时，为了保障掌握大量知识产权信息的各知识产权主管机关能够向知识产权公共信息服务平台提供相应的信息，这就需要制度支持和法律保障，有必要通过相关的规范性文件明确各知识产权主管机关向知识产权公共信息服务平台提供必要信息的义务。

2. 实现地方知识产权公共信息服务平台的专门化

在设区的市、县（区）一级，知识产权公共信息服务平台应当与科技信息服务平台相分离，单独建立和运行公开提供知识产权信息的网络。国家和省一级知识产权行政主管部门可以将这种独立的知识产权信息公共服务网络的建立情况作为知识产权示范市县审批或考核的重要指标，或将其作为知识产权宣传教育网络体系建设的重要内容。当然，上级知识产权行政主管部门也应当为这种专门化的知识产权信息服务网络的构建提供必要的物质条件。知识产权服务涉及法律、技术、管理、外语等多方面知识和能力，不仅需要高水平的专业人员，而且需要完善的基础设施，特别是需要完善的知识产权信息资源共享设施。[1] 上级知识产权行政主管部门在安排其支配的资金时，应当考虑到公共信息服务平台的运行所涉及的设备器材的购置、专业人员的聘用所需要的经费，同级财政部门在制定预算时也应当适当考虑这种需求。

3. 增强公众运用知识产权公共信息服务平台的便捷性

知识产权公共信息服务平台在数量上应当有较大的增加，这是公众较为便捷地运用平台的基础。当前，要加快制定全国知识产权网络信息平台建设规划，通过整合政府部门、科研院所、高校和信息研究分析机构、行业中介机构的信息资源，建立包括国家知识产权数据中心、区域知识产权信息服务中心以及行业知识产权信息服务网在内的不同层次、不同行业的知识产权网络信息公共服务体系，并开发适合于我国科研、研发、商贸等多种用途的公共知识产权信息服务平台，以促进知识产权信息的集成、整

[1] 霁恒："提升知识产权服务水平才能走向世界"，载《中国科技投资》2012 年第 19 期。

合与共享。[1]

各个知识产权公共信息服务平台应当不断改进网络技术，采用性能较好的设备；服务人员应当及时进行网络维护、排除运行故障，尽可能提高网络运行速度。同时，网络上的信息应当进行科学的编排，信息模块的设计应当尽可能地方便查询。为了使公众能够较轻易地从不同的公共信息服务平台查阅到自己所需要的信息，各个知识产权公共信息服务平台应当实现互联互通：一种方法是相互之间建立必要的链接，使公众可以通过一个公共信息服务平台就能查阅到另一个公共信息服务平台的信息；另一种办法是在一个全国性的公共信息服务平台（如国家知识产权局公共信息服务网站）汇集各地公共信息服务平台推荐的一些公众感兴趣的重要信息。

4. 改善知识产权公共信息服务平台的容量和质量

对于各地当初应急上马的知识产权公共信息服务平台，相关知识产权主管部门现在应当采取实质性建设措施，广泛搜集和上传知识产权信息，特别是政府部门掌握的不具有秘密性的信息，只要是对于企业和社会公众具有一定价值的，都应在公共信息服务平台上公开。除了传统的政策信息、统计信息和政务活动信息外，应当增强公共信息服务平台的信息交流功能，增加知识产权投资、交易方面的信息。另外，很多地方知识产权公共信息服务平台不能只提供本地信息，而应当关注外部重要的知识产权信息，特别是要传输一些国际知识产权动态方面的信息。相关的知识产权主管部门需要加强对知识产权公共信息服务平台的监管，平台自身也要加强管理，特别是通过岗位责任制和严格责任追究机制来确保信息质量，在信息量增加的基础上保证信息的真实性、准确性。

5. 加快知识产权公共信息服务平台的信息更新速度

各个知识产权公共信息服务平台应当保证其掌握的可公开信息能够在第一时间上传到服务平台上。法律、法规、政策信息应当在制定机关颁布

---

[1] 洪群联："我国知识产权服务体系发展现状与战略思路"，载《经济纵横》2011 年第 11 期。

后立即在服务平台上发布；相关活动信息一般应当在活动结束后及时在服务平台上予以报道；交易需求信息更应当尽早在服务平台上予以展示，以使可能的交易相对人很快能够找到自己的谈判对象；相关知识产权统计信息应当在统计报告形成后及时公布。对于已经公开的信息，如果发生变化的，应当尽快更新；或者发现已经公开的信息存在瑕疵的，应当立即予以更正。

（二）积极推进知识产权公共综合服务平台的建设

1. 迅速增加知识产权公共综合服务平台的数量

各级政府及相关的知识产权主管部门应当充分意识到知识产权公共综合服务平台的重要性，知识产权公共服务平台建设具有高度的公益性，它既是政府宣传知识产权意识、传播知识产权信息和弘扬知识产权文化的重要平台，也是企业提高知识产权保护和管理水平、增强自主创新能力的重要外部支持条件。[1] 国家知识产权主管部门在建设知识产权公共综合服务平台方面应当具有更多的主动性，要改变目前基层相关部门自发推动的局面，从宏观上进行引导并采取促进措施，最好将知识产权公共综合服务平台的建设纳入国家和地方知识产权年度计划加以推进；在建设模式上主要采取经验推广的方式，着力推广在一些地方已经试点较长时间、并有较多成熟做法的知识产权“一站式”服务平台或知识产权服务园，在一些知识产权发展较快的地区能够实现每一区县都有一个这样的平台。

2. 实现知识产权公共综合服务平台组织领导的专业化

各级知识产权主管部门，尤其是各级知识产权局，应当在知识产权公共综合服务平台的建设中发挥主导作用；他们不仅应当是知识产权公共综合服务平台建设的推动者，还应当是该平台运行的组织领导者。只有知识产权主管部门担当了知识产权公共综合服务平台的组织领导责任，才能在很大程度上保证平台的综合性、系统性和专业性。从平台顺利运作的需要

[1] 冯晓青：“基于技术创新与知识产权战略实施的知识产权服务体系构建研究”，载《科技进步与对策》2013 年第 2 期。

考虑，最好是由各地知识产权局牵头，协调其他知识产权主管部门和相关部门组成一个服务平台联合管理组织。

3. 丰富知识产权公共综合服务平台的服务资源

为了提高知识产权公共综合服务平台的能力，有必要从多个途径整合和获取服务资源：各个知识产权主管部门应当全力支持服务平台的活动，将其掌握的服务资源尽可能地提供给服务平台；其他政府部门和司法机关应当在其职能范围内积极配合服务平台的工作，根据服务平台的需要提供相应的帮助；服务平台应当采取灵活的形式和有效的措施吸纳社会上的知识产权专家或其他服务力量加入服务平台的资源库，并为他们的服务活动提供必要的条件；服务平台应当创新运作机制，与知识产权中介服务机构等社会服务组织进行对接，将服务平台的服务与中介服务机构的服务有机衔接起来；服务平台还应当采取一些互利共赢的方式将一些单位内部的服务资源有效利用起来。

4. 加大对知识产权公共综合服务平台的物质保障

各个地方在进行土地利用规划时应当考虑知识产权公共综合服务平台建设的需要，地方政府应当通过多种途径解决服务平台专门的场地问题，当地国有资产管理部门在对不动产进行配置时应当考虑到服务平台对于场所的需要。当地财政部门在编制预算时，地方知识产权主管部门在配置知识产权工作专项经费时，应当充分考虑到服务平台购置各种服务设备器材、服务软件的需要。服务平台自身应当加强服务设备器材的管理和维护，保证服务设备器材的正常使用，减少这些物质资源的不合理损耗。

5. 提高知识产权公共综合服务平台的服务水平

知识产权公共综合服务平台的服务水平是其赢得社会信任和发挥更大作用的前提，在这种服务水平提升方面，各地还有很多工作要做。(1) 服务平台自身及其组织管理机构要有较强的质量意识，不能将服务平台当成是装点门面的政绩工程，而是要本着实实在在为社会提供有效服务的精神。(2) 服务平台的配套机构和人员要有较强的质量意识和敬业精神，不断钻研业务，提高自己的服务能力。(3) 服务平台应当建立必要的声誉机制，促使为服务平台提供服务资源的相关组织从自身的声誉出发重视其服务质量。(4) 服务平台应当努力整合服务资源，保证服务平台能够向社会提供多样化的知识产权服务。(5) 服务平台应当组织或协调服务资源的提供者加强业务研究，不断进行业务创新，更多地提供具有较高附加值的知识产权服务。(6) 各地的服务平台应当加强联络和沟通，并在知识产权服务方面相互给予支持，通过集体的力量弥补各自的不足。

三、发挥行业组织自治作用的对策

(一) 充分发挥知识产权行业组织专业作用的对策

解决知识产权行业组织存在的问题，是发挥其作为专业性自治组织在“战略”实施中作用的基本保障。

首先，理顺知识产权行业组织的领导队伍，强化其具体办事组织。各地在构建新的知识产权行业协会的领导组织或者在对已有知识产权行业协会的领导组织进行换届改选时，应当本着协会的社会性和自治性，摒弃政府机关领导人员进行业协会领导层的惯常做法，让本行业具有较大影响力的专业人士担任协会的领导；对于距离换届时间还比较长的知识产权行业协会，可以采取先由相关政府机关领导辞去协会领导职务、再由协会补选的办法来解决这一问题。为了争取政府机关领导对于协会工作的支持，增强协会的影响力，可以聘请一些政府机关的领导担任协会的顾问或名誉会长。这样形成的行业协会的领导机关会更有民主作风，能够切实做到对协会的事务进行平等协商，提高协会决策的科学性，保证协会在“战略”实施中发挥理性的作用。

知识产权行业协会在“战略”实施中对其成员进行服务的事务要由具体的组织和人员去办理。因此，各个知识产权行业协会应当建立相应的办事机构，并充实具体的办事人员。考虑到行业协会的经费一般都比较紧张，没有能力聘用较多的专职人员，只能通过兼职的方式来增加具体办事人员的数量。为了提高办事人员的服务效率，还应当通过多种方式不断加强对办事人员进行与“战略”实施相关业务的培训，提高其服务能力。

其次，合理界定知识产权行业组织的职能，保障其得到有效行使。对于知识产权行业协会的功能，有学者研究后认为，知识产权服务类行业协会可以在确定行业内必须共同遵守的保护知识产权的行为准则、建立行业内有关知识产权保护的组织、协调和监督机制，提高对涉外知识产权纠纷的应对能力、大力培育知识产权文化，努力营造有利于自主创新的社会氛围等方面发挥重要作用。[1] 可见，这类行业协会主要是通过约束和帮助其成员来发挥推动“战略”实施的作用，并且利用其服务活动在营造“战略”实施的良好社会环境方面发挥一些辅助性的作用。在日本，知识产权协会的主要作用有以下四项：（1）团结国内企业，尤其是将同行业企业凝聚在一处，有效提高日企对外整体战略优势；（2）技术交流高效充分，使会员单位能及时了解国内企业的技术研发现状、产品现状，从而为本企业制订相应技术与市场经营策略提供可靠的参考依据；（3）与大学、科研机构和专利事务所充分合作，企业从中能够得到技术研发、知识产权保护和人才培训等方面的资讯与支持，而大学、科研机构和专利事务所则可以从与企业交流合作中找到各自的研发方向与服务对象，达成多方共赢的良好态势；（4）组织大量的研修活动。[2] 这些作用基本上针对协会内部或者对其成员发生的，可以对我国知识产权行业协会职能的界定提供有益启示。

各个知识产权行业协会应当通过其章程对其“战略”实施职能进行准确定位，主要是从保障内部自律、为其成员提供服务、帮助其成员维护权益等方面设计其职能，包括向成员宣传知识产权政策、法律法规，制定内部规范，协调成员间的知识产权纠纷，为其成员对外维权提供帮助，向其成员提供知识产权信息，为成员提供知识产权教育培训，推动成员对外的知识产权交流，惩戒成员的知识产权违规行为等；同时，为了体现协会的社会责任，树立协会的良好形象，也有必要对于协会的职能进行适当的拓展，将其服务或活动的范围扩展到协会成员以外的社会层面。为了使知识

[1] 邓忠华：“行业协会在知识产权保护中的地位”，载《中华商标》2007 年第 4 期。

[2] 黄立：“试论日本知识产权协会的组织形式和作用”，载《技术与市场》2010 年第 5 期。

产权行业协会服务于其成员的中心职能突显，章程要就其对外的职能进行限制，特别是限制对外营利性的服务职能，以避免此类行业协会滑向营利性组织，从而背离该组织的性质，造成与营利性知识产权服务组织相混淆和不合理竞争的局面。除了对于协会的职能进行合理的界定外，知识产权行业协会还必要采取有效措施保障这些职能能够真正实现，不至于使章程规定的职能成为摆设。

最后，落实知识产权行业组织在“战略”实施中发挥作用的保障条件。为了提高此类行业协会服务于“战略”实施的专业能力，需要对担任协会领导的非专业人员进行宣传教育，使他们了解知识产权发展的最新动态，掌握基本的知识产权知识，并熟悉行业协会的性质和功能；协会中提供服务的专门人员应当从经过系统知识产权教育和训练的高校知识产权专业或相关专业毕业生中选择，对于已有的专门人员应当通过不断培训的方式提高和保持其专业能力。为了解决此类行业协会经费紧张的问题，需要采取多方面的措施；要合理地确定会费标准，并通过退会或除名等方式保障会费及时缴纳；将会费的缴纳与增强专业能力较强的会员的内部权力结合起来，鼓励具有较强专业能力的会员多承担一些经费；将合理的普及性会费与对部分会员提供有偿服务结合起来，增加会费的来源；在政府财政部门进行经费预算以及知识产权主管部门进行经费配置时，应当加强对一些重要知识产权行业组织的支持，使那些覆盖范围广的协会获得较好的经费保障；加强知识产权行业组织与一些慈善人士的沟通与交流，争取获得相应的捐赠；加强知识产权行业组织经费的日常管理和审计，保证其经费的合理使用。为了使知识产权行业组织获得良好的内部支持和外部环境，有必要加大对于行业协会基本知识产权宣传，加大对于知识产权行业组织性质与职能的宣传，使此类行业协会不仅在协会内部获得高度的认同和支持，也能够得到社会的广泛尊重和信任。

（二）有效发挥产业类行业自治组织补充作用的对策

产业类行业自治组织在“战略”实施中要想发挥较好的补充作用，需要在以下几个方面做出较大的努力。

(1) 增强行业协会的独立性。较强的独立性和自主性是行业协会在“战略”实施中发挥不同于政府和市场主体的作用的前提。这种自主性是指协会在内部资源的配置和使用、人事确定、活动规划和执行以及目标设定等方面，较少受到外部相关联组织（如政府）的干预和控制，而具有一定的自由选择和决策的能力。[1] 自主性较强的行业协会可以根据行业特点和自身需求制定行业知识产权发展规划和约束成员的知识产权相关行为的自律规则，可以合理地配置和调动协会的资源为其成员提供多方面的知识产权服务，可以自主地协调成员间的知识产权争议，可以将成员有效组织起来应对外部的知识产权侵权行为或限制行为。研究表明，行业协会与政府的关系对行业协会的整体自主性具有显著负相关作用，而协会的规模等因素对于协会的自主性影响不大。[2] 因此，要提高行业协会的自主性与独立性，主要应当在行业协会与政府的关系上做文章，尽量排除政府对于行业协会的干预和介入。要实现这一目标，首先就得制定专门的《行业协会法》，并辅以一些配套性规范，通过法律规范明确排除政府机关及其领导人员对于行业协会的干预，确定行业协会的独立法律地位。行业协会自身也应当通过章程等方式将协会内部的事务置于其自我控制的范畴，主动抵制来自于政府部门或相关领导人员的干预。另外，行业协会应当努力通过自身的力量解决其内部事务，尽量减少求助于政府部门的情形，从而减少政府部门干预的机会。

(2) 提高行业协会的“战略”意识。较强的“战略”意识是行业协会将其工作自觉融入“战略”实施过程中去的主观前提。行业协会的“战略”意识主要包括以下一些内容：对于“战略”的重要性及其主要内容有比较清晰的认识；对于“战略”与本行业的关系有深刻的认识，特别是认识到“战略”的实施对于本行业的影响；对于本行业与“战略”实施的融

[1] 张沁洁、王建平：“行业协会的自主性研究——以广东省级行业协会为例”，载《社会》2010 年第 5 期。

[2] 张沁洁、王建平：“行业协会的自主性研究——以广东省级行业协会为例”，载《社会》2010 年第 5 期。

合及其基本路径有较好的认识，特别是有较强的制定行业知识产权战略的意识。行业协会"战略"意识的培育，一方面要靠协会的领导及其成员自觉学习、主动探索，另一方面要靠外部的引导和灌输。政府知识产权主管机关应当通过多种方式组织行业协会的管理人员进行学习，加强对他们进行"战略"知识产权宣传教育；行业协会自身也要组织其成员进行培训，教育其成员结合行业特点和企业自身情况自觉融入"战略"实施的过程；行业协会还应当组织专人进行研究，探讨协会工作与"战略"实施对接的方法。

（3）有效规制行业协会基于狭隘的局部利益观念而实施的不当行为。行业协会虽然是一个行业范围内的自治组织，但也应当有较强的大局意识、国家利益和长远利益观念。国家应当对行业协会制定的行业知识产权战略及其相应的行动进行监督，如果其战略行动阻碍我国技术的整体进步或者涉及一些有害于社会的技术的开发与运用的，应当依法严厉禁止并给予相应的处罚。行业协会的限制竞争行为近些年越来越引起人们的关注，其中包括涉及知识产权或技术发展的限制竞争行为；我国的《反垄断法》应当专门对行业协会限制竞争的行为作出细化规定，❶ 对于行业协会在知识产权方面的限制竞争行为宜作出明确规定，反垄断执法机关应当尽早出台知识产权领域的反垄断指南，以便对于行业协会实施的与知识产权相关的限制竞争行为进行有效的规制，特别是规制其利用协会的力量不当地对非成员企业进行拒绝技术交易或联合抵制的行为、利用技术标准制定权滥用技术优势的行为、借助协会的名义订立限制技术竞争协议的行为。行业协会对于中小企业尤为重要，国外行业协会的重要任务就是为中小企业提供全方位的服务❷，其在知识产权方面对于中小企业可以提供多方面的帮助：整合行业科技和创新资源，搭建支持中小企业科技进步和企业创新的服务

---

❶ 赵敏燕、杨嵩颀："我国反垄断法对行业协会限制竞争行为的规制及完善"，载《东北财经大学学报》2010 年第 5 期。

❷ 褚军亮："国外行业协会促进中小企业发展经验研究"，载《北方经贸》2010 年第 10 期。

平台；制订行业标准、强化行业自律，为中小企业的技术进步和创新活动提供良好的市场秩序；推动技术创新成果的市场化、产业化和行业国际化，支持企业品牌、行业品牌和区域品牌的建设；面向企业需求开展各类培训，帮助企业解决技术人才缺乏、经营管理粗放等问题；建立技术创新成果的维权机制，推动知识产权的有效保护。❶ 如果行业协会被少数大企业来阻碍中小企业的知识产权创造与运用，就会严重损害行业协会存在的价值，应当受到反垄断法执法机关的严厉制裁。

（4）保障行业协会实施“战略”所需要的专业队伍。知识产权专业人才是产业类行业协会在“战略”实施中发挥积极作用的基本条件。此类行业协会服务于“战略”实施的专业队伍建设主要应当从以下几个方面着手：①加大知识产权专业人才的输入。政府应当发挥较大的作用。政府应加大对协会的人才输送，一方面要制定人才引进政策，对协会给予人才补贴；另一方面，政府也可招聘部分专业人才，将其直接输送给协会。❷ 特别是政府的知识产权主管机关，要对协会引进知识产权专业人才提供必要的帮助。协会自身也应当重视知识产权专业人才的引进，特别是一些规模较大的产业协会，其日常组织机构中至少应当有 1 名知识产权专职人员，主要从高校知识产权专业的毕业生中吸收，或者从协会成员的现有人才队伍中挖掘。②进行内部融合形成兼职的专业队伍。产业类行业协会在知识产权方面作用的发挥，有赖于行业协会自身建设的加强，❸ 采取灵活的方式建设自己的知识产权专业队伍，应当是其自身建设的重要内容。鉴于一般的产业类行业协会在组织机构和专职人员方面所受的限制，它们不可能建设一支专职的知识产权队伍，兼职的知识产权专业队伍也就成了可行的选择。协会可以从其成员中选拔一些有必要的知识产权知识与技能的人员，

---

❶ 姜长云、谢贝娜：“行业协会对农村中小企业科技进步和创新能力建设的影响”，载《江淮论坛》2011 年第 4 期。

❷ 李学楠：“行业协会的效能与资源依赖——一项基于上海市的实证研究”，载《广东行政学院学报》2014 年第 1 期。

❸ 高映红：“行业协会与产业集群知识产权保护”，载《北方经济》2010 年第 5 期。

或者选择一些有一定基础和较大潜值的人员进行培训，组建一支相对稳定的兼职知识产权管理队伍，这些人员平时在各个成员企业工作，同时协助协会处理各方面的知识产权事务。③与知识产权服务组织建立稳定的联盟。产业类行业协会可以与知识产权中介服务机构、知识产权行业协会等专门的知识产权服务组织建立稳定的联系，利用他们的力量协助其解决在“战略”实施过程中所涉及的一些专业问题。

四、有效利用社会性知识产权服务资源的对策

（一）提高利用社会性知识产权服务资源的意识

只有意识到社会性知识产权服务资源的存在及其重要性，相关的组织和个人才会积极地开发、利用这些资源。在当前，从提高利用社会性知识产权服务资源的意识考虑，着重需要做到以下几点。

首先，政府的知识产权主管机关应当具有较强的利用社会性知识产权服务资源的意识。这种意识的提升会使知识产权主管部门能够积极地利用其特殊的地位、可支配的资源和影响力去开发、引导社会性知识产权服务资源。以专利主管机关为代表的政府知识产权主管部门必须改变传统的思维方式，不能将知识产权服务资源仅仅理解为政府支配的公共服务资源及社会中介服务机构掌握的服务资源，要从整个社会的角度去审视知识产权服务资源的存量，要关注内部知识产权服务较多的一些企事业单位。

其次，拥有知识产权服务资源的企事业单位应当具有较强的服务社会的意识。以高校为代表的企事业单位要转变观念，适时改变其知识产权服务系统的功能定位，不能将目光局限于本单位内部。那些拥有较好的知识产权服务资源的单位，要有与社会对接的意识，应当走出单位，展示其优势，通过多种方式加强服务宣传，让社会了解其服务内容和方式；突破传统的服务思想和职能定位的限制，实行开放性服务；改变坐等用户上门的

传统服务模式，学会主动出击。[1]

最后，知识产权服务需求者应当具有较强的从多种途径寻求帮助的意识。需要获得服务的单位或个人应当放开自己的眼界，特别是在其需求不能从知识产权公共服务平台和知识产权中介服务机构得到满足时，应当学会从其他渠道寻求支持，特别是利用网络通道去发现能够提供其所需的知识产权服务资源的单位。

（二）加强社会性知识产权服务资源的开发

总的说来，目前社会性知识产权服务资源的存量还不够大，这也是这种资源还没有引起大家关注的原因之一。因此，政府知识产权主管机关、企事业单位应当共同努力去开发更多的社会性知识产权服务资源。

（1）政府知识产权主管机关应当在社会性知识产权服务资源的开发方面发挥引领作用。知识产权主管机关可以选择一些内部知识产权服务基础较好或者在某一知识产权服务方面有较强特色的单位，给予必要的经费支持或提供其他一些便利，帮助这些单位优化服务设施、提高服务能力；也可以通过资助或者创造外围条件等方式帮助这些单位开发一些新的知识产权服务项目。

（2）企事业单位在社会性知识产权服务资源的开发方面应当发挥主体作用。如果企事业单位认识到了内部服务资源对外开放的良好前景，就应当主动加大经费等物质条件的投入，增加服务人员的数量，并对设备系统进行必要的升级，以此大幅度提高其知识产权服务能力，以便在满足内部需求的前提下还能有较大的余地对外提供较多的服务。特别是通过制度和机制创新，构建良好的激励机制，调动服务人员的积极性，使他们甘愿在正常的工作时间之外面向社会提供服务。那些条件较好的单位，还可以基于对外服务的导向开发一些新的知识产权服务项目，特别是根据自身的特色与优势开发一些政府公共服务平台和中介服务机构不能提供的知识产权

[1] 潘颖、周金元：“高校科技查新服务社会化探讨”，载《现代情报》2009 年第 9 期。

服务项目。

(三) 优化社会性知识产权服务资源的利用渠道

要使单位内部的知识产权服务资源能够较好地被外部组织或个人利用，必须通过多种方式克服目前存在的一些障碍。

首先，知识产权服务资源拥有单位需要做出相关调整。改变资源使用者身份的传统限制，放开其知识产权资源或服务系统的利用范围，既可以统一面向单位内外的需求者，也可以专门为外部的使用者设置通道。服务单位还可以通过服务场所的改变、与单位安保机构的协调等方式保证外部使用者能够比较方便地接触服务设施。服务单位还应当对相关知识产权服务的时间做出必要调整，为外部使用者创造更好的利用条件。

其次，由政府知识产权主管部门牵头建立专门的社会性资源利用系统或平台，由各知识产权服务资源的拥有单位通过统一的平台提供服务或信息，并通过平台统一的通道收取服务费用。这种专门的社会性知识产权服务平台可以是综合性的平台，集合各种社会性知识产权服务资源；也可以是专项的平台，只提供某一种类型或某一个方面的知识产权服务。当然，政府知识产权主管部门也可以将这种专门的社会性知识产权服务平台与其公共服务平台进行对接，既方便需求者查找这种服务平台，也可以提高这种服务平台的影响力。

最后，由知识产权中介服务机构与知识产权服务资源拥有单位建立稳定的合作关系。知识产权服务资源的拥有单位与知识产权中介服务机构可以基于互利的需要进行沟通，建立一种稳定的联系，由相关知识产权服务资源的拥有单位对知识产权中介服务机构的服务进行补充和帮助。(1) 在中介服务机构没有需求者需要的某一种知识产权服务项目时由相关单位提供这种服务；(2) 在中介服务机构的服务能力不能满足较多的服务需求时由相关单位提供必要的补充。这种稳定的合作机制既增强了知识产权中介服务机构的服务能力，又减少了相关单位和服务需求者寻找对方的成本，方便了服务供求的双方当事人。

第七章　知识产权人才的制约及相关对策*

第一节　知识产权人才队伍的现状

一、目前知识产权人才的概况

（一）对知识产权人才的认识

虽然我国理论界曾经对于知识产权人才的含义有较大的争议，但经过多年国家知识产权战略的实施及理论研究的不断进步，人们对于知识产权人才认识的分歧逐步减少。从目前相关知识产权文献、有关知识产权活动的报道情况看，大家所理解的知识产权人才一般指具有一定的相关知识产权知识和技能、专门从事知识产权工作或者主要从事知识产权工作的人员。

知识产权工作形形色色，知识产权人才也多种多样。有学者将知识产权人才分成四种类型，即知识产权教研型人才，主要指在各种类型的学校、科研机构、培训单位以及其他部门中从事知识产权教学研究的人才；知识产权管理型人才，主要指在各级政府机关承担知识产权管理工作的人员、在企事业单位从事知识产权管理工作的人员以及在其他机构从事知识产权管理工作的人员；知识产权执法司法型人才，主要指在各级人民法院、检

---

* 本章内容是2013年江苏省高等教育教改研究课题重中之重项目“理工科高校应用型知识产权人才培养研究”的研究成果之一。

察院、公安机关从事知识产权审判、控诉和侦查等活动的人员；知识产权服务型人才，主要指专利代理人、商标代理人以及在知识产权诉讼或者仲裁活动中的代理人、辩护人、知识产权中介机构中的服务人员等。[1] 这种分类与当前知识产权工作的实际状况较为吻合，对于知识产权人才的培养和管理工作具有一定的指导意义。因此，它也得到了人们的认可。[2]

在战略实施初期以前，很多人还常将科技工作与知识产权工作混同起来，将科技人员看成是知识产权人才。但是，现在人们认识到，从事技术研发和技术运用的人员虽然与专利、商业秘密、集成电路布图设计、软件、品种权等知识产权有着密切的关系，但他们只能算是科技人员，而不属于知识产权人才。

（二）知识产权人才工作情况

“战略”实施以来，国家高度重视知识产权人才工作，正如国家知识产权局原局长田力普在全国知识产权人才工作会议上所言，“知识产权人才是我国人才队伍中的一支新生力量，是我国经济社会发展急需的战略性人才。特别是在全球化背景下，知识产权的地位和作用大幅提升，更加凸显了对知识产权人才的迫切需求。”[3] 国家知识产权局制定了《知识产权人才十二五规划》，强调到2015年，知识产权人才队伍的规模要进一步发展壮大，专利审查人才队伍要达到9 000人的规模，执业专利代理人要达到1万人；继续实行“百千万知识产权工程”，并制定了《2011～2015年“百千万知识产权人才工程实施方案”》，目标在于在“十二五”期间培养200名左右的知识产权优秀人才，造就一批精通国内外知识产权法律法规、熟悉国际知识产权规则的高层次人才；培养2 000名左右知识产权管理和执

---

[1] 曹新明、梅术文：“我国知识产权人才现状及其培养思路”，见吴汉东主编：《知识产权年刊》（2006年号），北京大学出版社2007年版，第64页。

[2] 陶丽琴、陈璐：“我国知识产权人才培养模式和学科建设研究”，载《知识产权》2011年第7期。

[3] 罗丹、马丽：“国家知识产权人才信息网络平台建成”，载 http：//ip. people. com. cn/n/2013/0410/c136655－21087126. html，2014年7月10访问。

法、专利审查等领域具有较高业务素质的专门人才；面向企事业单位和社会公众培养3万名左右掌握相关知识产权知识的高素质服务人才，促进知识产权人才逐步向职业化、市场化、专业化发展。地方知识产权主管部门也采取了相应的行动，纷纷制定和实施了本地的知识产权人才规划和自己的百千万知识产权人才工程。

在知识产权主管部门的规划和推动下，以培训为主要形式的社会性知识产权人才培育工作广泛开展起来，这些培训形式多样、内容丰富，确实使很多人受到了较好的知识产权知识与技能的熏陶。以知识产权工作较为突出的江苏为例，江苏省知识产权局组织了企业知识产权工程师培训、专利代理人考前培训、企业知识产权总监培训等培训活动，仅企业知识产权工程师每年就培训2 000人；江苏省工商局从2011年开始则每年举办多期品牌管理师培训班❶，2014年计划举办此类培训班8期，目前培训的品牌管理师已经上千人。

高校作为专业性的人才培养机构，在知识产权人才培养方面当然责无旁贷。“战略”实施以来，高校除了配合知识产权主管部门进行培训或直接承担知识产权人才的培训工作外，在通过学历教育培养知识产权人才方面不断进行探索和努力，知识产权人才培养体系正在逐步完善。

经初步统计，到2012年，全国已有20多所高校成立知识产权学院；经批准设立知识产权独立本科专业的试点院校已达20余所；有近20所高校经在教育部备案自主设置知识产权二级学科硕士、博士点，还有多所高校在原有专业下培养知识产权方向的人才。❷ 至2014年，知识产权学院的数量继续增加，甚至温州等地的高等职业技术学院设立了知识产权学院❸；在普通本科层面培养专门知识产权人才的专业数量迅速增加，到2014年，

❶ “江苏举办首期‘品牌管理师’培训班”，载 http：//www. saic. gov. cn/ywdt/gsyw/dfdt/xxb/201101/t20110106_ 103361. html，2014年7月11日访问。

❷ 李国英：“高校知识产权人才培养模式的优化”，载《高教论坛》2012年第2期。

❸ 夏晶莹、陈叶绿：“温州知识产权学院揭牌”，载《温州日报》2013年9月18日。

中国开设专门的知识产权本科专业的高校已经达到35所。[1] 此外，不少高校通过知识产权第二学位、知识产权双学位培养本科层次的知识产权人才，有二级学科自主设置权的高校在相关的一级学科下设置知识产权法、知识产权管理等知识产权二级学科，或者通过法律硕士、工商管理硕士等专业学位点，或者在相关二级学科或一级中设置知识产权方向，培养硕士层次或博士层次的知识产权人才。

此外，具有官方性质的各级知识产权培训中心、知识产权中介服务机构和其他一些社会组织也举办了形式多样、具有较强针对性的知识产权培训，在满足一些知识产权人才的急切需要方面发挥了较大的作用。

通过多方面的共同努力，我国目前的知识产权人才队伍正在处于快速发展的势头。尽管目前没有确切的统计数据，而且各地、各部门在统计时口径上存在较大差异，但从有关培训活动、高校学科专业发展、高校毕业活动的报道信息看，各类知识产权人才的数量在持续大幅增加；知识产权人才的学历层次进一步多样化，大专层次、本科层次、硕士研究生层次和博士研究生层次的人才均已具备；各种水平的知识产权人才都得到了不同程度的发展，国家和社会既着力培养了一批高端知识产权人才，也造就了一批知识产权中坚力量，更培养了大量基础性知识产权人才；知识产权人才的类型不断丰富，除法学类和管理类的知识产权人才外，交叉型知识产权人才受到较大的关注，知识产权管理人才、知识产权教研人才、知识产权执法司法人才、知识产权服务人才均已明显增多，那些辅助主要知识产权人才工作的事务性知识产权人才也进入人们的视野；知识产权人才的知识结构在不断化，过去那种有知识产权人才之名而缺少知识产权内涵的人员已经很少见，各种知识产权人才一般都具有从事某方面知识产权工作所需要的某一种或多种知识产权或技能；知识产权人才的实践能力在提升，实践能力的教育在知识产权教育培训

[1] “知识产权专业排名——2014～2015年中国大学本科教育分专业排名”，载http：//www.examw.com/gaokao/zhiyuan/zyph/83182/，2014年7月28日访问。

过程中越来越受到重视，知识产权人才进入相关单位后适应实务操作的时间较之以前明显缩短。

二、知识产权人才与需求的矛盾

虽然我国知识产权人才队伍在整体上在不断进步，但与我国创新型国家建设的要求和知识产权工作发展的趋势相比较，还存在着较多不适应的问题。

（一）知识产权人才数量的不足与知识产权事业迅速发展的矛盾

当前，我国正在大力推进创新型国家建设，知识产权工作在其中具有非常重要的地位，这也为我国知识产权事业的发展创造了非常好的条件，知识产权事业腾飞的大好时机已经到来。

知识产权工作是专业性较强的工作，知识产权事业的加速发展自然也就急需大量专门性的知识产权人才。美国 40% 的经济增长源于知识产权产业，从业人数 1 800万，高素质的知识产权专门人才便有 5 万多人。[1]

足够数量的知识产权人才的支撑是我国知识产权事业加速发展的根本保障。根据国家知识产权局的一项研究，到 2020 年，我国知识产权人才的需求总数预计为 8 万 ~9 万人。[2] 从目前情况看，即使顺利实现国家知识产权局制定的“十二五”知识产权人才规划，完成“十二五”知识产权人才“百千万”工程的目标，所培养的知识产权人才也不到 4 万人，与我国未来一段时间需要的知识产权人才总量还有很大的差距。事实上的差距可能比表面上的数字还要大，因为从现实情况看，各地在“十二五”期间所完成的知识产权人才培养数量是存在一定水分的，有些缺乏知识产权基础的人员，只是经过简单的短期培训就被看成是知识产权人才，实质上他们根本不具备从事某方面知识产权工作的必要知识和技能，只是稍有一些知识

[1] 邱志乔、庞龙斌：“浅谈理工院校知识产权教育困境与革新”，载《中国发明与专利》2013 年第 10 期。

[2] 国家知识产权局人事司课题组：《知识产权人才培养基地建设研究报告》，2011 年。

产权意识罢了。这种人才供不应求的问题在现实中有很多体现，即便是在深圳这样一个目前在全国知识产权发展水平很高的地区，企业也在感叹知识产权专业人才极度紧缺。❶

这种知识产权人才数量与知识产权发展的实际需求之间的矛盾在专利领域有明显的体现，2012 年，我国专利申请量跃居世界第一，突破 200 万件大关，但在岗的专利代理人数量不足 1 万。❷ 在一些知识产权发展较快的地区这种矛盾更为突出。有记者在广东等地采访时发现，很多地区都很重视知识产权工作，但专利人才不足让他们陷入窘境，“一才难求”制约了科技创新和成果转化；❸ 在浙江，企业知识产权实务型人才严重不足，涉外知识产权诉讼人才短缺，研究型知识产权专业人才偏少，特别高层次知识产权人才匮乏，是摆在其当前知识产权保护工作面前较为尴尬的形势。在中部知识产权发展较快的武汉也是这样的状况；2012 年，武汉市专利申请量突破 2 万件大关，发明专利申请量达 6 000件；但是，近十年来数量众多的武汉高校培养出来的知识产权专业人才不足 1 000人。❹

面对这种知识产权人才供求数量上的较大矛盾，需要以高校为代表的知识产权人才输出机构有针对性地强化人才培养措施。但是，从近年的情况看，我国高校每年向社会输送知识产权人才不足 1 000人，远远无法满足社会对知识产权人才的需求。❺ 可以说，面对知识产权事业蓬勃发展的要求，我国知识产权人才数量上的保障还面临着较为严峻的形势。

---

❶ 刘虹辰：“广东深圳知识产权专业人才极度缺乏”，载《深圳商报》2013 年 2 月 26 日。

❷ 刘垠：“知识产权人才‘赤字’如何化解”，载《发明与创新》2014 年第 3 期。

❸ 吴佳珅：“专利人才不足知识产权‘一才难求’制约科技创新”，载《科技日报》2013 年 8 月 26 日。

❹ 陈媛媛：“实务型知识产权人才培养的探索与实践——以武汉市为例”，载《中国校外教育》2014 年 6 月下旬刊。

❺ 伍玉林、邹芸潞：“我国高校知识产权教育和人才培养问题研究”，载《商业经济》2013 年第 1 期。

（二）知识产权人才分布的不当与知识产权事业协调发展要求的矛盾

与经济社会的协调发展一样，知识产权事业作为其中的一个重要组成部分，也应当协调发展，这样的发展才是健康的、可持续的、和谐的。知识产权事业的协调发展包含多方面的要求：首先是不同领域知识产权工作的协调开展。专利工作、商标工作、版权工作、农业知识产权工作及其他知识产权工作都应当获得相应的发展，虽然不能要求对于各领域的知识产权工作等量齐观，但每个领域的知识产权工作都应受到关注，都应当得到促进。其次是不同地区知识产权工作的整体推进。东部沿海地区的知识产权工作因为其较好的经济社会发展基础而获得了较快的发展，并反过来为本地区经济社会的进一步发展提供了较好的支撑，这些地方的知识产权工作应当受到高度重视，但其他地区的经济社会的发展同样需要得到知识产权工作的支持，其知识产权工作也应得到合理的关切。再次是不同环节或形式的知识产权工作的全面进步。知识产权创造、知识产权运营、知识产权管理、知识产权保护、知识产权服务、知识产权教育等工作虽然相互之间有较大的差异，但它们之间有着紧密的内在联系，任何一个环节的工作不力都会反过来阻碍或削弱其他环节的工作。最后是不同规模企业的知识产权工作的共同发展。大企业的创新能力强、经营规模大，在经济社会发展中发挥着主力军的作用，其知识产权工作受到高度重视可谓理所当然；中小企业在企业中的比例通常超过99%，在经济社会发展中发挥着多方面不可替代的作用，但由于生存的困难和竞争的压力，其仅有的少量知识产权往往是企业发展的关键因素，其知识产权工作应当受到各方面的关注。

知识产权事业的协调发展对于知识产权人才的分布也提出了相应的要求。就领域分布而言，传统的、影响范围广的知识产权工作自然应当成为知识产权人才集聚的领域，但那些非典型的知识产权领域，也应当获得必要的人才支持。就地区分布而言，虽然不能要求各地得到同样的知识产权人才的支持，但至少应当保证每个地方的知识产权人才需求都能得到一定程度的满足，特别是不能出现极端情况。就工作环节分布而言，每一方面的知识产权工作都应当受到同等的重视，在人才分布上不应当存在明显的薄弱环节。就不同规模的企业而言，知识产权人才除了在大企业集聚外，中小企业也应当获得必要的知识产权人才支持。

从总体上看，我国目前知识产权人才的分布与结构主要存在以下一些不适应知识产权事业协调发展要求的问题：（1）知识产权人才更多地流向和集聚于东部经济发展水平高、知识产权事业发展快的地区，尤其是北京、上海、广东、江苏这些地方，其他地方、特别是经济较为落后的边远地区、西部地区很难留住少量仅有的知识产权人才，致使一些地方的知识产权工作很难开展。以各地关注度较大的知识产权代理人才为例，截至2013年10月，我国专利代理机构数量最多的地区为北京地区，数量高达266家，占据全国专利代理机构总数的1/4之多，其次是广东地区的120家，上海地区以84家位居第三，而相对知识产权代理业发展较慢的海南省，其专利代理机构仅为2家。代理人才集中在发达地区，且代理机构发展参差不齐，50%左右的代理人担负着80%～90%的业务量。[1]（2）在专利、商标等领域工作的知识产权人才受到了高度重视，在这些领域也培养和集聚了较多的知识产权人才，这也是各地在这两方面工作普遍做得相对较好的重要原因，而在版权、农业知识产权等领域的知识产权人才培养工作未受到应有的重视，这方面的知识产权人才明显不足，在很多地方甚至没有，严重制约了这些领域知识产权工作的发展速度。（3）各地在知识产权创造环节和企业知识产权管理环节培养了较多的知识产权人才，这也直接推动了前些年我国在专利申请量、专利授权量、商标注册申请量、商标注册量上的大幅提升；直接为知识产权创造服务的知识产权服务人员的绝对数量虽然不存在较大缺口，但也呈现加速增长的趋势；然而，知识产权保护、知识产权运营、知识产权教育人才缺失较多，导致知识产权司法与执法、知识产权成果的转化等方面的工作明显不如人意，这也是党的十八届三中全会决

[1] 高晓诗：“我国知识产权代理机构区域差异性将缩小　垄断趋势加剧”，载http：//www.qianzhan.com/analyst/detail/220/131121-bd51f840.html，2014年7月20日访问。

定在知识产权方面强调加强知识产权保护与运用、建立知识产权法院的重要原因。(4) 中小企业的发展得不到知识产权人才的支持。大多数企业还没有认识到设置知识产权管理机构和配置专业人员的重要性，缺少能把企业知识产权管理与企业业务紧密结合的专业人才。[1] 事实上，现有的知识产权人才也很少愿意到中小企业去。

在局部地区，知识产权人才分布不合理的状况又会呈现出一些特殊性。比如，在中部的重要城市武汉，高校的知识产权人才占比较大，人才集聚较多，而企业的专利和科技管理工程师少。[2] 在江苏，随着知识产权主管机关主导的知识产权工程师培训工作的不断推进，中小企业的知识产权管理人员在数量上不断增加，增速甚至快于大企业。

（三）知识产权人才知识结构的欠缺与知识产权工作实际需求的矛盾

从现实情况看，虽然知识产权工作多种多样，但几乎每种知识产权工作都涉及多方面的知识，都要运用多种技能。比如，专利行政执法工作涉及专利法律知识、行政法律知识、行政管理知识与技能的运用；专利代理工作涉及专利法律知识、相关的理工科知识、必要的文字处理能力；企业知识产权管理工作涉及各主要的知识产权法律知识、企业管理知识与技能、必要的沟通与协调能力；知识产权运营工作涉及相关的知识产权法律知识、必要的财务会计知识、投资学知识、管理学知识、相应的管理技能、沟通谈判能力；知识产权司法工作涉及相关的知识产权法律知识、诉讼法律知识、审判技能及必要的科技知识；知识产权教学工作涉及相关的知识产权法律知识或管理学知识、教育学知识和技能。

基于知识产权工作的现实需要，知识产权人才通常应当是复合型人才，具有多方面的知识与技能。但现有的知识产权人才在这方面或多或少存在

---

[1] 于丽丽：“县域企业知识产权工作任重道远”，载《科技创新导报》2014 年第 2 期。

[2] 陈媛媛：“实务型知识产权人才培养的探索与实践——以武汉市为例”，载《中国校外教育》2014 年 6 月下旬刊。

一定的问题，突出地体现为两种情况：(1) 知识或技能单一。有很多从事知识产权保护工作的人，具有较系统而全面的知识产权法律知识，但他们缺少与所涉及的知识产权相关的科技知识或缺少保护活动所需要的其他法律知识或相应的技能；有些在企业从事知识产权管理工作的人，要么具有必要的科技知识而缺少知识产权法律知识或管理技能，要么具有知识产权法律知识而缺少相关的科技知识或管理技能，要么具有必要的管理知识和技能而缺少相关的知识产权法律知识或科技知识。(2) 复合型人才的质量不高。虽然高校和其他相关机构基于现实的需要有意识地在培养复合型知识产权人才，但由于对复合型人才的内涵、知识结构、培养要求等问题的认识尚不统一，且存在一定的误区，[1] 很多复合型知识产权人才并没有能够很好地胜任其工作。有些学者认为，知识产权复合型人才，应具备以下的知识结构：第一，比较宽厚的知识产权基础专业知识；第二，与知识产权相关的其他基础知识；第三，一般的“前沿”知识；第四，文、理、工、医、管学科知识。[2] 这实际上是要求知识产权人才应当是全能型人才。在这种观念的支配下，在有限的教育时间内，所培养的知识产权人才可能什么都略懂一点，但什么都不精通或不熟练，甚至成了“四不像”，根本就不能应付实际的工作需要。客观地说，不同知识产权人才由于其从事的知识产权工作的性质差异，虽然都必须具备相应的专业知识、基础知识和相关知识，但这三类知识的类别、掌握程度和侧重点存在差异。[3] 在一个知识产权人才身上，并不要求复合所有相关的知识与技能，而只要他具备其从事的知识产权工作所需要的两项或多项核心的知识与技能就可以。目前一些高校或专业大而全的知识产权人才培养模式并未造就出能够较好地适应社会需求的人才。

---

[1] 李国英：“高校知识产权人才培养模式的优化”，载《高教论坛》2012 年第 2 期。

[2] 郑友德、孙鉴：“试论知识产权复合型人才的培养”，转引自靳晓东：“创新型国家建立与我国高校知识知产权人才培养”，载《生产力研究》2011 年第 11 期。

[3] 钱建平：“知识产权人才的知识结构与培养模式研究”，载《中国大学教学》2013 年第 11 期。

（四）知识产权人才实践技能的薄弱与知识产权工作应用性特点的矛盾

除了高校的知识产权教育工作外，其他的知识产权工作都具有较强的操作性，要求知识产权人才具有较强的应用能力，能够熟练地运用知识产权法律制度和相关法律制度，可以较好地运用多方面的管理知识和管理手段。实践型知识产权人才是社会发展之迫切需要，在企业层面则尤为突出。[1] 在一份有关企业知识产权人才需求的调查中，企业需要高中、大专、本科和研究生等各个学历层次的知识产权人才，其中对于本科以下的人才需求占全部需求的88%，[2] 足见企业对知识产权人才操作能力的重视，因为从一般的认识上看当前本科及以下的人才被认为是操作性人才。面对强大的社会需求，知识产权人才培养机构没有作出较好的回应。高校偏重于对理论知识的传播，不重视知识产权人才对实用技能的掌握，知识产权专业的学生企业知识产权工作能力，包括高新技术企业知识产权战略的制定、知识产权操作技巧、知识产权诉讼等实务能力与企业要求有较大差距，造成企业对知识产权人才的满意度不高。[3] 应用型知识产权人才供需严重失衡，供不应求。[4]

知识产权人才实践技能方面的问题突出地体现在三个方面：(1) 根本没有实践技能。这种情形主要存在于一些刚毕业的高校知识产权学生。他们在学校根本没有经过实践能力的训练，企业普遍反映这些学生“动手”能力差，到了企业后需要很长时间才能真正进入其所担负的工作角色。(2) 实践技能的层次较低或者较为简单。这种状况主要存在于一些企业的

---

[1] 刘友华：“论我国实践型知识产权人才的培养”，载《湘潭师范大学学报（社会科学版）》2009 年第 1 期。

[2] 王瑜：“企业对知识产权人才及服务需求分析报告”，载《中国发明与专利》2011 年第 1 期。

[3] 陈媛媛：“实务型知识产权人才培养的探索与实践——以武汉市为例”，载《中国校外教育》2014 年 6 月刊。

[4] 杜伟：“高校知识产权应用型人才培养路径探究”，载《政法论丛》2013 年第 6 期。

现有知识产权管理人员。他们虽然在长期的工作实践中积累了一些操作技能，但由于没有经过系统的教育，其实践能力的层次不高，内容也较为简单，并不能适应企业知识产权工作提升水平的需要。（3）实践能力的训练与现实反差较大。一些高校虽然也对其知识产权学生进行了操作能力的训练，但由于缺乏与用人单位良好的沟通与合作，其训练的思路、内容和方法往往存在问题，导致其所培养的知识产权人才的实践能力不是企业等用人单位所需要的，学生毕业后仍然不能适应相关单位的工作需要，甚至其操作方法与单位的需求有较大的反差。

（五）高端知识产权人才的缺乏与高水平知识产权工作要求的矛盾

知识产权工作的层次较多，既有像企业日常知识产权管理、知识产权普及宣传等基础性工作，也有像知识产权代理、一般性的知识产权行政执法和知识产权司法等具有较强专业性的工作，还有像海外知识产权保护、知识产权证券化、知识产权战略设计等具有高度专业性的工作。不同层次的知识产权工作，需要不同水平的知识产权人才，一般的知识产权人才、中等的知识产权人才和高端的知识产权人才都是当前创新型国家建设的重要需求。相对于中低端的知识产权工作，高端知识产权工作具有影响的面大、承载的利益重、引领性强、涉及的因素复杂等特点，从事这类工作的人员通常要有很高的素质，他们需要具有广博的知识与相应的技能、丰富的经验与阅历、开阔的视野、很强的沟通协调能力。

虽然当前各类知识产权人才都有较大的缺口，但相对于中、低端的知识产权人才，高端知识产权人才的供给不足的程度更为突出。各地方、各部门在中低端知识产权人才的培养方面作出了较多的努力，这方面人才供给的数量呈加速增加的势头。但是，高端知识产权人才的增长速度较为缓慢，因为其培养的难度大、周期长、需要协作的单位多，很少有高校将其知识产权教育资源配置于这类知识产权人才的培养上。这种状况严重制约了我国高水平知识产权工作的开展，甚至导致有些重要的知识产权工作没有合适的人去从事。

第二节　知识产权人才工作存在的问题

知识产权人才工作的问题在当前突出地体现为人才培养与供给方面的问题，而这方面的问题主要存在于政府知识产权主管部门及相关主管部门的工作过程中，也存在于高校等教育培训机构的人才培养工作过程中。

一、知识产权行政主管部门存在的相关问题

专利主管部门、商标主管部门、版权主管部门等知识产权行政主管部门在知识产权人才培养方面具有发展导向、经费支持、组织培训等多方面的作用，其工作成效对于知识产权人才供给的数量与质量具有重要的影响。“战略”实施以来，虽然各级知识产权主管部门在知识产权人才培养方面作出了较多的努力，取得了一定的效果，但还存在较多的问题。就其要者，问题主要有以下几个方面。

（一）对高校知识产权人才培养工作的帮助不力

知识产权行政主管部门作为知识产权工作的公共管理者，相对于作为知识产权人才培养任务主要承担者的高校，具有多方面的优势和便利，使他们有条件对于高校的知识产权人才培养工作给予理性的指导和必要的支持。其优势主要体现以下几点：(1) 政策优势。知识产权主管部门可以在其职能范围内就知识产权人才工作制定一些有针对性的政策，引导和推动知识产权人才的培养。高校通常是政策的被动执行者，最多在政策制定前反映其意见和建议，而其诉求能否在政策中体现出来则取决于知识产权主管部门。(2) 信息优势。知识产权主管部门经常进行一些调研活动，也会定期或不定期地收集或统计各方面的知识产权信息，其对于知识产权人才的需求范围、社会需要的知识产权人才的类型及层次、社会对知识产权人才在知识和技能上的需求情况、目前知识产权人才的实际工作情况、高校的知识产权毕业生适应社会需求的状况等信息比较熟悉，而这些信息是高校进行知识产权人才培养工作定位的基础。高校虽然也在强调人才培养工

作要与社会需求相结合，但知识产权人才培养的总体效果并不是很好，其所培养的知识产权人才在数量上、在层次结构上、在知识与技能上与社会的真实需求有较大的差距，究其原因，在于高校对于知识产权人才的社会需求信息缺乏真正的认识。❶（3）沟通优势。知识产权主管部门在其行使职能过程中与其他政府机关、司法机关、企业、知识产权中介服务机构、国外政府的知识产权管理机关之间经常会发生相应的交流、沟通与合作，这些部门和组织往往是高校在知识产权人才培养过程中需要依靠的力量，知识产权主管部门可以利用其与这些组织之间良好的沟通为高校提供必要的帮助。高校自身与这些组织之间由于没有经常性的关系，也就缺乏较多的交流与沟通，没有较好的合作基础。

从现有的情况看，绝大部分知识产权主管部门并没有较好地利用其上述优势去帮助高校，对于高校知识产权人才培养活动没有在其能力范围内给予应有的支持，存在以下一些主要问题。

（1）对于高校通过学历教育培养知识产权人才的工作重视不够。很多地方的知识产权主管部门在知识产权人才培养方面只是关注培训等短期速成性的工作，没有通过高校利用学历教育系统培养知识产权人才的意识，没有在其制定的知识产权政策中给予足够的重视；有少量地方知识产权主管部门虽然意识到了高校知识产权学历教育的重要性，但其工作大多还停留在口头上或工作报告上，没有为高校的知识产权学历教育工作提供实质性的支持。

（2）对于高校知识产权培养工作的顶层设计参与不够。这种问题突出地体现在高校知识产权专业培养计划的制定上，地方知识产权主管部门很少主动参与高校知识产权相关专业培养计划的制定工作，没有从行业或者地方知识产权工作的实际需要出发为高校知识产权相关专业培养计划的制定提供指导。

---

❶ 钱建平："谈我国高校知识产权人才培养的社会化"，载《科技管理研究》2010 年第 7 期。

（3）对于高校在知识产权人才信息方面的支持不够。高校进行高质量的知识产权人才培养工作需要获得充分的知识产权人才需求信息，而知识产权主管部门很少将其所掌握的知识产权人才信息（需求数量、需求范围和领域、需求类型、需求层次、需求的知识与技能、供给现状等方面的信息）系统提供给高校，至多是向少量的高校提供了其中的部分信息，向更多的高校持续、充分地提供相关信息的意识不强。

（4）对于高校突破传统教育体制束缚的支持不够。知识产权人才是一种复合型人才，人才培养往往涉及多学科、多专业的交叉，而传统的泾渭分明的学科、专业的划分及相应的计划管理很难适应这类人才培养的需要，需要在传统教育体制上进行多方面的改革，这种改革的进展较慢，需要知识产权主管部门与高校一起推动才能加快这一进程，而目前从国家到地方的各级各类知识产权主管部门在这方面所做出的努力很少。

（5）对于高校开拓知识产权人才培养空间的支持不够。知识产权人才培养所需要的很多条件，高校并不具备，或者很不完善，需要从社会上得到必要的支持。[1] 知识产权主管部门未能有效地发挥桥梁作用以实现高校与社会组织的合作办学，也未能有效地利用其管理者的权威和影响力使高校从知识产权中介服务组织获得培养实用型知识产权人才所需要的实践条件。

（二）知识产权人才工作资源配置不够合理

知识产权主管部门作为知识产权工作的专门管理组织，拥有较多促进知识产权工作的资源，其中包括知识产权人才工作所需要的一些资源。这些知识产权人才工作资源主要表现为知识产权主管部门独立支配的财政经费、知识产权主管部门拥有与支配的信息资源（以数据库的形式存在）、服务于知识产权行政管理或行政执法能力训练的实践条件等。这些资源在高校间的合理配置可以在整体上提高知识产权人才培养的效果，但是实际

---

[1] 钱建平：“谈我国高校知识产权人才培养的社会化”，载《科技管理研究》2010 年第 7 期。

的配置状况却不能令人满意，其问题主要表现为以下几种。

（1）部分资源配置的不平衡。公平与效率应当是知识产权教育资源配置的重要原则，❶ 但是很多地方知识产权主管部门在运用其所掌握的知识产权人才培养资源时明显违反了公平要求，存在严重失衡现象。比如，有些知识产权主管部门与个别高校合作办学，将其掌握的教育资源主要投放到合作学校；有些知识产权主管部门将其掌握的知识产权数据库存仅仅提供给个别高校在教学过程中使用，或者仅仅接受个别高校的学生参与其管理或执法过程以进行能力训练；有些知识产权主管部门将其培训任务完全交给个别高校承担；一些地方的知识产权局在运用知识产权教育经费等资源时仅仅关注专利人才的培养而忽视了其他知识产权人才的培养。

（2）部分资源配置的效率不高。在我国整体教育水平较低、教育资源总量有限的情况下，对最大化的结果的诉求既在情理之中，也是教育现实的必然要求；❷ 在知识产权教育资源有效的情况下，应当尽量将它们配置给知识产权人才培养效果好的高校，但由于各种各样的原因，很多知识产权教育资源配置给了效率比较低的高校。比如，有些地方的知识产权主管部门在配置知识产权研究经费时，在若干高校间进行平均分配，而不论这些高校知识产权研究能力的强弱和研究水平的高低。有些地方知识产权主管部门虽然使用了较多的知识产权人才培训经费，但效果不佳，原因在于他们所组织的很多培训工作还流于形式，或者缺乏统一管理。

（3）部分资源配置的重点不合理。考虑到知识产权主管部门所掌握的知识产权人才工作资源的稀缺性，这类资源的配置不可能面面俱到，只能有重点地进行支持。各个层级的知识产权主管部门虽然都确定了知识产权人才工作的重点，但其所确定的重点存在较多不合理的地方。一些地方知识产权主管部门着力扶持的高校往往不是当地知识产权人才培养基础较好、培养能力较强的高校，甚至是相对较差的高校；一些地方知识产权主管部

❶ 钱建平：“论知识产权教育资源的优化配置”，载《求索》2013 年第 2 期。

❷ 吕寿伟、柴楠：“效用、正义、承认：教育资源配置的合理性审视”，载《教育理论与实践》2010 年第 11 期。

门将更多的资源投向普通知识产权人才或传统知识产权人才的培养，而没有给予知识产权运营人才、知识产权司法人才等缺口较大的人才的培养给予足够的重视；一些地方的知识产权主管部门确定的知识产权人才工作重点长期没有变化，流于形式。

（三）高端知识产权人才工作的实质性不强

高端知识产权人才的选拔和培养是国家知识产权局在知识产权人才工作方面的重点，其中知识产权领军人才工作计划和“百千万知识产权人才工程”是其主要工作内容。[1] 虽然这些工程在推动高端知识产权人才的培养方面发挥了一定的作用，但还存在不少问题：（1）这一工作的形式重于实质，目前主要是一种象征意义。（2）从这些工程项目实际运行的情况看，工作重点在于人选的选拔，选拔之后的培养工作严重不到位，大多数入选人才只是取得了一个称号。（3）由于缺乏严格而科学的审核、评审机制，有些入选人员实际上并不能算是高端知识产权人才，有些人员只是因为其在某个较显眼的岗位上而入选，事实上在知识产权方面并没有较高的造诣，甚至有少数人连扎实的知识产权知识基础都不具备，存在名不副实的问题。（4）目前所遴选的高端知识产权人才的代表性不强，主要是知识产权行政管理人员、高校知识产权教学研究人员和知识产权中介服务人员，高水平的知识产权运营人员与司法人员相对较少。目前遴选出的知识产权人才集中在知识产权教学研究人员和专利人才，其他方面的知识产权人才较为缺乏。

高端知识产权人才并非国家级的知识产权人才，其选拔和培养工作也不应当仅仅是国家知识产权局的职责，各地方也需要较多的高端知识产权人才，因此，各地方的知识产权主管部门应当实施自己的高端知识产权人才工程，有计划地选拔和培养一批本地知识产权工作急需的高端人才。从目前情况看，各地的知识产权主管部门还没有这么做。各地的政府从事主管部门及其他相关部门虽然有一些高端人才工程，但当地知识产权主管部

[1] 参见近些年国家知识产权局制定的《全国知识产权人才工作要点》。

门并未通过自身的努力有效地利用这些人才工程，因此通过这些高端人才工程所选拔或培养的高水平知识产权人才的数量极其有限。

（四）知识产权培训工作的力度不够

知识产权培训在知识产权人才培养方面具有重要的作用，尤其是在培养应急性知识产权人才方面，知识产权培训甚至被视为企业知识产权战略实施的重要支撑。❶ 政府知识产权主管部门在我国的知识产权培训方面发挥了主导作用，也取得了较好的成绩，但也存在一些较大的问题。

（1）知识产权培训的规范化问题。从各级知识产权培训基地的遴选到各类知识产权人才的培训安排，知识产权主管部门并未建立相应的制度，工作的随意性较大。在知识产权发展较快的一些地区，虽然对于知识产权培训工作会制定一些计划，但对于培训的组织、培训任务的承担者、培训的内容、培训的方式、培训的考核及考核结果的使用等问题并未形成统一、明确、稳定的规范。在一些知识产权发展水平较低的地方，没有一个关于知识产权培训与宣传方面的地方性制度文件，在其他地方性科技政策与法规中，也未对知识产权培训问题作出相关规定，现有培训活动呈随机性、突击性态势，缺乏预先规划。❷

（2）知识产权培训的类型化问题。各地在进行知识产权培训时较少对于知识产权人才进行较为详细的分类，没有在分类的基础上基于各类知识产权人才的特殊性设计不同的培训方案。目前各地的知识产权培训主要针对企业的知识产权管理人员和科技人员展开，针对知识产权司法人员、知识产权中介服务人员、高校知识产权师资、知识产权行政执法人员所进行的培训则很少。另外，由于企业不同岗位的员工对知识产权要求不同，因此对其实行培训教育亦应有所区别，对于企业不同的人员应当分类进行知

❶ 张林锋、杨五：“企业知识产权战略实施的重要支撑——企业知识产权培训体系建设”，载《中国发明与专利》2010 年第 5 期。

❷ 邹开亮、侯特：“江西省科技人员知识产权培训的反思与重构”，载《高等继续教育学报》2014 年第 3 期。

识产权培训。[1]但从现实情况看，大多数地方知识产权主管部门在对企业人员进行知识产权培训时并未进行这样的区分。

（3）知识产权培训内容和培训方式上的问题。从一些地方对企业人员进行知识产权培训的情况看，在培训内容上存在一些不足：有些课程的内容过于宽泛，没有实用性；有些课程的内容没有针对性，并非参加培训的人员急需获得的知识或技能；有些课程的内容没有及时更新，没有向参加培训的人员传递最新的信息；有些培训班在较短的时间内安排了过多内容，参加培训的人员很难消化。很多的知识产权培训在形式上较为刻板，灵活性不强。比如，在培训周期安排上不加区分，有的培训班周期较长，不能满足部分企业的要求；像一些小微企业，由于本身人员较少，参加培训的人员不能离开企业过长时间，就应当安排一些较短时间的培训。[2]

（4）知识产权培训任务承担者上的问题。从很多地方知识产权培训的实际情况看，一些知识产权主管部门对于承担培训任务的高校或其他机构的能力未进行认真的审查，导致有些高校或组织虽然没有相应的师资、场所、设施等培训条件，却承担了知识产权培训任务，甚至承担了重要的培训任务，其培训结果也就可想而知。另外，很多地方的知识产权主管部门对于授课的师资没有进行必要的把关，导致一些没有相应知识和能力的教师也承担了授课任务；甚至有些培训单位为了维持关系而将很多知识产权主管部门的管理人员安排为授课老师，尽管他们所讲授的内容实际上并不为参加培训的人员所需要。

（5）知识产权培训市场化的问题。由于政府知识产权主管部门的力量有限，而知识产权培训的需求在不断扩大，政府主管部门很难亲自组织、策划各种各样的培训活动。因此，政府知识产权主管部门应当采取措施推动知识产权培训的市场化，让培训的供需双方直接进行沟通、合作，让各种培训机构直接进行竞争，政府知识产权主管部门只发挥引导作用。目前

---

[1] 王海军："企业知识产权培训模式刍议"，载《科技与法律》2010年第6期。

[2] 黄兰芳、纪新宇："小微型工业企业的知识产权培训"，载《电子知识产权》2012年第6期。

各地的知识产权主管部门还习惯于将知识产权培训活动控制在自己手中，没有推动其市场化的意识，甚至不愿意看到其市场化的发展。

（五）知识产权人才培养平台的建设不够科学

知识产权人才培养工作主要是两种：（1）出于应急或过渡需要的短期培训；（2）系统地进行相关知识和技能培养的学历教育。因此，知识产权人才培养的平台也主要是两种：（1）培训基地或培训机构；（2）高等学校。知识产权主管部门在这两种平台的建设方面发挥了一定的作用，其主要途径是直接在相关高校设立知识产权培训基地（包括国家基地和地方基地）以及与高校合作建设知识产权学院。知识产权培训基地的设立有利于整合我国知识产权人才培训资源、规范培训管理、提高培训质量，从而促进我国知识产权人才的培养、加强知识产权文化的建设。[1] 然而，从当前很多地方的知识产权主管部门建设知识产权人才培养平台的实际工作情况看，存在一些明显不科学的问题：有些地方知识产权主管部门在寻找合作办学的高校时，不是选择在知识产权人才培养方面综合条件较好的高校，而是选择知识产权人才培养能力较低的理工类高校，这一方面是因为他们将知识产权人才更多地理解为专利人才，另一方面是受其狭隘的部门利益观念驱使。考量一下国家和地方已经建立的众多知识产权培训基地可以看出，一些知识产权主管部门往往倾向于把理工科院校，甚至是一些法学、管理学等人文社会科学都很薄弱的理工科院校指定为知识产权人才培训基地，这种做法在逻辑上是经不起推敲的，[2] 也使得一些培训基地很难发挥应有的作用。

（六）优秀知识产权人才培养的诱导机制不够健全

在提及知识产权人才的时候，人们更多地会想到专利代理人，之所以如此，一方面是因为专利本身的重要性，另一方面是因为专利代理人资格

---

❶ 黄玉烨：“知识产权培训基地在人才培养中的任务解析”，载《中国发明与专利》2013 年第 10 期。

❷ 李国英：“高校知识产权人才培养模式的优化”，载《高教论坛》2012 年第 2 期。

的取得有比较严格的条件，从而使得专利代理人成为令人羡慕和尊重的职业。正因如此，虽然资格要求较高，但还是有很多人努力去应考，使得一些较为优秀的人才进入专利代理人的队伍。然而，专利代理人的数量增长速度仍然不能令人满意，加上专利申请量逐年攀升，导致专利代理从业人员供给与其业务需求之间呈现较大的失衡。[1] 目前的专利代理资格考试制度对于报考者的限制过于严格，要求报考者一定要取得理工科学历，阻碍了部分有较强愿望并有相应能力的人才成为专利代理人。有些人具有相应的专利知识和技能、具有相应的法律知识、具有一些必要的理工科知识，完全可以胜任专利代理人工作，[2] 只是因为没有理工科的学历，就无法进入专利代理人队伍，使得专利代理人队伍失去了一些优秀的实用型人才。

在版权、商标权和其他知识产权领域，由于缺乏全国统一的代理人资格考试和管理制度，其职业的崇高性和影响力便受到很多人的怀疑，有较强意愿从事这方面代理工作的人才就要少得多，那些希望进入这个行业的优秀人才就更少了。我国的商标代理人队伍虽然比较庞大，但基于其入门的要求很低，在很多人的心目中稍有一些专业知识的人都可以从事这个业务，很多优秀的人才对此就没有什么兴趣，高校也不愿意在这类人才的培养上投入很多教育资源。

（七）知识产权人才的激励保障机制较为缺失

提及知识产权人才工作，很多知识产权主管部门往往将眼光盯在知识产权人才的培养和增量上，而对于现有知识产权人才的科学管理和有效使用却没有给予足够的重视，导致有些地方或有些企业的知识产权人才虽然较多但未见成效或者现有知识产权人才流失。其中一个重要的原因，在于知识产权主管部门没有在知识产权人才的激励保障机制方面作出相应的努

[1] 林小爱、朱宇："专利代理机制存在的问题及对策"，载《知识产权》2011年第5期。

[2] 事实上，现在有些专利代理机构有一部分人在从事着专利代理工作，他们有足够的能力，但是必须借助持有专利代理人证书的人员名义，就是因为他们没有理工科学历而无法参加考试。

力，从而挫伤了知识产权人才的积极性。

在江苏、上海、重庆等地，经过知识产权主管部门的推动，对知识产权工作人员已经实施了知识产权工程师、专利工程师等专业技术资格制度，在一定程度上解决了知识产权人才的职称问题和升职问题，但仍然存在专业技术资格制度适用范围较小的问题，有些地方仅针对企业的专利工作人员，对于其他知识产权工作人员并不适用，知识产权中介服务机构的执业人员也没有解决职称问题，使得这些知识产权人才的专业地位得不到应有的确认，或者影响了他们在工资或职级上的晋升。另外，在这些地方虽然实施了知识产权专业技术资格制度，但由于缺乏必要的宣传和推广，这一制度的影响力还比较小，甚至有很多人不知道这一制度的存在，影响了制度的效应。还有很多地方，知识产权主管部门还没有有意识地与相关主管部门进行沟通，没有去积极地推动知识产权专业技术资格制度的实施，使得知识产权工作人员没有应有的名份和地位，他们的积极作用自然也就难以得到有效的发挥。除了职称外，还可以通过多种形式的物质待遇激励知识产权人才的工作热情，但目前这类激励机制在现实中存在明显的缺失，各级知识产权主管部门没有有意识地去引导用人单位构建相应的激励机制，在一些地方实行的企业知识产权管理标准或规范中也没有提出相关的要求。

对于知识产权人才的激励和保障并非仅限于物质刺激。在知识产权领域中，很多人才智商和情商都很高，拥有自己独特的理解能力和表现能力，他们工作并不仅仅是为了金钱利益，更多的是为了自我突破，发挥出工作的潜能；他们需要被了解、被支持、被尊重、被关心。[1] 各地的知识产权主管部门虽然也采取了一定的方式向社会宣传知识产权工作的重要性，但是很多地方还没有营造尊重、关心、支持知识产权人才的社会氛围，知识产权工作人员在很多单位还不被重视，甚至被边缘化，似乎成了可以随便由其他人员兼任的角色，知识产权工作人员取得的成就也不被领导与同事关注，知识产权人才的荣誉感和自尊也就很容易受到损害。

---

[1] 刘柳："知识产权人才的激励方式"，载《人力资源管理》2009 年第 10 期。

二、教育行政主管部门存在的相关问题

政府教育行政主管部门作为人才培养的管理和服务机构，其在知识产权人才工作方面的问题主要是对高校的知识产权人才培养限制较多，引导和扶持不力。

（一）对高校的知识产权人才培养工作限制较多

政府教育行政主管部门对于知识产权人才培养的限制在事实上主要体现在专业、学科点的设置及招生计划的确定上。

从本科层次的知识产权人才培养情况看，本科专业的设置需要教育部的批准，目前在《教育部2014年高考普通高等学校本科专业目录》的特设专业中虽然有“知识产权”专业，但将其设定在“0301”法学类下，这就意味着该专业要在法学专业办学的总体思维下进行人才培养，这与知识产权人才的复合型与交叉性的要求产生冲突。一些设置知识产权专业的高校既想遵循法学专业的办学要求，又想保持知识产权人才的复合型和交叉性特征，便在有限的课程体系内做文章，结果导致各个高校的专业培养方案差别较大，且既不能培养出合格的法律人才，也难以培养合格的知识产权人才。而且，将知识产权专业定位在法学类专业名目中，意味着理论上在管理类、经济类专业中就不能培养本科层次的知识产权人才，这不能适应“战略”的实施对知识产权管理人才的大量需求。另外，第二学位和双学位教育是培养本科层次知识产权人才的另外两种可行的途径，但很多地方的教育行政主管部门对此严格控制，高校的自主权较小，[1] 这两种途径的作用没有得到有效发挥。

从研究生层次的知识产权人才培养情况看，知识产权的学科地位一直不明确，它既不是一级学科，也不是相关一级学科下的二级学科。由于教育行政主管部门没有明确的态度，在理论上和实践中在这方面就有很大的

---

[1] 钱建平：“谈国家知识产权人才战略实施的障碍及其克服——基于知识产权人才培养的视角”，载《南京理工大学学报（社会科学版）》2010年第6期。

争议，如刘春田教授持“法学学科说”，[1] 陶鑫良教授持“多元交叉学科说”，[2] 而吴汉东教授则持“独立学科说”。[3] 这种纷争自然会影响到知识产权研究生的培养。从现实情况看，因为目前的学科分类没有专门的知识产权二级学科的规定，高校也就没有办法设立专门的知识产权硕士点或博士点，而只能在诸如法学的二级学科、管理学的二级学科中设置知识产权研究方向，这样影响了高层次知识产权人才应有的高、精、专的特点的形成，各高校培养出来的知识产权人才往往给人有点四不像的感觉。[4] 另外，知识产权人才的培养具有一些特殊要求，将知识产权挂靠在相关学科点，由于其培养计划与所在学科点的传统要求存在一定差异，会影响相关学科点的发展；如果相关学科点坚持以其传统的要求对待知识产权方向的学生，一些学生往往很难满足合格的条件，[5] 无形中大大增加了知识产权人才培养的难度。

招生计划的限制是高校多样化知识产权人才培养活动的另一个瓶颈。普通高校招生计划的制订和执行的基本原则是坚持“稳定规模，优化结构，提高质量，办出特色”；高校分专业招生计划的安排要坚持与国家经济社会发展需求、高校的办学条件、学校定位和办学特色等情况挂钩。[6] 一个高校的招生计划通常是比较稳定的，且已经分布在已有的各个专业或学科点上。知识产权人才的培养是高校办学的新增长点，适应了经济社会发展的重大需求，也形成了相关高校的办学特色，但在教育行政主管部门不予增加招生指标的情况下，只能去挤占或争夺其他专业或学科点的招生指

---

[1] 刘春田：“我国知识产权高等教育的发展”，载《中华商标》2007 年第 11 期。

[2] 陶鑫良：“加强知识产权人才培养时不待我”，载《中华商标》2007 年第 11 期。

[3] 吴汉东：“知识产权的学科特点与人才培养要求”，载《中华商标》2007 年第 11 期。

[4] 钱建平：“谈国家知识产权人才战略实施的障碍及其克服——基于知识产权人才培养的视角”，载《南京理工大学学报（社会科学版）》2010 年第 6 期。

[5] 比较典型的情况是挂靠在相关专业的知识产权博士研究的学位论文在外审时往往被相关专业的专家按照传统的标准认定为不合格。

[6] 方守湖、叶昕、朱琳：“高校招生计划的调整与公平问题研究”，载《黑龙江高教研究》2011 年第 6 期。

标。然而已有专业或学科点通常会竭力捍卫其来之不易的招生指标，致使知识产权人才培养所需要的招生指标往往得不到保障，即使其在某些地方或某些行业很有前景，也因为招生人数的限制而难以向社会输送较多的知识产权人才。

（二）对高校的知识产权人才培养工作引导不力

考虑到很多高校对于知识产权人才培养的重要性还没有足够的认识，因而在这方面的意愿并不是很强；政府应大力投入，营造良好的政策环境和有效的激励机制，鼓励高校加强知识产权人才的培养。[1] 教育行政主管部门作为高校人才培养的业务主管部门，应通过其相关职能的行使发挥主要的引导和激励作用。但从现实情况看，各地教育行政主管部门在这方面发挥的作用非常有限，没有将引导知识产权人才培养的使命恰当地融入其所制定的相关政策或采取的相关措施中。以在江苏这样的知识产权大省为例，兹可列举几点。

在特色专业或品牌专业、重点学科的遴选方面，没有遴选一个将知识产权知识的教育和技能的培养作为特色或重要内容的专业、学科点，使得可以用来培养多方面知识产权人才的特色或品牌专业建设路径没有发挥相应的作用。在教育教学课题和高校哲学社会科学研究课题的立项方面，很少关注知识产权人才培养的研究问题及知识产权理论的研究问题；比如，2014 年江苏省高校哲学社会科学研究课题的立项结果中，1 674个一般项目中只有知识产权课题 7 项，近 50 个重大项目和重点项目中没有一个知识产权课题，[2] 未能将这类课题项目在引导高校探讨知识产权人才培养工作和提升高校知识产权师资的研究能力方面的作用有效发挥出来；而在《江苏省高等学校大学生创新创业训练计划 2014 年立项项目名单》中的 4 863个

[1] 周建勋："高校知识产权教育的问题与对策"，载《科教导刊》2013 年 5 月中旬刊。

[2] "省教育厅关于公布 2014 年度高校哲学社会科学研究一般项目的通知"，载 http：//www. ec. js. edu. cn/art/2014/6/23/art_ 4266_ 151588. html，2014 年 8 月 13 日访问。

项目中，知识产权方面的项目只有 4 个❶，当年公布的研究生培养创新工程项目评审结果也呈现类似的情况，这类工程项目本来可以在直接培养知识产权本科生和研究生的创新精神和研究能力方面发挥很好的作用，较好地满足“战略”的实施对高校知识产权人才培养的要求，但目前的运行状况与这种理想差距太大。在教材建设方面，知识产权人才培养工作对专业性、实用性、创新性教材的需求没有受到应有的关注，比如，在 2014 年省教育厅所遴选的 265 部高等学校重点教材中，竟然没有一部知识产权方面的教材❷，这会在很大程度上影响相关高校在知识产权教材建设上的力度。在教育教学成果奖和高校哲学社会科学研究优秀成果奖评审方面，也没有借此引导高校重视知识产权人才培养模式、体制机制、方法等方面问题的研究和知识产权工作中的一些重要理论问题和现实问题的研究，比如，在 2014 年省教育厅评选出的 299 项第九届高校哲学社会科学研究优秀成果奖中，没有一项为知识产权方面的研究成果。❸ 另外，在多种人才工程人选的遴选方面、在境外高层次师资的引进方面、在国际合作与交流方面、高校知识产权师资的能力提升和对外拓展等方面的要求都没有受到应有的重视，更没有在相关政策的制定与实施过程中获得一定的优厚待遇。

（三）对高校的知识产权人才培养工作扶持不够

政府教育行政主管部门支配着较多教育资源，这些资源的运用方向和配置比重对于不同学科和专业的发展及相关的人才培养具有重要的影响。从目前的实际情况看，虽然“战略”作为国家的一个重要的行动纲领受到各方面的重视，但教育行政主管部门的重视还没有在行动上体现出来，在很多地方，知识产权人才的培养还没有成为教育行政主管部门配置教育资

❶ http：//www. ec. js. edu. cn/art/2014/6/18/art_ 4266_ 151258. html，2014 年 8 月 14 日访问。

❷ “2014 年江苏省高等学校重点教材立项建设遴选结果公示”，载 http：//www. ec. js. edu. cn/art/2014/7/28/art_ 4266_ 153502. html，2014 年 8 月 12 日访问。

❸ “关于公布江苏高校第九届哲学社会科学研究优秀成果奖获奖名单的通知”，载 http：//www. ec. js. edu. cn/art/2014/7/22/art_ 4266_ 153231. html，2014 年 8 月 13 日访问。

源的主要方向和重点领域，没有在资源配置时采取适当方式对知识产权人才培养的合理需求和应急需要给予必要的扶持。

教育行政主管部门对于高校知识产权人才的培养扶持不力有多方面的体现。比如，知识产权学院的设立和运行是我国学者认可的培养知识产权人才（尤其是在短时间内培养大量知识产权人才）的重要举措，从1993年北京大学在全国率先成立知识产权学院以来，各种模式的知识产权学院在各地纷纷涌现，目前已经有数十家。知识产权学院在初期发展阶段，特别需要外部的支持，尤其是政府相关部门的支持。一些地方的知识产权行政主管部门意识到这一点，与高校合作建设知识产权学院，[1] 但是，作为知识产权学历教育管理者的教育行政主管部门没有积极参与新兴知识产权学院建设的意愿，还没有一个地方的教育行政主管部门与高校合作共建知识产权学院，没有对知识产权学院这种知识产权人才培养的高校平台给予综合性的支持。又如，高校知识产权师资是其知识产权人才培养的根本，而高校知识产权师资的研究能力和研究成果是提高知识产权人才培养质量的重要基础，高校师资研究能力的提升需要通过多种途径才能得以实现，知识产权研究基地则是高校教师在整体上培养和提高研究能力的综合平台，这也是各个高校想方设法培育和建设各类研究基地的重要原因。教育行政主管部门遴选和建设了很多高校哲学社会科学研究基地或其他研究基地，在这些研究基地中知识产权研究基地所占的比重与知识产权在经济社会发展中的重要性明显不相称，目前只有个别地方的教育行政主管部门将高校的知识产权研究中心或类似的研究机构遴选为当地的高校重点研究基地。再如，从事我国目前的实际情况看，教育行政主管部门支配着较多的经费，对于这些经费他们可以根据各方面人才培养的不同需要以多种不同的渠道或形式进行合理的配置与运用；遗憾的是，至今没有教育行政主管部门将知识产权人才的培养作为一个重点扶持的方向，也没有研究对知识产权人

[1] 比较典型的是江苏省知识产权局与南京理工大学共建的知识产权学院、重庆市知识产权局与重庆理工大学共建的知识产权学院。

才培养进行经费扶持，更没有在通过各种途径分配相关经费时有意识地向知识产权人才培养倾斜。

三、知识产权教育培训机构存在的相关问题

学校（特别是高校）和社会教育培训机构是知识产权人才培养工作的直接承担者和知识产权人才的主要输送者，在知识产权人才工作方面的很多问题体现在他们的身上。

（一）知识产权人才培养的系统性存在不足

在我国香港特别行政区，知识产权教育是多层次、多渠道的，可分为基础教育、学位教育、短期培训和社会宣传等。知识产权人才的培养主要集中在学位教育阶段。❶ 这种做法基本上体现了知识产权人才培养的系统性，即以小学、中学和大学的知识产权常识教育为基础，为专门的知识产权人才的培养作必要的铺垫；高校的学历教育或学位教育是专门的知识产权人才培养的根本，是社会所需要的知识产权人才产生的基本途径；短期培训是专门知识产权人才培养的补充形式，是应急培养实用性知识产权人才的主要手段。

从系统性看，我国的学校和社会培训机构在知识产权人才工作方面显然还存在较大的不足：普及性知识产权常识教育较为缺失，中小学真正开展知识产权普及教育的情况很少，甚至一般的中小学都没有熟悉知识产权的师资；尽管在高校大学生中开展知识产权课程的普及教育，尤其是在理工科大学生中开展知识产权教育，已经成为很多人的共识，❷ 但真正全面开展知识产权课程教学的高校很少，即使像南京理工大学这样知识产权教育工作在江苏省领先的高校，目前也只是在大约 1/4 的学生中进行了知识产权普及教育。学位教育与社会培训同样存在很多问题，对此下文会论及。

---

❶ 杜爱萍：“泛珠三角区域知识产权人才培养及其对云南的启示”，载《经济问题探索》2008 年第 3 期。

❷ 郭雪军：“知识产权教育进入理工院系的途径和方式”，载《高教论坛》2013 年第 12 期。

（二）知识产权学院的建设存在较大的偏差

在我国大力推进知识产权人才工程和知识产权人才培养的进程中，高校知识产权学院的迅速发展成了我国知识产权事业发展的一道亮丽的风景线。近十年来，全国已经涌现了近20家知识产权学院，更有一些知识产权研究院和不计其数的研究中心成立。在北京、上海、广州等地，仅一城之内，即有多家知识产权学院相互竞争。[1] 然而，高校知识产权学院的增长虽然很快，却存在很多问题，与人们的预期存在较大的反差。

首先，大多数知识产权学院不具有独立性。在目前全国几十个知识产权学院中，只有南京理工大学知识产权学院、华东政法大学知识产权学院和重庆理工大学知识产权学院等少数几个知识产权学院是具有独立建制的二级学院。绝大多数知识产权学院与其他二级学院设置在一起，即“一套班子两块牌子”，通常是附设于法学院中。这种状况严重影响了知识产权学院独立培养知识产权人才能力的发挥，因为在法学院传统强势的挤压下，知识产权学院的发展空间非常小，特别是削弱了其在知识产权学科发展与人才培养上的独立自主权。

其次，知识产权学院的象征意义重于实际价值。有些高校知识产权学院的设置纯粹是一种跟风行动，他们并没有进行知识产权人才培养的资源与能力，本地可能也没有大量的知识产权需求，但他们也效仿其他高校设置知识产权学院，完全把它作为一种摆设。

最后，知识产权学院的发展没有良好的氛围。从专业氛围上看，由于知识产权学院学科专业的混合性和多样性，其在专业或学科归属上便存在困惑，在相关学科或学术组织开展活动时，组织者往往并不像对法学院或管理学院那样将知识产权学院（即便是独立建制的知识产权学院）看成是一个独立的人才培养组织体或学术组织体，知识产权学院在法学领域、管理学领域或其他相关的领域实际上受到较大的歧视，很多情况下得不到相

---

[1] 袁真富：“高校知识产权人才培养：现状、问题与趋势”，载《中国发明与专利》2013年第10期。

关学术组织成员候选人名额的分配，甚至得不到相关会议或活动的通知。以江苏省为例，虽然南京理工大学知识产权学院是全国唯一一所由省人民政府和两个部级单位共建的二级学院，具有较大的知名度，但江苏省法学会等组织在进行评奖等活动时，该省各个学校的法学院都可以单独评审和推荐候选人，而南京理工大学知识产权学院只能与各种没有法学院的学校在一起推荐候选人。知识产权学院的办学也没有较好的社会氛围，除了专门从事知识产权人才培养工作的人员外，很少有人了解知识产权学院，更不熟悉知识产权学院的性质和活动内容，知道哪些学校有知识产权学院的人就更少了，这使得知识产权学院办学的社会空间受到限制严重影响。

（三）高校在知识产权人才培养方面存在较多的问题

高校是知识产权人才培养的主力军，知识产权人才工作方面的问题集中地体现在高校的身上。从对一些高校的调研情况看，这种问题是多方面的。

（1）对知识产权人才培养工作的认识存在一些误区。高校在确定是否进行知识产权人才培养、培养何种知识产权人才、怎样进行知识产权人才培养时必须首先对知识产权人才本身的性质有一个清晰的认识。但很多高校在这方面明显存在认识不准确的问题：①认为知识产权人才是要具有理工知识和技能的人才。很多高校第一感觉是将知识产权与科技工作等同起来，再加上受长期主管专利工作的各级知识产权局的影响，便认为知识产权人才是一种理工人才。事实上，除从事专利工作外，知识产权工作还包括商标、版权等很多其他工作，而后者并不需要理工基础，很多知识产权人才并不需要具备理工知识。正如吴汉东教授曾多次指出的，认为知识产权人才必须有理工背景，是个误解；陶鑫良教授也认为，知识产权人才是否需要理工背景并不绝对，社会需求呈多元化和多样性。[1] ②认为知识产权人才应当是具备法律、科技与管理知识和技能的复合型人才。法律、科技与管理“三合一”的知识产权人才已经成为很多高校心目中知识产权人

---

[1] 李国英：“高校知识产权人才培养模式的优化”，载《高教论坛》2012 年第 2 期。

才的固定形象。实际上，知识产权工作具有多样性，有些知识产权工作只需要其中单一知识与技能就可以，比如，高校的版权法教师或商标法教师，他们只要较好地掌握相关的法律知识和技能便能够胜任其岗位工作。确实有些知识产权工作需要复合型知识产权人才，但也并非必须是前述“三合一”；比如，像文化创意产业等诸多产业领域对于知识产权人才也不看重理工背景的出身。[1] ③认为知识产权人才应当是高层次人才。基于这种认识，很多高校将其知识产权人才培养的精力集聚在硕士研究生和博士研究生的教育上。这种做法与社会对知识产权人才的需求并不吻合。社会对知识产权人才的需求呈金字塔型，所需要的本科、双学位人才较多，需要的硕士、博士人才则相对较少。[2] 高端、复杂的知识产权工作毕竟属于少数，大量的知识产权工作属于普通的专业性工作，还有很多只需要一些简单知识产权知识或技能的辅助性工作，本科层次的知识产权人才足以担当后两种工作，甚至一些大专层次的知识产权人才也能能胜任其中的部分工作。

（2）合格的知识产权师资较为缺乏。合格的知识产权师资是知识产权人才培养的核心，而缺乏必要的师资则是当前很多高校知识产权人才培养工作不佳的重要症结。师资方面的问题有多种表现：①师资数量较少。从整体上看，目前高校专业的知识产权师资远远跟不上知识产权人才需求激增的形势；从每个高校的情况看，一般高校的知识产权师资通常不超过5人，只有个少量高校的知识产权师资超过10人，而满足系统化知识产权人才培养需要的知识产权师资队伍应当至少在10人以上。②师资整合不好。有些高校虽然知识产权师资的总量不少，但知识产权人才培养的效果并不好，一个重要原因是其师资分散在不同的部门中，而学校没有采取有效的措施对这些师资进行优化组织，师资的合力没有发挥出来。③部分师资的能力较低。目前有些高校的知识产权师资还存在知识产权理论基础薄弱、

---

[1] 袁真富：“高校知识产权人才培养：现状、问题与趋势”，载《中国发明与专利》2013年第10期。

[2] 伍玉林、邹芸潞：“我国高校知识产权教育和人才培养问题研究”，载《商业经济》2013年第1期。

教学能力较差的问题，有些知识产权师资是由其他学科、专业的人员转岗而来，自身还不具有系统的知识产权和扎实的理论基础。面对着重培养实用型知识产权人才的社会需求，高校尤其缺乏具有较强实践经验和技能的师资。很多知识产权专业的老师都是从学校到学校，没有实际的实践经验；这些教师也许能在基础理论方面进行一些创新性研究，却难以较好地传授给学生分析、解决实际问题的能力。❶ 知识产权师资还存在分布不平衡、国际化水平较低等方面的问题。❷

（3）知识产权人才错位培养的意识不强。知识产权工作的多样性决定了知识产权人才的培养涉及的知识和技能很多，所需要的资源不仅数量巨大而且种类繁多，再加上现行高等教育体制的一些束缚，任何一个高校都没有能力面向各种知识产权人才需求开展培养活动，而必须进行错位培养。❸ 很多高校没有意识到这一点，尤其是一些实力较强、设立知识产权学院的高校，在其发展规划中力图培养多种类型、多个层次、多个领域的知识产权人才，结果是“心有余而力不足”，不仅其宏伟蓝图不能实现，现有的人才培养质量也因为其过度扩张而受到较大的影响。虽然很多高校就知识产权人才培养问题相互之间开展了很多调研工作，但在调研后他们更多的是相互学习，而不是寻找自己的优势和思考差异化的培养方案，结果导致目前高校向社会所输送的知识产权人才基本上没有明显特色，同质化现象较为严重。

（4）知识产权人才培养的路径选择不够合理。在谈及知识产权人才培养模式或机制时，我国的学者将注意力放在了知识产权的专业和学科定位、知识产权人才的层次、知识产权人才的知识结构等问题上，并提出很多建

❶ 陈媛媛：“实务型知识产权人才培养的探索与实践——以武汉市为例”，载《中国校外教育》2014 年第 6 期。

❷ 郑辉、苗培：“知识产权人才培养的师资队伍建设研究”，载《知识产权》2012 年第 11 期。

❸ 钱建平：“论高校对知识产权人才的错位培养”，载《江苏社会科学》2010 年第 6 期。

议与对策。高校在知识产权人才培养模式方面也进行了大量的探索与实践，形成了通过本科知识产权专业、知识产权第二学位和双学位、知识产权专业硕士研究、相关硕士点中的知识产权方向、相关博士点中的知识产权方向等途径培养单一方向或复合型知识产权人才的诸多模式。但是，最适于培养知识产权人才的两种模式却没有被高校所重视，去努力运用这两种模式的高校就更少了。一种模式是特色专业建设，即在某一专业原有内涵的基础上将相关知识产权知识和技能的教育作为其特色方向，这种模式可以利用目前本科专业量多面广的优势培养大量各种类型的知识产权人才。遗憾的是，目前绝大多数已经在进行知识产权人才培养的高校都还没有意识到这种模式的优越性，在各地和各个高校遴选出的特色专业中还没有属于这种情形的专业。另一种模式是知识产权人才培养的社会化，也就是高校的知识产权人才培养工作要面向社会需求，广泛吸纳社会主体的参与，充分利用各种社会性的知识产权教育资源。就高校知识产权人才培养工作所要完成的任务、目前的实际效果和知识产权教育资源广泛分布的情况来看，知识产权人才培养的社会化对于高校显得特别重要。[1] 显然，目前很多高校还没有注意到这一点，因而他们将关注点仅仅放在校内教育资源的整合和增加上，当这种局限于校内的努力效果不佳时，他们便抱怨知识产权教育资源的缺乏，而实际上其部分需要是可以通过校外的社会资源得到满足的。偶有高校意识到这一点，他们还只是停留在口头上，没有很多切实的行动。

（5）知识产权人才培养活动缺乏科学的设计。在具备必要资源的前提下，高校知识产权人才培养效果的一个基本保障是科学的整体设计。但从目前从事知识产权人才培养活动的高校情况看，很少有高校首先从本校整体的角度对知识产权人才培养问题进行宏观上的考量和计划，没有对本校是否适合进行知识产权人才培养、培养知识产权人才的恰当模式、适于知

[1] 钱建平：“谈我国高校知识产权人才培养的社会化”，载《科技管理研究》2010 年第 7 期。

识产权人才培养的专业与学科、知识产权人才培养的长远规划、知识产权教育资源的优化组织等问题进行系统性的谋划，这种缺失导致一些不具备条件的高校也盲目从事知识产权人才培养工作，或者选择一些不合适的专业或学科去培养知识产权人才。从担负知识产权人才培养任务的专业或学科的情况看，在培养计划和课程体系的顶层设计方面还存在明显不足，一些高校在这方面的态度较为草率，相互“借鉴”培养计划和课程体系的现象较为严重，很多高校没有结合本校的特色与优势去设计知识产权人才培养的内容与方式。专业或学科顶层设计上的不足导致一些高校的知识产权人才培养方案及课程体系存在不少问题，如理解教学与实践能力训练方面的脱节。就其特点来看，知识产权是一门集理论与实践于一身的学科，在教学过程中应把理论与实践相结合；❶ 但从一些调查情况看，高校偏重于对理论知识的传播，不重视知识产权人才对实用技能的掌握，知识产权专业的学生企业知识产权工作能力，包括高新技术企业知识及战略的制定、知识产权操作技巧、知识产权诉讼等实务能力与企业要求有较大差距，造成企业对知识产权人才的满意度不高。❷

（6）知识产权人才培养方案的实施不力。不可否认，有少量高校知识产权人才培养方案的设计还是比较合理的，但其产生的效果并不如预期。究其原因，在于其人才培养方案并未得到有效的实施。人才培养方案的实施需要学校在制度建设、资源配置等方面给予支持，但这些高校往往缺乏相应的实际行动，甚至仅仅将知识产权人才培养作为摆设。人才培养方案实施不力的另一个重要因素在于教师，很多知识产权教师并没有按照人才培养方案的精神设计教学大纲，或者教学大纲虽然与人才培养方案的要求相符，但任课教师在具体的教学过程中并没有遵照实施，很多知识产权教师的实际教学活动与教学大纲的安排相去甚远，教学大纲编制时确定的目

---

❶ 伍玉林、邹芸潞：“我国高校知识产权教育和人才培养问题研究”，载《商业经济》2013 年第 1 期。

❷ 陈媛媛：“实务型知识产权人才培养的探索与实践——以武汉市为例”，载《中国校外教育》2014 年第 6 期。

标往往落空。

（四）社会培训机构对知识产权人才培养的参与程度不够

知识产权培训与知识产权学历教育是知识产权人才培养的两个重要组成部分，但两者的侧重点是不同的；知识产权培训主要是一种应急性的举措，属于短期行为，其基本目标在于在较短的时间内迅速提高受培训人员的实用技能，一般不进行基本理论的教育。正是基于知识产权培训的上述特点，这种活动最好由知识产权中介服务机构这一类社会组织进行培训方案的设计并组织实施，因为他们更清楚各类知识产权人才在实际工作中需要的技能，更有条件设计出科学的培训方案，也有能力调动他们认为最适于传授这些技能的人去实施教学。正是考虑到这一点，一些企业的相关人员希望知识产权中介服务机构能够积极地与知识产权主管部门或其他相关部门联系，主动承担知识产权培训任务，特别是对小微型企业的知识产权培训。❶

然而，现实状况与此相反。虽然国家和地方知识产权局及其他知识产权主管部门设立了很多知识产权培训基地，甚至有的省市设有两个以上的国家级知识产权培训基地；但这些培训基地都设立于高校，国家知识产权局在其相关管理规范中就明确将高等院校作为培训基地主要的所属单位，❷这实际上使得高校成了知识产权培训的组织者和主力军。事实上，各地的知识产权培训工作基本上是由高校组织实施的，而高校大多以对待学历教育的思维和心态来对待培训活动，使培训活动丧失了应有的意义。有些高校在设计和实施培训方案的过程中还能适当吸收一些知识产权中介服务机构或其执业人员参与进来，有些高校则从培训方案的设计到课程教学全部使用自己的教职工，结果导致其培训内容往往与受培训人员的实际工作需要相脱节，培训课堂没有生机，培训活动反而成了受培训人员想尽办法应

---

❶ 黄兰芳、纪新宇："小微型工业企业的知识产权培训"，载《电子知识产权》2012年第6期。

❷ 黄玉烨："知识产权培训基地在人才培养中的任务探析"，载《中国发明与专利》2013年第10期。

付的累赘。当然，知识产权中介服务机构对于培训活动参与不够还有其他一些原因，如其对于教学的组织缺乏经验和信心，或者将培训活动看成可有可无的副业而不愿意承担。

第三节　知识产权人才队伍建设的强化措施

一、政府主管机关加强对知识产权人才培养的导向

在市场经济条件下，政府及其主管部门在知识产权人才队伍建设方面的作用主要是在其职能范围内进行科学的引导和积极的扶持。结合前文所分析的问题，政府主管机关在今后一段时间内主要应当采取下列措施。

（一）加强知识产权人才培养工作的统筹组织

很多政府主管部门的职能与知识产权人才培养具有较大的关联，或者对于知识产权人才培养会产生较大的影响。如果将这些政府主管部门的力量有效调动起来，消除其可能存在的负面影响或相互间的冲突，对知识产权人才培养会产生很大的促进作用。

基于政府各个主管部门往往只关注自己的主要任务、相互间缺乏积极配合的精神的现状，要使各相关主管部门在知识产权人才培养方面的能量充分发挥出来，必须实现这些主管部门之间的统筹协调。这种协调实现的路径主要有二。

(1) 作为各主管部门领导机关的人民政府应当加强对知识产权人才培养工作的领导与组织，特别是政府领导人应当高度重视知识产权人才的培养。正如有学者所说，各级领导干部应该站在知识产权的高度，前瞻性地加速培育知识产权人才，将知识产权人才培养作为一项系统工程来抓。各级领导层应清醒地意识到，没有足够数量和质量的知识产权人才，就不能

实现创意、创新的目标。[1] 政府领导人要时刻关注各相关主管部门在促进知识产权人才培养方面所采取的措施；在其召集的知识产权联席会议上将知识产权人才培养工作作为重要议题，既解决具体的问题，又提高各联席会议成员机关对这一工作的关注度；及时化解各相关主管部门在知识产权人才培养方面的矛盾与冲突。政府可以根据需要召开一些知识产权人才培养工作专项会议，集中解决一些重要问题或不同部门之间的较大分歧。

（2）各相关主管部门之间应当主动进行联络与协调，努力在知识产权人才培养方面采取一致的行动，能够主动进行配合，及时进行沟通与交流，消除彼此之间的分歧。不同的知识产权主管部门之间的配合与协调是第一位的，每个部门应当努力摒弃狭隘的本位观念，合理地评估本领域的人才需求及相应的知识产权教育资源需求，特别是不能盲目地去争夺不必要的知识产权教育资源，以免造成资源浪费；对于其他知识产权主管部门需要的帮助，如果不与本部门的工作相关冲突的，应当积极提供。知识产权主管部门应当与政府的其他主管部门进行有效协调，特别是与教育行政主管部门进行定期交流，主动向教育行政主管部门说明、解释知识产权人才的需求状况及需要教育行政主管部门解决的问题；在双方分歧较大而无法形成一致意见时，可以请求同级人民政府介入。

（二）有效利用与知识产权相关的政策工具

政府对政策工具的选择是保证其政策目标实现的关键，[2] 这一点同样适用于政府的知识产权人才工作。合理的政策对于知识产权人才培养的影响具有广泛性和深远性，这种工具应当受到高度重视。政策工具的运用主要有两个层面：（1）有针对性地制定一些知识产权人才政策法规。在目前国家和一些地方知识产权人才工作规划或年度计划的基础上制定一些专项知识产权人才工作政策，除了行动目标和主要任务外，要增强政策或计划

---

[1] 欧阳敏灵："知识产权人才培养要进入领导层的视野"，载《电子知识产权》2008年第12期。

[2] 田千山："政府创新社会管理的政策工具选择"，载《经济与社会发展》2011年第10期。

的针对性和可操作性，要明确具体的配套措施及其义务主体。从目前各地的情况看，特别需要出台知识产权学历教育的专项政策法规、知识产权培训工作专项政策法规、知识产权职业发展专项政策法规；在专业、学科目录的设定与编制时，除了在法学类下设置知识产权专业和学科外，还应当在管理学类下设置相应的专业和学科，甚至可以考虑设立单独的知识产权学类的专业和学科。（2）根据知识产权人才培养的需求灵活掌握现有的相关政策。在政府相关主管部门执行相关政策法规时，充分考虑知识产权人才培养的需要，给予必要的倾斜与照顾，最好能够对知识产权人才工作形成专项。比如，财政部门在根据财政法规制定预算时，可以适当增加知识产权教育经费；教育行政主管部门在执行招生政策时可以考虑为承担较多知识产权人才培养任务的高校适当增加一些招生指标；科技主管部门在遴选或确定高新技术企业时可以将企业使用或培养知识产权人才情况作为一个重要的考量因素。（3）在实施相关政策法规时采取一些专项措施，解决在知识产权人才工作方面的薄弱环节。比如，在实施国家知识产权人才工程时可以在一定的期限内实施版权人才专项工程、西部知识产权人才专项工程、知识产权运营人才专项工程，迅速解决版权人才紧缺、西部知识产权人才紧缺、知识产权运营人才紧缺等问题；在实施国家中小企业知识产权工作推进工程时可以实施中小企业知识产权人才专项工程，解决中小企业没有知识产权人才可用的问题。（4）在实施国家相关的政策法规时各个地方应当根据本地的实际情况进行灵活处理，尤其不能照搬国家的政策法规，不能简单地上行下效。

（三）合理配置与知识产权相关的教育资源

与知识产权相关的公共教育资源分散于多个政府主管部门，掌握这类资源较多的部门是教育行政主管部门和知识产权行政主管部门，政府主管部门在配置这些教育资源时应当注重解决当前知识产权人才培养方面的主要问题，尤其是将较多的资源配置到知识产权人才工作的薄弱环节或领域。

国家和地方知识产权行政主管部门掌握着较多的知识产权教育培训经费，这些资源应当主要用于以下几个方面：（1）知识产权人才实践技能的提升，包括有计划的短期培训和给予高校学生在知识产权中介服务机构或相关企业的实习提供资助。在这方面的资金安排，不能局限于专利人才和商标人才，要适当关注其他领域知识产权人才的实践能力训练。（2）高端知识产权人才的选拔和培养。目前这方面的人才工作是由国家知识产权主管部门发起和组织的，其经费支持也应当主要由知识产权主管部门提供。地方知识产权行政主管部门应当在高端知识产权人才的培养方面发挥更大的能动性，并配合国家知识产权行政主管部门将高端知识产权人才工程做到实处，通过科学而严格的评审机制将真正高水平的知识产权人才遴选出来，并重视培养的过程，尤其是强化其适应全球化的能力提升。（3）知识产权运营人才的培养。因为知识产权行政主管部门对于知识产权运营的现状和发展需求比较熟悉，在这方面的关注度也比较高，其在这方面的经费配置会具有更强的针对性和实效性。（4）对落后地区知识产权人才工作的扶持。相对于教育行政主管部门而言，知识产权行政主管部门资源的配置更具有调控性，因而更有条件和理由将落后地区的知识产权人才工作作为重点资助的对象。

教育行政主管部门所掌握的与知识产权相关的教育资源主要是招生计划和以项目为载体的教育经费，主要是面向高校进行配置。在分配招生计划时，有必要给予培养知识产权人才的专业和学科点相应的照顾，甚至可以在专业学位招生计划中设立知识产权专项计划，鼓励高校培养复合型人才的专业学位授权点去培养知识产权人才；为了促进复合型本科层次知识产权人才的培养，教育行政主管部门有必要放松对以知识产权人才培养为目标的第二学位和双学位的办学限制，[1] 在招生计划的分配中对知识产权第二学位实行专项计划。

教育行政主管部门在通过各类项目分配教育经费时，要有意识地引导高校重视知识产权人才的培养：在遴选特色品牌专业或实施卓越人才培养

---

[1] 钱建平：“谈国家知识产权人才战略实施的障碍及其克服——基于知识产权人才培养的视角”，载《南京理工大学学报（社会科学版）》2010年第6期。

工程时，可以倾向性地选择一些以知识产权人才培养为其核心的专业，发挥这些受重点扶持专业的示范效应，引导更多的高校通过本科专业培养各种类型的知识产权人才；在遴选培养教学名师或优秀教学团队时尽可能地选拔一些知识产权师资或教学团队，借此加速知识产权师资队伍的成长，扩大知识产权师资的影响力；在管理高校教育教学改革课题的过程中，通过在指南中增加知识产权项目、加大对知识产权师资的动员力度、在评审过程中对于知识产权课题申报给予适当倾斜等方式使更多的知识产权教育教学改革的课题获得立项，借此推动知识产权人才培养的理论研究和知识产权教育实践活动的优化；在高校人文社会科学课题的管理过程中，采取类似的措施，较大幅度地增加知识产权理论研究课题的比重，提高知识产权师资的研究能力，取得较好的理论研究成果，更好地服务于其教学工作；在高校大学生创新创业训练计划项目和研究生培养创新工程项目的管理过程中，采取有效措施鼓励知识产权专业或相关学科的本科生和研究生积极申报项目，并在评审过程中保证其立项数达到一定比例，借此提高知识产权专业学生的创新能力，激发其创新热情，培养其在工作中的创新习惯；在优秀教材或规划教材的遴选过程中，关注知识产权教材，选择和重点资助一些质量较高的知识产权教材建设，以保障知识产权教学的质量和知识产权学生的基本素质；在评选高校教育教学优秀成果奖和高校人文社会科学研究优秀成果奖时，可以考虑单独设置知识产权组，使高校在知识产权教育和与此相关联的科研成果价值能够得到彰显，并借此鼓励更多的人致力于知识产权人才培养工作及相关的科研活动；在教育行政主管部门引进海外师资、对外合作交流、评定高级教授、实施优秀人才工程等活动过程中，也应当始终顾及知识产权人才培养的需要，并将其作为扶持的重点。

（四）做好知识产权人才培养平台建设工作

各种类型的知识产权人才培养平台是提高知识产权人才培养成效的重要支撑。政府教育行政主管部门和知识产权行政主管部门在推动相关知识产权人才培养平台建设方面应当发挥更大的作用：（1）优化培训基地的建设。培训基地是知识产权实用型人才培养的重要平台，尤其是国家知识产权培训基地的设立，是我国已有的知识产权人才培养模式的进一步发展，有利于整合我国知识产权人才培训资源、规范培训管理、提高培训质量。[1]要使培训基地的功用得以充分释放，新的培训基地的设立必须依附于那些在知识产权人才培养方面有较强综合实力的高校或社会教育机构；对于已经设立的培训基地必须加强考核，促使他们努力投入更多的教育资源，不断完善管理机制，强化日常管理，将更多的培训任务引入建设成效较好的培训基地；要实行淘汰与退出机制，促进不同培训基地之间开展公平竞争。（2）加强对高校知识产权人才培养平台的支持力度。政府相关主管部门可以继续选择一些条件较好的高校，与高校合作设立与建设知识产权学院，发挥知识产权学院在知识产权人才培养方面的引领和辐射作用。尤其是知识产权主管部门和教育行政主管部门最好能够联合与高校共建知识产权学院，这样的知识产权学院在运行过程中可以获得更好的外部保障条件，也会遇到较少的体制性障碍。政府相关主管部门应当重视高校的知识产权人才培养工作，对于已有的高校知识产权学院、知识产权学科点或知识产权相关专业的建设给予多方面的帮助，特别是在高校知识产权人才培养规划的制定、人才培养方案的设计、实践教学基地的建立、对外合作与交流等方面提供科学引导、信息支持、联络沟通。（3）加快建设一批高校知识产权研究基地。高校知识产权研究基地可以为其知识产权人才培养活动提供较强的理论支撑，也是培养学生研究能力的重要平台。地方知识产权行政主管部门可以考虑在一些高校设立知识产权研究中心等机构，在经费资助、研究任务的委托等方面给予倾斜；各地教育行政主管部门在遴选其高校人文社会科学研究基地时应当保证知识产权研究基地在其中占有一定的比例。

（五）实行全国统一的知识产权职业资格制度

职业资格许可制度是政府为规范职业秩序，对某些责任较大、社会通用性强、关系公共利益的岗位实行的准入控制，也是为适应社会主义市场

---

[1] 黄玉烨："知识产权培训基地在人才培养中的任务探析"，载《中国发明与专利》2013年第10期。

经济对人才的需求，提供人才技术技能资信证明而建立的制度。[1] 职业资格是有关组织对从事某一行业工作人员基本条件的客观规定，是一张个体进入社会、以专业知识和技能服务于社会并取得报酬的准入证，是任职者职能水平的主客观反映。[2] 因此，职业资格颇受人们关注，那些体现持证人较强专业技能和执业水平的执业资格更受人们的青睐。针对当前知识产权职业资格适用范围过小的现状，[3] 知识产权行政主管部门应当与相关的部门进行沟通和协作，有效地利用职业资格制度，增强社会大众对于知识产权职业的认同感，扩大知识产权职业的影响，提高知识产权职业的社会地位，增强知识产权人才的荣誉感，从而引导更多的优秀人才发展为知识产权人才。在这方面主要该当做好两个工作。

（1）借鉴法律职业资格考试制度的思路，实行全国统一的知识产权代理人专业资格制度。虽然专利代理人资格考试在全国有一定影响，专利代理人也有较高的地位，但与律师、司法人员相比还有较大差距，其重要因素之一在于在法律领域存在一个适用范围较广、全国统一的法律职业资格及其考试制度。而专利代理人资格仅存在于一个很小的范围内，加之人数较少，很难成为一个具有较大关注度、令人羡慕的职业。如果我国实行全国统一的知识产权代理人资格考试制度，对各种从事知识产权代理事务的工作实行资格准入制度，不仅可以保障知识产权代理人的基本素质，也会使各方面的知识产权代理人在整体上成为一个像律师队伍那样有影响的群体；不仅使其中的专利代理人的社会地位得以提升，也会使商标代理人、版权代理人及从事其他知识产权代理业务的人员成为一个受人瞩目的职业，吸引更多有能力的人加入这个职业队伍。

（2）在现有一些地方职称试点工作的基础上实行全国统一的知识产权

---

[1] 周光明："职业资格许可制度研究"，载《湖南社会科学》2006 年第 6 期。

[2] 石金涛、陈琦："职业资格制度的发展：人力资本理论的观点"，载《科学管理研究》2003 年第 6 期。

[3] 袁娟、陈书洁："我国知识产权管理相关职业资格比较研究"，载《科技与法律》2008 年第 4 期。

专业技术资格制度。针对在企事业单位工作的知识产权管理人员，建立与之相适应的职业资格制度，是规范管理和有效促进知识产权管理人才队伍持续快速发展的重要途径，也是顺利实施我国知识产权战略的必然要求。[1]目前，广东省深圳市、江苏省等地实行知识产权专业技术资格制度，将企业从事知识产权管理工作的人员纳入工程师的序列。[2]从江苏省的实际情况看，这一制度的实行使企业知识产权管理工作得到更多的认同，企业的知识产权管理人员有了一种归属感，能够安心、稳定地从事这一工作，也在一定程度上提高了工作效率。从全国情况看，这种状况目前还只是存在于很少的部分地区，其积极作用没有得到应有的发挥，也影响了不同地区的知识产权管理人员之间的交流与流动。因此，国务院所属的几个知识产权主管部门有必要协调一致，并与人力资源管理部门进行对接，在总结吸收江苏等地成功经验的基础上，将知识产权工程师纳入全国统一的工程师专业技术资格的范围；或者基于知识产权管理人员在能力标准上的特殊性，我国可以借鉴日本知识产权管理工程师职业资格制度，[3]实行专门的知识产权专业技术资格。这样，可以在全国范围内增强企业、事业单位知识产权管理人员的归属感，并扩大此类职业的影响，促进企事业单位知识产权管理人员队伍的迅速发展；同时，基于企事业单位知识产权管理人员在职业知识产权人队伍中的重要地位，[4]此举也可以有效地推进我国职业知识产权人队伍的发展壮大。

---

[1] 袁娟、陈书洁："我国知识产权管理相关职业资格比较研究"，载《科技与法律》2008年第4期。

[2] "江苏省人事厅关于印发《江苏省知识产权专业高级工程师、工程师资格条件（试行）》的通知"，载 http：//www.110.com/fagui/law_ 297475.html，2014年7月26日访问。

[3] 袁娟："日本知识产权管理工程师职业资格制度研究"，载《科技与法律》2009年第4期。

[4] 何铭、王浩、周磊："职业知识产权人：知识产权人才培养新模式"，载《科技与法律》2009年第3期。

（六）优化知识产权人才培训的组织管理

针对目前知识产权培训存在的一些主要问题，知识产权主管部门主要应当采取下列措施。

（1）加强知识产权培训规划工作。要对知识产权培训工作的总体定位加以明确，强调知识产权培训的主要特点在于其应急性及实践性。要对一定时期内（如5年）的知识产权培训工作进行统筹安排，分阶段进行，保证不同阶段培训工作的相互衔接，避免各个时期培训工作的同质化。要注意知识产权培训的类型化，使企业知识产权管理人员的培训、科技人员的培训、知识产权司法人员的培训、知识产权中介服务人员的培训、知识产权行政执法人员的培训、知识产权师资的培训得以分类进行，并都能获得相应的机会；为了提高培训的针对性和实效，对于其中每类人员的培训还可以进一步细化。在制定知识产权培训的规划方案时，也要重点突出，特别是加强对薄弱环节或领域的知识产权人才的培训，培训重点可以在不同的时期进行动态调整；比如，在当前高端知识产权人才十分短缺，而各地的培训工作基本上是针对普通层次的知识产权人才的，因此有必要在一段时间内将高端知识产权人才的培育和提升作为培训的重点，并可有针对性地设计一些培训班。

（2）加强对知识产权培训内容和形式的引导与监督。培训的内容和方式直接关系到培训工作与培训目标的契合度及其实际效果，知识产权主管部门在这方面应当发挥重要作用；在西部少数民族等地区，知识产权主管部门是当前知识产权人才培养的主导者，[1] 在这方面要发挥更大的作用。知识产权主管部门针对不同性质和类型的培训班，就培训方案的设计对培训任务的承担者提出一些原则要求，特别是明确要求培训内容应当包括参加培训人员在现实中所需要的技能，培训的形式应当有助于参加培训的人员在较短时间内提高处理实际问题的能力；知识产权主管部门应当尽可能

---

[1] 罗宗奎：“西部少数民族地区知识产权人才培养的‘个性’分析”，载《内蒙古工业大学学报（社会科学版）》2013年第2期。

派人参与培训方案的讨论，就培训的主要内容、培训课程的设置、培训的形式提出自己的建议。知识产权主管部门需要加强培训方案实施过程的监督，特别是监督培训承担单位是否选择了合格的师资、实际教学的内容与培训方案是否一致、培训的内容是否能够及时更新、培训的时间是否适中、培训的形式是否受培训学员欢迎。

（3）加强知识产权培训的规范化建设。国家知识产权局可以与国家工商局、国家版权局等知识产权主管部门联合发布关于知识产权培训的规范意见或指导意见，统一对知识产权培训工作提出要求；省、自治区、直辖市知识产权主管部门可以根据本地的情况制定自己的知识产权培训管理制度，强化对本地知识产权培训工作的引导与规范。需要在知识产权培训规范性或指导性文件中明确的事项主要有知识产权培训的组织领导机制，各地知识产权局等机构在这方面应当承担的责任；培训任务的承担机构，主要是其应当具有的资质；培训方案的制定与实施，主要是对培训方案的编制原则、编制方法、培训课程大纲的编写、培训使用的教材或教学资料、培训师资的资质、培训方案实施的监督等加以明确规定；培训人员的考核，主要是规定考核的形式、考核的组织、考核结果的运用等事项；培训的奖惩事宜。除了专门的知识产权培训制度外，在国家或者地方的科技政策法规及其他相关的政策法规中，也可以对相关人员的知识产权培训作出规定，特别是将相关领域或行业知识产权人员的继续教育与项目申报、重要经济技术活动的实施有机结合起来，实现知识产权人才培训的常态化。

（4）积极推进知识产权培训的市场化。为了节约培训资源、提高培训质量，知识产权主管部门有必要将其支配资源的培训活动市场化，形成培训市场的竞争机制，打破目前大部分地区知识产权培训事务由一个高校或少数几个高校垄断的局面。知识产权培训的市场化模式可以采取两种形式：以一次培训活动或系列培训活动为客体的整体市场化，通过公开招标确定培训的承担者，由其负责各方面的培训事宜；以培训的各个单元事务为客体的个别市场化，如通过竞争的方式确定培训课程体系的设计者、培训课程教学的承担者、培训教材或资料的提供者、培训后勤服务的提供者等。

(七) 加强对知识产权人才使用和流动的引导

政府知识产权主管部门在知识产权人才工作上要同时做好两方面的工作，除了通过知识产权人才培养增加知识产权人才的供给外，还要注意盘活知识产权人才存量资源，使现有的知识产权人才能够充分发挥其作用。盘活存量人才资源的措施主要有：(1) 大力宣传知识产权人才的价值，引导用人单位重视知识产权人才的作用，使知识产权人才得到其工作应有的回报，增强知识产权人才的荣誉感，充分调动知识产权人才的积极性。(2) 定期向公众发布知识产权人才需求信息，使知识产权人才及时了解人才分布情况和发展动态，引导知识产权人才合理流动，活跃知识产权人才市场及知识产权人力资源的竞争。(3) 扶持知识产权智力中介服务机构的建立和发展，促进知识产权人才与需求单位的有效对接。市场型人力资源中介能够为求职者和/或用人单位降低交易成本，包括搜集和获取对方信息、达成协议和控制对方履约等的费用；这种中介组织包括营利型中介组织、公共型中介组织和公益型中介组织三种。[1] 公共型中介组织也就是政府型人力资源中介组织，目前在我国主要是指劳动人事主管部门设立的职业介绍机构和人事服务机构，其主要角色在于促进就业和提供人才流动等相关服务。[2] 在知识产权人才队伍在我国还没有足够发展的阶段，政府主管部门在知识产权人力资源的中介服务方面应当发挥主导作用，可以由知识产权主管部门与人力资源主管部门协作建立知识产权人力资源中介服务机构，或者由他们资助、扶持社会组织设立一些公益性的知识产权人力资源中介服务机构。通过这些中介服务组织的努力，使用人单位找到其需要的人才，也使知识产权人才找到其发挥才能的平台，实现人尽其用。

---

[1] 徐玲、赵瑞美："我国人力资源中介组织的经济学分析"，载《商业时代》2009年第34期。

[2] 赵瑞美、张小兵："我国政府型人力资源中介组织的发展初探"，载《青岛科技大学学报（社会科学版）》2005年第2期。

二、高校在知识产权人才培养上有效发挥主导作用

高校作为知识产权人才培养的主力军，需要从多个方面作出更大的努力，充分实现其在我国知识产权人才队伍建设上的重要价值。

（一）找准知识产权人才培养工作的正确定位

面对旺盛的知识产权人才需求，每个高校首先要在摸清自身家底的基础上对于本校在这一形势下所能够发挥的作用进行准确定位。这种定位涉及以下几个方面。

（1）本校是否适宜承担知识产权人才培养工作。近年来，高校知识产权学院的建设高歌猛进，盛况空前；但并非每个高校都适宜这么做，要避免“法学院”的前车之鉴，需要稳打稳扎，不能一哄而上，无序膨胀，以免最终自毁前程。[1] 各个高校必须根据自身的资源状况和发展规划评估自己培养知识产权人才是否具备条件和有必要性，以免在从众心理的驱使下盲目上马，造成教育资源的浪费和人才培养效率的降低。在经过充分论证本校适于进行知识产权人才培养的前提下再去认真谋划其他相关事宜。

（2）本校培养知识产权人才的层次。从现实情况看，目前的知识产权人才可以分为高端知识产权人才、高层次知识产权人才、普通知识产权人才和辅助性知识产权人才四个层次。高端知识产权人才通常应当具有博士以上学历，具有较强的外语能力，具有深厚的知识产权理论基础，具有很强的处理某方面复杂的知识产权事务的能力；高层次知识产权人才通常应当具有硕士学位，具有相应的外语能力，具有较为扎实的知识产权理论知识，能够熟练地处理某方面的知识产权事务；普通知识产权人才通常应当具有本科学历，具有一定的外语能力，具有必要的知识产权基础知识，能够独立处理某方面的知识产权事务；辅助性知识产权人通常应当具备大专以上学历，有一定的知识产权知识，能够承担与知识产权事务相关的辅助

[1] 袁真富：“高校知识产权人才培养——现状、问题与趋势”，载《中国发明与专利》2013 年第 10 期。

性工作或从事一些简单的知识产权事务。具有法学博士点或管理学、经济学博士点，知识产权师资水平高，人才培养质量保障体系完善的高校应当在高端知识产权人才培养方面承担更多的责任。人才培养体系完备，具有法学、经济学或管理学硕士点，知识产权师资队伍较为整齐的高校，可以通过多种形式培养高层次知识产权人才。一般的普通本科院校，如果具备一支合格的知识产权师资队伍，都可以通过适当的形式培养普通知识产权人才。辅助性知识产权人才适宜由高职院校培养，因为这类人才需求量很大，而且主要是动手能力的培养，而在我国1 908所高校中，高职院校就有1 168所，占高校总数的63.3%，且高职院校注重学生的技能培训，学生动手能力较强，90%以上毕业后在生产、技术管理第一线就业，如果学生在校能系统地接受知识产权教育或普及教育，具有很强的知识产权意识，他们就业后，就可将知识产权意识和知识带到工作单位，对知识产权保护工作具有不可忽视的普及作用。[1] 也正是看到高职院校在培养知识产权人才方面的这种特殊作用，2013 年 9 月成立的温州知识产权学院设于高职院校，致力于高职院校培养知识产权人才的探索。有些学科专业较为全面、综合实力强的高校可以同时开展多个层次的知识产权人才培养工作。

（3）本校培养知识产权人才的类型。知识产权内容的复杂性和范围的广泛性，决定了知识产权事务的多样性，也决定了知识产权人才类型的多样性。任何高校都没有能力培养全部或者大多数类别的知识产权人才，而只能根据自身的基础和优势培养其中的一两类人才。知识产权人才从知识与能力结构上看可以分为单一型人才和复合型人才两大类，多学科协调发展的高校或综合性大学可以将关注点放在复合型知识产权人才的培养上，而像文化传媒类或艺术类等学科门类较少的高校可以将注意力放在版权人才等单一型知识产权人才的培养上。从知识产权工作内容上看，知识产权人才可以分为专利人才、商标人才、版权人才等类别，高校应当根据自己

[1] 罗志宏：“高职知识产权教育现状与人才培养分析”，载《职业教育研究》2013 年第 5 期。

的学科传统和办学优势而有所取舍，比如，传统的理工类院校可以集中力量进行专利人才培养，传统的工商管理类院校可以在商标人才的培养上下功夫。从知识产权工作性质上看，知识产权产权人才可以分为知识产权管理人才（公共管理人才和企业管理人才）、知识产权保护人才、知识产权服务人才、知识产权运营人才等，不同的高校在确定知识产权人才培养方向时可以根据自己的特色和资源有所选择，比如，传统的政法类院校可以着重培养知识产权保护人才，传统的财经类院校可以着重培养知识产权评估人才。

高校在确定其拟培养的知识产权人才的类型时应当坚持错位培养的原则。这种错位包括校外错位与校内错位两个方面。校外错位是指一个高校所培养的知识产权人才的类型应当尽量与其他高校有差异，防止不必要的竞争，并在整体上避免知识产权教育资源的浪费和某一方面知识产权人才的过剩。为此，高校应当加强对其他高校的知识产权人才培养状况研究，了解其他高校目前正在培养哪些知识产权人才、其人才培养质量和数量如何，选择其他高校没有培养的知识产权人才作为本校人才培养的主攻方向。[1] 为了使高校间的错位培养达到较好的效果，高校有必要发起或推动教育主管部门发起高校知识产权人才培养研讨会，借助这一平台相互了解各自的知识产权人才培养状况。校内错位是指本校不同的专业或学科在知识产权人才培养方面应当实现差异化，如法学专业主要培养知识产权保护人才，公共管理专业侧重于培养知识产权行政管理人才，工商管理专业着重培养企业知识产权管理人才。

部分高校在确定错位培养方案时，要考虑到目前知识产权人才分布严重不平衡的状况，发挥自身的一些独特优势。比如，中西部高校要努力利用其区位优势和对本地知识产权人才需求情况较为熟悉的优势，将自己的知识产权培养目标牢牢定位于服务于本地知识产权工作的发展上；农林类

[1] 钱建平：“论高校对知识产权人才的错位培养”，载《江苏社会科学》2010 年第 6 期。

高校要利用其行业特色与优势，针对农林方面知识产权人才严重不足的局面，集中培养一批农业知识产权人才。

（二）加强知识产权人才培养工作的条件建设

必要的人才培养条件是高校培养合格知识产权人才的基础和保障。如果条件欠缺而盲目开展知识产权人才培养活动，就会造成半途而废或者向社会输送不合格人才的后果。因此，对于确定进行知识产权人才培养的高校而言，加强相关条件建设就显得尤为重要。

首先，梳理和整合现有的知识产权教育资源。高校或多或少都有一些知识产权教育存量资源，在实施知识产权人才培养活动前有必要全面梳理一下现有的资源状况。梳理的内容包括知识产权师资、可用于知识产权教学或实践能力训练的设施设备或场所、知识产权教育涉及的图书资料及数据库、可支持知识产权人才培养的经费、能够服务于知识产权人才培养的教学平台与科研平台等。在此基础上，以进行知识产权人才培养的专业或学科为核心进行资源整合，尤其是解决知识产权教育资源分散凌乱和利用不便的问题。在进行师资整合时，不能将眼光仅仅局限于从事知识产权法学或管理学课程教学的教师身上，而是要清楚地认识到，为实现培养复合型知识产权人才的目标，我国高校知识产权专业的师资队伍中除包括法学、管理学的教师外，还应当结合自身特点、适当吸收科技类专业的教师，以丰富教学内容、拓宽学生的知识结构。❶

其次，提高现有知识产权教育资源的质量。现有的一些知识产权教育资源由于质量上的欠缺，不一定适应相关专业或学科的知识产权人才培养需求，高校有必要采取相应措施优化这些教育资源。比如，为了服务于学生的知识产权实践操作能力的训练，有必要对现有的一些实验或模拟训练设施或器材进行相应的改造；为了提高知识产权师资的水平，有必要建立知识产权师资培训机制，注重选拔和培养知识产权学科带头人，选派青年

❶ 靳晓东：“创新型国家建立与我国高校知识产权人才培养”，载《生产力研究》2010 年第 11 期。

教师到重点院校或者出国进修学习;[1] 为了提高知识产权师资的实践教学能力，可以通过恰当的方式鼓励教师到知识产权实务部门兼职或挂职锻炼；为了更好地服务于知识产权教学的需要，应当对现有的相关数据库进行升级或更新。

再次，补充尚存不足的知识产权教育资源。对于无法通过内部整合和质量提升方式解决的知识产权教育资源，高校必须采取必要的措施予以补充。这种补充工作可以通过内外两个途径进行，即校外甚至国外的引进或购置，校内的人员转换或资源用途的变更。比如，为补充知识产权师资，一方面可通过从国外引进人才或者加大理工科背景的知识产权博士的培养以解急需之势，另一方面可以对高校内部的具有经济学、管理学以及理工科背景的青年教师进行有规划的知识产权培训，使他们能很快扩充到知识产权师资队伍当中。[2] 高校在通过校外途径补充知识产权教育资源时应当有效利用公共资源的支持，如利用政府的各种人才工程或计划引进本校所需要的高水平知识产权师资，利用政府的科研基金或教育基金创设本校知识产权科研平台或教育教学平台。

最后，保证知识产权教育资源的有效利用。知识产权教育资源的闲置不仅意味着浪费，也表明知识产权人才培养的某个环节存在问题。高校一方面应当采取措施保证其知识产权教育资源得到充分利用，另一方面也要通过必要的监督和控制保证其知识产权教育资源得到合理利用，使其知识产权资源的效用最大化。进行知识产权人才培养的各个高校之间可以进行合作，实现知识产权教育资源的交叉利用，这样既能形成一定的互补和共享，又能提高各自资源的利用效率。

（三）优化知识产权人才的培养方案

知识产权人才培养方案是相关专业或学科进行知识产权人才培养工作

---

[1] 曾德国、薛笑梅：“知识产权研究生跨学科培养的难点及对策探讨”，载《西南政法大学学报》2014 年第 1 期。

[2] 郑辉、苗培：“知识产权人才培养的师资队伍建设研究”，载《知识产权》2012 年第 11 期。

的纲领性文件，各个高校应当格外重视。

从内容上看，每一个专业或学科点的知识产权人才培养方案应当紧紧围绕其培养目标进行设计，要在培养学生扎实的法学知识特别是知识产权专业知识的基础上，以职业需求为导向，针对不同专业背景的学生，设计差异化的人才培养方案，以满足不同目标群体的需要。❶ 从当前存在的现实情况看，高校在制定培养方案时要特别注意课程体系的设计和实践教学环节的设计。❷

就课程体系而言，除了国家要求所有的专业或学科点必须开设的公共课程外，应当紧紧围绕本专业或学科点拟培养的知识产权人才所需要的知识和技能设计课程，保证每一门课程与人才培养目标的高度关联性，切忌因人设课的顽症。课程的结构应当合理，知识产权专业课程、法学类课程、管理学类课程、科技类课程在课程体系中所占的比重应当与所属的专业性质及相关的知识产权工作要求相吻合；特别是以复合型知识产权人才的培养为目标的专业或学科，必须认真研究其专业人才究竟需要哪些方面的知识和技能，不能一味地追求全能型人才，而是基于其专业或学科特点而有所侧重，力求其所确定的复合性知识结构和能力结构的科学性、合理性和针对性。另外，国外发达国家许多知名高校在创新型人才的培养方面均建立了内容广泛的课程体系，供学生学习时采用。如哈佛大学在知识产权人才培养方面的专业课程设置就显示出鲜明的特色：该校知识产权专业的必修课中只有宪法、民法、知识产权法等 5 ~ 6 门基础核心课程，但选修课程较多。❸ 我国高校在设计知识产权人才培养方案时应当学习这种做法，增加知识产权选修课程及相关选修课程的数量，使学生在毕业后能够更好地适应知识产权工作的复杂性及其所涉及知识的多样性的特点。

---

❶ 陈媛媛：“实务型知识产权人才培养的探索与实践——以武汉市为例”，载《中国校外教育》2014 年 6 月下旬刊。

❷ 曾德国、薛笑梅：“知识产权研究生跨学科培养的难点及对策探讨”，载《西南政法大学学报》2014 年第 1 期。

❸ 钟秉林：“国际视野中的创新型人才培养”，载《中国高等教育》2007 年第 3 期。

就实践教学环节的设计而言，考虑到绝大部分知识产权人才属于实务型人才，需要在学校进行较多的实践能力训练，以便在工作后能够很快适应岗位需要，实践教学环节在相关的人才培养方案中应当占有较大的比重。有学者认为实践教学课程在整个课程中所点的比例应当达到 25% ~30% ,[1] 强调了实践教学的重要性，但也不能一概而论，其比重应当根据所涉及专业学科的不同及知识产权工作的性质而作有针对性的设计。在培养方案中要设计合理的实践教学体系，将校外实习与校内操作能力的训练有机结合起来，校内训练则要将理论课教学中的实践部分与专门的实践训练课程有机结合起来。

从过程上看，为了保证知识产权人才培养方案的科学性，高校不能闭门造车，而是要进行多次广泛的研讨和论证，将校内专家与校外专家的智慧结合起来。特别是要邀请与拟培养的知识产权人才相关的行业实务专家参与培养方案的制定，充分考虑他们就该行业知识产权人才应当具有的知识和技能及其养成方法的建议和意见。

专业课程的教学大纲与人才培养方案紧密相连，支撑着培养方案的实施。因此，与知识产权人才培养方案相关联的一个重要工作是各门专业课程大纲的制定。高校应当狠抓课程大纲的编制工作，避免课程大纲与培养方案脱节的现象。每门专业课程大纲的设计应当紧紧围绕培养方案所确定的培养目标及其要求的知识和技能，保证以课程大纲为基础的专业课程的教学成为落实培养方案的基本手段。

（四）努力推进知识产权人才培养的社会化

知识产权教育资源的稀缺性及其实践能力培养的需要，使得知识产权人才的培养不能局限于校内，而应当体现出较大的开放性，实现知识产权人才培养工作的高度社会化。高校知识产权人才培养社会化的主要内容有以下四项。

---

[1] 吴广海："知识产权人才需求导向下高校实践教学的优化问题"，载《中国科技信息》2013 年第 7 期。

首先，知识产权人才培养工作顶层设计的社会化。高校在进行知识产权人才培养方面的重大决策时，应当广泛吸收知识产权领域管理专家、教育专家、运营专家、服务专家参与其中，集思广益，保证最终决策的科学性，实现高校在现有条件下的最优选择。高校在对其知识产权人才培养工作进行总体定位时应当尽可能地听取政府管理部门领导、司法部门资深审判人员、企业高级管理专家、优秀中介服务人员等本行业专家的意见和建议。在设计相关专业的知识产权人才培养方案，高校尤其需要采取研讨会、访谈、分散征求意见、外出调研等多种形式从校外获取必要的经验、意见和建议；原因在于，培养方案是知识产权人才培养工作的纲领性文件，其质量高低直接关系到据此所培养的人才能否满足社会的需求，而要将社会的需求融入高校的知识产权人才培养方案中，就必须努力吸收社会上相关的组织和个人参与到这些方案的形成过程中去。❶

其次，知识产权教育资源利用的社会化。常规的知识产权教育资源主要集中于各个高校，知识产权教育资源利用的社会化的重要路径就是实现不同高校知识产权教育资源的共享，共享的形式可以是多种多样的。比如，可以在一定的范围内建立高校知识产权师资互助联盟，实现知识产权师资在不同高校的兼职和相互支持；高校的部分知识产权实验或训练场所对其他高校的学生有偿或无偿开放，或者基于协议相互利用对方的场所设施。在知识产权人才培养过程中还要善于运用高校以外的社会性教育资源：为了在一定程度上解决高校知识产权师资不足及其实践教学能力薄弱的问题，可以采取一些灵活的形式吸收社会组织和行业专家参与到学校知识产权人才培养过程中，实现高校师资与社会师资的有机结合；聘请知识产权实务人员担任兼职教师，这是美国高校知识产权人才培养的成功经验。❷ 在知识产权人才培养过程中实践能力的训练占有很重要的地位，而这种实践能

❶ 钱建平："谈我国高校知识产权人才培养的社会化"，载《科技管理研究》2010 年第 7 期。

❷ 徐萍、庞翠华："关于知识产权战略与知识产权教育的思考"，载《大连大学学报》2007 年第 5 期。

力的训练在很多情况下需要在校外完成，充分利用校外的实践性知识产权教育资源是高校的必需行动，其主要的形式是在知识产权中介服务机构、知识产权管理水平较高的企业、知识产权行政管理机关、知识产权审判业务较多的法院建立实践教学基地。高校必须真正将这些实践基地的作用发挥起来，而不是仅仅留一下基地的虚名或协议的形式。

再次，知识产权人才培养内容的社会化。各个高校在知识产权人才培养方面往往各有特色和优势，其所擅长的人才培养的内容也会有较大差异。为了使各个高校知识产权人才培养的内容及人才培养质量在整体上得到较大提升，有必要实现不同高校之间取长补短。在一定的范围实现不同高校的知识产权相关课程的共享，使每个高校的学生在每一门课程上都能受到最好的教育；各个高校有必要进行合作编撰统一的教材或教学资料，每部教材的各个部分都由最好的教师去撰写，从而保证整个教材具有很高的水平，保证学生能够通过这一教材掌握其在相关工作中所最需要的知识或技能。另外，有些社会组织会针对现实的需要开发出一些实用性很强的知识产权教学软件，高校也可以从中选择一些质量较高的软件，借此优化本校的知识产权教学内容，传播社会组织研发的最新知识产权教学成果。

最后，知识产权人才培养质量控制的社会化。为了向社会输送高质量的知识产权人才，除了高校自身对其人才培养质量进行系统控制外，还有必要借助一些社会力量去保证培养质量。高校在实施其内部质量评价机制时，有必要聘请校外的知识产权行业专家进入其评价组织，以便更好地判断高校的知识产权人才培养工作是否真正适应社会的现实需求。另外，现在有一些社会组织专门研究了一些人才培养评价体系，有些人才培养评价体系具有较强的科学性，高校为了客观地认识自身的人才培养质量，可以委托这些社会组织对自己的人才培养工作进行专项评估，以便更好地了解其人才培养工作的不足，帮助其采取一些针对性较强的措施去进一步提高知识产权人才培养的质量。

（五）重视特色专业建设在知识产权人才培养方案的作用

特色专业建设可以在知识产权人才培养方面发挥很大作用，源于知识产权人才的多样性和复合性以及现有知识产权人才培养路径的局限性。

知识产权人才是多样的：就知识产权工作的环节而言，知识产权人才包括知识产权创造人才、知识产权运用人才、知识产权管理人才和知识产权保护人才等；就其工作所涉及的知识产权内容而言，知识产权人才包括专利人才、商标人才、版权人才和其他方面的人才等；就其工作性质而言，知识产权人才包括知识产权公共管理人才、企事业单位的知识产权管理人才和知识产权教学研究人才等；就其工业所涉及的专业领域而言，有多种在某一方面有特长的知识产权人才，如精通国际贸易中的知识产权规则的人才、熟悉营销策划所涉及的知识产权的人才、有较高的知识产权诉讼技能的人才、熟悉知识产权规则的医药专业人才等。这种多样性使得知识产权人才的培养会涉及多种专业知识，通常很难靠某一专业的力量来完成，而必须发挥多种专业的优势。知识产权人才是一种复合型人才，通常集管理、法律和某一方面的专项知识与技能于一身。通过特色专业建设，可以在立足原有专业内涵的基础上，进行延伸与拓展（即增加对另外一个或两个方面知识和技能的教育），形成适应性较强的交叉专业，能够较好地解决这种复合型人才的供给问题。

与社会对知识产权人才的大量需求相比，我国目前高校的知识产权人才培养路径却很有限，主要有经教育部批准试点的知识产权本科专业教育（目前在全国30多所高校开展）、部分高校自主进行的知识产权第二学位（针对已经取得非法学第一学位的学生）或双学位教育（针对正在非法学专业的其他本科专业学习的在校学生）和以知识产权为方向的研究生教育（这些知识产权方向设置在法学专业、管理学专业或其他相关专业的一些二级学科中）。就这些路径而言，本科层次（含第二学位和双学位）的教育无论是在专业的数量上，还是在相关专业的学生人数上，都显得非常少；研究生层次的教育包括硕士研究生教育和博士研究生教育两个层次，其中以前者为主，它们在内涵上还有较大的欠缺，各学科点知识产权方向的人才培养还主要是相关的法律知识和法学理论的教育，与知识产权人才对复合性知识的需求有较大距离。通过特色专业建设，在各专业原有的人才培养机制的基础上，适当增加或强化与知识产权相关的知识和技能的教育，可以有效地分担专门的知识产权本科专业和知识产权第二学位或双学位承担的任务；由于所有的工科专业和大部分文科专业都可以承担这样的任务，这种知识产权人才培养方式也就具有点多量大的优势。

要有效地发挥特色专业建设在知识产权人才培养方面的作用，高校除了要提高这方面的认识外，还要做好一系列的扎实工作。（1）在本校的各个专业中遴选出适于通过特色建设培养知识产权人才的专业，这种选择的主要依据是该专业的生命力与竞争力、其与知识产权的关联程度、其进行知识产权人才培养的已有基础等。（2）基于特色方向和特色建设的内容，制定或优化培养方案及相应的课程大纲，整合和补充服务于特色建设的教育资源或条件，保证课程教学活动按照既定的目标有序进行。❶

（六）有效提高知识产权人才的实践能力

从目前情况看，用人单位十分看重知识产权人才的实际操作能力及其适应现实知识产权工作的能力；知识产权方面的人才也不是在大学中开设几门课程就能培养的，而是要在具体的案件中锻炼成长。❷ 从国外情况看，像美国、日本等知识产权较为发达的国家，也不断强调应用型知识产权人才的培养，日本对知识产权人才的培养便将应用型放在首位。❸ 因此，今后各高校有必要根据这种社会需要，采取多种形式加强对学生实践能力的培养。❹

高校培养知识产权学生的实践能力可以通过多种途径进行，主要是校内模拟和校外实习两种。校内知识产权模拟训练包括课程教学中的模拟环

---

❶ 钱建平："基于特色专业建设的知识产权人才培养路径选择"，载《江苏高教》2013 年第 2 期。

❷ 刘垠："知识产权人才'赤字'如何化解?"，载《发明与创新》2014 年第 3 期。

❸ 郑友德等："知识产权教育比较研究"，见中国高校知识产权研究会、中国法学会知识产权法学研究会《第五届中国高校知识产权人才培养研讨会会议文集》，2010 年。

❹ 伍玉林、邹芸潞："我国高校知识产权教育和人才培养问题研究"，载《商业经济》2013 年第 1 期。

节和专门的模拟训练课程两种，每一种模拟训练都首先要在相关的课程大纲中进行科学的设计和周密的规划；校内模拟既要避免其被理论教学挤占，也要避免模拟的形式化，任课教师要自觉将课程大纲所安排的模拟活动落实到位，并尽量采取一些效果较好的形式，教学主管部门及专业或学科负责人要加强对校内模拟训练活动的检查与监督。为了提高校内模拟的质量，有必要在模拟过程中吸收更多的知识产权行业专家参与其中，聘请具有实务经验的知识产权从业人员，如专利审查员、专利代理人、律师、企业的知识产权管理人员辅助兼职教学。[1] 校外实习包括短期实习和较长时间的实习，既有事先计划的实习，也有临时性的实习。对于计划内的校外实习，要事先制定完整的实习计划和详细的实施方案；在制定实习计划时，要避免目前各高校在学生整个培养过程中只安排一次毕业实习的现象，将校外实习贯穿于全部培养过程，分多次进行。

校外知识产权实习可以采取两种形式：（1）将学生安排在专门的实习基地或产学研合作基地实习，这是常态；（2）由学生走向社会自发对公众提供相关的知识产权服务，在老师的指导下由学生自行设计服务的对象、服务的内容、服务的方式、服务的场所和时间，这种形式从某种程度上说更容易锻炼学习的实践能力，应当在知识产权人才培养过程中得到更多的运用。基于校外知识产权实习的可控性相对较弱，高校需要采取一些有效的管理手段。为了保证校外实习按照计划进行，保证实习的质量，达到预期的效果，高校需要采取多元化的校外实践教学体系：建立校外实习工作委员会，统筹解决校外实习过程中所产生的重要问题；实行校外实习双导师制，使校内导师与校外导师实现经常性的沟通与交流，及时了解学生实习动态，及时解决实习过程中的具体问题，并加强对实习学生的监督；[2] 在实习过程中根据需要召开师生座谈会，专业或学科负责人、实习指导老

---

[1] 杜伟："高校知识产权应用型人才培养路径探究"，载《政法论丛》2013 年第 6 期。

[2] 吴广海："知识产权人才需求导向下高校实践教学的优化问题"，载《中国科技信息》2013 年第 7 期。

师和实习学生共同交流实习活动的心得，以便在后一段实习过程中进行某些改进；加强对学生实习成效的考核，促使学生认真严肃对待校外实习活动。

（七）充分发挥知识产权学院在知识产权人才培养方面的引领作用

从很多高校设立知识产权学院的举动可以看出，高校已经充分认识到知识产权学院在知识产权人才培养方面的重要作用，但将这种重要作用真正发挥出来，还需要高校从多个方面采取相应的措施。

（1）确立知识产权学院在校内的独立地位。高校不应将知识产权学院的设立作为一个赶时髦的举动，而应当像对待其他实体学院那样对待知识产权学院，至少应当在校内将知识产权学院作为独立建制的二级学院处理，保证其组织机构和管理队伍满足独立学院的运转要求。鉴于目前的一些教训，不能将知识产权学院设立于法学院或管理学院内，改变“一套班子、两块牌子”的做法，避免知识产权学院成为其他学院的附庸，防止其丧失在知识产权人才培养方面的自主权，也避免影响其他学院的正常发展。

（2）促进教育资源在知识产权学院的集聚。设有知识产权学院的高校，应当采取必要的行政手段或相关措施，将校内主要的知识产权教育资源配置到知识产权学院，将校内分散于各个部门的师资及其他资源集中到知识产权学院，使知识产权学院真正成为整个学校知识产权人才培养的中心，并在知识产权人才培养上形成一定的规模效应。

（3）增加知识产权学院的人才培养平台。知识产权人才的培养需要学科、专业等平台，但受到目前国家学科、专业目录的限制，加上新建伊始，很多知识产权学院往往缺乏专门的培养知识产权人才的学科、专业。为了解决这一问题，高校需要解放思想，允许知识产权学院使用全校所有的学科、专业，在尊重相关学科、专业基本内涵的基础上，通过必要的改造，借助这些学科、专业平台去培养多层次、多类型的知识产权人才。比如，知识产权学院可以利用 MBA 去培养企业知识产权管理人才，利用法律硕士（法学）去培养知识产权保护人才，利用法律硕士（非法学）去培养专利代理人，利用MPA去培养知识产权行政管理人才，利用经济管理领域的博士点去培养高端知识产权管理人才，利用法学博士点去培养高端知识产权法律人才。

（4）加大对知识产权学院的宣传力度。高校应当尽可能利用多种媒介对知识产权学院进行宣传，特别是让社会公众对知识产权学院有较清晰的认识和较深的印象，便于知识产权学院的招生，有利于知识产权学院对外合作与交流，也可以使知识产权学院在人才培养过程中从外部获得必要的支持。

三、社会对知识产权人才培养积极提供辅助

知识产权人才培养要想达到见效快、质量高的目标，有必要充分调动社会力量。各种社会组织也应当主动参与，以多种不同的形式积极发挥应有的作用。

（一）在短期知识产权教育中发挥较大作用

除了高校外，我国还有一些处于不同层次的知识产权培训中心，他们拥有一定的知识产权教育资源，也承担了一些知识产权培训任务。为了缓解目前的知识产权人才培养压力，这些培训中心应当进一步发挥其在短期知识产权教育方面的作用，承担更多的培训任务。有学者甚至主张将这些培训组织“基地化”，❶ 以便更好地利用这些培训组织整合培训资源。另外，有条件的企业自身也应当充分利用其知识产权师资，对于其员工进行内部知识产权培训。有些企业在这方面已经进行了较多的试验和探索，并总结了一些经验，如在企业内部建立以知识产权管理人员为兼职培训师的制度，以满足知识产权培训的长期需求，普通员工的意识培训应以企业内部培训师实施为主，知识产权管理人员的专业培训应以社会培训为主，如国家、省、市知识产权局、行业协会等主办的、以获得专利律师任职资格

❶ 邹开亮、侯特：“江西省科技人员知识产权培训的反思与重构”，载《高等继续教育学报》2014年第3期。

为目的培训等。[1] 更多的企业可以借鉴这一经验，加强内部知识产权培训，这样既可以节省开支，减少培训工作对企业生产经营的影响，又可以使培训能够紧扣本企业生产经营的需要。

（二）促进政府优化知识产权人才培养政策

企业是一种对政府能够产生巨大影响的社会力量，也是知识产权人才主要的使用者和需求者。面对当前知识产权人才培养工作受政府相关政策制约或影响较大的现状，企业可以利用其影响力，并结合其对知识产权人才的需求，就政府知识产权教育政策和知识产权人才工作政策的调整及优化向相关政府部门提出建议或意见。企业及相关的行业组织，可以结合自身的知识产权培训需求、培训经验建议知识产权主管部门及其他相关的部门制定或完善更能适应现实需求的知识产权培训政策；企业也可以结合自身引进高校毕业生及使用高校输送的知识产权人才的情况，建议政府教育行政主管部门完善相关政策，以便高校能够更好地培养出企业所需要的知识产权人才。

（三）为高校的知识产权人才培养提供必要帮助

高校的知识产权人才培养工作在很多情况下需要以企业为代表的社会力量的帮助，企业（含知识产权中介服务机构）应当主动、积极地去提供其有能力提供的帮助，实现高校与企业的双赢。企业通常能够对高校的知识产权人才培养工作提供的帮助主要有：参与高校知识产权人才培养计划或培训方案的制定，使高校的知识产权人才培养工作能够更好地顺应社会的实际需要；配合高校的课堂教学和校内模拟训练的需要，为高校提供既有丰富的实践经验和相应技能、又有一定的口头语言表达能力的员工作为兼职教师或训练导师；根据高校的需要，派出师资参与高校举办的知识产权培训班；为高校的知识产权人才培养工作提供校外实践教学基地，承担高校知识产权学生在校外实习的条件保障和指导任务；提供高水平的企业知识产权管理人员或中介服务人员作为高校知识产权相关学科点的研究生

[1] 王海军："企业知识产权培训模式刍议"，载《科技与法律》2010年第6期。

校外导师，配合校内老师做好学生的学位论文指导工作；向高校知识产权人才培养单位提供奖学金或其他基金，资助知识产权专业学生的学习；与高校知识产权师资进行合作研究，或者向高校知识产权师资提供科研资金，提高高校知识产权师资的研究能力。只有将企业的力量有效调动起来，高校才能真正培养出较多复合型、应用型、适应现实知识产权工作需求较快的知识产权人才；基于此，高校可以结合自身的情况选择一些较大的企业或知识产权中介服务机构，结成知识产权人才培养战略联盟，实现较为稳定的合作关系。早些年，飞利浦与清华大学、中国人民大学、复旦大学签署协议联合培养知识产权专业人才，[1] 实际上是高校与企业合作培养知识产权人才的有益探索。

[1] 刘友华："论我国实践型知识产权人才的培养"，载《湘潭师范学院学报（社会科学版）》2009 年第 1 期。

第八章　社会基础的制约及相关对策

“战略”的实施需要广泛的社会基础，这是“战略”成效显现的力量源泉和底气所在。前文已经论及，这种社会基础主要包括企业扎实的知识产权工作基础、浓厚的知识产权文化氛围、发达的知识产权中介服务体系、有效的知识产权行业自治和运作良好的知识产权公共服务平台。后三种社会基础在第六章已有分析，不再赘述。本章主要研究企业的知识产权工作基础和知识产权文化方面的制约，这两者实际上也是涉及范围最广、最具有社会性的“战略”实施的制约因素。

第一节　企业的知识产权工作基础问题

企业是“战略”实施的基石，是“战略”推进的主力军，是知识产权工作最重要的主体。因此，企业的知识产权工作基础对于“战略”的实施具有重大影响，甚至具有决定性的意义。我国“战略”的实施还存在一些问题，这与目前我国企业的知识产权工作基础还存在一定的不足不无关系。

一、企业知识产权组织方面存在的问题

强有力的知识产权管理组织是企业知识产权工作有效推进的基本保障，是企业知识产权工作实现专业化的基本要求。但是，我国企业知识产权组织不到位的问题却在较大的范围内严重地存在。

（一）企业漠视知识产权管理机构的现象严重

大量的企业还没有意识到知识产权管理机构在企业知识产权工作中的

重要作用，将知识产权管理机构作为企业可有可无的组织，在这种心态支配下他们大多选择了不设立知识产权管理机构的做法。

很多调查分析结果表明，我国企业知识产权管理机构建设很不理想，亟待改进。例如，在国务院国有资产监督管理委员会进行的一项针对 2 716 家企业的知识产权问题调查表明，80.2% 的企业没有设立专门的知识产权管理部门。此外，一项国家知识产权局重点软科学项目的成果显示，在 121 家样本企业中，有 75 家未设立任何形式的知识产权管理机构。❶ 这种问题在中小企业表现得尤为突出，可以说，既未设立专门的知识产权管理部门、也未设立附带从事知识产权管理活动部门的中小企业随处可见。甚至有些企业明知知识产权管理机构的重要性，也不愿意在内部资源紧张时设置此类机构，他们宁愿将其资源整合后设立一些对企业的发展没有太多推动作用的机构。

（二）企业知识产权管理机构的专业化程度不高

在“战略”实施过程中，由于国家和地方频繁而大范围的教育宣传，加上部分企业的一些切身体会，内部设立知识产权管理机构的企业越来越多。但从现有的企业知识产权管理部门的状况看，专业化程度明显不足，独立的、专门的内部知识产权管理部门在企业中还比较少见，较多的企业只是在其他机构中配备了知识产权管理人员，或者说由其他相关机构（如法务部门、综合管理部门等）兼代管理企业的知识产权事务。即使是在创新压力较大、知识产权事务较多的国防科技工业领域，这一问题也比较突出，许多军工企业的知识产权管理分散在不同职能部门，缺乏统一的知识产权管理机构。❷

至于中小企业，这样的问题更为常见。设置专门负责知识产权的管理机构、配备相应管理人员的中小企业目前在我国极为少见；多数中小企业

---

❶ 郑辉：“企业知识产权法律文化建设解析”，载《电子知识产权》2013 年第 1 期。

❷ 吴晓红：“浅谈军工企业知识产权保护与管理”，载《企业改革与管理》2014 年 4 月刊。

将有关知识产权管理的工作交由相关部门和人员兼管。[1] 有些中小企业虽然知道专门知识产权管理机构的重要价值，但由于其能力有限，也没有设立这种机构。即使是中小型高新技术企业，也是如此。一份来自近些年知识产权发展较快的浙江省的调查显示，73.3% 的企业的知识产权管理机构是由其他职能部门兼管的，6.7% 的企业没有建立知识产权管理机构，只有 20% 的企业有独立的知识产权管理部门。可见，有独立知识产权管理部门在知识产权非常重要的高新技术企业也并不多。[2]

企业知识产权管理机构的专业化程度不高的另一方面是其管理机构中从业人员的非专业性，一些企业的知识产权管理机构中的管理人员根本不是知识产权专业人员，至少不是专门的知识产权管理人员，或者知识产权管理事务只是其承担的诸多企业工作的一部分。

（三）部分企业知识产权管理机构的作用不明显

有些企业虽然设有专门管理机构，但仅流于形式，甚至仅是为了应付相关的检查或项目验收，在人员配备、设施条件、经费支持等方面都没有落实到位，只是一块牌子或一个摆设，实际上对企业的知识产权发展根本没有发挥积极作用。而那些设立附带管理知识产权事务的机构的企业，由于这些机构或相关管理人员的主要精力在其他事务上，在知识产权管理上的专注度及投入明显不足，企业知识产权管理的成效当然也就很低。

从现实情况看，知识产权管理机构的人员素质较低也是其作用较小的重要原因。以科技型中小企业为例，有些科技型小微企业虽然设置了管理人员或已委托给知识产权代理机构，但因管理人员专业水平较低或委托代理机构不能提供企业所需的专业化管理，致使企业知识产权研究利用能力

---

[1] 赵亚静："促进我国中小企业知识产权建设对策研究"，载《商业研究》2014 年第 6 期。

[2] 马万里、史婷婷、辛晓燕："高新技术中小企业知识产权保护现状研究"，载《科技管理研究》2013 年第 22 期。

差，更谈不上灵活运用知识产权战略来促进企业发展。❶

二、企业知识产权人才方面存在的问题

知识产权人才，尤其是能力较强的知识产权管理人才，是决定企业知识产权工作成效的关键因素，是企业知识产权工作生命力的根本所在。从现实情况看，我国企业在这一知识产权工作的根基上还存在明显的不足。

（一）知识产权人才结构不够合理

合理的知识产权人才结构是促进企业知识产权创造、运用、管理和保护等方面工作协调发展、全面提高企业知识产权工作成效的重要保障。然而，在大多数企业，这种合理的知识产权人才结构基本上还是一种奢求；较多的企业存在重知识产权创造人才而轻知识产权管理人才的现象。即使是上海这样一个在全国经济发展最快、知识产权工作成绩较好的地区，情况也是如此。根据对上海奉贤区高新技术企业的一份调查，178 家高新技术企业共有专职知识产权管理人员 32 人，平均每家企业 0.18 人；有兼职知识产权管理人员 14 人；但与知识产权相关的研发人员则较多，共达 4 506人，平均每家企业 25.3 人。其中配备专职人员从事知识产权管理工作的企业 20 家，占 11.24%；配备兼职人员的企业 10 家，占 5.62%。❷ 高新技术企业尚且如此，其他企业的境况也就可想而知。

（二）知识产权管理、运营人员的数量明显不足

知识产权管理人员的专业化和职业化可以明显提高企业的知识产权管理效能，因此，企业急需专业化的知识产权经理人队伍。但是，相关的调查表明，知识产权经理人数量普遍较少。❸ 另有调查显示，有 60% 的企业

---

❶ 张月花、薛平智、储有捷："科技型小微企业知识产权能力建设研究"，载《科技进步与对策》2013 年第 18 期。

❷ 陈红进、周正柱："上海市奉贤区高新技术企业知识产权现状分析的启示"，载《企业管理》2014 年第 3 期。

❸ 聂士海、章乐、尹锋林："中国知识产权经理人职业调查报告"，载《中国知识产权》2013 年 1 月刊。

没有专人负责知识产权相关事务。[1] 科技型企业的知识产权事务较多，对于专业化的职业知识产权管理人才需求更大，但现实状况难以令人满意，其中中小企业的问题尤为严重。浙江近些年知识产权发展很快，但这一问题依然存在，科技型企业的知识产权管理人员不仅数量少，而且不够稳定。对浙江的一份调查显示，企业知识产权管理机构人数5人及以下的占绝大部分，这说明该地区高新技术中小企业的知识产权管理人数较少。[2] 而且，目前科技型小微企业知识产权管理人员大多系兼职，加上流动频繁和引进不力，企业的知识产权人才始终存在较大缺口。[3]

至于企业知识产权运营人才，就更是凤毛麟角了，这是企业长期重知识产权创造而轻知识产权运用的传统造成的。随着知识产权运用价值的凸显和企业对知识产权运营工作的重视，知识产权运营人才缺乏的问题便暴露出来；加上我国目前的知识产权中介服务机构的服务重点还停留在知识产权创造上，企业在知识产权运营方面能够从外部得到的人才支持也会受到较大限制。

（三）知识产权管理人员的能力不强

从目前大部分企业的知识产权管理队伍的现状看，知识产权管理人员的能力普遍不强。特别是知识产权管理人员较少的企业，要求知识产权管理人员能够有多方面的知识和技能，以便他们可以应付多种知识产权管理工作的需求，但这种具有多方面知识和技能的复合型知识产权管理人才恰恰是企业短缺的。有些企业的知识产权管理人员由法务人员兼任或转岗而来，他们具有较多的法律知识与技能，但缺少必要的管理能力和科技知识；有些企业的知识产权管理人员由科技人员兼任或转岗而来，他们具有较多

[1] 王亚利、丁甜、吕阳红："企业知识产权管理现状及对策"，载《中国科技信息》2014年第6期。

[2] 马万里、史婷婷、辛晓燕："高新技术中小企业知识产权保护现状研究"，载《科技管理研究》2013年第22期。

[3] 张武军、魏欣亚、任燕："科技型小微企业知识产权保护研究"，载《科技进步与对策》2014年第2期。

的理工知识和相应的技能，但缺少必要的法律知识和管理能力。知识结构和能力结构的缺陷，使得很多企业知识产权管理人员很难真正管理好企业的知识产权事务。

三、企业知识产权物质条件存在的问题

资金、实物等方面的投入是企业知识产权工作重要的物质基础，它们有时甚至是企业知识产权工作水平的决定因素。总体而言，我国企业在知识产权工作上的资金、实物投入比较少，而且，投入结构很不合理。

从各个方面的知识产权工作情况看，企业往往将主要的物质条件配置到知识产权创造方面。即便如此，企业知识产权创造所需要的资金及其他物质条件也没有得到较好地满足，尤其是中小企业。据相关调查，我国大型企业将销售额的2%用于搞技术研发，中型企业为0.6%，小型企业则为0.3%；大型企业尚没有达到国际上“有竞争力”的水平，中小企业则极度缺乏研发投入。这种状况不单单会抑制企业的技术改进和技术革新，而且会成为企业技术创新的严重桎梏，会导致知识产权拥有量大大降低、企业竞争力持续削弱的恶果。❶

中小企业知识产权工作所需资金的保障不足，会严重损害“战略”的全面推进，严重影响“战略”实施的质量。中小企业知识产权是国家知识产权战略的基本载体和基础；评价一个国家自主创新能力的大小即国家知识产权战略体系建设的完善程度，中小企业知识产权则应是其中的最为重要的衡量标准之一。❷ 特别是科技型中小企业，资金短缺仍然是其发展壮大的软肋；而且，它们也很难得到政府资金的支持与扶持，导致很多科技

❶ 赵亚静：“促进我国中小企业知识产权建设对策研究”，载《商业研究》2014年第6期。

❷ 赵亚静、黄娜：“我国中小企业知识产权政策体系的功能及政策角色定位”，载《吉林师范大学学报（人文社科版）》2013年第5期。

型小微企业自主创新后劲不足，缺少核心竞争力，知识产权创造缺乏连续性。[1]

至于在企业其他的知识产权工作上，经费缺乏或其他物质条件的保障不力问题就更为严重。经常会有一些企业的知识产权管理部门抱怨经费不足；也正是因为经费等方面的制约，企业的知识产权维权工作往往不尽人意，对于他人提出的知识产权侵权指控，企业也常常不能进行有效的应对。

四、企业知识产权工作规范存在的问题

知识产权工作规范是企业各个方面知识产权工作得以有序开展的基本保障。国外众多实践证明，知识产权制度是企业管理体系的重要组成部分，也是企业技术创新的不竭之源，直接关系到企业的生存与发展。[2] 目前，我国企业在这方面的工作还存在不少问题。

（一）企业知识产权管理制度缺失的问题较大

在知识产权制度构建方面，大企业做得相对较好，而中小企业在这方面的问题较为突出。从全国来看，能够统筹协调各方的知识产权管理的制度在绝大多数中小企业中尚未建立，即使建立了相关管理制度，也存在诸多有悖于国家法律法规的问题。[3] 这种现象在一些知识产权倚重型企业更为明显，如科技型中小企业、军工企业等。

科技型企业的知识产权事务很多，本应高度重视知识产权制度建设，但事实并非如此。很多科技微小型企业尚未建立完善的知识产权激励制度，没有与员工订立知识产权保密合同，只有很少科技微小型企业制定了企业知识产权发展规划。[4] 从分类的知识产权管理制度上看，科技型企业存在

---

[1] 张月花、薛平智、储有捷："科技型小微企业知识产权能力建设研究"，载《科技进步与对策》2013 年第 18 期。

[2] 王磊："软件研发企业知识产权管理机制研究"，载《软件导刊》2014 年第 2 期。

[3] 赵亚静："促进我国中小企业知识产权建设对策研究"，载《商业研究》2014 年第 6 期。

[4] 张武军、魏欣亚、任燕："科技型小微企业知识产权保护研究"，载《科技进步与对策》2014 年第 2 期。

厚此薄彼、工作片面的问题，制定技术创新管理制度的企业最多，商业秘密管理制度次之，但转化及实施奖励制度、专利管理制度、商标管理制度、版权管理制度在企业中的制定率不足半数，并且依次递减。[1]

技术创新及创新成果的运用对于军工企业特别重要，由此引发的知识产权问题也比较多，加上军工企业与国防利益的紧密联系，制度建设具有特别重要的价值。但这种重要性在现实中并未引起足够的重视；许多军工企业对知识产权的保护和管理处于松散状态，知识产权管理的各项重要制度，都缺乏明确、系统的规定，导致知识产权管理不能有效地贯穿企业科研、生产、经营的全过程，更谈不上灵活地运用知识产权战略来促进企业的发展。[2] 一些军工企业甚至没有建立真正意义上的知识产权管理制度。

（二）企业知识产权管理制度的实施状况不如人意

规章制度付诸实施才能真正体现其价值。有不少企业并非缺乏知识产权管理制度，甚至构建了一套完整的知识产权制度体系，但企业的知识产权工作仍然不断出现问题，知识产权管理的水平较低。究其原因，在于其知识产权规章制度的实施不力。有些企业之所以建立一系列的知识产权规章制度，主要是为了申报项目、应付评估或检查，企业实际上并没有想真正按照这些制度去做，这样的规章制度最终当然只能是流于形式；有些企业虽然建立了相关规章制度，但因为缺乏必要的宣传教育，职工并不知道制度的存在，更不知道制度的内容，要职工在工作中严格遵守这些规章制度自然就是一句空话；有些规章制度本身的内容虽然比较合理，但因为缺乏相应的配套规章或辅助措施，使其在实施过程中遭遇严重的困难，也就常常被职工所违反；有些企业对于职工违反知识产权规章制度的行为没有依照规定给予严肃处理，从而淡化了知识产权规章制度在职工心目中的地位，违反规章制度的行为也因此多了起来。

---

[1] 陈红进、周正柱："上海市奉贤区高新技术企业知识产权现状分析的启示"，载《企业管理》2014 年第 3 期。

[2] 吴晓红："浅谈军工企业知识产权保护与管理"，载《企业改革与管理》2014 年 4 月刊。

五、企业知识产权成果积累方面的问题

技术水平的高低对企业创新成功有重要的影响，[1] 这种技术水平实际上也体现着企业知识产权成果积累的程度。企业有较好的知识产权成果积累，不仅奠定了企业进一步创新的基础，体现着企业较强的知识产权创造能力，而且对于应对知识产权纠纷、加强与其他企业的知识产权合作都会提供必要的力量。我国 500 强企业之所以具有较强的市场竞争力，与其较多的知识产权成果积累有着重要关系。以制造业的专利成果为例，一项统计显示，2012 中国制造业企业 500 强中有 441 家企业填报了专利情况，441 家企业平均每家拥有专利 509 项，平均拥有发明专利 141 项，拥有专利最多的企业是海尔集团公司，拥有 12 318项专利，拥有发明专利最多的企业是中兴通讯股份有限公司，拥有 10 000项发明专利。[2] 但是，除了少数大企业外，我国大部分企业的知识产权成果积累是不足的，并由此产生了多方面的问题。

原创性知识产权成果少是我国大多数企业存在的问题，也是企业在知识产权方面的一个典型问题，企业因此在竞争过程中处于很被动的地位。以外向型企业为例，我国目前有较多的企业走出“国门”，但由于其知识产权实力弱，属于知识产权弱势群体，经常在国外遭遇知识产权风险。[3] 知识产权成果积累较少的问题突出地体现在中小企业身上，这也是中小企业知识产权工作后劲不足及发展不力的重要原因。2012 年中国纺织工业联合会对 7 省进行调研，结果显示，中小微企业抗风险能力较弱，缺乏建设自有品牌的能力；大部分传统生产型小微企业几乎没有核心技术，很多中

---

[1] 杜鹏程、高先锋：“企业自主创新能力的影响因素及对策研究”，载《科技与经济》2010 年第 4 期。

[2] http：//finance. sina. com. cn/china/20120901/113413020312. shtml，2014 年 8 月 20 日访问。

[3] 卢海君、王飞：“‘走出去’企业知识产权风险研究”，载《南京理工大学学报（社会科学版）》2014 年第 2 期。

小微企业重模仿轻创新，即使有创新也层次较低，高端、首创性、集成性创新较少。❶

第二节　知识产权文化建设存在的问题

对于知识产权文化，人们有广义、中义和狭义三种理解，❷ 本书作狭义的使用，即仅指观念意义上的文化，这既与一般的人使用知识产权文化的意图相合，也可尽量避免与本书在前文已经论述的一些概念形成交叉。知识产权文化是人类在知识产权及相关活动中产生的、影响知识产权事务的精神现象的总和，主要是指人们关于知识产权的认知、态度、价值观和信念。❸“战略”的顺利实施需要有一种良好的社会氛围，需要有一种大家明白知识产权、关心知识产权、尊重知识产权的强烈意识。这就是文化的力量，从某种程度上说它是一种决定性力量。❹ 虽然从“战略”实施以来我国进行了各式各样的知识产权宣传教育，知识产权文化逐步生根，但仍然存在较大问题，影响了“战略”深入推进的速度。

一、知识产权知识的不足

社会成员具有必要的知识产权知识是浓厚知识产权文化氛围形成的基础，也是知识产权文化的基本要素。人们只有对知识产权有一定的认知，才能谈得上他们会对知识产权持有什么样的态度、抱有什么样的内心想法的问题。但是，我国目前还欠缺这种知识产权文化赖以存在的牢固基础。

---

❶ 周勤玲：“加强中小微型企业知识产权管理的研究”，载《企业改革与管理》2014年4月刊。

❷ 吴汉东：“当代中国知识产权文化的构建”，载《华中师范大学学报（人文社会科学版）》2009年第2期。

❸ 马维野：“知识产权文化建设的思考”，载《知识产权》2005年第5期。

❹ 刘华：“文化，决定性力量——知识产权文化探析”，载《中国发明与专利》2007年第4期。

（一）中国传统文化阻碍着知识产权知识的传播

中国传统文化里保守中庸、隐忍循古、贵义轻利、权力崇拜的观念与知识产权文化中崇尚创新、倡导竞争、鼓励传播和尊重私权的观念是悖逆的，这些根深蒂固的观念藉文化传承的惯性，对知识产权文化的倡导会带来消极、阻碍作用。[1] 传统文化对中国公众思维方式和价值观念的影响广泛而深远，甚至成了一种民族心理与意识。在这种传统思维习惯性的影响下，人们会误以为知识产权等无形资产属于公共资源，是人人都可以免费享用的智力成果。[2] 受这种传统文化的深厚影响，社会成员往往对来自西方的知识产权观念具有一种排斥心理，他们中的大多数缺乏学习和掌握知识产权知识的热情，在知识产权知识的传播过程中被动接受的现象比较普遍，这明显削弱了知识产权知识传播的效果。

（二）知识产权知识的缺乏是一个严峻的现实

从我国目前的实际情况看，绝大多数社会成员缺乏与其地位或角色相应的必要的知识产权知识。政府及其主管部门的领导缺少知识产权基础知识及其岗位职责涉及的基本知识产权知识，其直接后果就是经常说“外行话”或者瞎指挥。有些行政执法人员也缺乏必要的知识产权知识，导致其出现一些不作为、盲目执法或错误执法等现象。行业组织的管理人员大多缺乏必要的知识产权知识，这使得他们根本想不到要将其行业自治与知识产权工作结合起来，甚至一些能够在知识产权方面发挥较大作用的行业协会也因此碌碌无为。企业虽然与知识产权存在较为直接的利益关系，但其职工大多没有必要的知识产权知识，甚至欠缺一些基础性的知识产权知识，这也是大部分企业的知识产权主体地位没有较好展示的重要原因。社会公众知识产权知识的缺乏在我国更是一个不争的事实，这是很多公众购买使

---

[1] 刘华：“文化政策视阈下我国知识产权文化发展研究”，载《华中师范大学学报（社会科学版）》2009 年第 2 期。

[2] 费艳颖、姜国峰、王越：“经济学视域下的知识产权文化培育”，载《文化学刊》2014 年第 1 期。

用假冒或盗版商品、经常实施一些侵犯他人知识产权行为的主要症结所在。尤其是在广大农村，绝大多数农民根本不知道知识产权是什么，更谈不上掌握一些农业知识产权知识，这也是一些农民不知道自己在侵犯他人知识产权、不知道自己享有什么知识产权、不知道自己的知识产权已经被他人侵犯的根本原因。

二、知识产权意识的淡薄

在法律实施中，法律观念、法律意识起着重要的基础性作用。而在法律观念、法律意识中，规则意识则是最重要的归结点。当前中国法律实施的最大障碍是规则意识的缺乏，也是目前法律实施不理想的主要症结。[1]这种观点同样适用于知识产权领域，我国知识产权法律制度有效实施、知识产权工作顺利推进的重要障碍在于知识产权意识的淡薄。知识产权意识薄弱的问题在我国当下还是一种广泛的社会存在。

首先，一些领导干部的知识产权意识存在问题。在各级政府和各政府主管部门中，有很多领导干部并不重视知识产权，也没有意识到知识产权的重要价值，对于知识产权工作也就没有给予足够的重视。尤其是在进行决策时，他们往往没有考虑决策事项是否涉及知识产权问题、如何应对相关的知识产权问题。有些领导干部虽然也大谈知识产权的重要性，但往往是停留于口头，或仅是在做表面文章，在涉及政策制定、资源配置等实际问题时，他们漠视知识产权的心态便会暴露出来。

其次，部分司法人员和行政执法人员的知识产权意识不强。在处理知识产权案件时，一些司法人员或行政执法人员没有采取严肃的态度，没有充分意识到其知识产权审判工作、知识产权行政执法工作的重要影响，对于案件的关注程度不够，缺少必要的钻研精神，会出现一些草率处理案件的现象，或者处理案件的责任心不够强，部分案件没有正当理由超过规定

[1] 刘作翔：“中国法治国家建设的战略转移：法律实施及其问题”，载《中国社会科学院研究生院学报》2011 年第 2 期。

的审理期限而未能审结。

再次，很多企业的知识产权意识比较淡薄。部分企业仍然存在不重视知识产权的问题，员工在进行相关生产经营活动时往往没有考虑到其活动是否涉及识产权问题、涉及什么样的知识产权问题、对于相关的知识产权问题应当采取何种措施；有些企业虽然重视知识产权工作，但不知道如何采取相应的行动。如果说一般的企业具有知识产权创造意识的话，那么企业在知识产权保护意识、知识产权运营意识上则存在着较大的问题。由于我国企业对知识产权保护意识的淡薄，导致我国驰名商标和技术专利大量流失，并已经成为制约我国对企业核心竞争力培育和经济发展的重要因素之一；[1] 企业知识产权运营意识的淡薄导致我国企业大量的知识产权没有得到有效运用，知识产权的价值没有得到很好的实现。

最后，普通社会公众的知识产权意识缺失较为严重。知识产权成果的价值最终会体现在各种各样的商品上，知识产权人的利益及知识产权所形成的竞争力也要体现在这些商品上，而社会公众是这些商品的最终消费者，他们对于商品所涉及的知识产权的态度在很大程度上决定着相关知识产权的价值、相关知识产权人的利益、相关知识产权所形成的竞争力的实现程度。就目前情况看，社会公众的知识产权意识还不能令人满意。国家知识产权局原副局长李玉光指出，我国全社会的知识产权意识还比较薄弱，社会公众对知识产权文化理念还缺乏认同感，“公众知识产权意识比较薄弱的状况还没有从根本上得到扭转，尊重他人知识产权、维护自身合法权益的意识和能力普遍缺乏，社会各界对知识产权文化的认识浅薄，甚至缺乏，知识产权文化缺少系统的普及宣传以及深入的理论研究”。[2] 面对价格低廉而能够达到自己使用目的的假冒、盗版商品，公众并不介意其中涉及他人的知识产权；对于盗用他人专利的商品，公众并不关心商品的专利权人是谁。这种状况使得侵犯他人知识产权的商品仍然能够拥有较大的市场，实

---

[1] 王鹏祥、李晓丹：“论我国知识产权文化的构建”，载《哈尔滨师范大学社会科学学报》2013 年第 5 期。

[2] 栾春娟：“日本知识产权文化建设及其启示”，载《文化学刊》2009 年第 6 期。

质上为很多知识产权侵权行为培育了良好的土壤。

三、知识产权道德的欠缺

道德作为以善恶为标准，通过社会舆论、内心信念和传统习惯来评价人行为并调整人与人之间以及个人与社会之间相互关系的行动规范，存在于各个领域。在知识产权方面，也有一个道德观念的问题，它以是否尊重他人智力创造成果、是否鼓励创新为善恶标准。知识产权道德是知识产权文化观念形态部分的重要组成部分，建设知识产权文化离不开知识产权道德建设。[1] 就当下情况而言，知识产权道德欠缺的问题主要有两个方面。

（一）没有正确的知识产权道德观

当自己的行为涉及他人的知识产权时，很多企业与个人的选择没有建立在正确的道德观基础上。当自己研发的技术与他人已经存在的专利权相冲突时，他们会认为自己并没有盗用他人的技术，认为自己对该技术的使用是正当的；当一个规模很小的企业未经权利人同意而使用他人的专利技术或注册商标时，他们会认为自己的销售量很小，不会真正损害权利人的利益，是应当得到宽容的；当众多的企业或个人超出法律允许的范围而免费使用他人作品时，他们会认为这已经是一种惯常的社会现象，法不责众；当企业聘用跳槽员工而涉及其他企业的商业秘密时，用人企业会坚持自己行为的正当性，他们会认为自己只是看中被聘人员的才干，在主观上并没有想获取其他企业商业秘密的意思；当社会公众购买侵犯知识产权的商品时，他们会认为自己并没有侵犯他人的知识产权，自己从自身利益考虑作出的选择是无可非议的；有些企业或个人想方设法规避法律，他们通常会认为这是自己聪明，便可以绕过法律效力的约束而心安理得地利用未经授权的智力成果，却没有意识到自身行为是一种侵犯他人正当权益的不道德

[1] 李铁喜：“关于知识产权道德及其建设的理论思考”，载《北京工业大学学报（社会科学版）》2014 年第 1 期。

行为。[1] 总之，在自己的利益与他人的知识产权相冲突时，很多企业与个人往往会找出诸多理由认为谋求自己的利益是正当的，牺牲知识产权人的利益是可以理解的。

另外，部分知识产权人也存在道德观不正确的问题，他们认为只要自己拥有知识产权，就可以不受限制的利用，就应受到绝对保护；殊不知，知识产权保护必须有一个合理与适度的界限，一个国家的知识产权政策不是纯粹的保护知识产权所有人利益的问题，而是涉及经济、社会和政治等多个层面的政策考虑。[2]

在人们对他人的行为进行评价时，缺乏正确的知识产权道德观的问题也在当下充分体现了出来。面对国内一些企业侵犯外商知识产权的行为，很多人是从民族情感上去对待它，而不在乎它对外商的知识产权造成了多大损害；面对大量购买假冒、盗版商品的行为，人们往往对于知识产权人可能遭受的损害抱着无所谓的态度，甚至认为这是对于知识产权人对其商品定价过高行为的正常回应；对于中小企业侵犯大企业知识产权的行为，很多人抱着同情的态度，认为这是中小企业在大企业夹缝中求生存而不得已的举动；面对见诸媒体的企业之间的知识产权纠纷，社会大众不是从知识产权规则的角度判断曲直，而更多的是从消费者的利益和感受的角度。

（二）进行有悖于知识产权道德的活动

有些组织或个人虽然熟悉知识产权道德标准，但他们经常全然不顾，实施一些违背知识产权道德要求的行为。这类行为可以概括为两个方面。

（1）违背知识产权公德的行为。这类行为指的是违背一般的知识产权道德标准的行为，包括以下几种行为：①部分知识产权侵权行为，主要是指一些故意的知识产权侵权行为，即明知他人知识产权的存在和自身行为的不正当性而为了谋求私利仍然实施该行为。②助长知识产权侵权行为的

---

[1] 费艳颖、姜国峰、王越："经济学视域下的知识产权文化培育"，载《文化学刊》2014 年第 1 期。

[2] 商务部产业损害调查局、王先林："保护知识产权与禁止知识产权滥用"，载《国际商报》2011 年 12 月 7 日 A05 版。

行为，主要是指一些消费者明知某些商品是侵犯他人知识产权的产品却仍然购买和使用这些商品。③恶意进行知识产权诉讼的行为，主要是指一些知识产权人明知他人的行为并未侵犯自己的知识产权，但出于阻碍竞争或者其他不正当目的对他人提出知识产权侵权指控，以干扰或破坏他人正常的生产经营活动。从南京市中级人民法院审理中国首例知识产权恶意诉讼案件以来，[1] 这类案件已经不是个别现象。④知识产权人的故意放纵行为，有些知识产权人在知道侵权行为发生后并不立即采取维权措施，而是故意放任侵权行为的发展，等到侵权的规模很大、甚至侵权人已经严重依赖该知识产权时，知识产权人再趁机向侵权人提出一些苛刻的条件，甚至迫使侵权人接受一些不合理的要求，并借此获得一些不正当的利益。

（2）违背知识产权职业道德的行为。这类不道德行为的实施者主要是知识产权从业人员，包括知识产权管理人员、知识产权司法人员、知识产权中介服务人员等。他们在从业过程中会实施一些与知识产权道德标准不合规的行为，如有些司法人员在审理知识产权案件时不是按照鼓励创新的标准去行使自由裁量权，而是根据地方经济的发展要求或者可能产生的社会影响进行裁量；有些专利代理人在进行专利申请代理时，不是根据创新技术保护和有效运用的需要去为企业制定专利申请策略或撰写专利申请文件，而是基于获取政府的专利申请资助或专利代理费的目的去作出行为选择，甚至有些专利代理人明知相关的专利申请因为种种原因不可能获得授权，但为了自身的业务发展而为委托人提出申请。

四、知识产权信念的缺失

知识产权文化的最高层次应当是知识产权理想，这种层次的知识产权文化在我国还只能是一个长期的目标，即使是在知识产权事业较为发达的欧美国家，其知识产权文化水平也还没有达到这样的境界。信念是信仰的

---

[1] 智敏：“‘恶意’的代价——全国首例知识产权恶意诉讼案审理纪实”，载《民主与法制》2007 年第 6 期。

基础，信仰是根本的居于支配地位的信念；信仰是理想的基础，理想体现信仰，深化信仰，强化信仰。❶ 基于此，要想真正在全社会形成一种知识产权理想，要首先树立社会成员的知识产权信念。

信念是人们在生活与实践中确立起来，用以支撑人们精神世界的价值观念构架；在这种观念中灌注了价值肯定、确认、认同的成分；同时，在信念中包含有较为强烈的情感价值取向和心理偏执倾向。❷ 信念表现为人们对自然和社会的理论原理、见解和知识的真实性确信无疑，而且对之富有深刻的情感和热情，并在生活中力图去捍卫它们。❸ 知识产权信念应当是人们对于知识产权及其所体现的价值、创新精神的充分肯定与认同，并有一种努力维护知识产权、激励创新的强烈情感和坚定追求。

就我国现状看，真正具有这种知识产权信念的人还不多，少量甘于奉献、全心投入于知识产权事业的知识产权从业人员，可以看成是具有这种信念的人。部分知识产权从业人员还没有这种知识产权信念，他们涉足知识产权工作，往往是基于各种各样的目的或原因，而不是出于对知识产权及其精神价值的热爱和追求。至于一般的组织和社会公众，更是缺乏知识产权信念，他们中的大多数之所以跟知识产权产生联系，更多的是缘于偶然因素或基于被动的原因。

当然，我国目前的知识产权信念也不是全然没有基础，初级阶段的知识产权信念在众多组织和个人身上还是存在的，那就是对知识产权及其精神、价值的肯定、确认和认同。据一份调查显示，受访者对知识产权文化理念之“尊重知识”“崇尚创新”“诚信守法”的选择分别达到 88.8%、91%、80.6% 的较高比例。❹ 但具有完整知识产权信念的人，也就是在认

❶ 王玉樑：“论理想、信仰、信念和价值观”，载《东岳论丛》2001 年第 4 期。

❷ 李建群：“关于信念的思考”，载《西安交通大学学报（社会科学版）》2000 年第 3 期。

❸ 朱卫嘉：“信念的特征、作用及其形成机制新探”，载《西南交通大学学报（社会科学版）》2007 年第 4 期。

❹ 姚芳、刘华：“知识产权文化的中国实践——现状调查与政策建议”，载《科技进步与对策》2013 年第 11 期。

同和确认的基础上对于知识产权及其精神实质具有强烈的情感价值取向和心理偏执倾向的人，就寥寥无几了。

第三节　夯实知识产权社会基础的主要对策

一、以厚重底蕴为目标的企业知识产权基础工作

要充分发挥企业作为“战略”实施主体的作用，就必须针对企业目前存在的一些主要问题，采取有效措施，夯实企业知识产权工作的基础，形成企业知识产权工作的厚重底蕴。

（一）加强企业的知识产权组织机构建设

强有力的知识产权管理组织是企业的知识产权工作得以有效地计划、组织、指挥、协调和控制的基本保障，加强企业知识产权组织管理机构的建设对于企业来说就显得特别重要。因此，政府知识产权主管部门应当利用各种教育宣传的机会向企业阐述知识产权管理机构的重要性，鼓励有条件的企业设置自己的知识产权管理机构，并在组织机构的建设方面给予必要的指导和扶持。

企业知识产权管理组织的建设涉及多方面的内容，主要包括企业组织结构设计、职能部门的划分以及人员的职责划分、职能分工等。[1]

（1）企业要对其知识产权组织机构进行科学的设计。企业需要审慎地决定是否设立知识产权管理机构、是设立专门的知识产权管理机构还是设立附带从事知识产权管理的机构。一般来说，只要企业有相应的能力和条件，就应当设立专门的知识产权管理机构，哪怕其中配备的管理人员少一点；政府知识产权主管部门在推行知识产权标准化管理过程中也应当要求企业尽可能设置专门的知识产权管理机构，甚至应当考虑将知识产权管理

---

[1] 钱龙：“企业知识产权管理体系构建的路径研究”，载《东方企业文化》2014 年第 1 期。

机构的设立情况作为项目申报、资助安排、优秀评选的重要依据。即使是中小企业，也应当努力设置自己的知识产权管理机构，很多中小企业实际上也已经充分认识到这一点。在我国实施中小企业知识产权推进工程中，较多的企业很重视建立高效的知识产权管理部门，聘用专业的知识产权管理人员，甚至在机构设置上，将知识产权管理部门定于企业管理中比较高的位置，建立与企业决策层的直接联系，加强与研发、人事等相关部门的协作配合，❶ 政府在进一步实施中小企业知识产权推进工程中应当将这些经验加以推广。当然，对于中小企业也不能不切实际地一味提出过高的要求，考虑到大量中小企业单独设立专门的知识产权管理机构存在一定的困难，政府知识产权主管部门可以指导、帮助中小企业进行协作，设立联合知识产权管理机构，实现知识产权管理人才和管理经验的共享。

另外，企业应当认真设计其知识产权组织管理的模式，这实际上也关系到企业知识产权组织管理的效果。管理模式的设计应当考虑到企业的特殊情况及发展的要求，以当前的电力企业为例，应改变传统的分散式知识产权管理模式，设立企业知识产权管理部门，将分属于不同部门的专利管理权、商标管理权、商业秘密管理权、知名产品管理权和反不正当竞争管理权等统统收归该部门知识产权管理权内，减少多部门多层级的能耗，以简明有效的模式集中有效地处理知识财产实务。❷

（2）企业应当做好知识产权管理机构的职能定位。原则上说，企业如果设立专门的知识产权管理机构的，该机构应当在企业决策层的领导下全面负责企业的各项知识产权管理事务，有学者基于现实经验将这些职能描述为制定企业知识产权管理的各项规章制度，并监督其实施，负责企业知识产权的申请、保护工作，开展知识产权管理的策略研究，负责企业员工

---

❶ “部分地区实施中小企业知识产权战略推进工程的做法和经验”，载《中国中小企业》2014 年第 5 期。

❷ 王庆红、杨雅文、文毅：“我国电力企业知识产权管理模式探讨”，载《中国发明与专利》2014 年第 1 期。

的知识产权业务培训，建立企业内部知识产权文献“数据库”等，[1] 虽然列举的项目较多，但仍然没有涵盖企业全部重要的知识产权管理事务。除了上述职能外，企业的知识产权管理机构还应当在知识产权运营策划和实施、企业重大经营活动的知识产权审议和评估、与政府知识产权主管部门和知识产权中介服务机构的有效协调、应对企业的知识产权纠纷等方面发挥主导作用。

此外，企业在对其知识产权管理机构进行职能定位时还应注意两点：(1) 注意处理好知识产权管理机构与企业其他职能机构之间的关系，既要避免职能真空导致部分知识产权事务无人过问的问题，又要防止职能交叉重叠而使得相关部门相互扯皮、严重损害企业知识产权管理效能的问题。(2) 在知识产权管理机构内部要明确各个组成部分、每个知识产权管理人员的职责，最好实行严格的岗位责任制，使企业的每一方面的知识产权事务都有人关心和处理，将知识产权管理机构的职能落到实处，并通过岗位责任的压力迫使企业知识产权管理人员能够努力通过多种途径提高自己的专业素质和管理技能，保证每一个知识产权管理人员能够确实发挥相应的作用。

（二）提高企业知识产权人才队伍的实力

高水平的知识产权人才队伍对于企业知识产权工作的成效至关重要。针对目前企业在知识产权人才队伍方面存在的突出问题，相关各方面应当共同努力，主要做好以下一些工作。

首先，企业应当有必要数量的知识产权专业人才。大企业通常需要配备相当数量的知识产权专业人才，那些知识产权数量较大、知识产权事务较多的企业甚至需要配备数十人乃至上百人的知识产权专业人才。

需要引起各方面特别注意的是科技型中小企业知识产权专业人才的配备问题。据统计，截至2010年，我国国家高新技术企业中的中小微企业比

---

[1] 彭克荣：“企业知识产权管理中存在的问题与对策”，载《安徽科技》2014年第5期。

例达到82.6%，科技型小微企业是技术创新的主要承担者和知识产权的主要积累者。[1] 正是考虑到这类企业在科技创新中的重要地位，西方发达国家很重视他们的知识产权能力建设：在中小微企业知识产权能力建设方面，美国政府很重视小企业在科技创新中的战略地位；德国、英国、法国等欧洲国家也都形成了一系列推动科技型中小微企业发展的知识产权工作体系，大大提升了中小微企业的知识产权综合能力。[2]从我国现实情况看，这类企业至少应当有1名知识产权专业人才，即使不能设立专职岗位，也应当有相应的专业人员兼顾知识产权工作。

企业所需要的知识产权专业人才主要从两个方面获得：(1) 从高校的毕业生中引进所需的知识产权人才。目前很多高校已经在通过不同模式培养各层次的知识产权专门人才，而且其人才培养定位大多是针对企业的现实需求的，能够在一定程度上满足企业在这方面的需要。政府知识产权主管部门应当发挥其信息优势，为企业和高校搭建沟通的桥梁，实现供需双方的有效对接。(2) 企业自己的挖潜培养。企业可以选择有一定基础的员工，通过培训等方式提高其专业素养，使其成员知识产权专业人才。政府主管部门应当尽可能地创造这种培养条件，企业也应当有效利用好政府创造的培养机会。企业还可以通过自主培训或参加社会培训的方式来培养自己的知识产权专业人才。

其次，企业应当优先保障其紧缺的知识产权人才。在企业知识产权人才队伍规模有限的条件下，企业应当优化其知识产权人才结构，尤其是要改变目前企业大多重视知识产权创造人才的做法，要加大知识产权管理人才、知识产权运营人才的比重，中小企业更应当将其极其有限的知识产权专业岗位放在这两类人才上。因为知识产权创造（主要是专利申请、商标注册申请等）、知识产权保护人才所要提供的服务能够较容易地从知识产权中介服务机构和律师事务所获得。

---

[1][2] 张月花、薛平智、储有捷：“科技型小微企业知识产权能力建设研究”，载《科技进步与对策》2013年第18期。

最后，切实提高企业知识产权管理人员的能力。企业知识产权管理人员能力的提高主要有两个途径：(1) 从源头入手，要求以高校为主的知识产权人才培养机构与企业对接，特别是在注重知识教育的基础上加强能力培养和技能训练，使企业所获得的知识产权管理人员从一开始就具有较强的专业管理能力。(2) 做好企业现有知识产权管理人员的能力提升工作，主要是充分利用政府部门及社会组织举办的知识产权管理培训班，企业还需要针对本企业自身的情况组织其知识产权管理人员进行专项训练。那些参与国际竞争的企业，要特别注意培养其知识产权管理人员的国际化视野、有效应对涉外知识产权事务的能力。

（三）保障企业知识产权工作的物质条件

物质条件的保障能够为企业知识产权工作的有效开展提供直接动力和现实基础，这种物质条件的保障主要是两个方面。

(1) 加大知识产权工作经费的投入。企业应当努力保证其知识产权工作经费能够获得较快的增长，并且应当合理配置其知识产权工作经费，不能只专注于研发投入和知识产权申请经费的投入，企业需要在知识产权日常管理、知识产权保护、知识产权运营等方面投入必要的经费。

在经费保障方面，尤其要关注中小企业，特别是科技型中小企业。首先就是要加大这方面的预算，增加投入，包括知识产权专职管理人员编制的增加、培训教育费用的增加、知识产权奖励基金的设置、日常管理费用比例的增加等，只有在投入力度上加强了，才能在整个企业建立起对知识产权工作的真正重视，从而促进高新技术企业知识产权的快速发展。❶ 一方面，中小企业自身要努力在自己的财务预算中增加知识产权工作经费的数量和比例；另一方面，政府部门要给予相应的支持，在担负起《中小企业促进法》所规定的政府部门的职责，财政部门和知识产权主管部门在编制知识产权经费预算及安排知识产权经费的使用时，有必要对中小企业设

---

❶ 陈红进、周正柱：“上海市奉贤区高新技术企业知识产权现状分析的启示”，载《企业管理》2014 年第 3 期。

立专项，还可以通过设立专门的担保机构等方式，为中小企业的知识产权经费融资创造条件。

（2）提供其他物质条件的保障。企业应当为其知识产权管理机构及知识产权管理人员提供必要的办公场所、设备器材、图书资料与软件、交通工具等物质条件，使知识产权管理人员能够获得必要的便利，能够及时应对各种知识产权事务。

（四）健全企业知识产权工作的规章制度

管理制度是管理工作顺利开展的基础，也是知识产权管理规范化实施的重要依据。因此，构建与完善知识产权相关的管理制度体系是加强知识产权管理的重要保障。[1] 与其他方面的工作不同，知识产权规章制度的构建对于企业而言所要付出的成本并不高，即使是很小的企业也是有能力完成的。知识产权主管部门应当加强宣传教育，让企业认识到规章制度的重要性，并且将规章制度作为企业知识产权管理标准化状况的评价、项目的评审、工作奖励的评定的重要依据，促进企业完善其知识产权规章制度。

企业知识产权规章制度体系的构架可以有一定的差异性。大型企业应当构建一套完善的知识产权制度体系，不仅应当制定一部统筹整个知识产权工作的基本规范文件，还应当就不同类型的知识产权的管理分别制定一些规章制度，就不同性质或环节的知识产权工作分别制定一些规章制度；除了专门性的知识产权规章制度外，还应当在一些关联性的规章制度（如劳动用工制度、对外投资制度、合同制度）中就相应的知识产权事务作出规定。就中小企业而言，特别是那些知识产权较少的中小企业，未必要面面俱到，一般只需要在相关的规章制度中就知识产权事务作出一些有针对性的规定，或者单独就其仅有的一两项知识产权的管理制定一个规范性文件。

企业知识产权规章制度的内容应当既满足知识产权管理的共性要求，

---

[1] 钱龙："企业知识产权管理体系构建的路径研究"，载《东方企业文化》2014 年第 1 期。

又能体现每个企业自身的特殊情况。国家知识产权局在2013年3月正式发布实施的《企业知识产权管理规范》，是我国第一部企业知识产权管理的国家标准，在国际上也属首创；该标准要求企业从管理体系、管理职责、资源管理、基础管理、运行控制以及合同控制等多个方面规范企业的知识产权管理。《企业知识产权管理规范》的要求实际上是企业知识产权管理的一些共性要求，应当被企业吸收到其自己制定的各种知识产权规章制度中。

知识产权对自己的影响较大或者知识产权事务影响较多的企业，更应重视知识产权制度建设，并努力根据自身的特点形成一套知识产权制度体系。比如，就外向型企业而言，加强企业知识产权制度建设是应对企业海外知识产权纠纷的重要举措；企业尤其是骨干企业和高新技术企业，应建立健全企业知识产权制度，将知识产权工作纳入企业产品开发、生产制造、市场开拓和资产管理的各个环节，贯穿于创意阶段、研发阶段、产品化和市场化阶段等创新活动全过程，培育自主知识产权，增强知识产权储备，提高企业核心竞争力；建立健全技术资料与商业秘密管理制度，建立知识产权价值评估、统计和财务核算制度，完善对外合作知识产权管理制度。❶又如军工企业，必须建立规范化的知识产权管理制度，完善对知识产权创造、建档、开发运营、人才管理、激励创新等方面的管理制度；比如，职工智力发明登记办法、知识产权考核办法、无形资产评估管理办法、健全专利技术管理等专利管理制度；加强保密制度建设，同时要结合军品的特殊性和实际情况，加强对专有技术、军用与商业秘密等的保护和管理；建立健全知识产权情报信息管理系统，为开展关键技术领域知识产权战略研究和设计服务，为提高产品研发水平提供技术支持和法律保障；建立科学的现代人力资源管理体系，改变传统的人事管理制度，运用科学完善的激

❶ 潘灿君："企业海外知识产权纠纷调查及援助机制——以浙江为例"，载《电子知识产权》2012年第10期。

励机制，采取积极的人力资源管理措施。[1] 再如软件开发企业，应根据自身特点，综合考虑业务覆盖范围，分析自身存在的知识产权管理问题，明确与业务流程相匹配的知识产权管理要求，形成知识产权管理的奖励与惩罚机制，从源头避免知识产权风险的发生，做到预防、执行、评价的闭环管理机制，最终建立一套行之有效的知识产权体系。[2]

没有付诸实施的规章制度无疑是一纸空文。企业应当采取有力措施保证其知识产权规章制度得到贯彻执行：向职工广泛宣传知识产权规章制度，使职工知晓企业的规定及自身工作在知识产权方面需要注意的事项，从而能够自觉遵守企业的知识产权规章制度；做好知识产权规章制度与企业其他规章制度的协调，并努力采取一些配套措施，增强制度的可操作性；对于严格执行企业知识产权规章制度、取得较好成绩的组织或个人给予必要的奖励，从而产生必要的示范作用，同时对于违反企业知识产权规章制度的行为给予严厉的制裁，从而产生相应的警示作用。

（五）注重企业的知识产权积累

企业应当尽可能地进行技术创新，尤其是要集中力量取得一些原创性成果，并及时将这些技术成果转化为企业的知识产权。企业需要加强对现有知识产权的梳理和维护，防止知识产权因为企业的不当处置而失效或被撤销。针对中小企业技术薄弱的问题，除企业自身采取一些针对性措施外，政府知识产权主管部门有必要采取一些扶持措施，帮助中小企业形成一些自己的技术成果和其他知识产权成果。

二、多层面综合推进的知识产权文化建设

（一）知识产权文化建设的基本思路

只有理清思路，知识产权文化建设才能得以有效开展。基于目前我国

---

[1] 吴晓红：“浅谈军工企业知识产权保护与管理”，载《企业改革与管理》2014年4月刊。

[2] 王磊：“软件研发企业知识产权管理机制研究”，载《软件导刊》2014年第2期。

知识产权文化建设方面存在的问题，我国未来的知识产权文化建设应当遵循“以知识教育为基础，以意识提升为核心，以道德建设为根本，以信念培养为追求”的思路。

只有人们具有必要的知识产权知识，特别是关于知识产权的一些基础知识，知道知识产权究竟是怎么一回事，才能去引导和培养他们对于知识产权的正确态度，较好的知识产权文化氛围才有可能形成，知识产权知识的教育自然也就成了知识产权文化建设的基础性工作。当下知识产权文化建设方面的一个突出问题是很多人对于知识产权没有给予必要的关注，对于其管理行为及经营行为可能涉及的知识产权问题或者与知识产权的关联度根本不作思考，这也是很多知识产权问题产生的症结所在，知识产权意识的提升因此也就成了知识产权文化建设的核心内容和主要工作；在很长一段时间内，政府知识产权主管部门和其他相关管理部门、行业组织、企业应当努力发挥各自的优势，在知识产权意识的培养上很下功夫，以便形成一个在全社会从上到下、各行各业都普遍重视知识产权的氛围。在知识产权方面一些人没有正确的道德观，甚至不顾基本的道德约束，这对良好知识产权文化氛围的形成会起较大的破坏作用，因此，知识产权道德建设是我国知识产权文化建设工作能否取得实质性成效的根本所在。知识产权信念是一种较高的精神境界，要在较短时间内使社会成员养成这种信念是不现实的，只能作为我国知识产权文化建设的一个长期目标和追求。

（二）政府在知识产权文化建设中的主导作用

政府为何要在我国的知识产权文化建设中发挥主导作用？原因是多方面的。

（1）市场经济条件下知识产权文化的性质及政府的职能使然。在市场经济条件下知识产权是市场主体交易的对象、竞争的手段，知识产权文化则是知识产权在市场经济中充分发挥作用的条件，实际上是围绕知识产权的市场活动顺利开展的客观环境。在现代社会制度下，任何经济总是与政府有着密切的关系，社会经济发展的核心问题最终都要归结为市场机制与政府干预如何结合的问题，而市场机制与政府干预如何结合的问题又几乎都可归结为政府问题。[1] 诺思认为，要想经济成功增长，国家必须建立和推行一系列的经济规则，并通过它来培养适合经济发展的条件。[2] 市场经济条件下的知识产权发展也离不开政府，需要政府创造良好的条件；良好的知识产权文化氛围是知识产权创造与运用的外在重要环境，当然需要政府的干预和主导。

(2) 知识产权文化的意识形态属性需要政府的干预和主导。知识产权文化是法律文化的构成部分，而法律文化是由社会的物质生活条件所决定的上层建筑的总称，其核心是法律意识形态。我国政府历来重视意识形态方面的主导权，“十八大”报告亦再次强调了“要牢牢掌握意识形态工作领导权和主导权”的政策思路。20 世纪 80 年代以来，美国出现知识文化政治化的倾向，凭借其强大的知识产权优势，依托美国的知识产权文化，通过知识产权文化的输出，不断地维护和强化美国的文化霸权。[3] 在这种背景下，更需要政府主导我国的知识产权文化建设。

(3) 知识产权文化的公益属性需要政府发挥主导作用。文化是一种社会产品，其本质属性是超经济的社会属性。[4] 知识产权文化也具有文化的这种共性，良好的知识产权文化氛围是所有市场主体所共同需要的，体现着各市场参与者的共同利益，知识产权文化具有很强的公益属性和社会属性。由于知识产权文化的公益属性及其较高的建设成本，一般的企业或个人通常不愿意在这方面作出较大的努力，只有依靠以提供公共产品为重要使命的政府，才能有效地推进知识产权文化建设工作。

(4) 传统文化现代转型与流行文化异化矫正的国情需要政府发挥主导作用。中国传统文化的两面性需要政府在文化品质重塑上发挥主导作用；

---

[1] 邱本：《自由竞争与秩序调控》，中国政法大学出版社 2001 年版，第 348 页。

[2] ［美］斯蒂格利茨著，郑秉文等译：《政府为什么干预经济》，中国物资出版社 1998 年版，第 166 页。

[3] 孙运德：“美国知识产权文化政治化的原因及路径分析”，载《华北水利水电学院学报（社科版）》2013 年第 5 期。

[4] 张曾芳、张龙平：“论文化产业及其运作规律”，载《中国社会科学》2002 年第 2 期。

中国流行文化的低俗化异变亦凸显了政府主动干预的必要性。❶ 中国厚重的传统文化中虽然包含现代知识产权文化精神的因素，但也存在不少与知识产权的价值理念相悖的成分，这些消极成分具有很强的惯性，抵制现代知识产权文化的传播和推广，需要有一种很强的外在力量去压制它们，这种外在力量的最佳代表无疑是政府。当代中国流行文化虽然在丰富人们的生活、充实人们的精神世界方面发挥了很大作用，但受利益的驱使，其中不乏大量背离知识产权制度宗旨、损害知识产权事业发展的因素，需要政府以市场干预者的身份进行有效规制。

（5）政府在知识产权文化建设中发挥主导作用是境外的有效经验。美国政府就很重视知识产权文化建设，特别是在推动知识产权文化输出、实现文化霸权方面，美国政府采取了很多有力措施；日本为了实现知识产权立国的战略目标，政府根据不同的对象有针对性地实施不同方式和内容的知识产权教育，并加强了知识产权文化制度建设；❷ 印度利用政府主导的国家创新基金率先组织并联合优秀民间组织进行了自下而上的知识产权挖掘行动，将知识产权意识深入到基层群体；❸ 韩国在知识产权文化建设方面采取了很多措施，基本上是其知识产权局发动或推动的；❹ 另外，在新加坡、马来西亚、中国香港等国家和地区，其知识产权文化建设无不是在政府主导下进行的。

在“战略”实施以来，我国政府对知识产权文化建设比较重视，也确实采取了多种措施，但在方式、效果等方面还不是令人很满意。一份有关我国知识产权文化建设情况的调查显示，对政府知识产权文化建设采取的具体方式，仅 1.5% 的受访者认为工作措施丰富多彩，28.3% 认为比较丰

---

❶ 刘华、张祥志：“政府主导知识产权文化建设的正当性分析”，载《北京社会科学》2013 年第 6 期。

❷ 栾春娟：“日本知识产权文化建设及其启示”，载《文化学刊》2009 年第 6 期。

❸ 周玲、刘华：“印度知识产权文化建设概况”，载《中国发明与专利》2013 年第 12 期。

❹ 陈瑜：“韩国知识产权文化建设概况”，载《中国发明与专利》2013 年第 12 期。

富，认为方式一般的占54.9%，较单一的有15.3%；对政府知识产权文化建设活动的实际效果，仅9%的受访者认为所在单位组织的知识产权文化推广活动效果很好，认为效果较好的有55.5%，效果一般的有34.4%，认为不太好的有1.1%。[1]

结合我国现实，同时借鉴境外经验，我国政府要想在知识产权文化建设方面发挥更好的作用，需要注意几个问题：（1）要综合运用多种方式。政府在知识产权文化建设中可以通过制定鼓励创新的知识产权公共政策、增强对知识产权的宣传教育工作及加强知识产权行政执法等方式发挥重要的作用。[2]（2）要注意活动的实际效果，不能流于形式。（3）要做到各相关部门的联动。知识产权文化建设需要相关部门的协调运作，不仅涉及像国家知识产权局、版权局、商标局、海关总局、司法部、商务部等及其下属知识产权管理部门，也包括中宣部、文化部、教育部及相关宣传、教育机构。[3]

（三）强化知识产权文化建设的主要措施

基于知识产权文化的特点、我国的现实情况和境外的有益经验，在我国加强知识产权文化建设主要应当采取下列措施。

（1）充分发挥制度政策在知识产权文化建设中的引领作用。鉴于知识产权文化的意识形态本质，知识产权文化建设必须体现我国主流的价值取向。这实际上也是其他国家的做法，以美国为首的西方发达国家知识产权文化借助国际知识产权保护机制，在同其他国家进行文化贸易的同时，不断地要求其他国家加大对他们知识产权文化产品的保护力度；通过这种知识产权文化贸易，他们不仅获得了巨大的经济利益，而且还在文化贸易中

---

[1] 姚芳、刘华："知识产权文化的中国实践——现状调查与政策建议"，载《科技进步与对策》2013年第11期。

[2] 王珍愚、单晓光："浅析中国政府在培育知识产权文化中的作用"，载《科学管理研究》2009年第2期。

[3] 刘华："文化政策视阈下我国知识产权文化发展研究"，载《华中师范大学学报（社会科学版）》2009年第2期。

强化了其价值观在其他国家的传播和影响。[1] 法律制度和政策在保证知识产权文化建设的价值取向方面具有重要的作用；正如有学者所说，要把知识产权文化渗透到每个相关的主体的观念和意识中，转化为他们的自觉行动，知识产权制度是最好的载体之一；现实社会中的知识产权制度变迁过程会拉动或牵引着知识产权文化的演进。[2] 这主要是因为法律制度和政策适用的广泛性，还有法律制度的强制性及其影响的长远性以及政策的导向性和较强的张性。

国家在制定相关的法律制度时，应当将我国知识产权文化中应有的一些核心价值理念设计到相应的法律规范中，特别是在知识产权法律制度及其他一些重要法律制度中要用一般性条款宣示这些文化精神，并在具体的制度条款中有所呼应。对于一些重要的知识产权道德要求，基于道德规范法律化的思维，将其转变为法律规范，以强化其效力；对于知识产权从业人员的道德要求，在一些行业性规章制度中加以规定。另外，知识产权主管部门和其他相关的政府部门要充分利用政策的激励功能和抑制功能，将其倡导的知识产权文化价值融进政策文件，通过政策所提供的利益诱导机制，推广符合我国主流价值观的知识产权文化理念；顺应这种政策可以是多维度的，包括产业政策、科技政策、对外贸易政策、文化政策、教育政策、投资政策等多方面的政策。[3] 另外，政府部门还应当努力就知识产权文化建设制定一些专门的规章制度和政策文件，借此推进一些知识产权文化建设的专项行动。

（2）加大知识产权基本知识的普及力度。宣传普及对于知识产权文化建设来讲具有即时性、强化性、针对性等工作特点，是政府主导知识产权

---

[1] 孙运德：“美国知识产权文化政治化的原因及路径分析”，载《华北水利水电学院学报（社科版）》2013 年第 5 期。

[2] 周洪涛、单晓光：“知识产权文化与知识产权制度关系研究——以知识产权制度的困境为视角”，载《科学学研究》2009 年第 1 期。

[3] 吴汉东：“当代中国知识产权文化的构建”，载《华中师范大学学报（人文社会科学版）》2009 年第 2 期。

文化建设的重要手段；而其方式选择、内容设计、创意策划是直接影响宣传效果的关键因素。❶ 知识产权基本知识的普及宣传是知识产权文化建设最基础的行动，主要是宣传知识产权的含义、主要类型、每一种知识产权的取得方式、权利的主要内容等。

知识产权基本知识的普及宣传主要是两大方面：①对于学生的普及宣传，包括对于小学生、中学生、大学生的普及教育，在中小学应当通过一定的形式进行知识产权常识教育，在大学应当在本科生和研究生中开设知识产权通识教育课程，最好是将该课程作为全校学生的公共必修课程。②对于社会普及宣传，包括通过专门的培训进行宣传和通过各种信息传播媒介进行宣传。

知识产权基本知识普及宣传的形式应当尽量多样化，马来西亚的一些做法不妨借鉴一下。马来西亚将知识产权局转变为知识产权公司（MyIPO），每年的活动安排包括组织相关研讨会、游行活动、开设培训班、创办知识产权管理简报、在商业活动中心设立知识产权咨询服务点等；此外，MyIPO 每年都会在各州举办知识产权展览，向高校师生、研发机构、普通消费者或者一般公众等群体普及知识产权知识。❷ 当然，形式的多样化必须建立在实际效果较好的基础上，形式的选择还必须充分考虑到教育对象的情况，要具有较强的针对性。

为了规范和引领知识产权基本知识的普及宣传，政府知识主管部门有必要组织出版一些高质量的知识产权普及读本，在这些普及读本中要对一些传统观念中对知识产权的误解进行澄清。读本的编写要尽量做到通俗易懂，并要区别不同的读者分类编撰，如《中小学生知识产权读本》《大学知识产权教程》《领导干部知识产权读本》《管理干部知识产权读本》《企业知识产权读本》《农民知识产权读本》《大众知识产权读本》等。

---

❶ 姚芳、刘华："知识产权文化的中国实践——现状调查与政策建议"，载《科技进步与对策》2013 年第 11 期。

❷ 周玲："马来西亚知识产权文化建设概况"，载《中国发明与专利》2013 年第 12 期。

（3）重视对全社会的知识产权道德教育。知识产权主管部门应当与各种思想政治教育组织进行沟通与合作，使相关组织在进行各种思想道德教育的过程中将知识产权道德要求作为教育的内容，将知识产权道德的基本内容用简洁精炼的文字提炼出来，将正确的知识产权道德观传输给各种职业、各个层次、各种背景的人。在教育过程中要充分利用知识产权道德模范的先进事例，使知识产权道德教育生动易懂。对于有违知识产权道德且涉嫌违法的行为，司法机关和行政执法机关应当严格依法处理，并在案件的处理过程中加强对当事人的知识产权道德教育，同时适当的形式利用这些案件向社会宣传知识产权道德规范及遵守这些道德规范的重要性。

政府知识产权主管部门应当采取有效措施引导各知识产权相关行业加强知识产权职业道德建设。不同的知识产权行业应当根据行业特点及其从业人员的现状，梳理本行业涉及的知识产权道德要求，尽可能通过制定执业纪律或执业规范的方式让全行业从业人员明确本行业所涉及的知识产权职业道德，并通过行风监督组织加强监督，减少本行业的不道德行为，净化行业风气。

（4）有效利用多种知识产权文化宣传平台和宣传途径。大众传播媒介是最具影响的宣传平台和宣传方式，政府知识产权主管部门和其他相关组织应当尽可能将它们利用起来，特别是通过它们将企业或其他主体在知识产权方面的得失和经验教训进行广泛传播，借此增强企业和公众的知识产权意识，尤其是让企业和相关专业人员普遍意识到知识产权的重要性。

企业是知识产权创造、运用、保护和管理的核心力量，对良好知识产权文化氛围的需求也最为强烈，它们实际上也具有很多较好的培育知识产权文化的平台。企业应当利用多种多样的形式进行知识产权文化建设，如建立合适的知识产权文化建设组织并配备必要的人员，制定知识产权文化建设的长远规划，加强全体员工的知识产权知识普及教育，落实精神奖励和物质奖励以达到生动宣传的目的，建立可以随时提醒员工相关知识产权知识的知识产权相关物，设立固定的知识产权活动日，吸取一切外部有利于知识产权文化培育和发展的积极因素。[1]

任何一所大学，自诞生之日起，就在承担着文化使命。[2] 胡锦涛同志在庆祝清华大学 100 周年大会上讲话时明确把文化的传承创新作为大学的第四大功能。高校在文化传承和文化建设方面通常有一套自身的体系，我们应当将这套体系有效利用起来去推动知识产权文化建设。加强高校的知识产权文化建设，主要是构建高校观念形态的知识产权文化、制度形态的知识产权文化和校园环境形态的知识产权文化。[3] 高校应当充分利用其优势去丰富大学生的知识产权知识，提高大学生的知识产权意识，培育大学生的知识产权道德。

图书馆在文化传承和繁荣方面具有重要的价值，我们有必要利用图书馆的特殊功能发挥其在知识产权文化建设中的独特作用。[4] 政府知识产权主管部门应当加强与高校图书馆、国家和地方图书馆、社会图书馆的沟通与合作。

司法与行政执法工作具有较强的权威性和较大的影响力，如何将它们有效利用起来，其在知识产权文化建设方面也能发挥较强的特殊作用。严格的知识产权行政执法和公正的知识产权司法本身就是在宣传知识产权知识、培养知识产权意识、弘扬知识产权道德、树立知识产权信念，相关部门应当紧密配合，通过一些有效的途径将案件的处理过程向社会公开，让全社会感受到其中的知识产权文化因素。如果执法人员和司法人员在案件处理过程中能够出于推动知识产权文化建设的考虑进行必要的阐释和说明，无疑是一种彰显知识产权道德和提高知识产权意识的生动形式。

---

[1] 张锦锐："企业知识产权文化建设基本模式探索"，载《中国发明与专利》2013 年第 9 期。

[2] 徐显明："文化传承创新：大学第四大功能的确定"，载《中国高等教育》2011 年第 10 期。

[3] 魏纪林："论高校知识产权文化建设"，载《学校党建与思想教育》2012 年第 5 期。

[4] 吉宇宽："图书馆在我国知识产权文化建设中的作用研究"，载《图书馆杂志》2011 年第 6 期。

（5）提高知识产权宣传教育工作的针对性。由于各类个体的差异性，以知识产权文化建设为导向的宣传教育活动必须具有针对性才能产生较好的效果。这种针对性是多方面的：①基于教育对象的不同层次而区别对待，日本在这方面的做法值得借鉴。日本根据不同的对象有针对性地实施不同方式和内容的知识产权教育：对幼儿进行创新和知识产权意识启迪的教育；对中小学生进行普及知识产权知识教育；对大学生和研究生进行知识产权实用人才的培养；对实业界和科研机构有关人员进行实用技能培训等。❶②基于不同类型的教育对象在宣传教育的内容上有所区分。对于知识产权专业人员，着重进行知识产权道德的教育和知识产权信念的培养；而对于非专业性的人员，侧重于知识产权知识的普及和知识产权意识的提升。③基于不同的领域进行不同的宣传教育。有学者认为，在知识产权创造领域，更多的需求是创新文化；在知识产权运用和保护领域，更多的需求是法治文化；而在知识产权管理领域，更多的需求则是管理文化。❷ 笔者对此表示赞同。④对于知识产权弱者的宣传教育。相对于大企业而言，中小企业的知识产权工作往往较为薄弱，其知识产权文化氛围也存在欠缺，基于此，要通过宣传教育在这类企业打造创新文化，构建文化引领机制；大力倡导对每一个体的个性的尊重、培养和激发人的创新激情、营造宽松和谐的创新人文环境和空间，使创新文化能够引领中小企业知识产权和技术创新。❸ 相对于城市而言，农村的知识产权工作较为落后，知识产权文化基础也很差，在知识产权文化建设方面更需要从多个方面作出更多的努力。正如有学者所言，在广大农村，为了提高知识产权文化意识，应当采取多种有效措施，如广泛宣传，培养农民保护知识产权意识；树立农业企业经

---

❶ Pitkethly R. H. Intellectual property strategy in Japanese and UK companies: patent licensing decisions and learning opportunities. *Research Policy*, 2001, 30 (3): 425 ~ 442.

❷ 丁卫明、汤易兵：“交叉学科视野下的知识产权文化探微”，载《中国发明与专利》2009 的第 10 期。

❸ 赵亚静：“促进我国中小企业知识产权建设对策研究”，载《商业研究》2014 年第 6 期。

营者的知识产权战略意识；在农林院校开设知识产权课程，培养涉农专业学生的知识产权意识，训练农业知识产权人才；提升农业科研机构、高等院校、农业科研人员和科技管理者对知识产权经济价值的认知度。[1]

（6）在知识产权文化建设方面实施特色品牌工程。通过品牌特色工程吸引公众注意，提高知识产权文化建设的效果，在很多国家都有一些成功的经验。在日本，利用“产学官”这一日本知识产权发展最有特色的制度，推动技术转移活动的发展；而技术转移不断成功的同时又在实践中完成了知识产权教育宣传工作，使各环节从业人员的知识产权意识得到提升，影响知识产权文化建设。[2] 在马来西亚，通过“品牌篮子”特色计划，结合民众与政府的力量，推动打击仿冒的同时又提升民众对于购买真品的守法意识。[3] 在我国香港特别行政区，通过“正版正货承诺”计划，促进企业诚信经营；通过“我承诺”行动，增强市民知识产权意识。[4] 我国的知识产权文化建设既要全面出击，充分调动各种力量，有效运用多种形式；也要努力进行创新，打造一些知识产权文化建设的品牌，利用品牌工程的牵引作用推动整个社会关注这方面的工作。至于品牌工程的方向和内容，需要根据具体情况确定，不同的地区、不同的行业在知识产权文化建设的品牌工程或特色工程的选择上最好有所差异，选择的主要依据应当为所在地或所属行业知识产权文化建设的重点目标、主要困难、教育资源的优势、教育对象的特点等。另外，基于不同类型知识产权的差异及相应的知识产权文化培育的特殊要求，在一些主要的知识产权领域都应当打造一两个知识产权文化特色工程。

（7）学习和运用国外的一些成功做法。各国在知识产权文化建设方面

---

[1] 赵瑾：“农业知识产权文化探析”，载《兰州学刊》2012 年第 1 期。

[2] 张颖露：“日本知识产权文化建设概况”，载《中国发明与专利》2013 年第 12 期。

[3] 周玲：“马来西亚知识产权文化建设概况”，载《中国发明与专利》2013 年第 12 期。

[4] 张颖露、刘华：“香港知识产权文化建设概况”，载《中国发明与专利》2013 年第 12 期。

各显神通，也有很多创举，并在不同的范围内取得了较大的成效。国内很多学者对国外的知识产权文化建设措施进行了研究，经过分析和比较，发现新加坡在这方面采取的举措较多，并且较有特色，很值得借鉴。新加坡作为一个小国，但知识产权工作较为出色，其在知识产权文化建设方面所做的多方面努力应当是其中的重要原因。

我们在很多方面可以学习新加坡的做法：①通过富有趣味的比赛加强知识产权宣传。新加坡政府在每年举办反盗版追踪大赛，主要是针对理工院校和技术教育学院的学生，每年有30多所学校的代表队参加这一比赛；他们还举行原创知识产权竞赛（IP Race），旨在通过食物、艺术、工作、娱乐以及运动等与每个人的生活都息息相关的内容，向参与者传递知识产权与日常生活中密不可分的现实，以此加深对参与者知识产权教育的效果。②举办一些概念活动，增强公众对于知识产权的直观感。新加坡知识产权局每年进行原创知识产权之旅（The Originals HIP Adventure），这是一个概念车展，目的在于为公众提供多感官的知识产权学习之旅，2010年该巴士开往近90所学校和公共社区，在短短6个月时间，对近5万名受众进行宣传。③举办特色夏令营，增强营员的知识产权意识。新加坡经常举办知识产权冠军夏令营（IP Camp），其目的在于通过每个人自身的知识产权创造来教育学生尊重知识产权的重要性。④利用漫画等生动的形式对中小学生进行知识产权宣传教育。新加坡知识产权局对知识产权冠军夏令营活动中学生的优秀作品进行整理汇编，在此基础上制作了《了解你的版权》漫画册，并作为教育资源分发给全国的中小学生；他们还开发了名为“Iperkids”的儿童知识产权活动网页，利用卡通人物“知识产权侦探”（Detective IP）以及他的口头禅“好奇起来，调查知识产权”，时刻注重将网页提供的各类活动与产品统一在知识产权主题下。⑤有效利用新媒体提高知识产权宣传的效果。新加坡知识产权局除通过传统媒介进行知识产权宣传外，还充分利用新兴媒体进行知识产权推广，通过网络竞赛和广受欢迎的社交网站和搜索引擎的参与，取得了明显的网络宣传效果；他们还推出了一个网上承诺功能以鼓励用户通过在其用户文件和新闻提要上展示其知识产权荣誉徽章来表明其反对盗版的立场。⑥加强对专业人士的知识产权宣传，并通过这些专业人士的影响力传播知识产权知识和知识产权道德。除了一般的社会公众，新加坡知识产权局还向法律界宣传知识产权，比如他们向初级法院的地方法院推出动态简报，以使其能够及时了解新加坡的知识产权状况。[1]

他山之石，可以攻玉。但是，在借鉴以新加坡为代表的国外做法时不能照搬硬套，而应当结合具体情况加以灵活处理，力争做到形似神真，切实有效。

---

[1] 有关新加坡知识产权文化建设的措施，参见陈瑜、张祥志：《新加坡知识产权文化建设概况》，载《中国发明与专利》2013 年第 12 期。

后　　记

自江苏省知识产权发展研究中心成立以来，我们秉承中心“研究和解决江苏省知识产权发展过程中的问题，服务于国家知识产权战略的实施”的宗旨，努力研究江苏现象、江苏问题、江苏对策，并从中为整个国家知识产权战略的顺利实施提供有益的借鉴和可行的路径，本书的写作正是基于这一宗旨的努力。作为全国唯一的三个省部级单位共建的独立建制的二级学院——南京理工大学知识产权学院的成员，本人牢记学院所负有的人才培养、科学研究、社会服务和文化传承的使命，并想通过本书的写作在这方面作出微薄贡献。

在本书的写作过程中，笔者力求构建最严密的逻辑结构、参考最新的研究成果、使用最新的数据、把握最新的动态、进行最科学的论证、提出最具价值的对策，但毕竟能力、精力有限，部分研究素材较难获得，加上变化迅捷的情势，本书在很多方面可能存在的不足也就在所难免。好在国家知识产权战略的实施是一个长期的过程，其制约因素也会不断发展变化，对于这种制约因素的研究自然不能因为本书的面世而停止，本人也将与其他同仁一起继续为之而不断奋斗，真可谓路漫漫其修远兮，吾将上下而求索。因此，诚恳地期望拙作的阅读者能够不吝赐教，以给未来的研究提供有益的启示。

本书得以最终成稿，离不开诸位领导、同事、同仁的关爱和支持。感谢南京理工大学的领导和科学研究院的领导为我们的研究所提供的良好平台，感谢江苏省知识产权局黄志臻副局长、牛勇处长、刘宏伟主任所提供的无私帮助，感谢南京理工大学知识产权学院常务副院长钱建平研究员给予的多方面支持，感谢南京理工大学知识产权学院曾培芳副院长、王涛副院长、梅术文副教授、吴广海副教授、杜伟副教授、武兰芬副教授、林小爱副教授、王鸿博士、徐升权博士、郑伦幸博士、聂鑫博士、锁福涛博士、刘运华博士、李黎明博士、曹佳音主任、冯锋老师、周志聪老师、朱力影老师所给予的协助，感谢南京理工大学人文社科处于翔科长、人文与社会科学学院的韩兴老师给予的支持。

本书能够顺利出版，得益于知识产权出版社刘睿编辑的大力支持，她和她的团队让我深切地感受到了一个热心周到、敬业爱岗、以作者为中心的编辑团队对于作品的面世所发挥的重要作用，在此对她们表达一下深深的谢意。

最后要特别感谢我的太太杨艳梅老师，正是她的默默奉献才使得本书能够及时完成；我也对我的家人深表歉意，本书的写作让我牺牲了很多与你们相聚的时光，也因此少了几份对你们的关心。